# Contents

이 책에서는 오시오 코타로의 연주법을 다음과 같이 표기해두었다. 우선, 연주하고 싶은 곡을 고른다. 처음에는 악보를 보면서 느린 템포로 몇 소절씩 연습한다. 그리고 매일 조금씩 소절 수를 늘려나간다. '계속은 힘이 된다!'

●해설:미나미자와 다이스케, 도레미출판사(일본) 편집부 ●사진은 오시오 코타로 본인의 손이다.

## 한 손으로 소리를 내는 연주법

### L.H.
**▶ 레프트 핸드**

피킹을 하지 않고 왼손으로 줄을 때리듯이 눌러서(또는 손을 때서) 소리를 내는 연주법이다. 왼손 동작은 해머링, 풀링과 같다. 손가락으로 한 음씩 때리는 경우와 부분 바레처럼 여러 음을 때리는 경우가 있다.

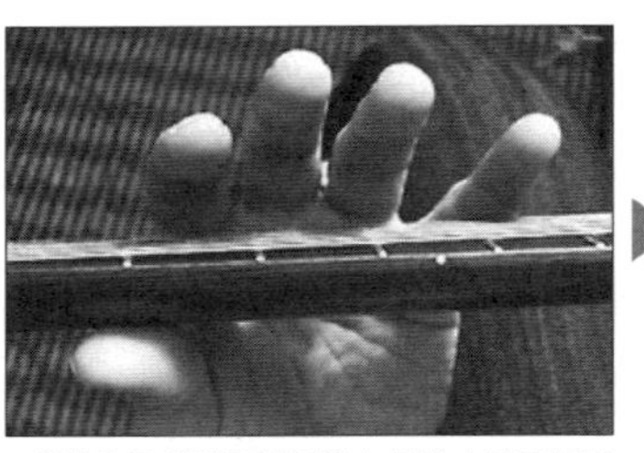

▲ 왼손으로 때리듯이 줄을 눌러서 소리를 낸다.

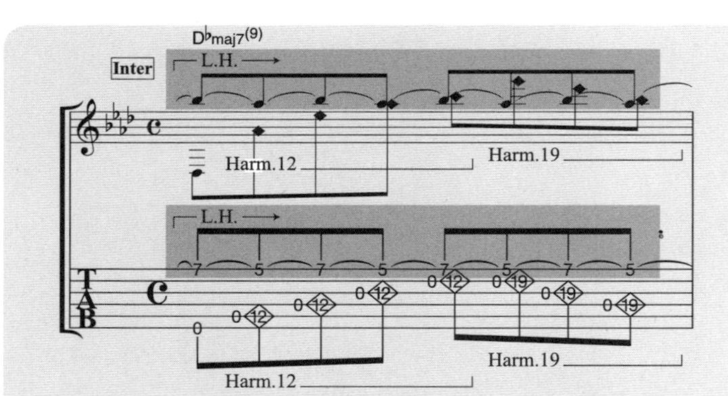


'ナユタ(Nayuta)'의 Inter 1소절째. 동작은 해머링과 풀링의 반복이다.

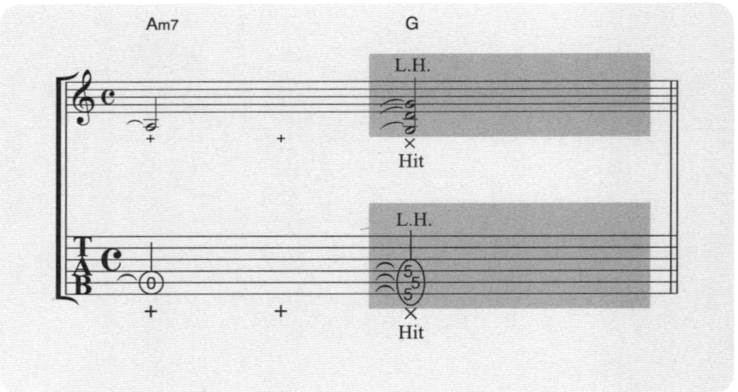


'Merry Christmas Mr. Lawrence ~영화 〈전장의 크리스마스〉에서~'의 A 8소절째. 부분 바레를 하는 요령으로 연주한다.

### R.H.
**▶ 라이트 핸드**

L.H.와는 반대로 오른손만으로 줄을 때려서(또는 손을 때서) 소리를 내는 연주법이다. 때린 후에는 TAB악보에 지정된 포지션을 오른손 손가락으로 누른다. 손가락을 때서 소리를 내는 경우(풀링)는 줄을 할퀴듯이 피킹하면서 뗀다.

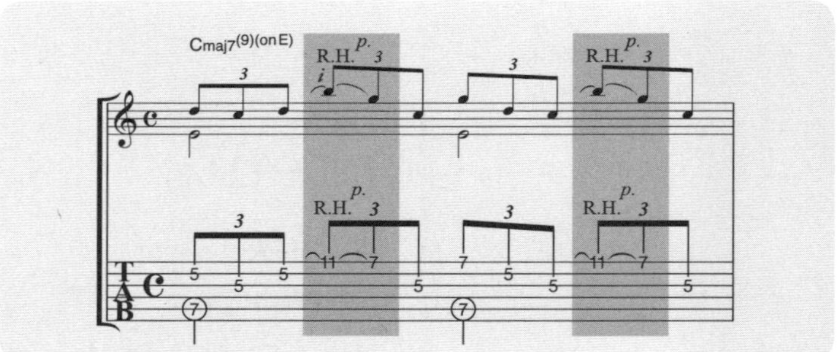


'Merry Christmas Mr. Lawrence ~영화 〈전장의 크리스마스〉에서~'의 Intro 2. 1소절째. 오른손으로 지판을 때려서 누른 후, 풀링을 한다.

### R.H.T
**▶ 라이트 핸드 태핑**

오른손으로 줄을 때려서 소리는 내는 연주법이다. 라이트 핸드는 때린 후에 줄을 누르지만 라이트 핸드 태핑은 때린 후에 곧바로 손을 뗀다. 태핑 하모닉스의 흐름 속에서 일반적인 피킹과 스트로크 대신에 자주 사용되기도 한다.

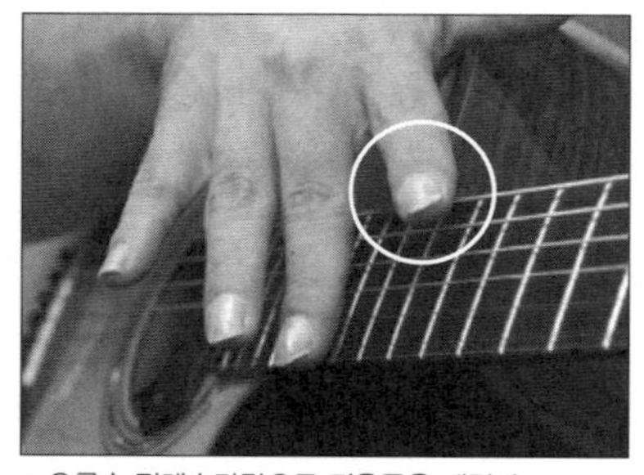
▲오른손 집게손가락으로 저음줄을 때린다.

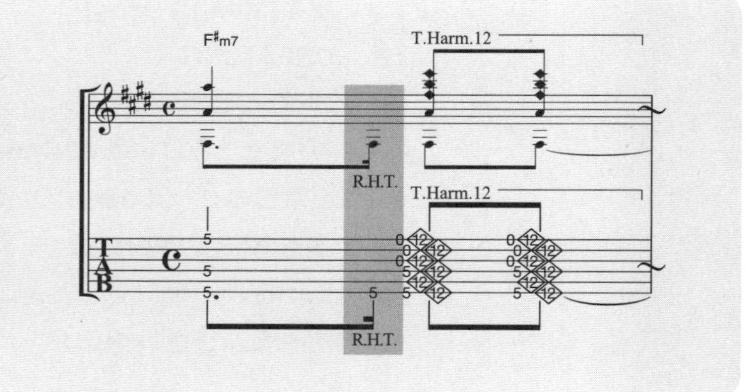


'MOTHER'의 D2 7소절째. 라이트 핸드 태핑이 피킹을 대신한다.

## 하모닉스

# Harm.

### ▶ 내추럴 하모닉스

하모닉스 특유의 맑고 아름다운 소리(배음)를 낼 수 있는 연주법이다. 내추럴 하모닉스는 하모닉스 포인트(그림 참조)에 손가락을 가볍게 대고 피킹하면 된다. 줄에 대고 있던 손가락은 일반적으로 피킹과 동시에 뗀다. 하지만, 하모닉스를 연속으로 내는 경우에는 손가락을 댄 상태로 연주하기도 한다. 일반적으로는 왼손을 줄에 대고 오른손으로 피킹하며, 오른손 집게손가락을 하모닉스 포인트에 대고 엄지손가락이나 약손가락으로 피킹하는 경우도 있다.

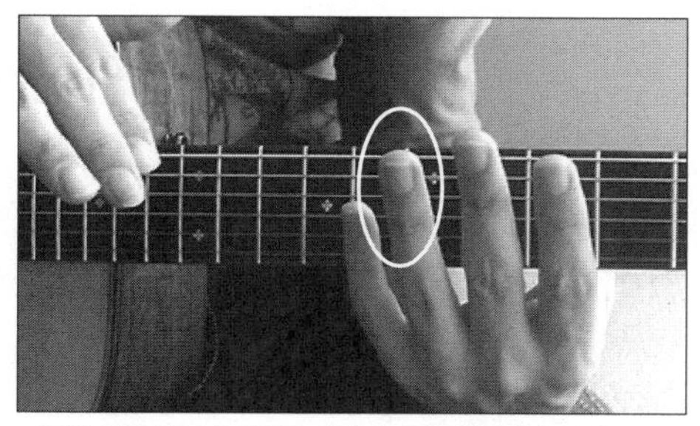

▲프렛 바로 위에 손가락을 가볍게 대고, 피킹과 동시에 손가락을 뗀다.

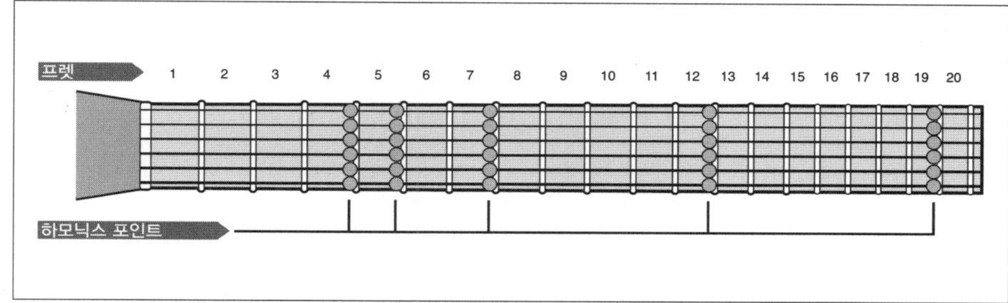


▲내추럴 하모닉스가 잘 울리는 포인트다. 브릿지 부근에서 피킹을 하면 비교적 쉽게 하모닉스를 낼 수 있다.

기타에서 일반적인 소리를 낼 때에는 프렛과 프렛 사이를 누르지만, 하모닉스를 낼 때에는 사진처럼 프렛 바 바로 위에 손가락을 댄다. 손가락을 뗄 때는 타이밍과 피킹하는 타이밍을 잘 맞추는 것이 중요하다.

오선지에는 마름모꼴 음표로 표기하고 'Harm.○'과 같이 손가락을 대는 프렛 번호를 표기한다. TAB악보에서는 숫자를 마름모꼴로 둘러싸고 있다.

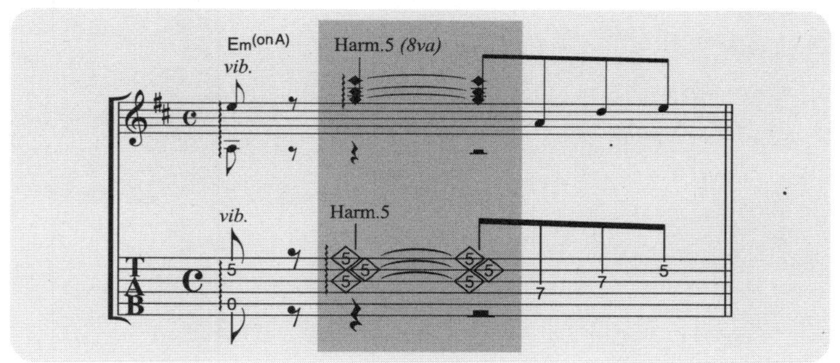


'桜・咲くころ(Time of Cherry Blossoms)'의 **A2** 8소절째. 위의 악보처럼 오선악보에는 1옥타브 낮게 기보하는 경우도 있다('8va'는 표기된 음보다 1옥타브 높은 음을 연주한다는 의미다).

# Oct.Harm.

### ▶ 테크니컬 하모닉스

내추럴 하모닉스의 응용이다. 왼손 운지를 하고, 12프렛 위의 포인트에 오른손 손가락을 대고 피킹하는 연주법이다. 예를 들어 3번 줄 7프렛을 눌렀다면 12프렛 위인 19프렛이 하모닉스 포인트다. 19프렛에 오른손 집게손가락을 대고 엄지손가락으로 피킹하면 하모닉스를 낼 수 있다. 내추럴 하모닉스는 하모닉스 포인트에 의해 정해진 음만 낼 수 있다. 반면에 테크니컬 하모닉스는 자유롭게 하모닉스 포인트를 만들 수 있으므로 다양한 음정의 하모닉스를 낼 수 있다.

오선악보에 마름모의 음표로 표기한다는 점은 내추럴 하모닉스와 같다. TAB악보에는 마름모로 표기된 하모닉스 포인트 왼쪽에 왼손 운지 포지션을 나타낸다.

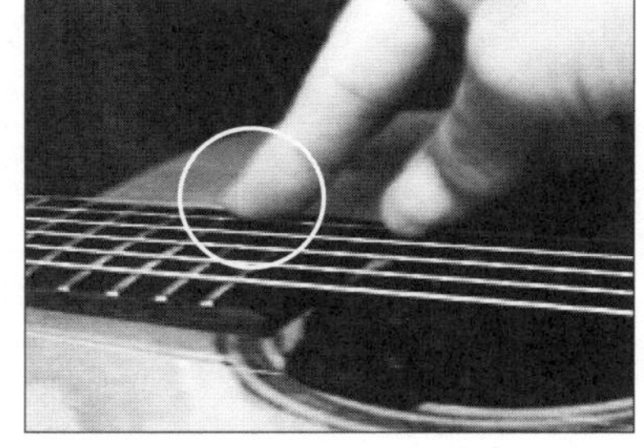

▲오른손 집게손가락을 하모닉스 포인트에 대고 엄지손가락이나 약손가락으로 피킹한다.

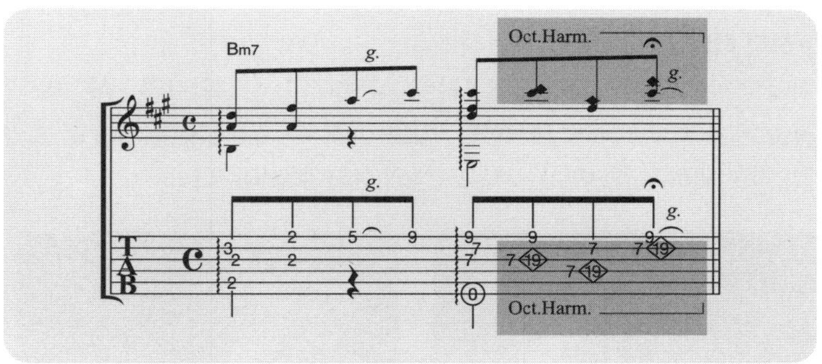


'ずっと...(Forever...)'의 **B** 8소절째. 하모닉스 포인트에 오른손 집게손가락을 대고 엄지손가락으로 피킹한다. 동시에 연주하는 실음은 약손가락으로 피킹한다.

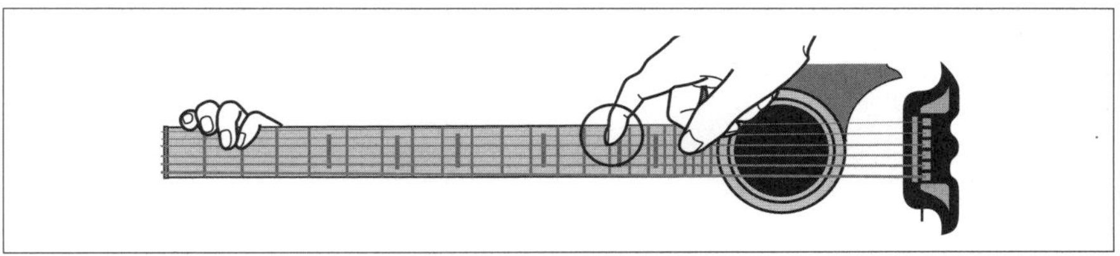

▲왼손 포지션보다 12프렛 높은 프렛에 오른손 집게손가락을 가볍게 대고 엄지손가락으로 피킹해서 하모닉스를 낸다. 왼손 포지션이 이동하는 경우에는 오른손도 같은 간격(12프렛)을 이동한다.

# T.Harm.
### ▶ 태핑 하모닉스

하모닉스 포인트를 오른손으로 때려서 하모닉스를 내는 연주법이다. 오른손 손가락(주로 집게손가락)으로 한 줄을 때려서 한 음의 하모닉스를 내는 경우. 그리고 손가락(주로 가운뎃손가락)을 프렛과 평행하게 여러 줄을 때려서 화음 하모닉스를 내는 경우가 있다. TAB악보에는 때리는 포지션을 마름모로 둘러싸고 그 왼쪽에 왼손 포지션을 표기한다. 프렛 번호가 없는 경우에는 왼손으로 뮤트를 한다는 의미다.

왼손으로 몇 줄을 누르고 남은 줄이 개방현인 상태로 태핑 하모닉스를 하면, 개방현은 하모닉스가 울리고 다른 줄은 실음이 울린다. 하지만, 경우에 따라서는 모두 하모닉스가 울릴 때도 있다.

모두 개방현인 상태로 12프렛을 때려도 5~6번 줄은 실음이 울리는 경우가 있다. 그 이유는 기타를 평범하게 잡은 자세에서는 프렛과 완전히 평행하게 때리기 어렵기 때문이다. 예를 들어 1번 줄 부분은 12프렛을 때렸지만, 6번 줄에서는 13프렛 부근으로 어긋나게 되어 실음이 울리는 것이다. 따라서 모든 줄에서 하모닉스가 울리지 않아도 크게 신경 쓸 필요는 없다. 대부분의 경우에는 고음줄과 코드의 가장 높은 음이 명확히 울리면 괜찮다.

참고로 실음은 평범하게 연주했을 때 나는 소리로 하모닉스와 구별하기 위한 명칭이다.

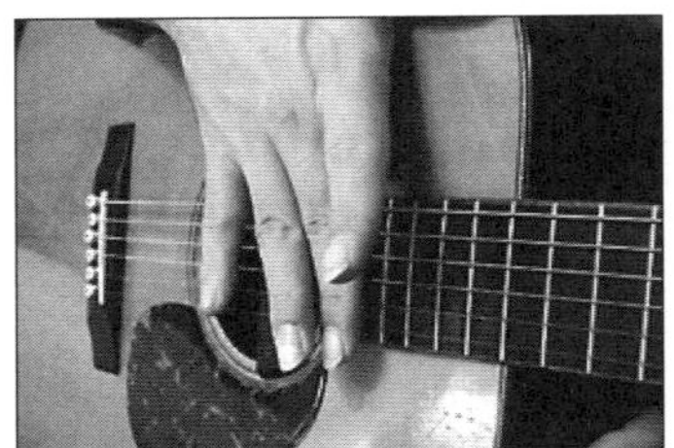

▲프렛과 평행하게 때린다. 19프렛을 때리는 예.

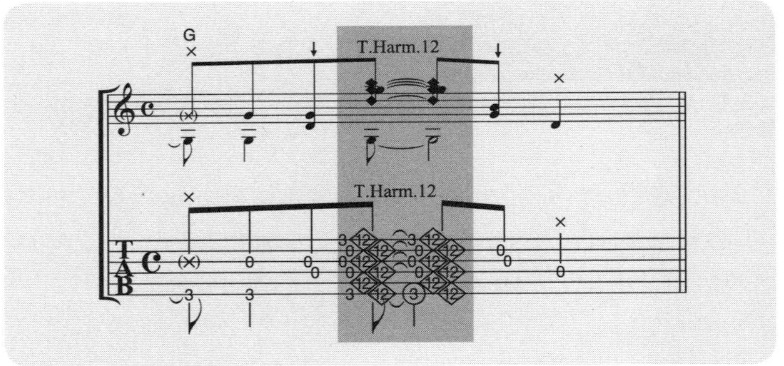

'DREAMING'의 B 8소절째. 모든 줄을 때린다. 프렛 번호가 없는 5번 줄은 6번 줄을 누른 왼손 3번 손가락을 대서 뮤트한다.

## ▌때리는 음

# Hit ⟨기호:×⟩
### ▶ 보디 히트

기타의 보디를 때려서 소리를 내는 연주법이다. 오선악보와 TAB악보의 바깥쪽에 때리는 음을 표시한다. 악보 아래쪽에 있는 것은 사운드 홀의 위, 악보 위쪽에 있는 것은 사운드 홀의 아래쪽을 때린다.

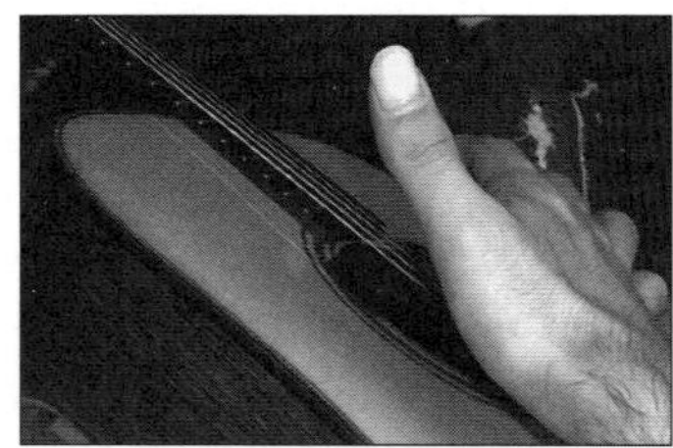

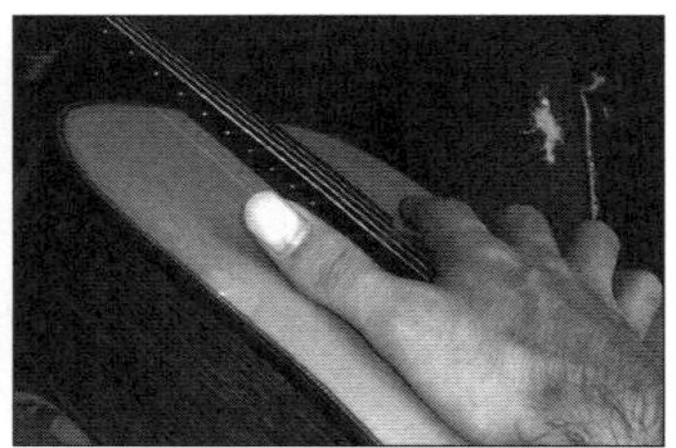

▲엄지손가락 측면으로 보디 히트를 한다.

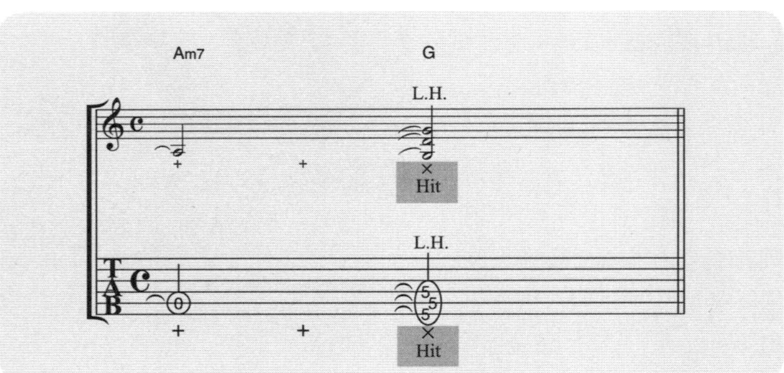

'Merry Christmas Mr. Lawrence ~영화 〈전장의 크리스마스〉에서~'의 A 8소절째. 사진처럼 사운드 홀 위쪽을 때린다.

# Palm 〈기호:+〉

## ▶팜

오른손 손목 부근의 손바닥으로 사운드 홀 위쪽을 밀듯이 때려서 낮은 타음(때리는 음)을 내는 연주법이다. 팔꿈치를 축으로 하지 않고, 손목의 움직임으로 때리는 것이 포인트다. 드럼 세트의 킥 드럼과 같은 역할을 한다. 가끔 엄지손가락 측면으로 기타의 보디를 때려서 딱딱한 음이 나는 경우도 있는데, 이것에 대해 오시오 코타로는 '연주에 몰두한 나머지 의도하지 않은 소리가 난 것이다'라고 말한다.

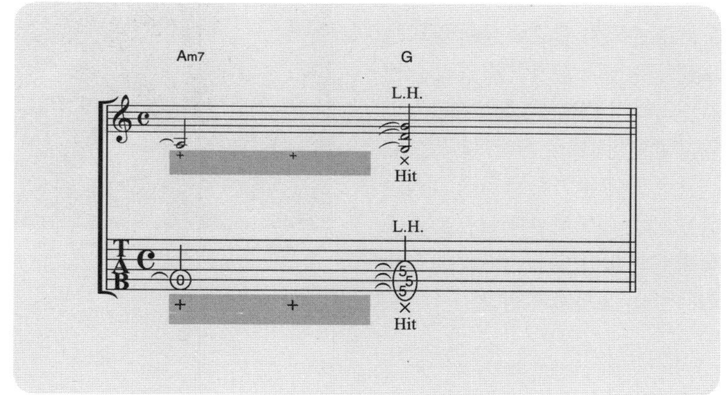

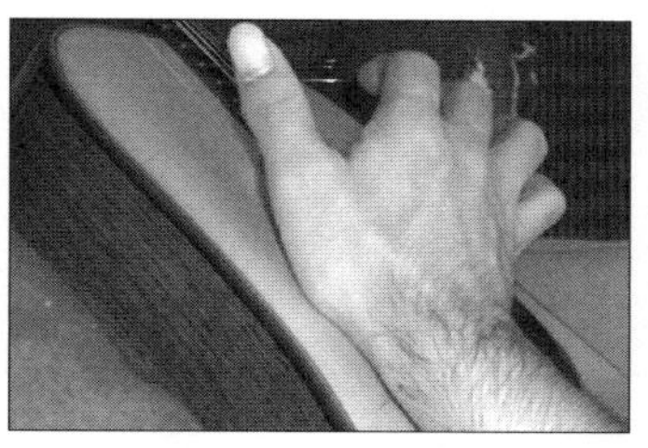

▲손목 부근의 손바닥으로 기타의 보디를 때린다.

'Merry Christmas Mr. Lawrence ~영화 〈전장의 크리스마스〉에서~'의 **A** 8소절째.

# Nail Attack 〈기호:음표 위에 ×〉

## ▶네일 어택

오른손 가운뎃손가락이나 약손가락의 손톱 부분으로 줄을 때리는 연주법이다. 정확한 음정을 낸다기보다는 리듬 유지를 위해 '찻!' 하는 노이즈를 낸다. 오른손의 움직임은 다운 스트로크에 가까우며, 기타의 표면에 대해 수직으로 때리지 않고(팜과 보디 히트는 수직으로 때린다), 표면에 대해 평행하게 움직이면서 손가락을 구부려서 손톱 쪽으로 줄을 때린다. 주로 가운뎃손가락이나 약손가락으로 하며, 이렇게 하면 뒷박자의 집게손가락 피킹과 교대로 하기에 편하다(집게손가락으로 네일 어택을 하면 집게손가락의 피킹과 교대로 할 때 오른손의 움직임이 복잡해진다).

네일 어택은 악보에 표기된 줄을 때린다. 음정이 명확하지 않은 부분은 음표의 머리에 괄호를 치거나 음표의 머리를 (×)로 표기한다.

네일 어택과 동시에 새끼손가락을 뻗어 보디(사운드 홀의 아래쪽)에 대서 지지하는 경우도 있다. 이것은 스트로크가 미끄러지지 않도록 하기 위함이다. 네일 어택 기호인 ×표시에 괄호가 쳐져 있다면, 네일 어택을 할 때 새끼손가락을 보디에 대는 소리만 낸다는 의미다(네일 어택의 음은 울리지 않는다).

▲집게손가락의 피킹과 교대로 연주할 때, 가운뎃손가락 또는 약손가락의 손톱을 줄에 대서 '찻!' 하는 어택음을 낸다.

▲손가락을 확대한 사진. 손가락을 구부려서 손톱을 줄에 댄다.

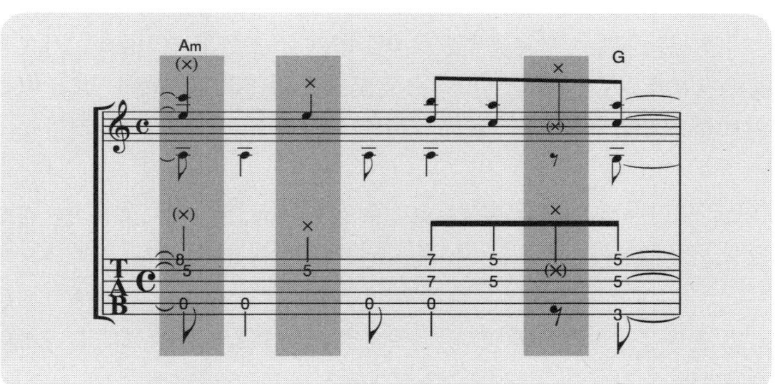

'DREAMING' **C2**의 3소절째. 1박자째는 새끼손가락을 보디에 대는 음만 낸다. 2박자째는 일반적인 네일 어택이며, 4박자째는 뮤트된 줄에 네일 어택을 한다.

# String Hit 〈기호:음표 머리에 ×〉

**▶ 스트링 히트**

오른손 손가락 끝으로 줄을 때리는 느낌으로 줄에 손가락을 올리는 연주법이다. 대부분은 집게손가락과 가운뎃손가락으로 한다. 때리는 느낌으로 줄에 손가락을 올려 때리는 음을 내고 이어서 손가락으로 줄을 할퀴듯이 피킹한다. TAB악보에 때리는 줄이 표시되어 있다.

▲오른손 손가락 끝으로 줄을 때린다.

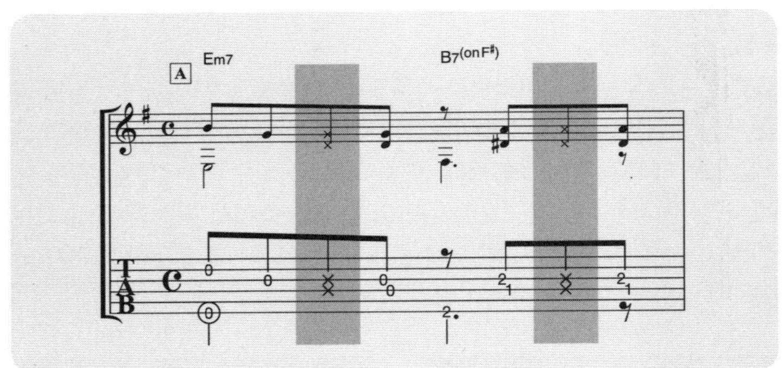

'黃昏(Twilight)'의 A 1소절째. 악보에 표기된 줄을 오른손 손가락 끝으로 때린다.

# Slam

**▶ 슬램** 〈기호: ⊠ 〉

오른손 손가락 끝으로 사운드 홀 부근의 지판의 줄을 때려서 소리를 멈추는 동시에 때리는 음을 내는 연주법이다. 다음에 이어질 업 스트로크의 준비도 할 수 있다. 모든 줄을 때리지 않고, 고음줄의 음은 계속 울리게 하면서 저음줄(대략 5~6번 줄)만 때리는 부분적인 슬램을 하는 경우도 있다(TAB악보에는 때리는 줄 위에 기호가 오도록 표기된다).

슬램과 동시에 실음이 울리는 경우도 있다. 이것은 의도적인 것은 아니므로 이 책에서는 슬램만 표기했다.

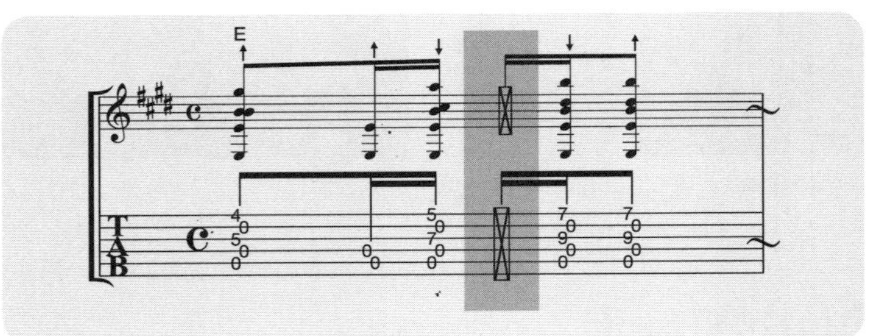

'オアシス(Oasis)'의 C 2소절째. 모든 줄을 때린다.

◀저음줄만 때리는 예.

## 스트로크 연주법

↑ ↓

**▶ 스트로크**

여러 줄을 한 번에 연주하는 연주법이다. 주로 오른손 집게손가락(또는 집게손가락과 가운뎃손가락)으로 한다. 저음줄에서 고음줄 쪽으로 연주하는 다운 스트로크(기호 =↑)와 고음줄에서 저음줄 쪽으로 연주하는 업 스트로크(기호=↓)가 있다. 화살표 방향이 일렉트릭 기타의 일반적인 스트로크와 반대로 표기되어 있다. 이것은 TAB악보의 방향에 맞춰진 것으로 기타의 지판을 떠올리며 연주하기 바란다.

스트로크는 악보에 표기된 음표대로 정확하게 연주하는 것보다는 악보는 참고만 하고 지정된 코드를 연주하는 편이 좋다(다이어그램 참조).

업 스트로크와 동시에 엄지손가락으로 다운 피킹을 하는 경우도 있다. 이것은 펼친 손을 쥐는 동작, 또는 손가락으로 모래를 집는 동작과 같다.

한 손가락으로 2~3줄을 피킹하는 경우도 있다. 가벼운 업 스트로크로 이 경우에는 스트로크 기호를 표기하지 않았다.

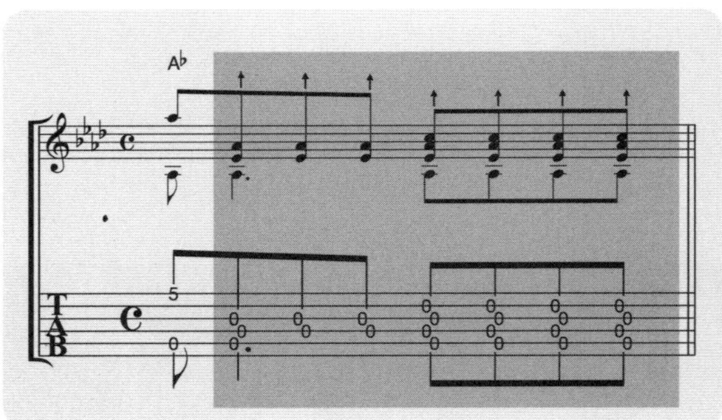

'ナユタ(Nayuta)'의 D2 10소절째. 다운 스트로크(↑)로 연주한다.

▲다운 스트로크의 오른손 움직임.

# Slow Stroke 〈기호: ↓ ↑〉

### ▶ 슬로우 스트로크

일반적인 스트로크보다 시간을 더 들여서 천천히 하는 스트로크다. 저음
줄→고음줄(다운 스트로크) 쪽으로, 또는 고음줄→저음줄(업 스트로크)
쪽으로 하며, 악보에는 긴 물결선 끝에 화살표를 달아 표기한다.

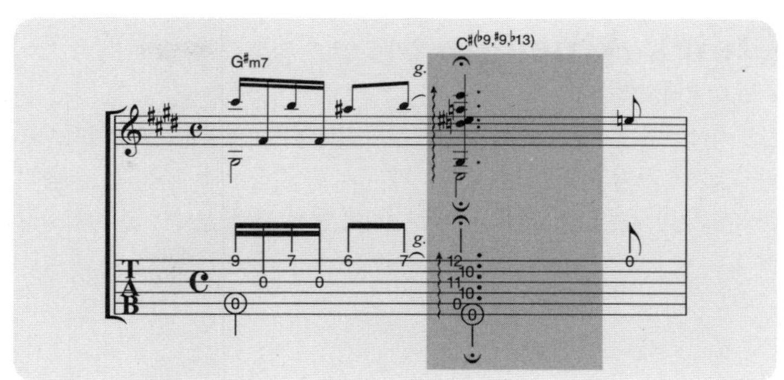

'MOTHER'의 C 6소절째. 천천히 다운 스트로크한다.

# X

### ▶ 브러싱

노이즈 같은 소리를 내는 것으로, 뮤트 커팅이라고도 한다. 스트로크를
하면서 줄을 누르고 있던 왼손의 힘을 빼거나, 왼손 약손가락이나 새끼손
가락으로 모든 줄을 뮤트한다. 또는 스트로크와 동시에 오른손 손바닥의
새끼손가락 측면(수도(手刀))을 브릿지 부근의 줄에 대도 같은 효과를 낼
수 있다. 왼손의 폼 체인지 도중에 스트로크를 하면 결과적으로 브러싱
음이 나는 경우도 있다.

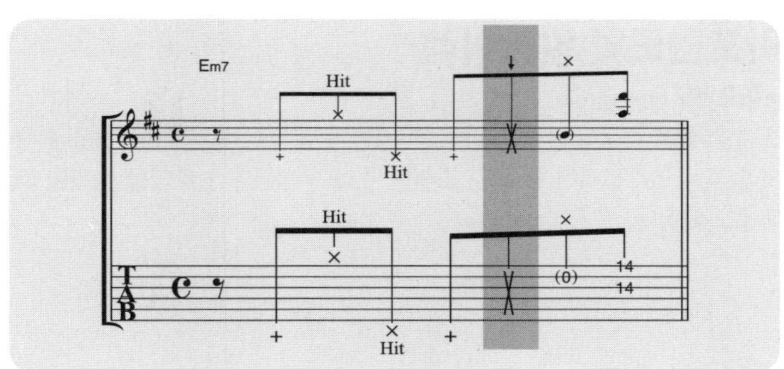

'日曜日のビール(Beer On Sunday)'의 B2 8소절째. 스트로크를 하면서 왼손을 모든 줄에 대서(뮤
트) 노이즈 같은 소리를 낸다.

# Ras.

### ▶ 라스게아도

플라멩코 연주법의 일종으로, 오른손 새끼손가락(또는 약손가락)부터 집
게손가락까지 약간의 시간차를 두고 순서대로 내려치는 연주법이다. 표
기된 음표의 타이밍에서 마칠 수 있도록 조금 앞서서 연주를 시작한다.
악보에는 물결모양의 화살표와 'Ras.'로 표기된다.

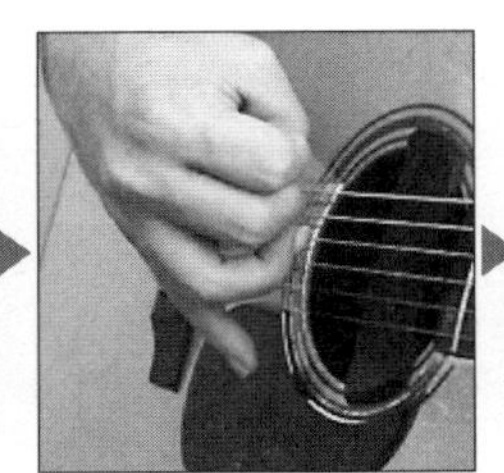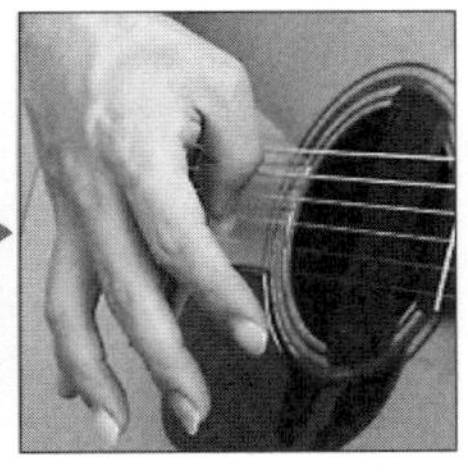

▲새끼손가락부터 순서대로 내려친다.

'オアシス(Oasis)'의 C 1소절째.

## 그 외의 연주법

# Quick Arpeggio ⟨기호:음표 왼쪽의 물결선(≬)⟩

**▶ 퀵 아르페지오**

2음 이상의 음을 약간의 시간차를 주고 피킹하는 연주법이다. 엄지손가락→집게손가락→가운뎃손가락…의 순서로 피킹한다. 가장 높은 음이 정박자에 울리는 타이밍이다. 따라서 낮은 음은 조금 앞서서 연주를 시작한다.

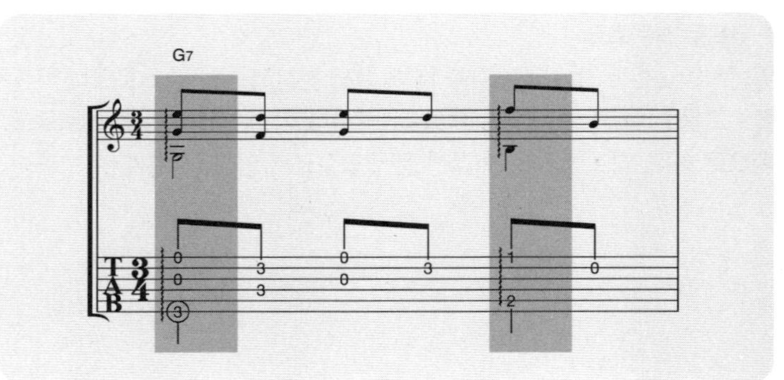


'木もれ陽(Komorebi)'의 C 6소절째. 1박자째는 3음, 3박자째는 2음을 퀵 아르페지오한다.

---

# 아포얀도와 알아이레

**● 아포얀도 (apoyando)**

스페인어로 '기대다'라는 의미로, 피킹한 후에 손가락을 이웃한 줄에 대서 멈추는 연주법이다. 소리가 또렷하게 나기 때문에 멜로디를 강조할 때에 효과적이다.

**● 알아이레 (al aire)**

스페인어로 '공중으로'라는 의미로, 아포얀도와 달리 피킹한 후에 손가락을 이웃한 줄에 대지 않고 공중으로 빼는 연주법이다. 화음, 아르페지오와 같이 이웃한 줄을 함께 울릴 때 사용한다.

---

# s., g.

**▶ 슬라이드, 글리산도**

두 가지 모두, 피킹 후에 운지한 채로 프렛을 이동해서 음의 높이를 바꾸는 연주법이다. 기타의 경우, 슬라이드와 글리산도의 명확한 구분이 어렵다. 이 책에서는 이동 후에 도달하는 음을 피킹(또는 스트로크)하지 않는 것을 슬라이드, 피킹(또는 스트로크)하는 것을 글리산도라고 한다.

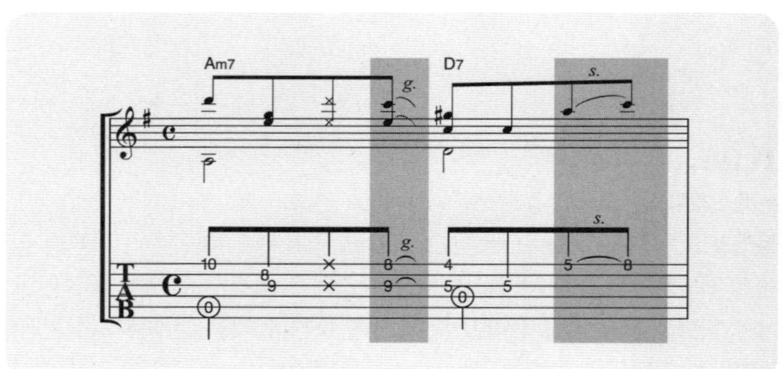


'黃昏(Twilight)' B 2.3. 의 2소절째 4박자째는 도달음인 1번 줄 8프렛의 C음을 피킹하지 않으므로 슬라이드, 2박자째 뒤~3박자째는 도달음을 피킹하므로 글리산도로 표기되었다.

---

# mute

**▶ 뮤트**

손가락을 줄에 대고 피킹해서 탁한 음을 내는 연주법이다. 오른손 새끼손가락의 배부분~손바닥 부근을 줄에 대거나, 줄을 누른 왼손 손가락의 힘을 살짝 뺀다. 또는 운지하지 않는 왼손 손가락을 줄에 댄다. 악보에는 음표 아래에 'mute'라고 표기된다. 음의 높이가 명확한 부분은 일반적인 음표로, 불명확한 곳은 음표 머리를 ×로 표기한다.

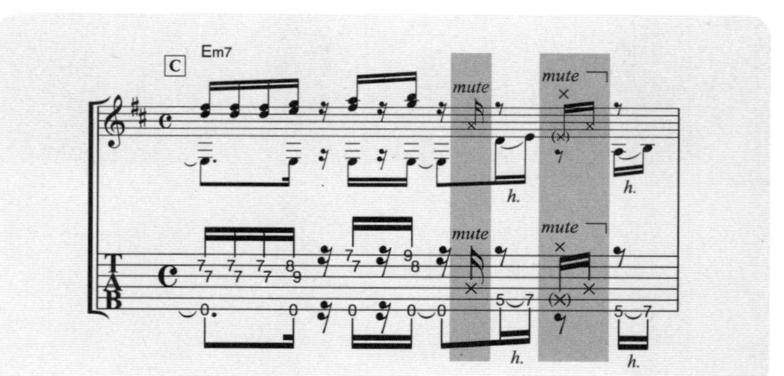


'Misty Night'의 C 1소절째다.

---

## 부분 바레

2~4번 줄이나 4~6번 줄과 같이, 일부의 줄만 바레하는 것을 부분 바레(또는 퍼셜 세하, 작은 바레)라고 한다. 일반적인 바레를 바레 코드(또는 큰 바레)라고 하는 경우도 있다.

▲4~6번 줄 부분 바레의 예.

  부분 바레를 하려면 왼손 손가락의 제1관절이 바깥쪽으로 젖혀져야 한다. 젖혀지지 않는 사람도 많으니, 만약 바깥쪽으로 젖혀지지 않는다면 자신에게 편한 다른 방법을 찾아보자.

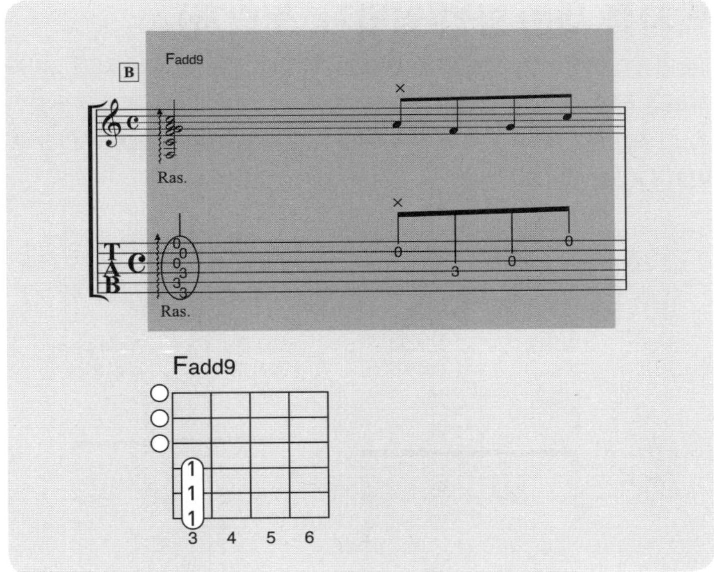

'Merry Christmas Mr. Lawrence ~영화 〈전장의 크리스마스〉에서~'의 B 1소절째. 1~3번 줄을 개방한 채로 4~6번 줄을 부분 바레한다.

## 쉐이크 핸드 그립

줄을 누르는 방법의 일종으로 왼손 엄지손가락을 넥 위쪽으로 내밀어 5번 또는 6번 줄을 누른다. 살짝 대서 6번 줄을 뮤트하는 방법으로도 종종 사용된다.

▲손이 작은 사람은 어려울 수 있다. 뮤트는 살짝 대기만 하면 된다.

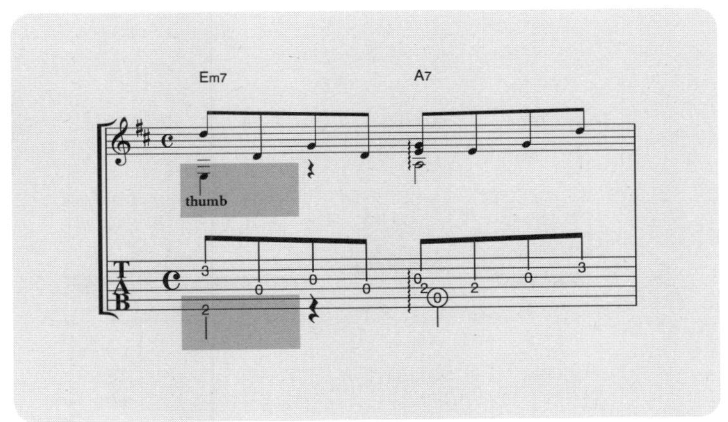

'風の詩(Wind Song)'의 B 3소절째. 왼손 엄지손가락으로 6번 줄을 누른다.

## 악보를 보는 방법

# 박자를 세는 방법(앞박자, 뒷박자)

4분의 4박자의 경우, 앞부터 순서대로 1박자째, 2박자째, 3박자째, 4박자째라고 한다. 이 책의 수록곡은 모두 4분의 4박자다. 8비트의 곡은 음표가 좀 더 세밀하게 나뉘어진다. 각 박자의 처음을 앞박자, 앞박자와 다음 앞박자 사이를 뒷박자라고 한다.

16비트의 곡은 음표가 더욱 세밀해진다. 앞박자와 뒷박자 사이를 '앞의 뒤', 뒷박자와 다음의 앞박자 사이를 '뒤의 뒤'라고 한다.

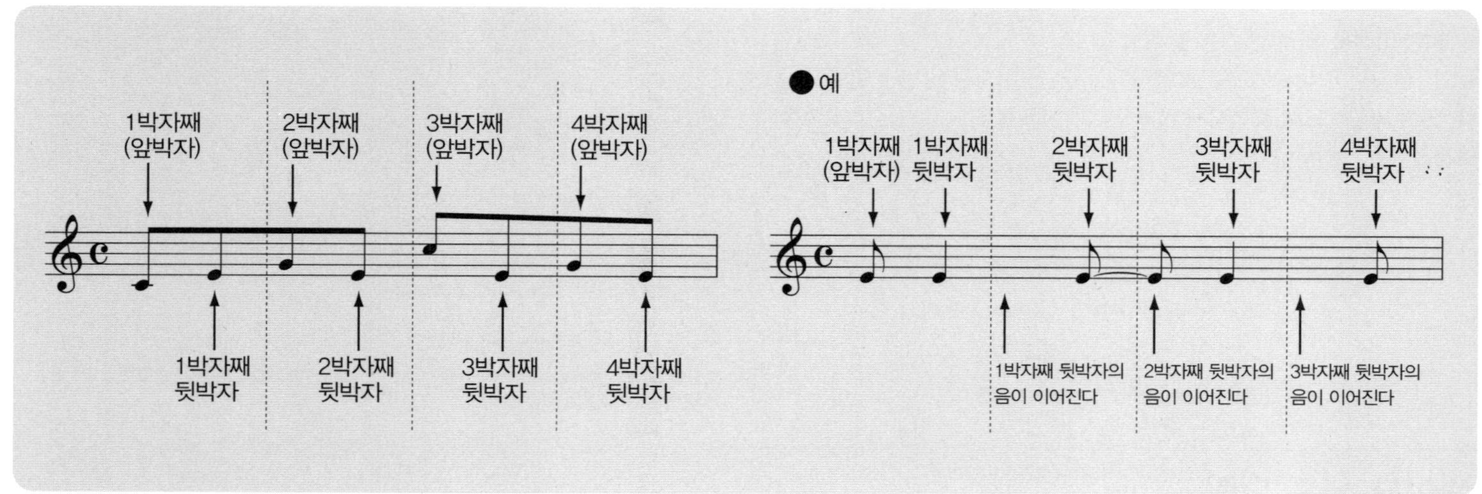



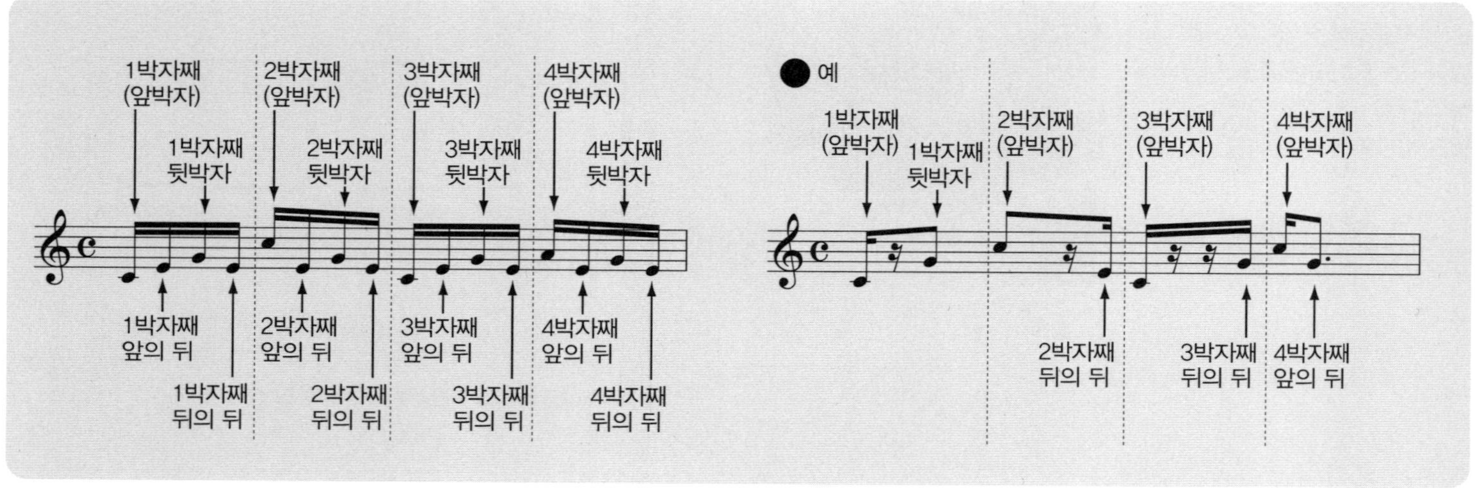



# ○× only, ○×표기에 대해서

이 책에는 'Earth Angel'에서처럼 소절의 일부에 괄호를 치고 '○×'라고 표기해 놓은 부분이 있다. 이것은 ○번째에서는 괄호 안에 표기된 대로 연주하라는 의미다. 이 밖에 박복할 때의 세밀한 차이에 대해서는 곡마다 해설을 해 놓았다.

## 다이어그램 악보에 대해서

왼손 폼(다이어그램)을 곡의 진행순서대로 표기한 악보다. 오선악보, TAB악보와 함께 보면 연주에 도움이 될 것이다. 다만, 폼 체인지 할 때의 개방현 등, 일부는 표기되지 않았음을 일러둔다.

○로 둘러싼 글자는 누르는 왼손 손가락을 나타내며(1=집게손가락, 2=가운뎃손가락, 3=약손가락, 4=새끼손가락, T=엄지손가락, i=오른손 집게손가락), ○는 개방현을, ×는 연주하지 않는(또는 뮤트하는) 줄을 나타낸다. 화살표는 곡의 진행에 따른 손가락 포지션의 이동을 나타낸다. 괄호 안의 음은 피킹하지 않는다. 반복할 때 연주하거나 눌러두어야 하는 음이다.

'●●:same as ▲▲'는 ●●소절째는 ▲▲와 같은 다이어그램이라는 뜻이다. 예를 들어 '5~7bar:same as A 1~3bar'라고 표기되어 있다면, 5~7소절은 A의 1~3소절과 같은 다이어그램이라는 의미다.

'same as ◆ except notice'는 지정된 부분 외에는 ◆와 같다는 의미다. 예를 들어 'same as Inter except notice'라고 표기되어 있다면, 지정된 부분 이외에는 Inter와 같은 폼이라는 의미다.

## 손가락 기호

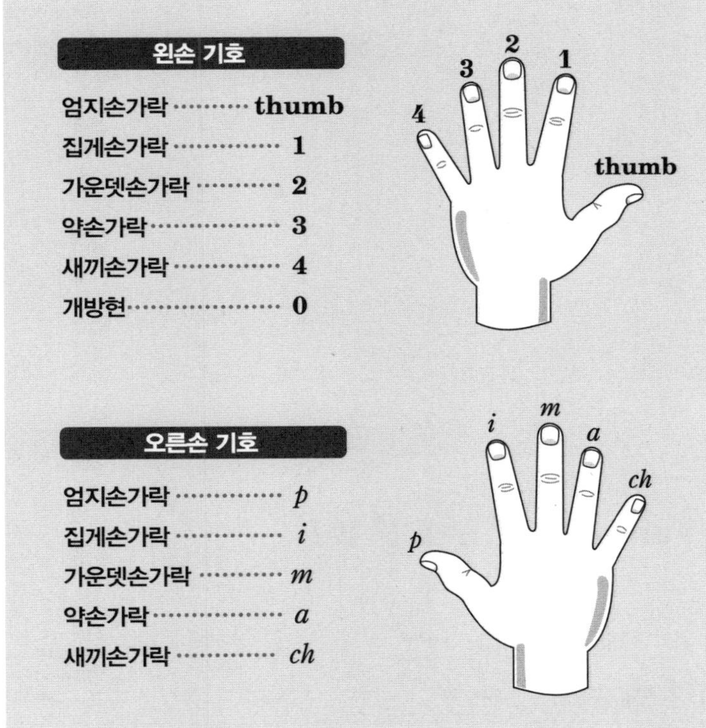


| 왼손 기호 | |
|---|---|
| 엄지손가락 | thumb |
| 집게손가락 | 1 |
| 가운뎃손가락 | 2 |
| 약손가락 | 3 |
| 새끼손가락 | 4 |
| 개방현 | 0 |

| 오른손 기호 | |
|---|---|
| 엄지손가락 | $p$ |
| 집게손가락 | $i$ |
| 가운뎃손가락 | $m$ |
| 약손가락 | $a$ |
| 새끼손가락 | $ch$ |

# MOTHER

Song Written by kotaro oshio

©2012 by KOTARO music office, Inc. & Sony Music Publishing (Japan) Inc.

**Tuning = C♯ G♯ E F♯ B E**

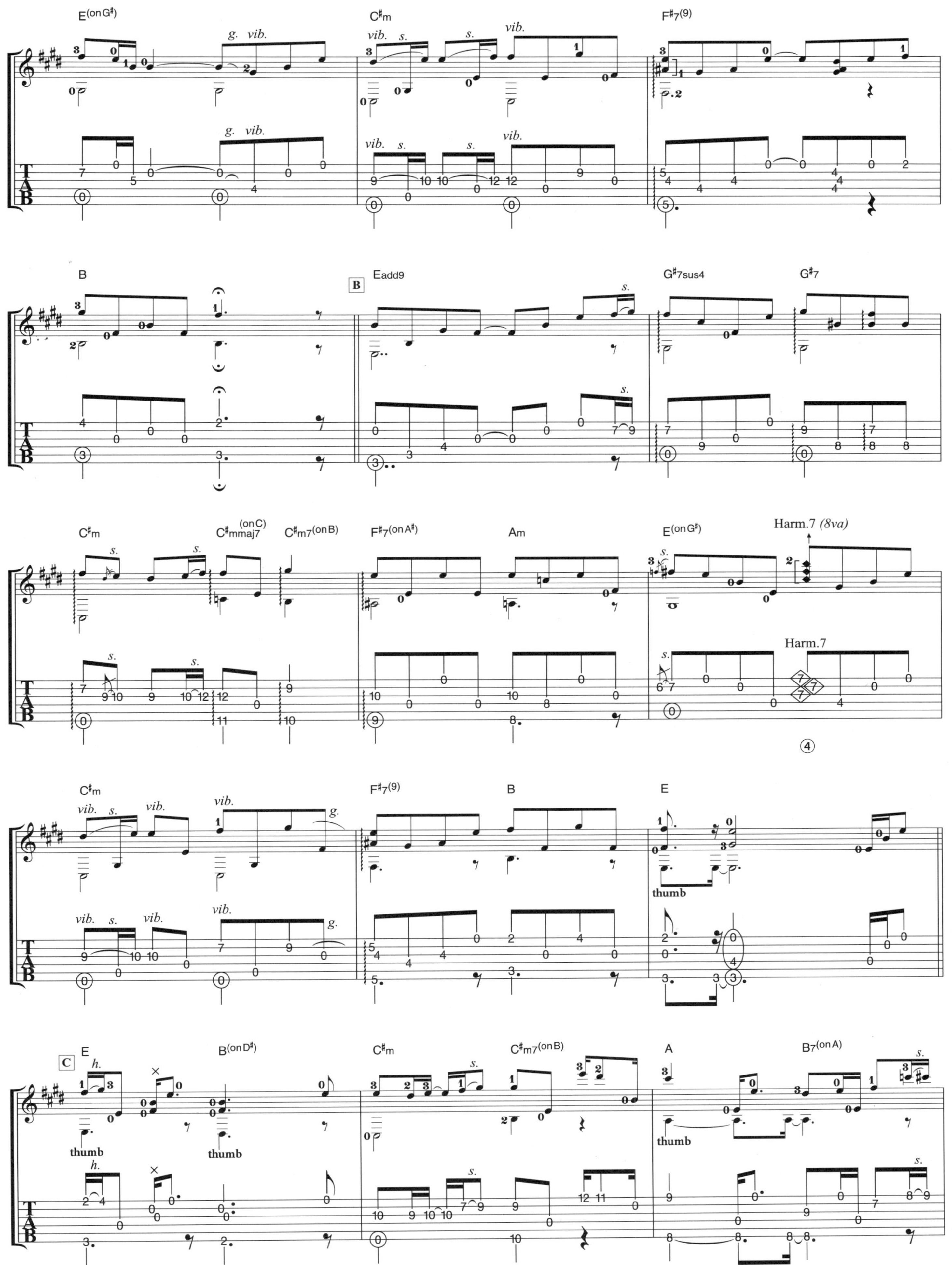

E(on G#)
g. vib.
C#m
vib.  s.  s.  vib.
F#7(9)
B
Eadd9
G#7sus4
G#7
C#m
C#mmaj7 (on C)
C#m7(on B)
F#7(on A#)
Am
E(on G#)
Harm.7 (8va)
Harm.7
C#m
vib.  s.  vib.  vib.
g.
F#7(9)
B
E
thumb
C
E
h.
B(on D#)
C#m
C#m7(on B)
A
B7(on A)
s.
thumb
thumb
h.
thumb

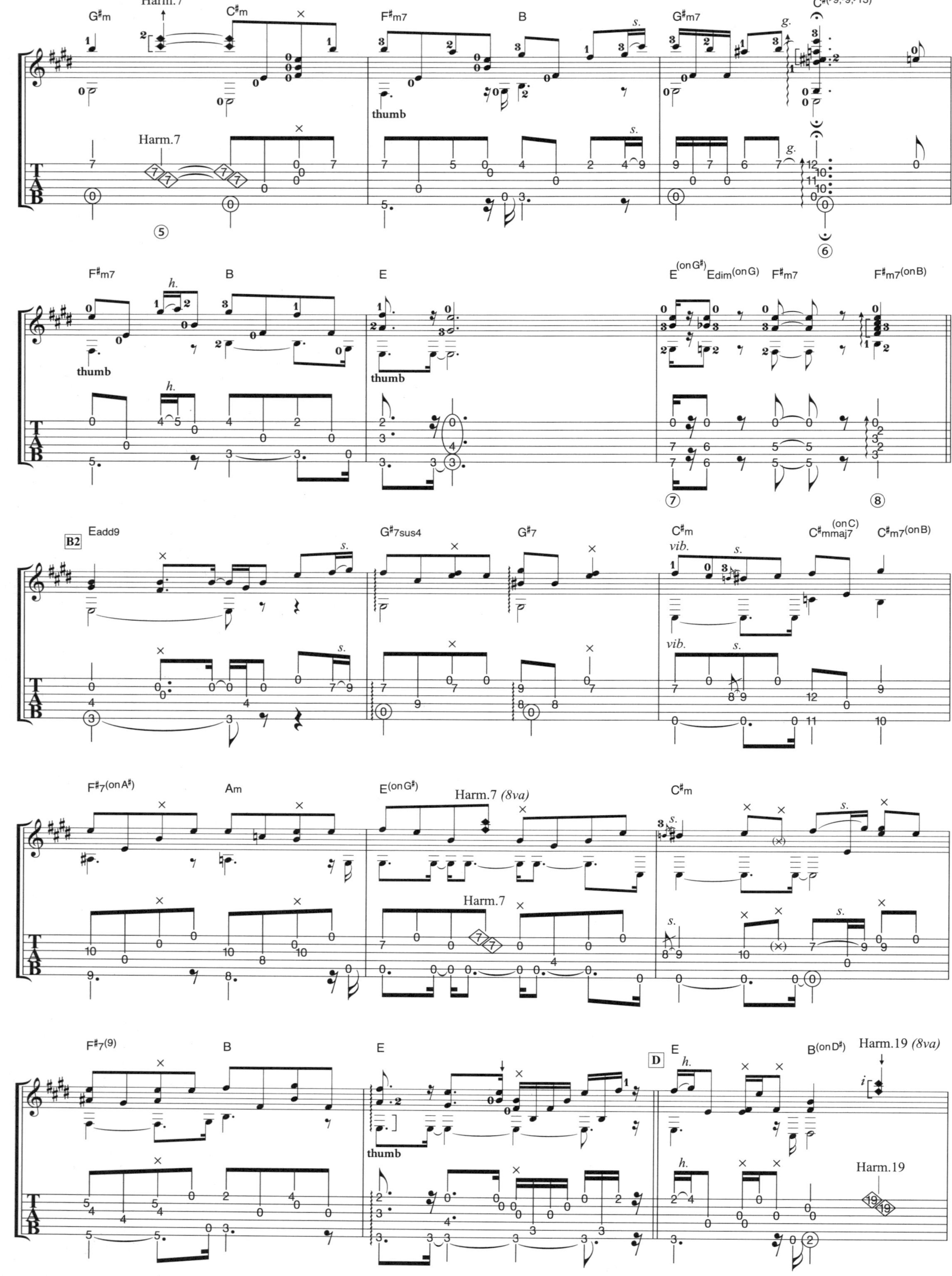

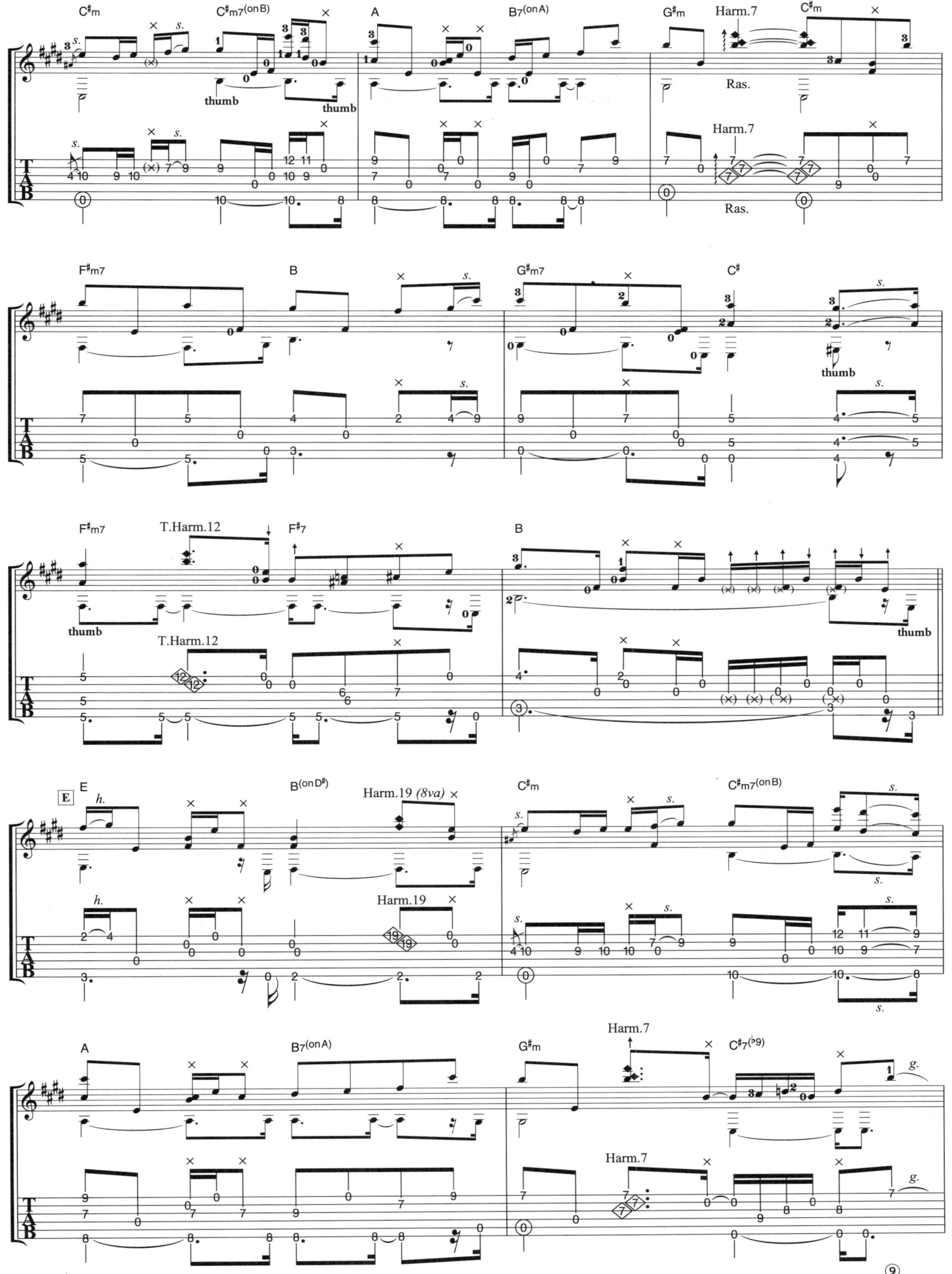

MOTHER
01
F#m7
B
G#m7
C#(b9,#9,b13)
F#m7
B
Eadd9
F
A
G#m
F#m
E
A
G#m
Harm.12
Harm.19
Harm.12
Harm.12
Harm.19
Harm.12
Harm.12
Harm.19
Harm.12
Harm.12
Harm.19
Harm.12
T.Harm.12
T.Harm.19
T.Harm.12
T.Harm.12
T.Harm.19
T.Harm.12
L.H.

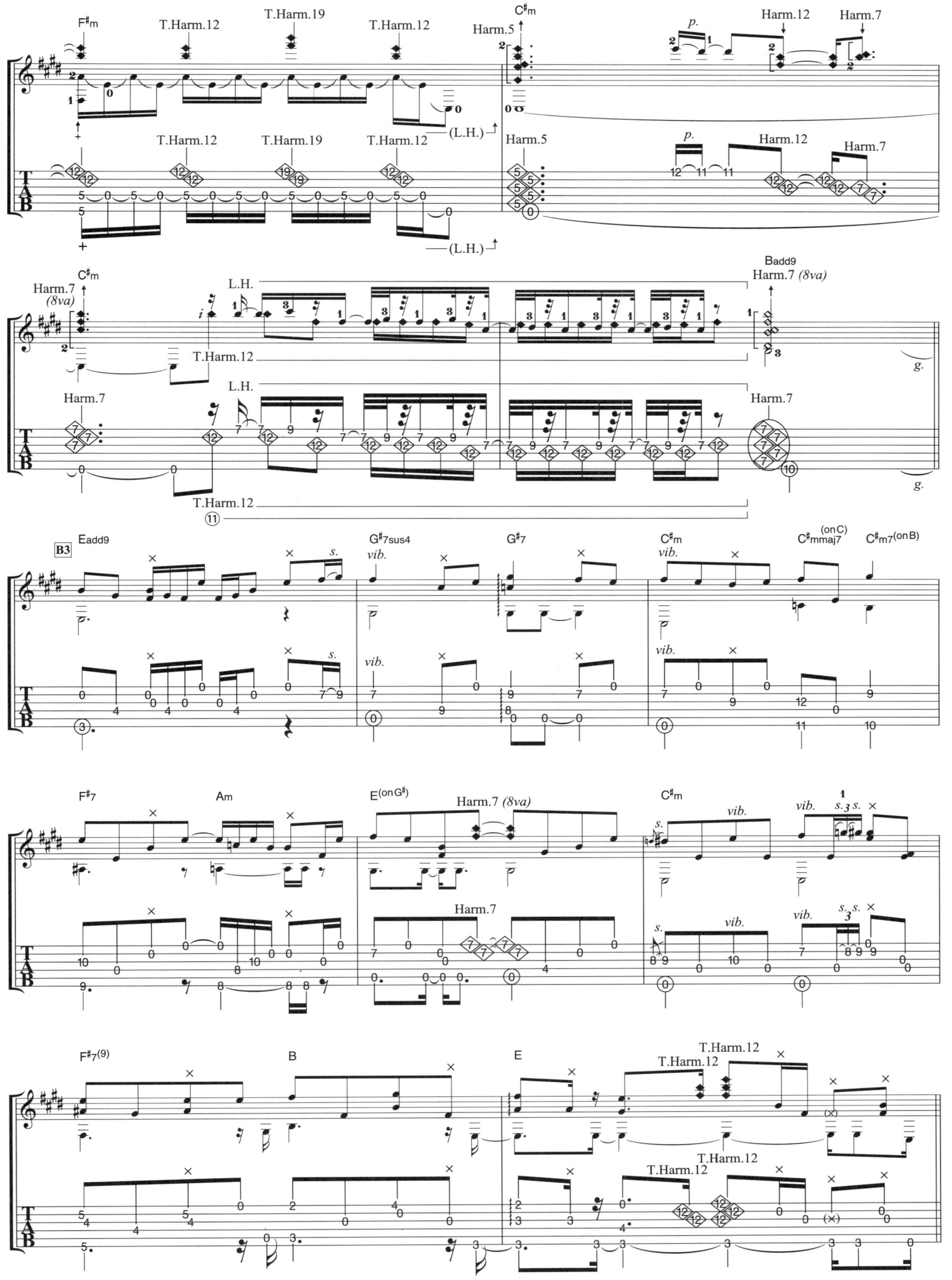
F#m
T.Harm.12
T.Harm.19
T.Harm.12
C#m
Harm.5
p.
Harm.12
Harm.7
T.Harm.12
T.Harm.19
T.Harm.12
Harm.5
(L.H.)
p.
Harm.12
Harm.7
(L.H.)
C#m
Harm.7
(8va)
L.H.
Badd9
Harm.7 (8va)
T.Harm.12
g.
Harm.7
L.H.
Harm.7
T.Harm.12
g.
B3
Eadd9
G#7sus4
G#7
C#m
C#mmaj7 (onC)
C#m7 (onB)
s.
vib.
vib.
vib.
s.
vib.
vib.
F#7
Am
E (onG#)
Harm.7 (8va)
C#m
vib.
vib.
s.3 s.
s.
Harm.7
s.
vib.
vib.
s.3 s.
F#7(9)
B
E
T.Harm.12
T.Harm.12
T.Harm.12
T.Harm.12

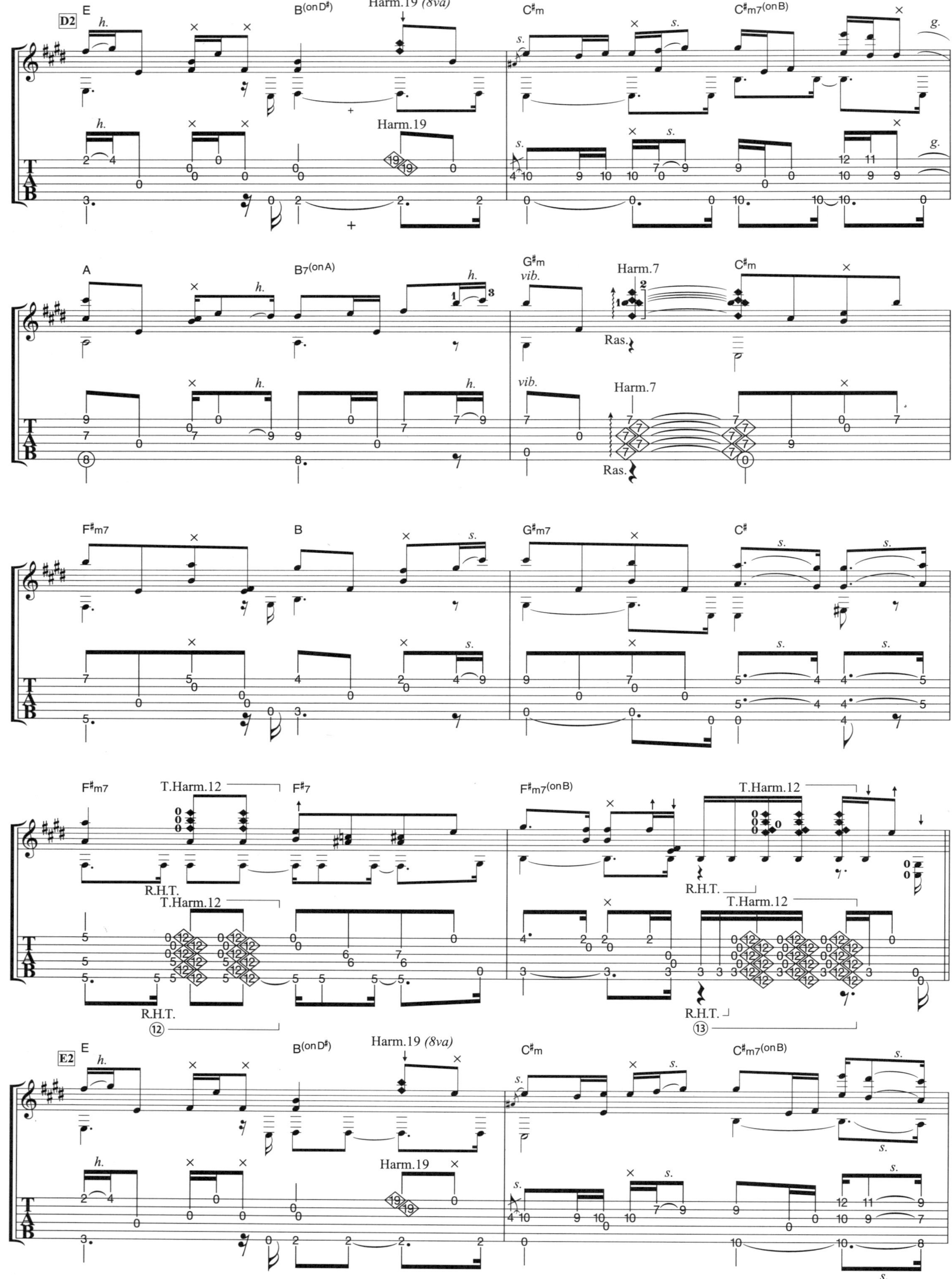

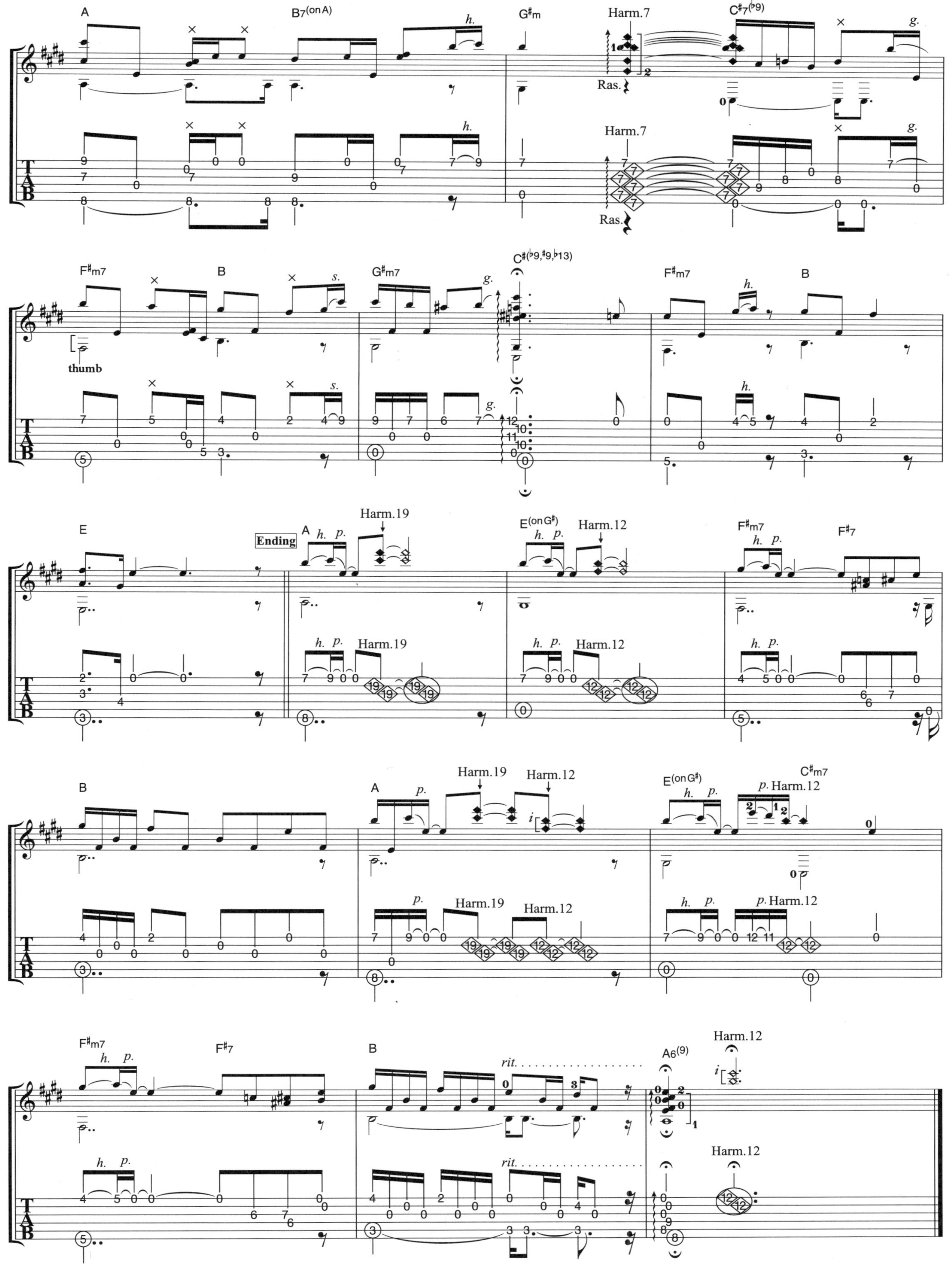
MOTHER
10th Anniversary BEST -Ballade Side- Kotaro Oshio

# MOTHER

녹음에 사용된 기타:GREVEN D–Herringbone Custom(#1097)

## Tuning : C#↓／G#↓／E↑／F#↓／B／E

①6번 줄을 1음 반 내린다(5번 줄 4프렛의 1옥타브 아래)
②5번 줄을 반음 내린다(6번 줄 7프렛과 유니즌)
③4번 줄을 1음 올린다(1번 줄 개방의 1옥타브 아래)
④3번 줄을 반음 내린다(4번 줄 2프렛과 유니즌))

## 곡의 개요&연주법 해설

〈10th Anniversary BEST〉를 위해 새롭게 만들어진 곡으로 스케일이 큰 발라드다. 튜닝은 〈Eternal Chain〉의 'Tabi No Tochu'와 〈Hand to Hand〉의 'Brand New Wings'와 같은 C#G#EF#BE다. 〈10th Anniversary BEST〉 기간한정판 DVD에 수록된 비디오 클립에서 일부분이긴 하지만 연주를 볼 수 있다(앨범과 운지가 다른 부분도 있다).

곡의 **F** 이후의 **B3**, **D2**, **E2**(6소절째까지)는 여러 대의 기타를 겹쳤다. **B3**, **D2**, **E2**는 전체에 온음 코드와 때리는 음을 겹쳤다. **E2** 에는 추가로 스타카토 느낌의 저음 코드를 더했다. **F**는 더욱 복잡해진다. 1~4소절째는 메인 기타에 추가로 저음을 보강하는 온음의 코드가 겹쳐져 있다.

**F** 5~8소절째 시작부분에서 메인 기타는 2~3번 줄 5프렛을 레프트 핸드로 연주하고, 다른 기타는 온음의 코드를, 그리고 또 한 대의 기타로 팜+태핑 하모닉스를 겹쳤다. 이 책에서는 5~8소절째를 한 대의 기타로 연주할 수 있도록 오시오 코타로와 의논해서 재구성했다(재구성된 어레인지에 한 대의 기타를 겹치는 경우를 생각해서, 오시오 코타로와 의논한 것을 31페이지에 게재했다).

거의 전체가 아르페지오 중심의 연주다. **C** 이후에는 몇 군데에서 네일 어택(음표 위에 ×표)을 한다. 네일 어택은 악보에 표기된 줄을 연주한다. 음정이 명확하게 들리지 않는 부분은 음표 머리를 (×)로 표기했다(**B2** 6소절째, 2박자째 뒤 등).

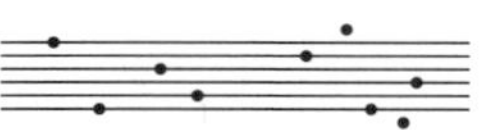 ## 연주 포인트 

### Intro

① 처음에 7프렛의 B음을 피킹한 후, 왼손 해머링과 풀링만으로 소리를 낸다(2, 3소절째도 같다).

② 하모닉스는 오른손 집게손가락을 2~3번 줄 19프렛에 대고, 오른손 약손가락으로 연주한다. 악보에는 업 스트로크 기호가 붙어있다. 오른손을 크게 움직이는 스트로크가 아닌 손끝만 움직이는 복현 피킹이다. 그리고 1번 손가락은 손가락 끝이 아닌 손가락을 눕혀서 바레하는 느낌으로 줄에 댄다(2, 3소절째도 같다).

③ 첫 번째에는 4번 줄 6프렛, A#음은 연주하지 않고, 두 번째(도돌이표로 돌아왔을 때)에는 연주한다.

### B

④ 이곳은 오른손이 아니라 왼손(2번 손가락)을 1~3번 줄 7프렛에 대고 연주한다(**C** 4소절째도 같다).

### C

⑤ 1번 줄 7프렛의 B음을 왼손 1번 손가락으로 누른 채로 2번 손가락으로 바레하듯이 2~3번 줄 7프렛에 대고 하모닉스를 한다.

⑥ 모든 줄을 부드럽게 다운 스트로크한다.

⑦ 여기서부터 템포가 조금 빨라진다.

⑧ 부드럽게 다운 스트로크한다.

### E

⑨ 1번 줄 7프렛, B음은 처음에는 바로 앞의 운지 때문에 1번 손가락으로 누른다. 소절의 마지막에서 글리스 다운하고 다음 소절의 F#m7에서는 같은 음을 3번 손가락으로 다시 누른다(다이어그램을 참고하자). **E2** 4소절째도 같다.

⑩ 저음줄을 다운 스트로크한다. 3박자째(앞과 뒤)의 5번 줄은 6번 줄을 누른 왼손 엄지손가락을 대서 뮤트한다. 4박자째 앞의 4번 줄 4프렛

G#음을 누른 3번 손가락은 그대로 두고 엄지손가락만 뗀다. 뒷박자에서 4~6번 줄 3프렛을 가운뎃손가락으로 부분 바레한다.

### F

1~4소절째는 주로 저음줄의 코드(스트로크, 일부는 레프트 핸드)와 오른손 복현 피킹(스트로크) 하모닉스의 콤비네이션이다. 오른손은 하모닉스가 없는 박자에서 저음줄을 다운 스트로크하고, 하모닉스가 있는 박자(2, 3, 4박자 째)에서는 하모닉스를 복현 피킹한다. 왼손은 저음줄을 누르고, 스트로크를 한 후 살짝 힘을 빼는 동작으로 음을 짧게 끊는다. 그리고 하모닉스의 타이밍에서 오른손은 스트로크를 할 수 없기 때문에 왼손만으로 소리를 낸다(L.H.:레프트 핸드. 동작은 해머링과 같다).

5~7소절째는 저음줄 레프트 핸드와 오른손의 태핑 하모닉스의 콤비네이션이다. 오른손은 1~4소절째와 마찬가지로 2박자째와 4박자째에서 12프렛, 3박자째에서 19프렛을 하모닉스한다. 복현 피킹이 아닌 태핑으로 연주한다. 저음은 모든 음을 왼손만으로 낸다. 따라서 줄을 누를 때에는 해머링, 줄에서 손을 뗄 때에는 풀링을 한다. 이 동작에 추가로 각 소절의 1박자째에서는 팜과 저음줄 다운 스트로크(네일 어택 느낌으로)를 한다.

⑪ 왼손의 7프렛→9프렛의 레프트 핸드와 오른손의 12프렛 태핑 하모닉스(단음)의 콤비네이션이다. 오른손은 집게손가락으로 12프렛의 하모닉스 포인트를 때려서 소리를 낸다. 왼손은 1번 손가락으로 7프렛 레프트 핸드→뗀다→3번 손가락으로 9프렛 레프트 핸드→뗀다…가 아니다. 1번 손가락으로 7프렛 레프트 핸드→3번 손가락으로 9프렛 레프트 핸드를 하는 동시에 7프렛(1번 손가락)을 뗀다→9프렛(3번 손가

락)을 뗀다…의 순서로 진행한다.

### D2

⑫ 라이트 핸드 태핑(R.H.T.)은 태핑 하모닉스의 흐름 안에서 피킹을 대신한다. 이어지는 12프렛 태핑 하모닉스는 왼손 손가락 중, 1번 줄을 누른 3번 손가락만 떼고 한다. 악보에 표기가 되지는 않았지만 5번 줄도 태핑한다. 5번 줄은 6번 줄을 누른 왼손 엄지손가락이나 4번 줄을 누른 왼손 2번 손가락을 대서 뮤트한다.

⑬ 라이트 핸드 태핑(R.H.T.)은 ⑫와 마찬가지로 태핑 하모닉스의 흐름 안에서 피킹을 대신하고 있다. 이어지는 12프렛 태핑 하모닉스는 왼손 손가락 중, 1번 줄을 누른 1번 손가락만 떼고 한다. 악보에 표기가 되지는 않았지만 6번 줄도 태핑한다. 6번 줄은 5번 줄을 누른 왼손 2번 손가락을 대서 뮤트한다.

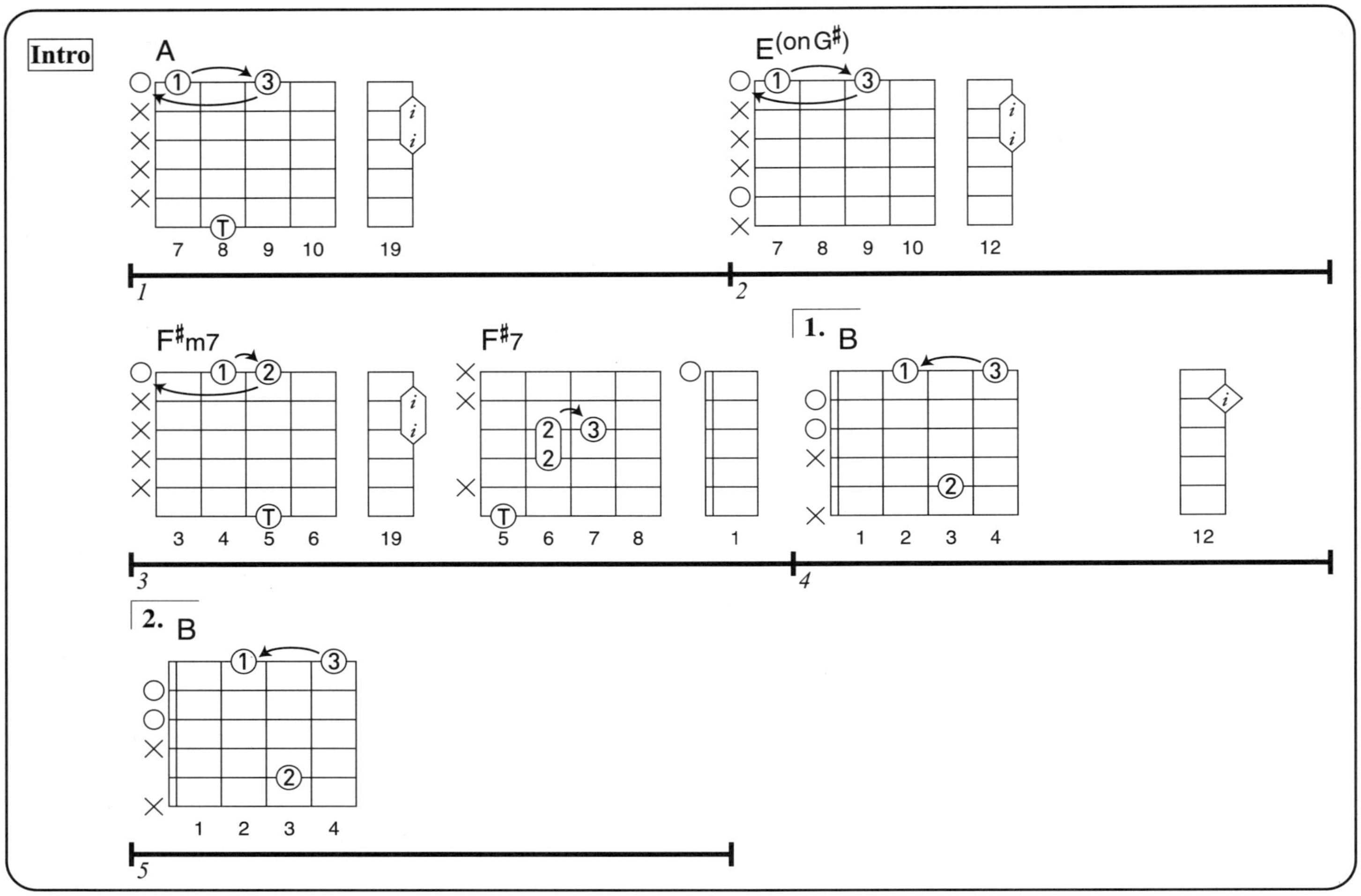

**Intro**

A     E(on G#)

F#m7     F#7     **1.** B

**2.** B

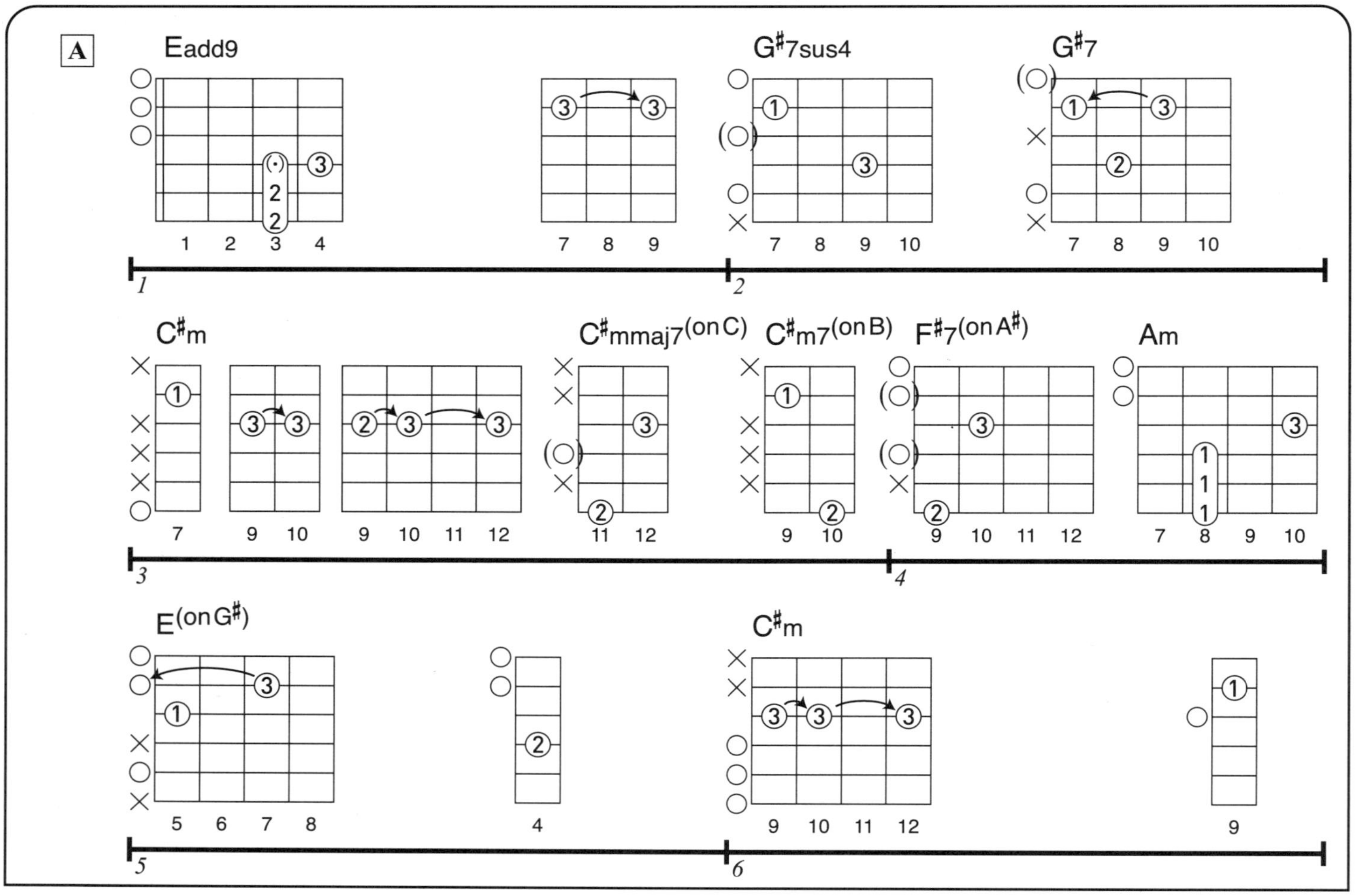

**A**

Eadd9     G#7sus4     G#7

C#m     C#mmaj7(on C)   C#m7(on B)   F#7(on A#)     Am

E(on G#)     C#m

～A
F#7(9)
B
3 4 5 6
2
1 2 3 4
7
8

B
1～4 bar : same as A 1～4 bar
1
2
3
4
E(on G#)
C#m
5 6 7 8
7
4
9 10 11 12
7 8 9
5
6
F#7(9)
B
E
3 4 5 6
1 2 3 4
1 2 3 4
3 4
1
7
8

C
E
B(on D#)
C#m
C#m7(on B)
1 2 3 4
1 2 3 4
9 10
7 8 9
9 10 11
11 12
1
2
A
B7(on A)
G#m
C#m
7 8 9 10
8 9
7 8
8 9
7 8 9 10
7
7 8 9 10
3
4

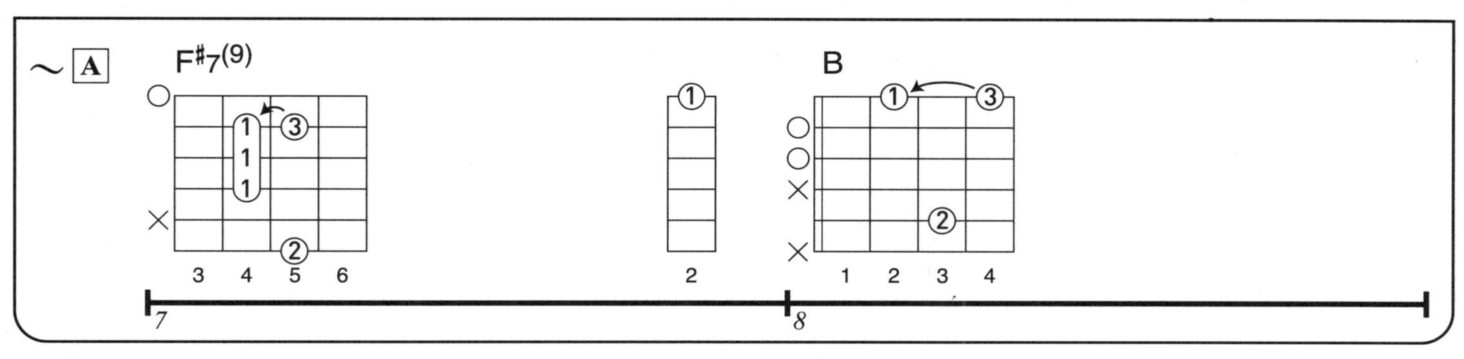

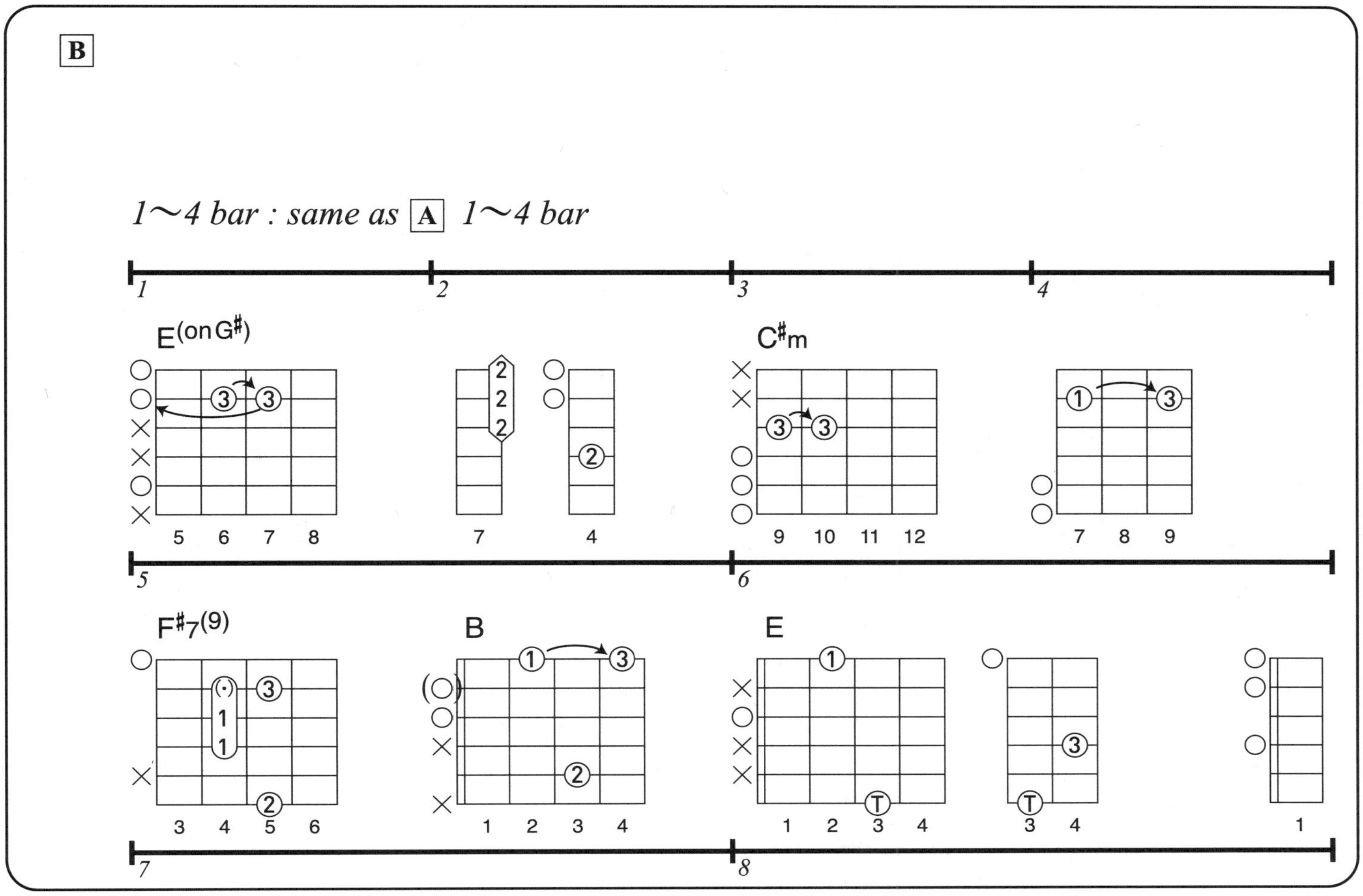

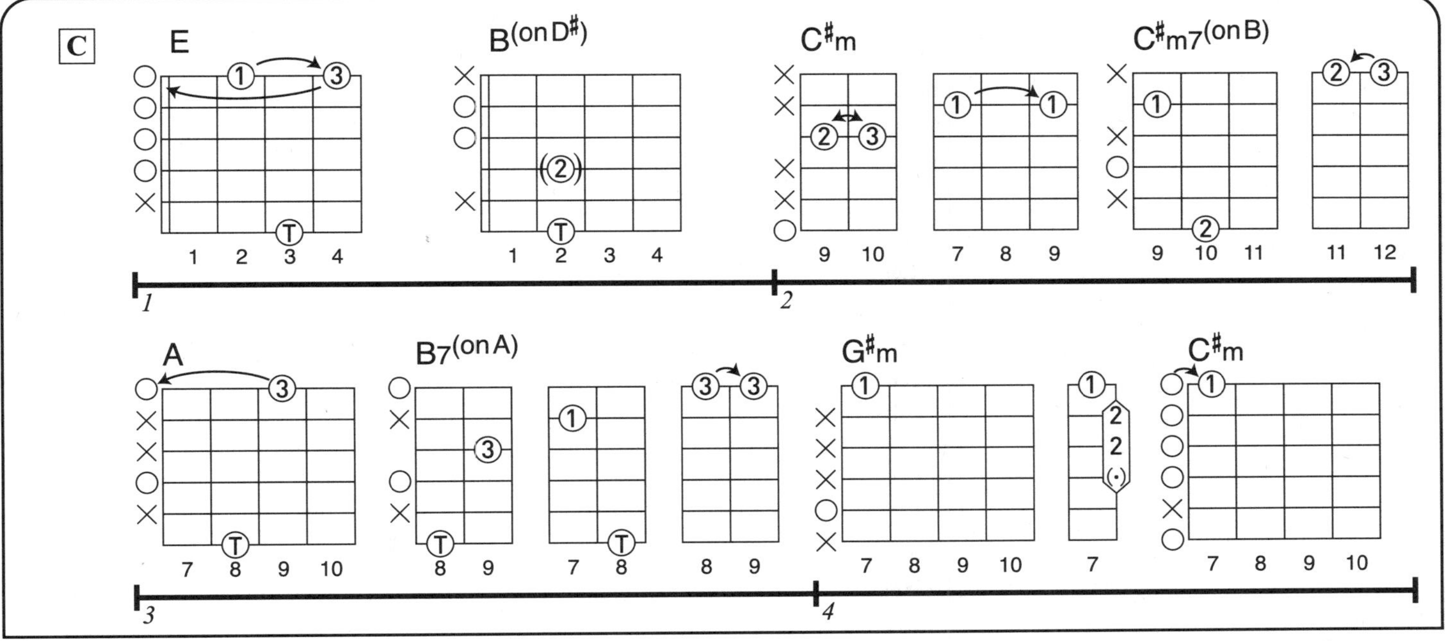

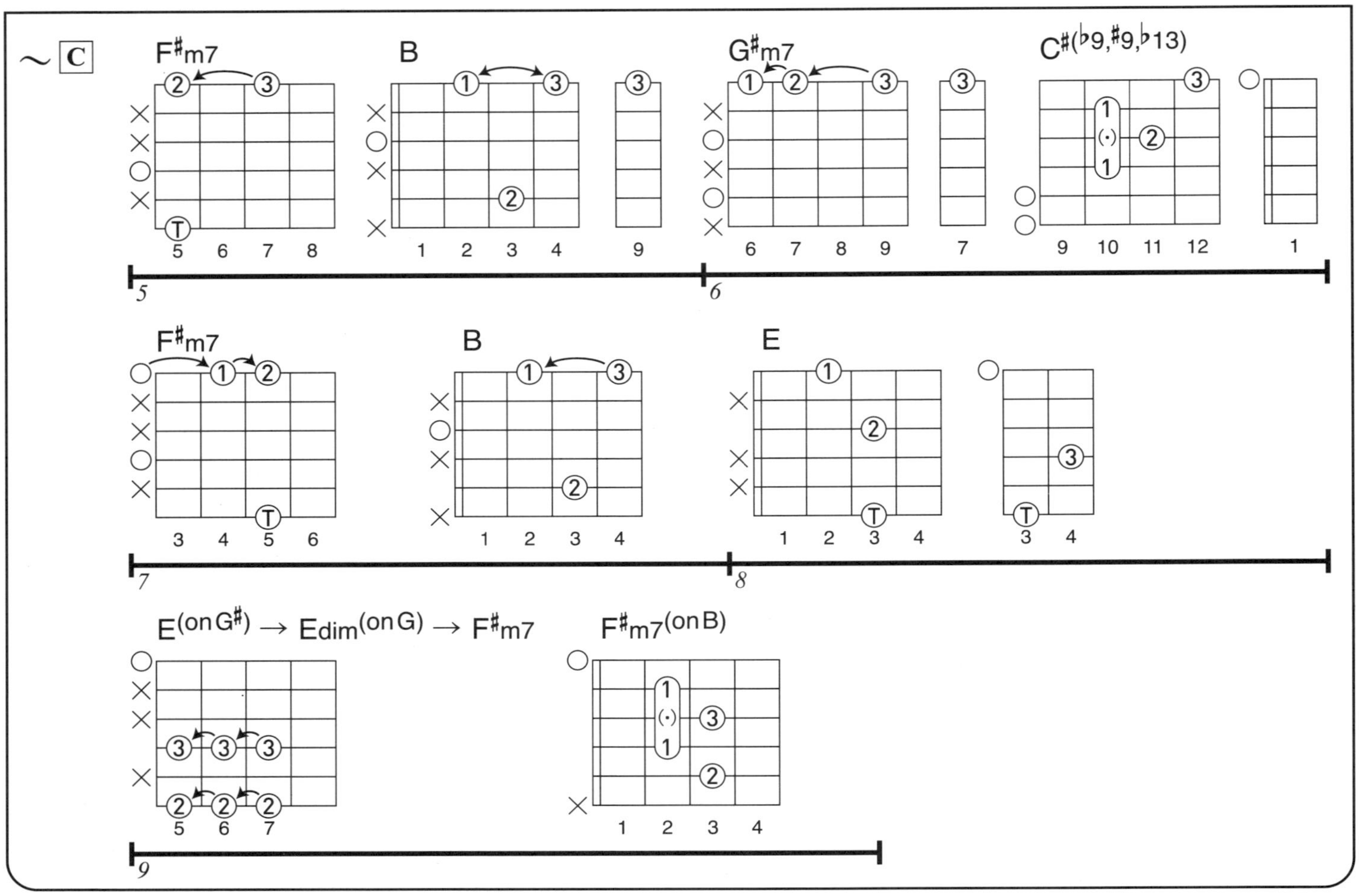

~ C

F#m7   B       G#m7   C#(♭9,#9,♭13)

5    6

F#m7   B   E

7    8

E(onG#) → Edim(onG) → F#m7   F#m7(onB)

9

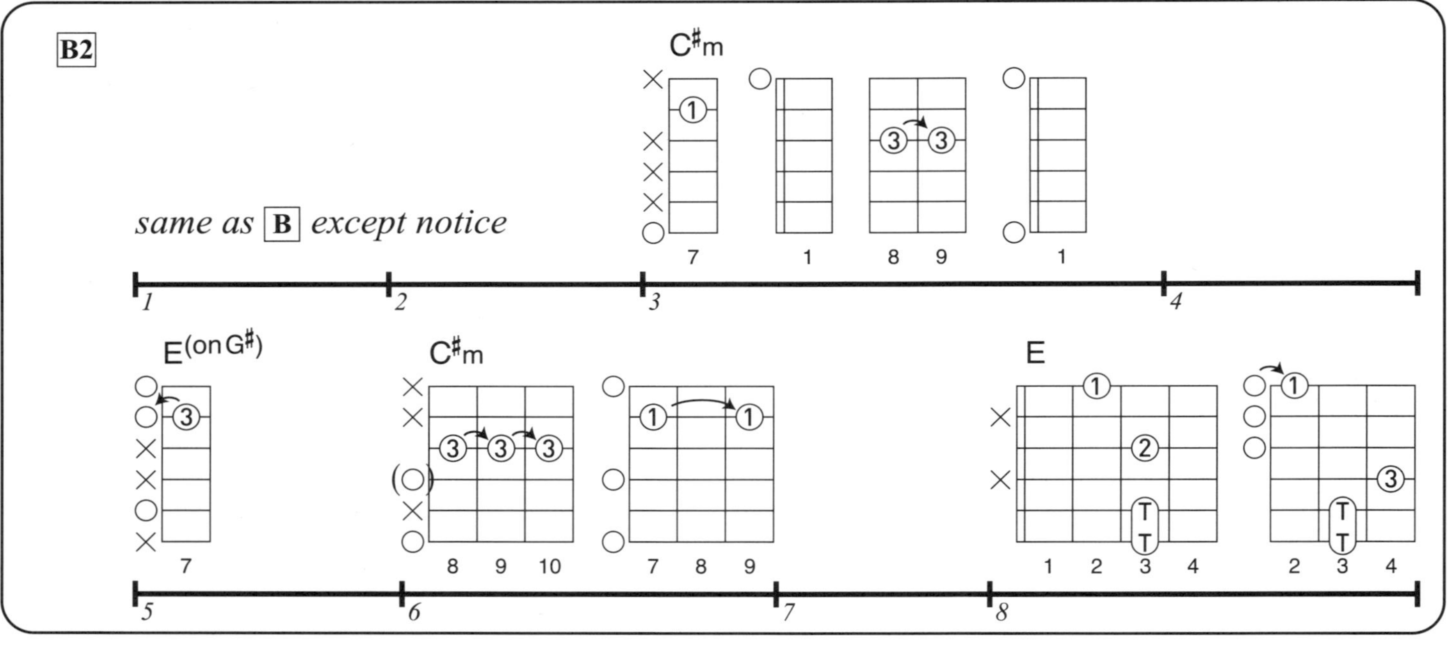


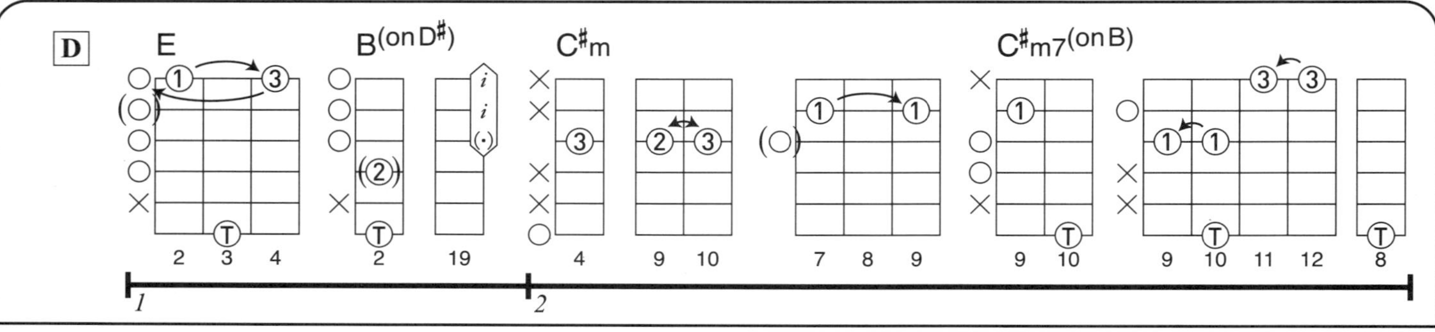

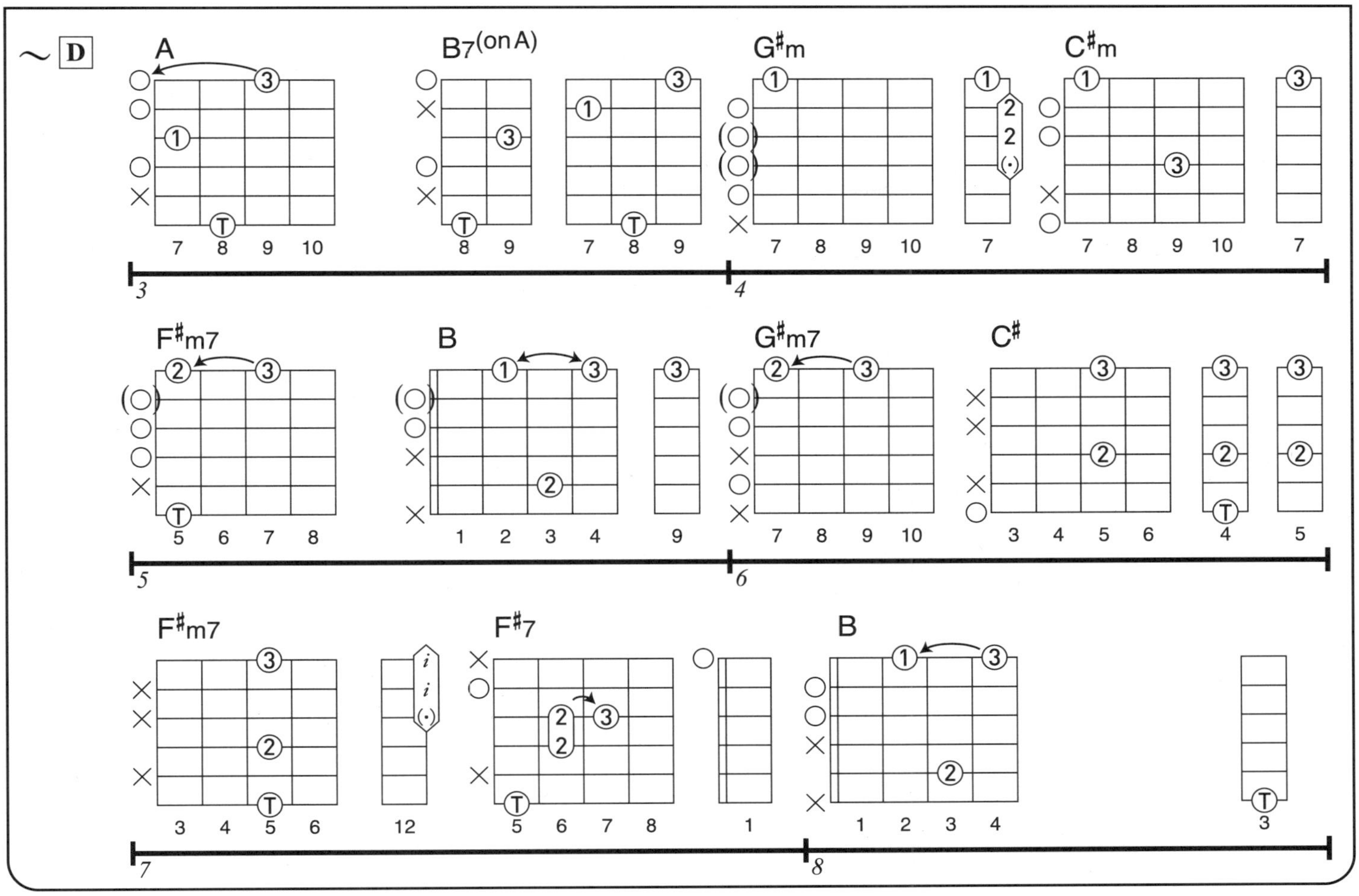

～ **D**

A  B7(onA)  G#m  C#m

F#m7  B  G#m7  C#

*3*  *4*  *5*  *6*

F#m7  F#7  B

*7*  *8*

---

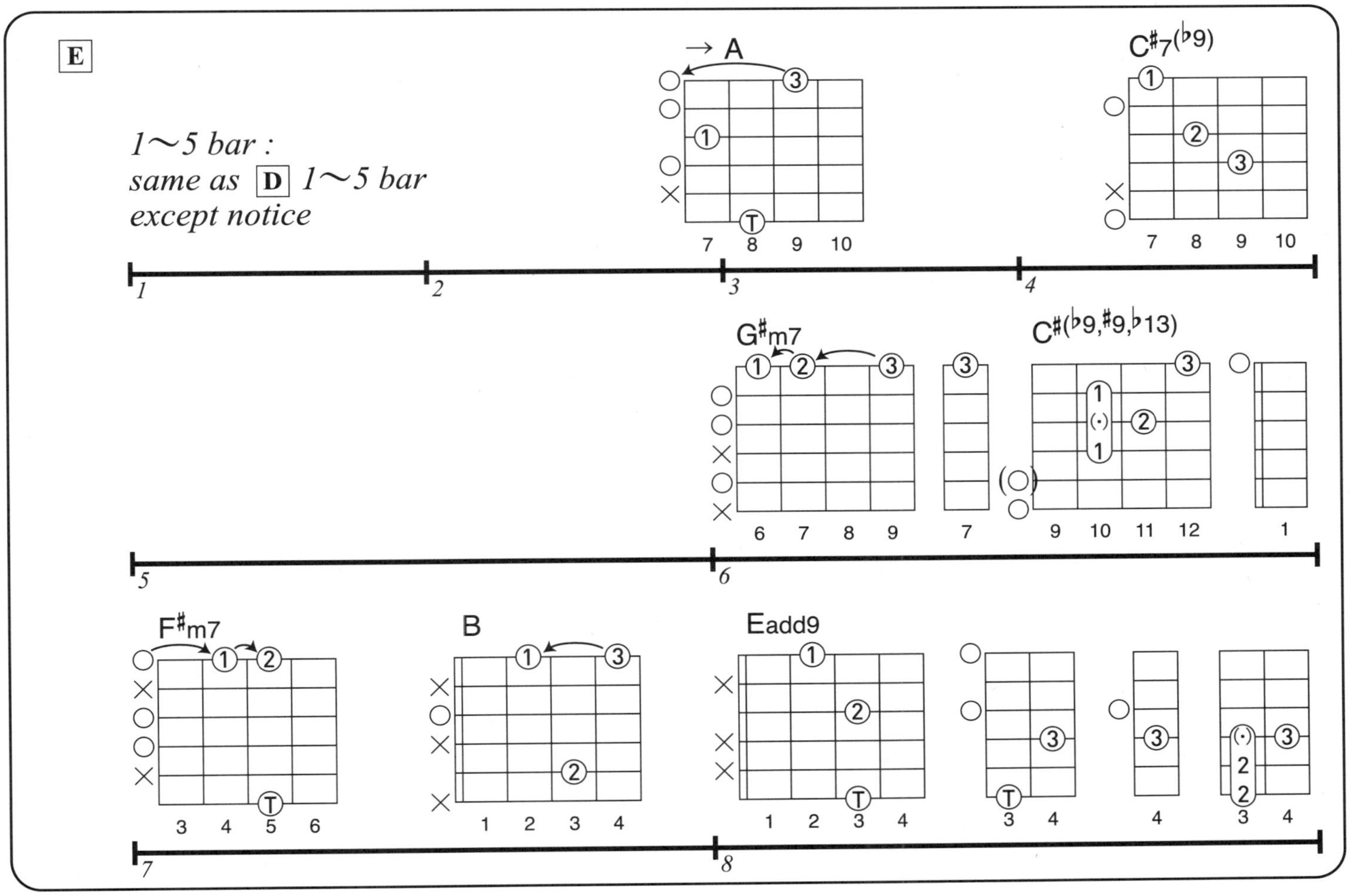

**E**

*1～5 bar :*
*same as* **D** *1～5 bar*
*except notice*

→ A  C#7(♭9)

*1*  *2*  *3*  *4*

G#m7  C#(♭9,#9,♭13)

*5*  *6*

F#m7  B  Eadd9

*7*  *8*

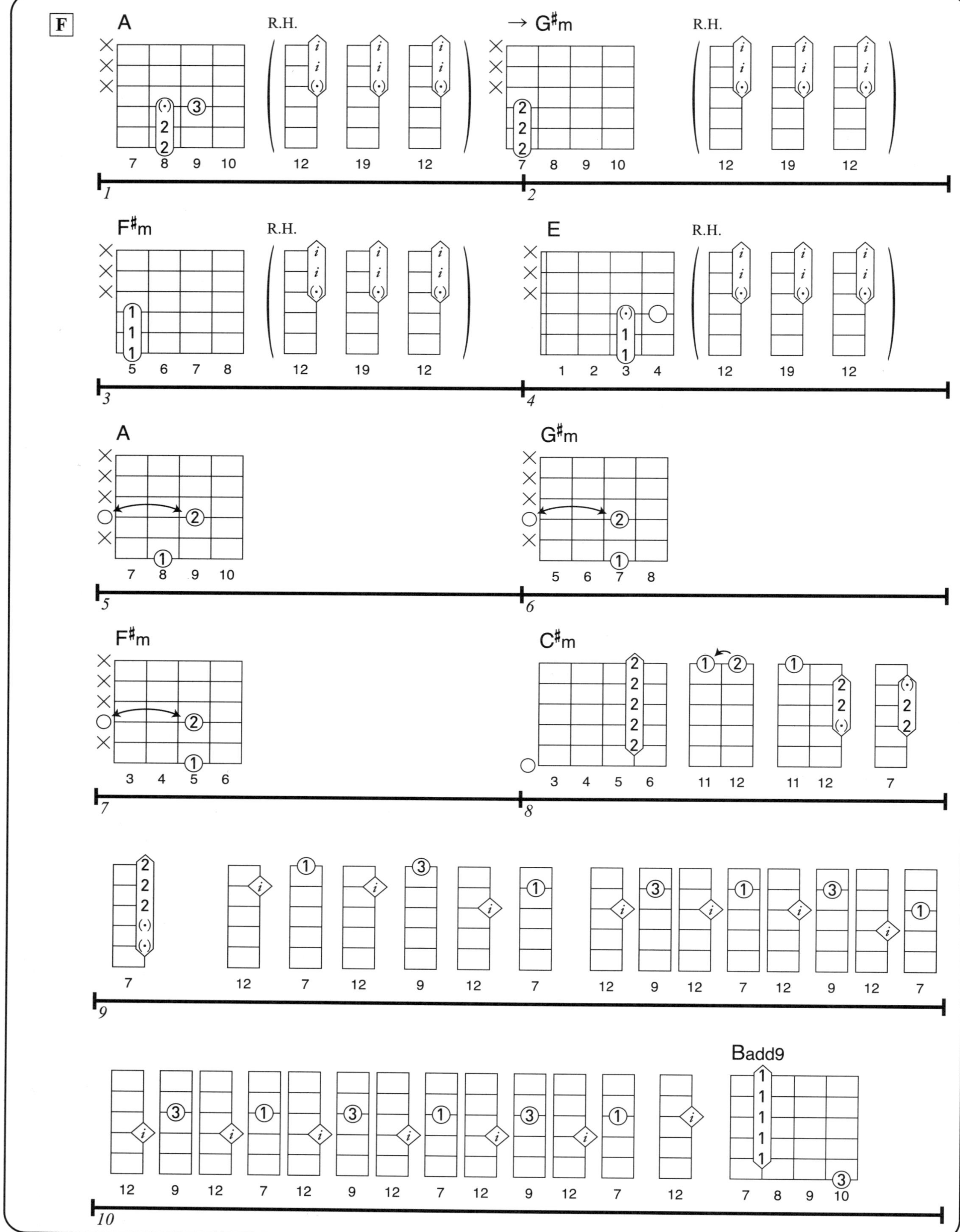
F
A
R.H.
→ G#m
R.H.
F#m
R.H.
E
R.H.
A
G#m
F#m
C#m
Badd9

**B3**

*same as* **B2** *except notice*

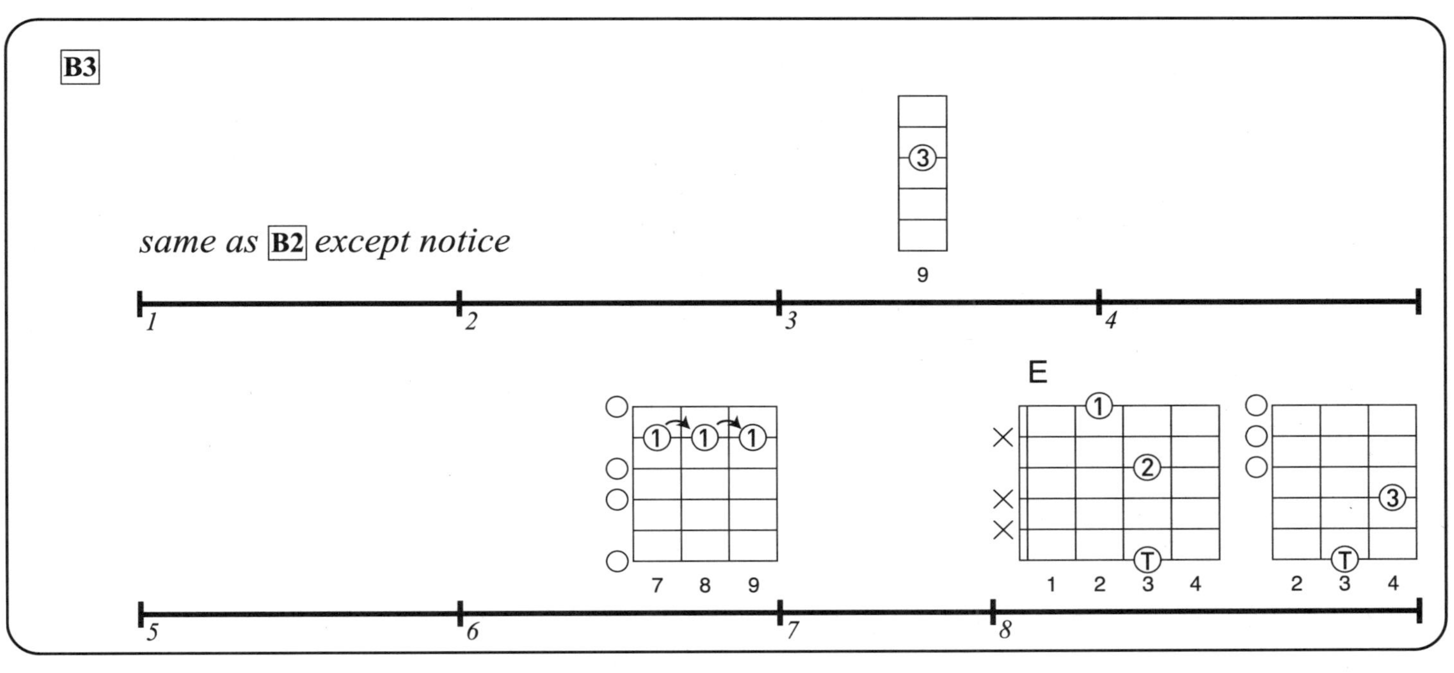

**D2**

*1〜7 bar :*
*same as* **D** *1〜7 bar*
*except notice*

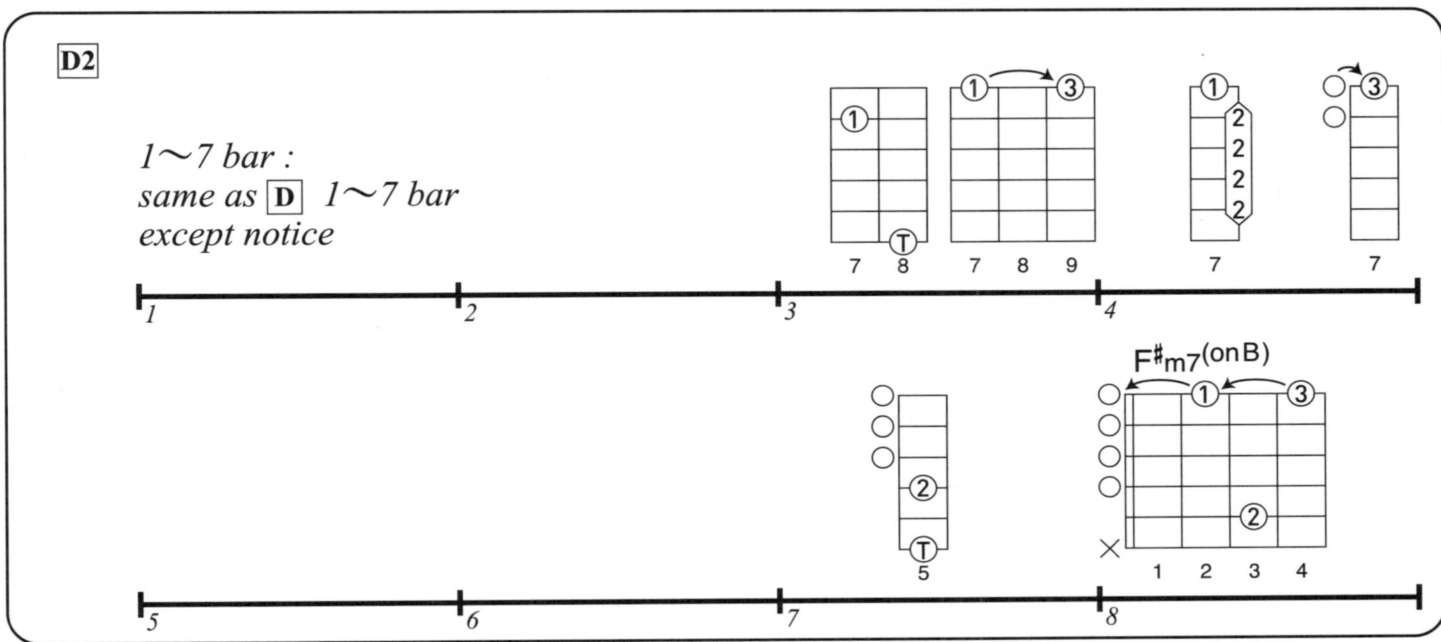

**E2**

*same as* **E** *except notice*

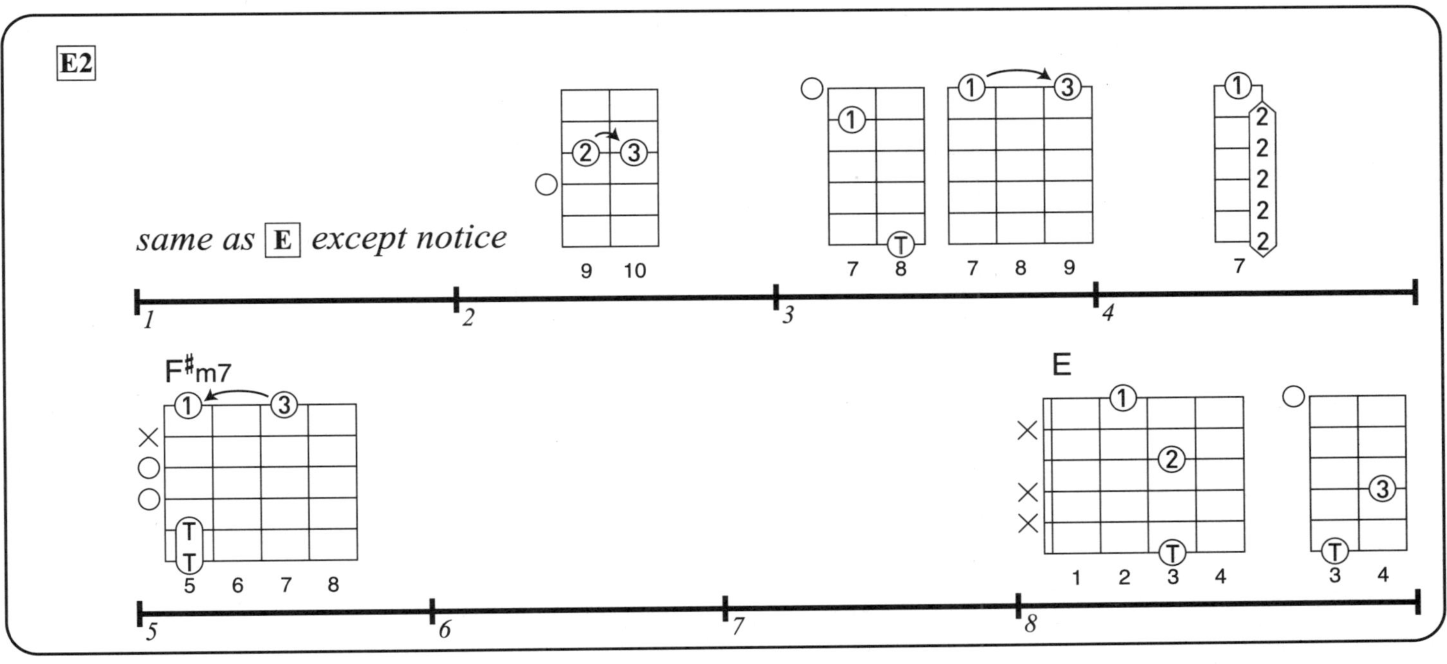

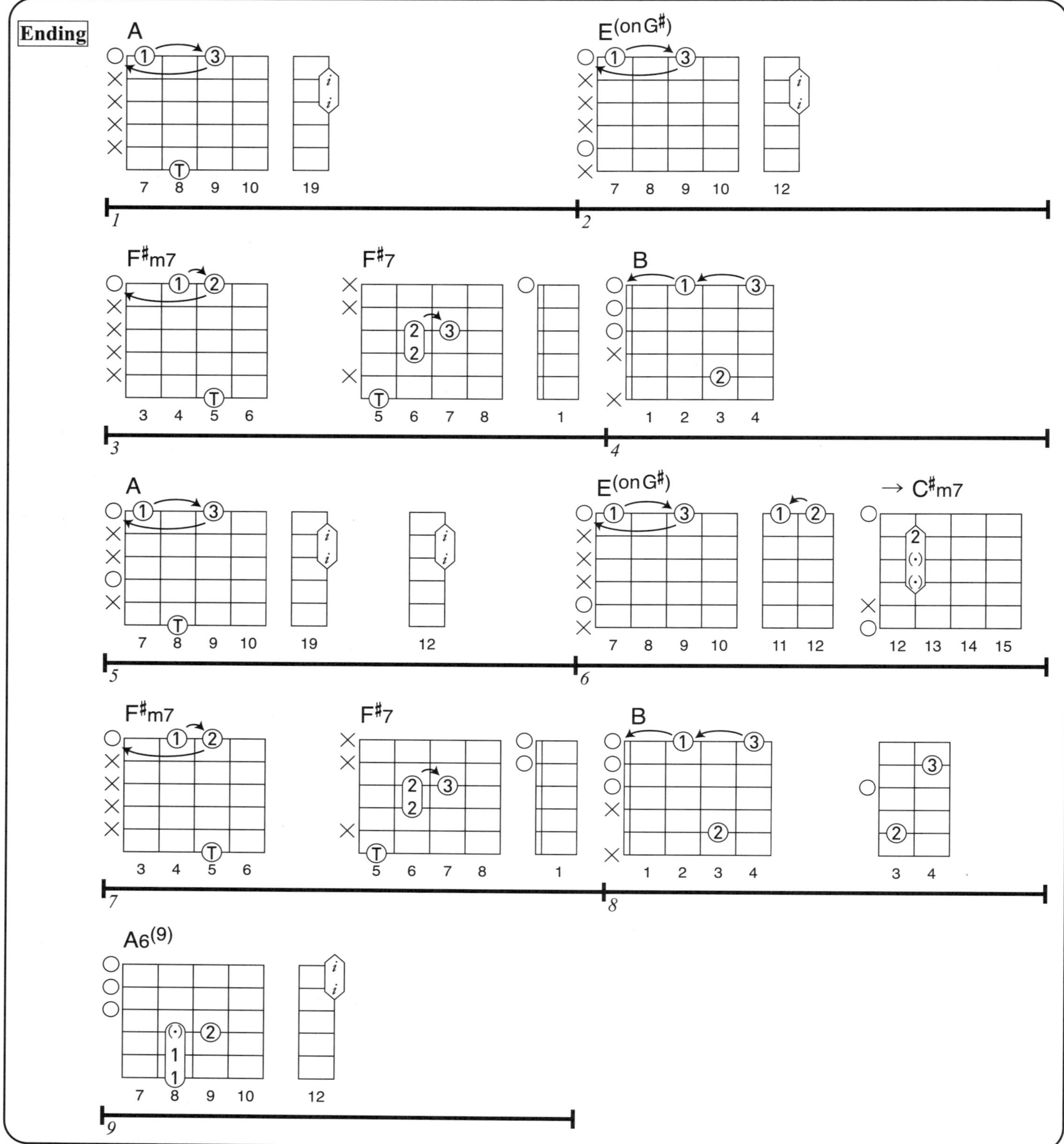
Ending
A
E(on G#)
F#m7
F#7
B
A
E(on G#)
→ C#m7
F#m7
F#7
B
A6(9)

## Guitar 2  녹음에 사용된 기타: GREVEN D-Herringbone Custom(#1097)

### Tuning=C#↓／G#↓／E↑／F#↓／B／E

기타 2(Guitar 2)는 메인 기타와 같은 튜닝이다. 앞의 해설에서 설명했듯이, 메인 기타는 이 악보의 위쪽 파트(2~3번 줄 5프렛을 레프트 핸드로 연주하는 프레이즈)만 연주한다. 재구성된 어레인지(18페이지)에 한 대의 기타를 겹치는 경우를 생각해서, 오시오 코타로가 연주해준 프레이즈를 채보해서 기재한다.

위의 파트는 2~3번 줄 5프렛을 왼손만으로(L.H.:레프트 핸드) 연주한다(동작은 해머링과 풀링의 반복이다). 아래 파트는 오른손 집게손가락으로 5~6번 줄을 바레하는 느낌으로 소리를 낸다(R.H.:라이트 핸드. 오른손으로 해머링을 하는 동작). 소절 마지막의 쉼표에서 오른손을 떼고, 다시 라이트 핸드를 준비한다.

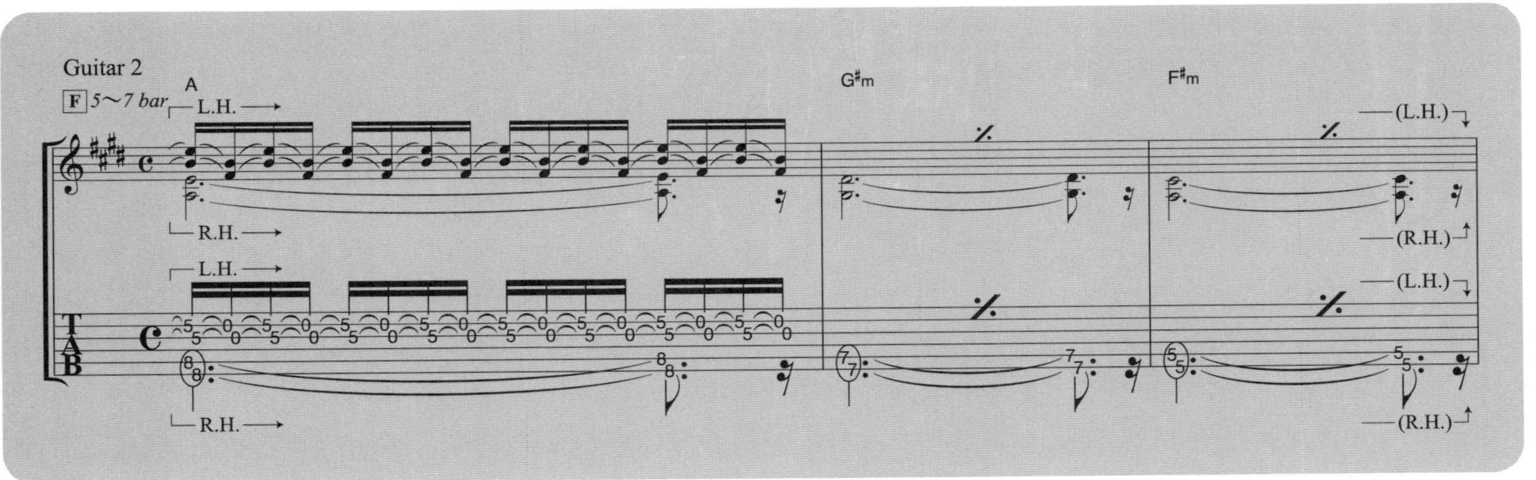

# 黄昏（Twilight)

Song Written by Kotaro Oshio

©2002 by KOTARO music office, Inc. & Sony Music Publishing (Japan) Inc.

**Tuning = Standard**

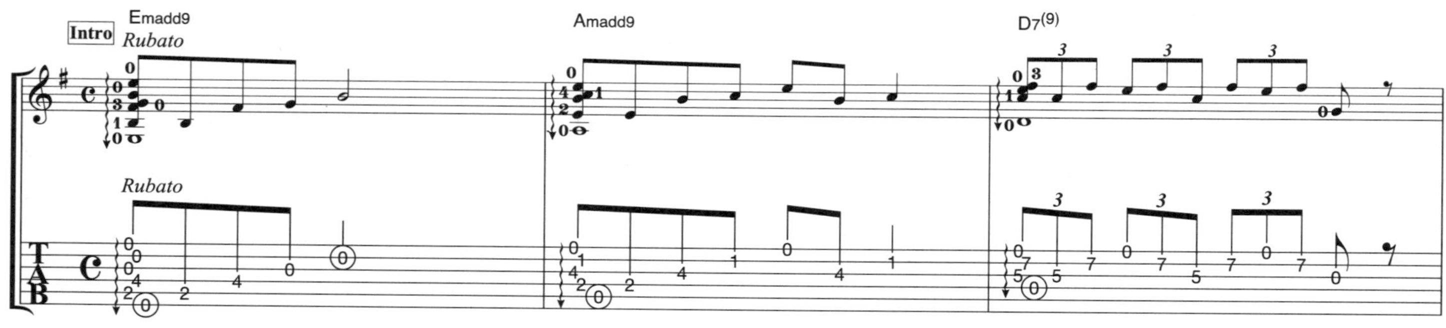

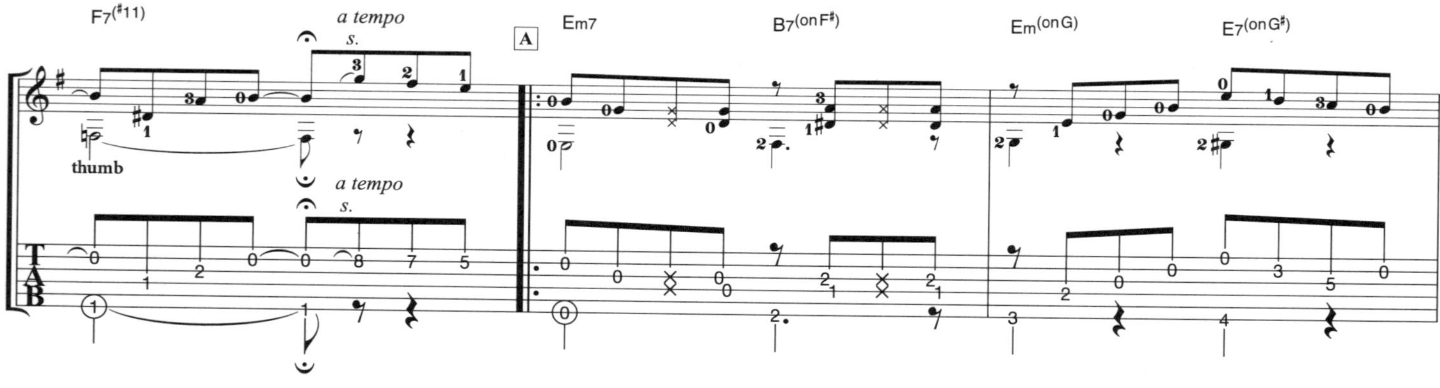

Amadd9
D
Bm7(♭5)
E7
Am
D
Gmaj7
Cmaj7
F#(♭9)
B7
thumb
Em7
B7(on F#)
Em(on G)
E7(on G#)
Amadd9
D7
Bm(♭5)
E
Am7
D7
G
C7
Am
B7
to 1
Em
Em
Am7
D7
thumb

G  C7  Am  B7  Em  D7
G  B7  Em
F#(b9)  B7  Am  G  B7(on F#)  B7
Coda 1
Em  Em  B7(on F#)  Em(on G)  E7(b9)(on G#)  Am7  D7
Inter
Gmaj7  G6  Am7  D7  Gmaj7  Cmaj7  F#7  B7
thumb
vib.
rit.
a tempo
D.S.1
s.
p.
h.

02
黄昏 (Twilight)
10th Anniversary BEST -Ballade Side- Kotaro Oshio
35

F#(♭9)
B
Em
C2
D7
thumb
p.
G
B7
Em
vib.
p.
h.
p.
p.
h.
p.
vib.
F#7(♭9)
B7
g.
g.
g.
g.
B7
Harm.7 (8va)
s.
Coda 2
Em
s.
Am7
D7
s.
g.
Harm.7
s.
s.
g.
s.
D.S.2
G
C7
Am
B7
Em
Harm.5 (8va)
s.
g.
thumb
s.
g.
Harm.5

# 黃昏(Twilight)

녹음에 사용된 기타:Gibson L-1

## Tuning : Standard

## 곡의 개요&연주법 해설

2002년에 발표된 앨범 〈STARTING POINT〉에 수록된 곡으로 제목처럼 석양의 쓸쓸함과 따스함이 느껴진다. 〈10th Anniversary BEST〉에서 재녹음되었다. **Intro**가 추가되고 **C2** 후반의 멜로디 등에서 몇 가지 프레이즈와 운지가 다소 변경되었다.

전반적으로 연주되는 스트링 히트(음표 머리가 ×표시)는 오른손 손가락(주로 집게손가락과 가운뎃손가락)으로 줄을 때리는 느낌으로 올려서 음을 멈추는 동시에 때리는 음을 낸다. 이어서 줄에 올린 손가락으로 할퀴듯이 피킹해서 코드를 연주한다.

악보의 표기가 약간 복잡하므로 진행 순서에 따라 곡의 구성을 살펴보겠다. 먼저 악보대로 **Intro**→**A**→**B**로 진행한다. 이어서 ⌐1.⌐ 를 연주하고 도돌이표로 **A**로 돌아간다. 돌아온 후에는 **A**→**B**를 연주하고 **B**의 8소절째는 ⌐1.⌐ 이 아니라 ⌐2.3.⌐ 를 연주한다. 그 다음은 **C**로 진행하고 **C**의 마지막에서 **B**로 돌아온다( 𝄌1 ). **B**의 7소절째까지 연주한 후, ⊕Coda **1**으로 건너뛴다. 그 후 **Inter**→**D**→**E**→**C2**를 연주하고 **C2**의 마지막에서 다시 **B**로 돌아온다( 𝄌2 ). **B**의 8소절째는 다시 ⌐2.3.⌐ 로 진행하고 ⊕Coda **2**로 건너뛰어, 그대로 연주를 마무리한다.

## 연주 포인트

### Intro

곡의 본편(**A** 이후)에 비해 느리고 자유로운 템포로 연주한다(*Rubato*: 루바토). 1~3소절째 시작 부분의 업 스트로크는 모두 부드러운 느낌으로 고음줄에서 저음줄 쪽으로 한다.

### A

① 처음에 누른 2번 줄 3프렛의 D음은 E7으로 코드가 바뀌어도 계속 누른다(다이어그램 참조). 그리고 E7 바로 전의 3번 줄과 4번 줄 개방은

다음 코드로의 폼 체인지를 준비하는 시간이다(따라서 다이어그램에는 표기되지 않았다).

② 두 번째(도돌이표로 돌아왔을 때)에는 처음의 화음은 퀵 아르페지오를 하지 않고, 두 번째 화음을 퀵 아르페지오로 연주한다.

③ 첫 번째에는 7프렛 부근에서 슬라이드를 시작했다. 두 번째(도돌이표로 돌아왔을 때)에는 4프렛 부근에서 슬라이드를 시작한다.

### B

④ 두 번째(도돌이표로 돌아왔을 때), 세 번째(𝄌1 때), 네 번째(𝄌2 때)에서는 4번 줄 개방인 D음은 연주하지 않는다.

⑤ 두 번째(도돌이표로 돌아왔을 때)에만 3~4번 줄 개방을 연주한다.

⑥ 두 번째(도돌이표로 돌아왔을 때)에만 1번 줄 10프렛, D음을 피킹한다(글리산도).

⑦ 두 번째(도돌이표로 돌아왔을 때)와 세 번째(𝄌1 때)에는 4번 줄 개방, D음도 연주한다.

⑧ 두 번째(도돌이표로 돌아왔을 때)에만 퀵 아르페지오를 하지 않는다.

⑨ 첫 번째와 세 번째(𝄌1 때)에서는 3번 줄 5프렛의 C음은 연주하지 않는다. 두 번째(도돌이표로 돌아왔을 때)와 네 번째(𝄌2 때)에는 연주한다.

⑩ 두 번째(도돌이표로 돌아왔을 때)에만 3번 줄, G음을 연주하지 않는다.

⑪ 왼손 2번 손가락으로 3~5번 줄 3프렛을 부분 바레한다(다이어그램 참조).

⑫ 두 번째(도돌이표로 돌아왔을 때)에만 3번 줄, G음을 연주하지 않는다.

⑬ 첫 번째에는 2번 줄 4프렛의 D♯음을 연주하지 않는다. 두 번째(도돌이표로 돌아왔을 때), 세 번째(𝄋₁ 때), 네 번째(𝄋₂ 때)에는 연주한다.

⑭ 두 번째(𝄋₁ 때)에는 D7의 처음의 화음을 퀵 아르페지오로 연주하며, 3번 줄 5프렛의 C음은 연주하지 않는다.

⑮ 두 번째(𝄋₁ 때)에는 3번 줄 개방, G음은 연주하지 않는다.

⑯ 두 번째(𝄋₁ 때)에는 3번 줄 개방, G음은 연주하지 않는다.

⑰ 두 번째(𝄋₁ 때)에는 2번 줄 4프렛의 D♯음을 연주한 후, 곧바로 5프렛으로 슬라이드한다.

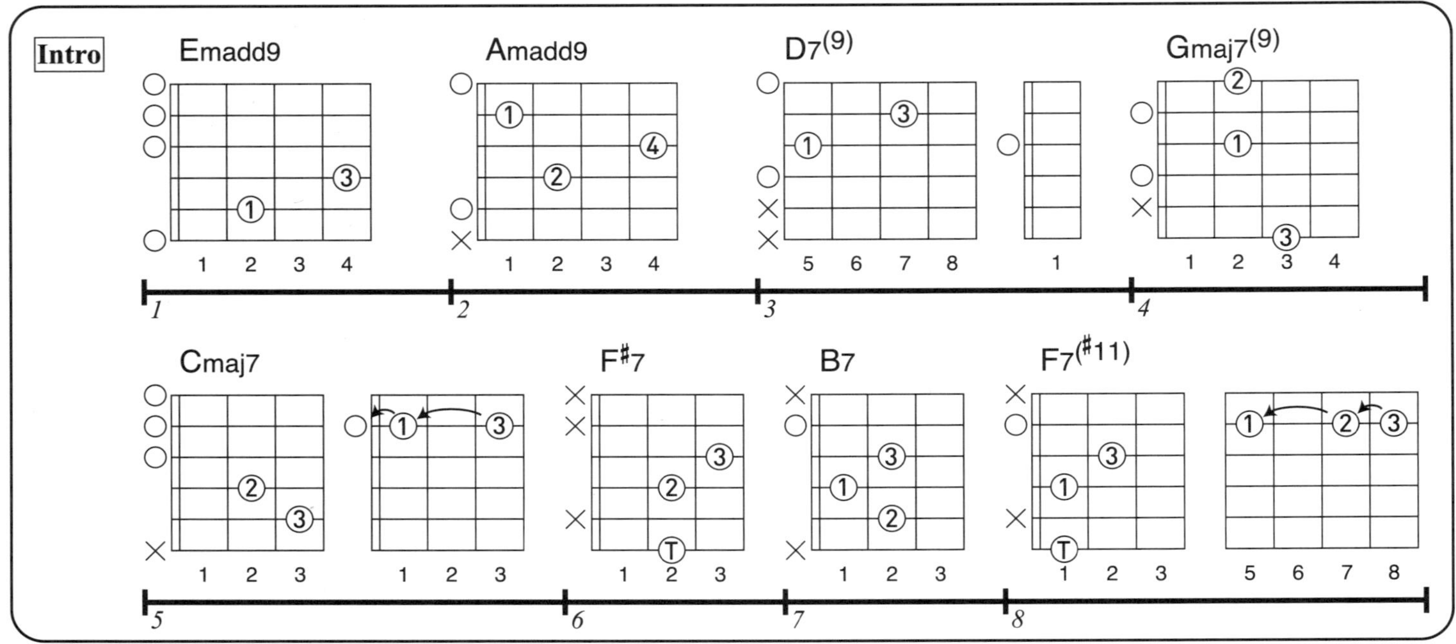
Intro
Emadd9
Amadd9
D7(9)
Gmaj7(9)
Cmaj7
F#7
B7
F7(#11)

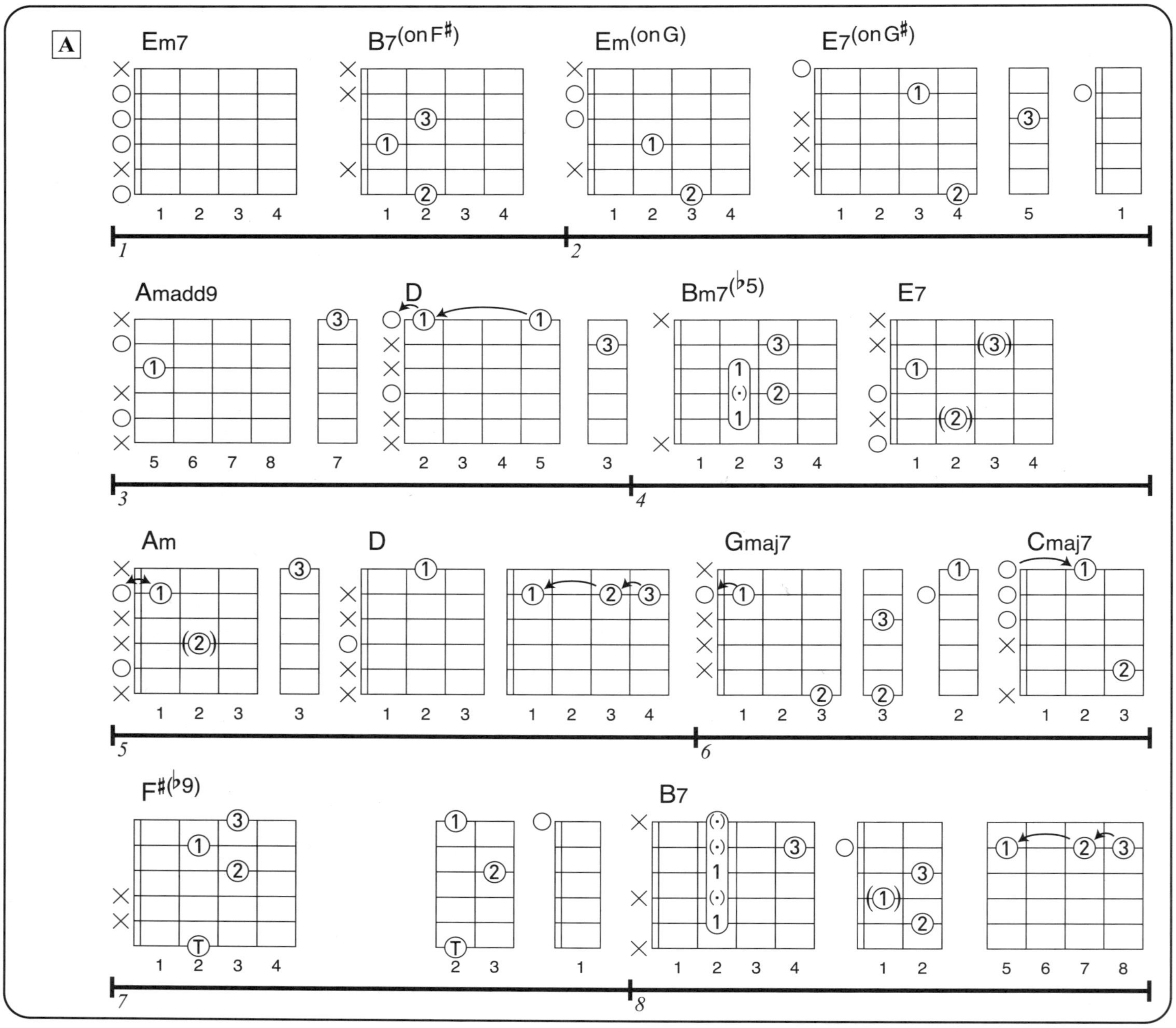

A
Em7
B7(onF#)
Em(onG)
E7(onG#)
Amadd9
D
Bm7(b5)
E7
Am
D
Gmaj7
Cmaj7
F#(b9)
B7

**B**

*1〜2 bar : same as* **A** *1〜2 bar*

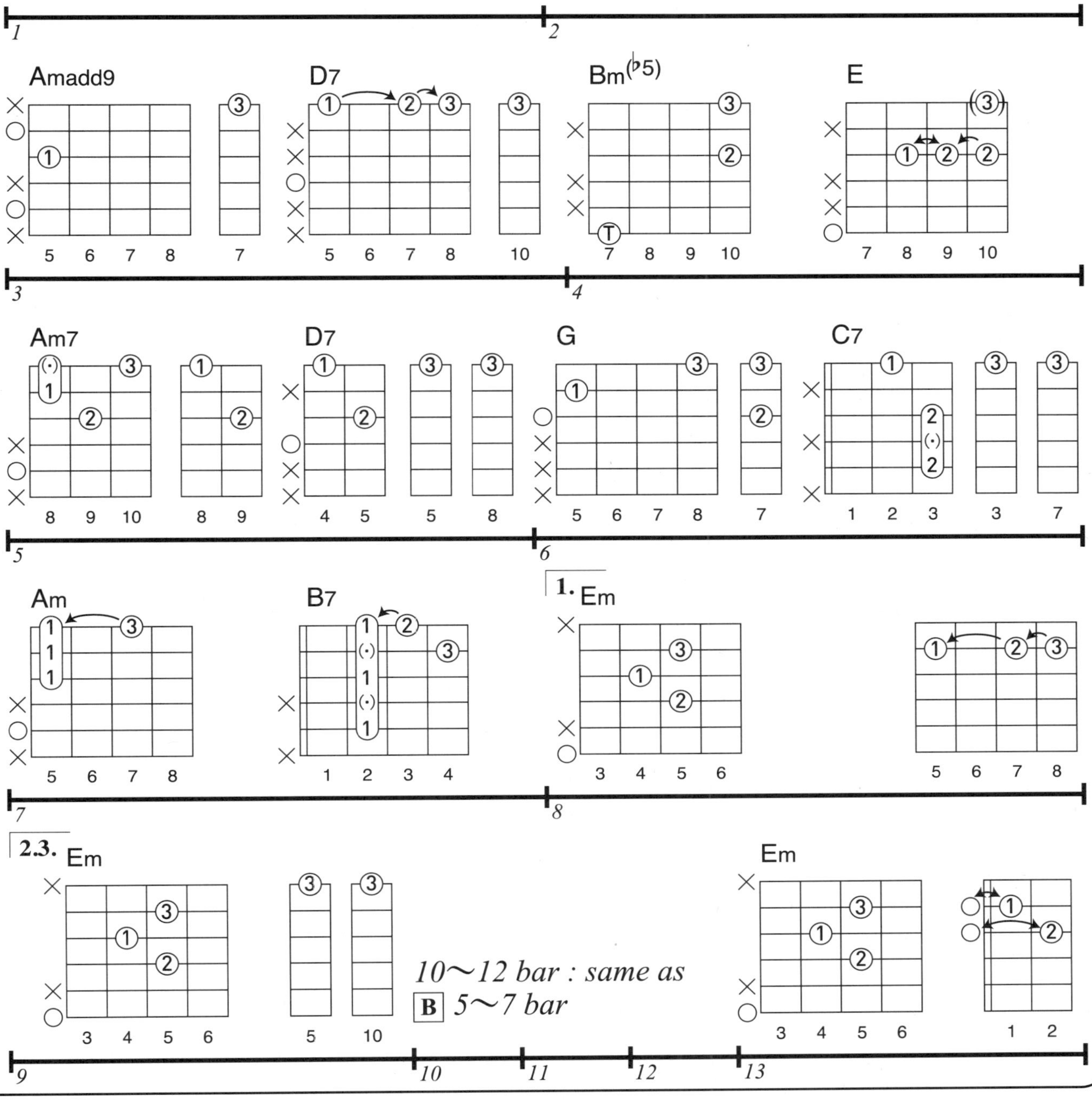

Amadd9
D7
Bm(♭5)
E
Am7
D7
G
C7
Am
B7
1. Em
2.3. Em
10〜12 bar : same as
B 5〜7 bar
Em

**C**

D7
G

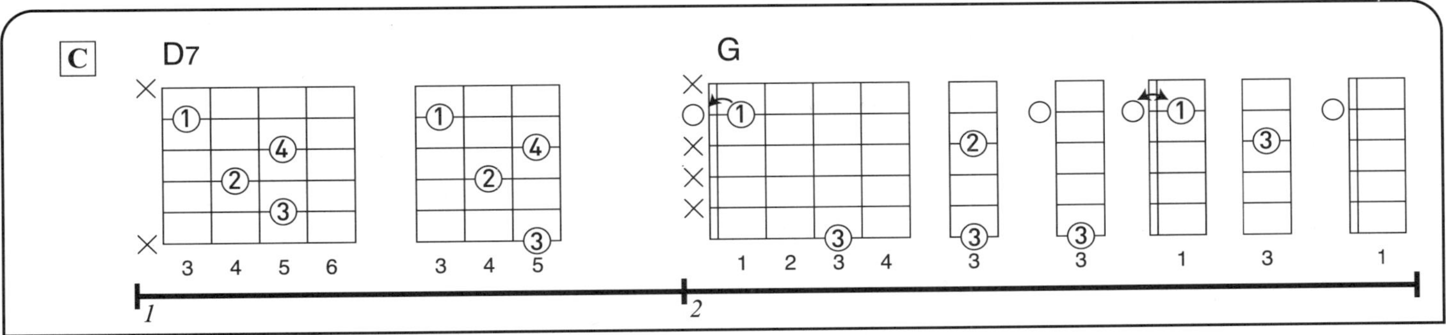

~ C
B7
Em
F♯(♭9)
B7
Am
G
B7(on F♯)
B7

Coda 1
Em

Inter
Em
B7(on F♯)
Em(on G)
E7(♭9)(on G♯)
Am7
D7
Gmaj7
G6

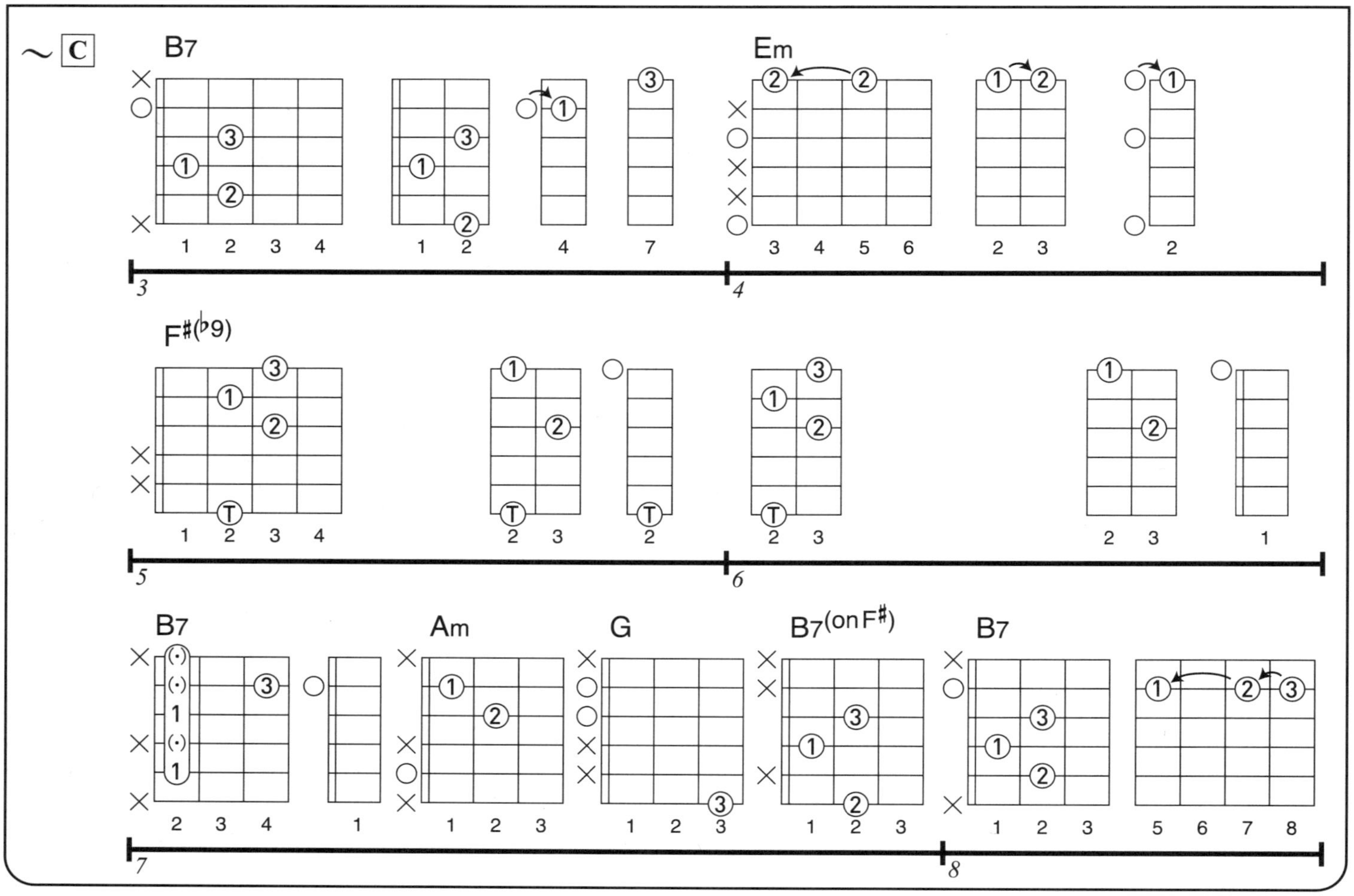

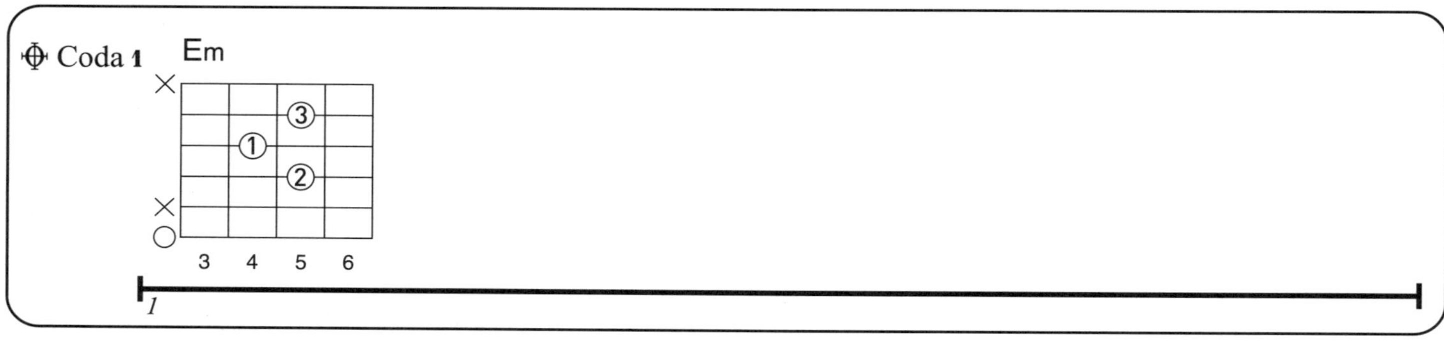

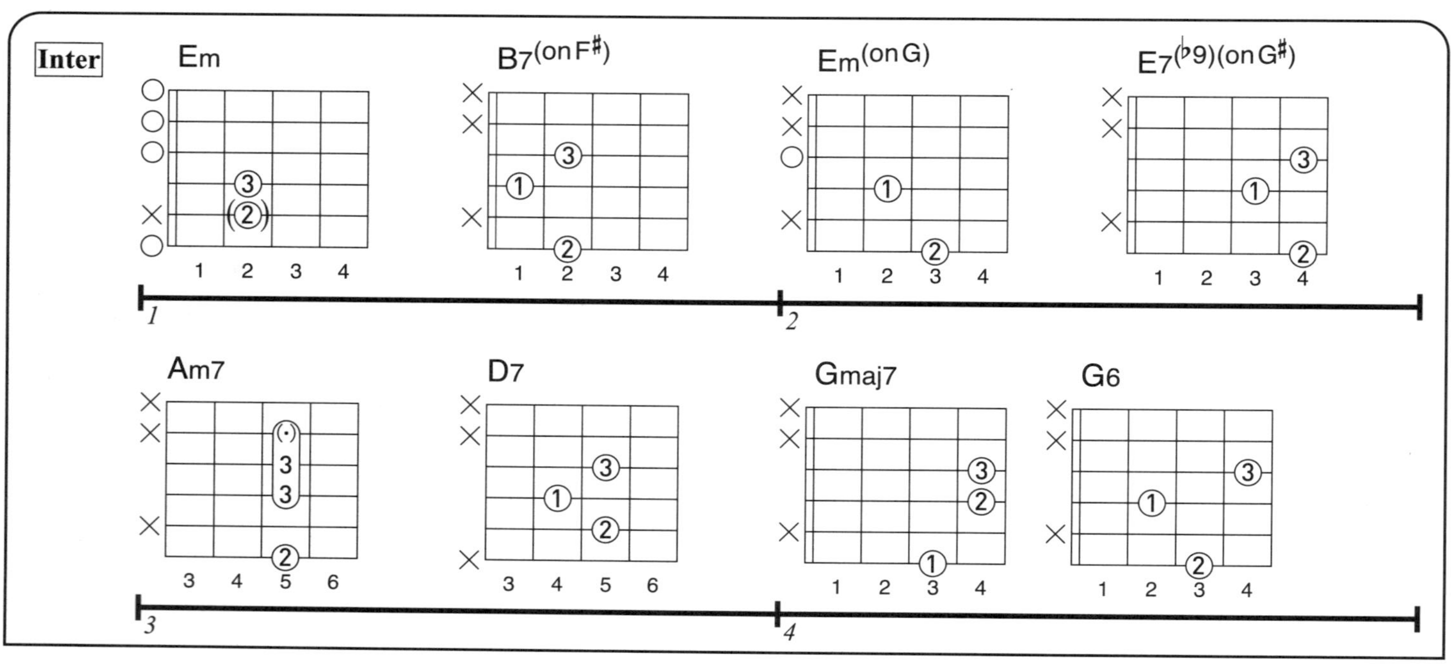

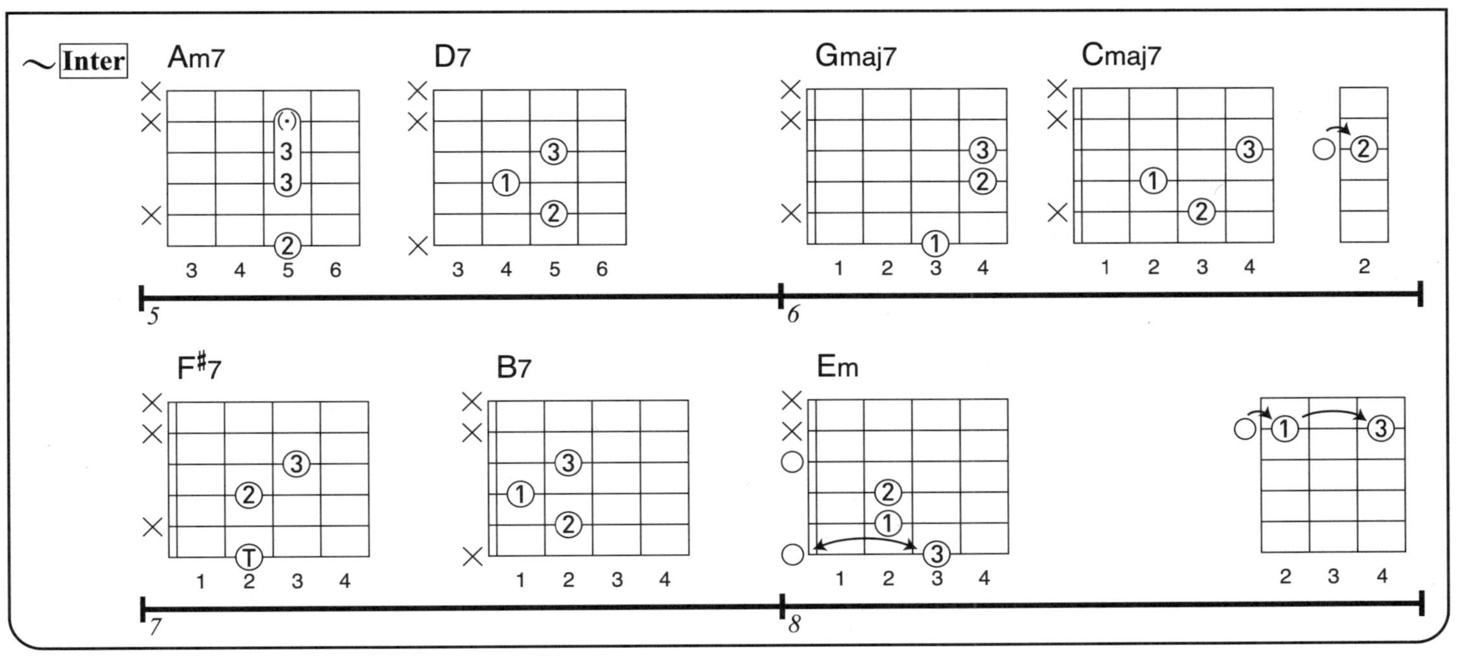
Inter
Am7
D7
Gmaj7
Cmaj7
F#7
B7
Em
D 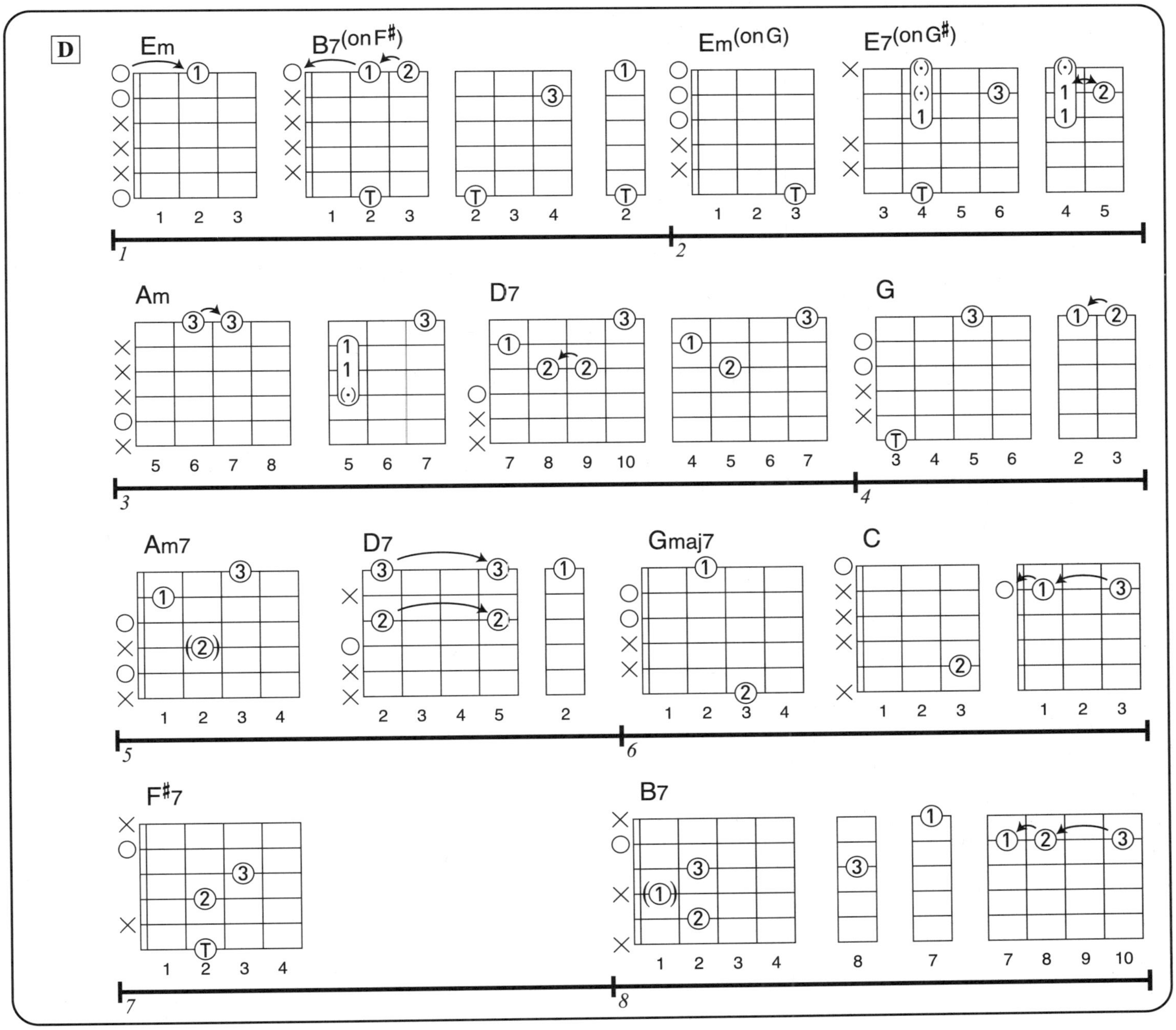
Em
B7(on F#)
Em(on G)
E7(on G#)
Am
D7
G
Am7
D7
Gmaj7
C
F#7
B7

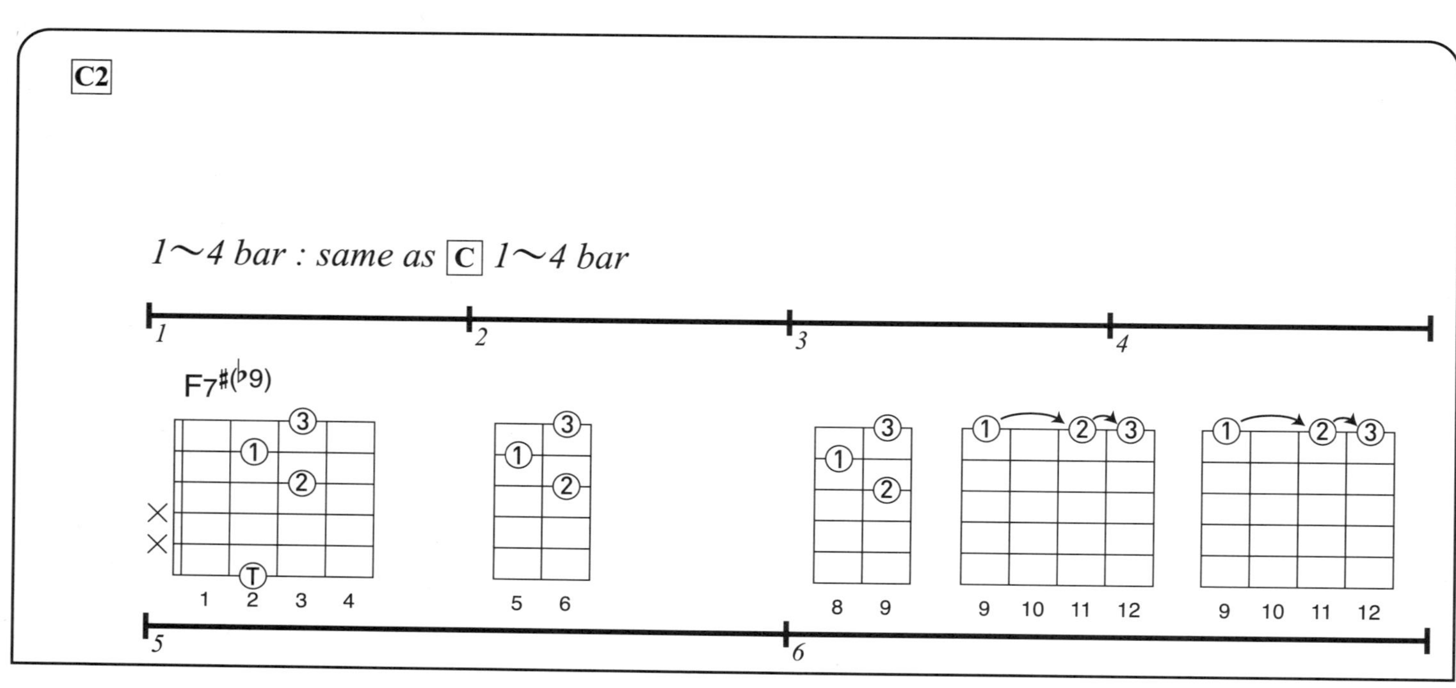
E 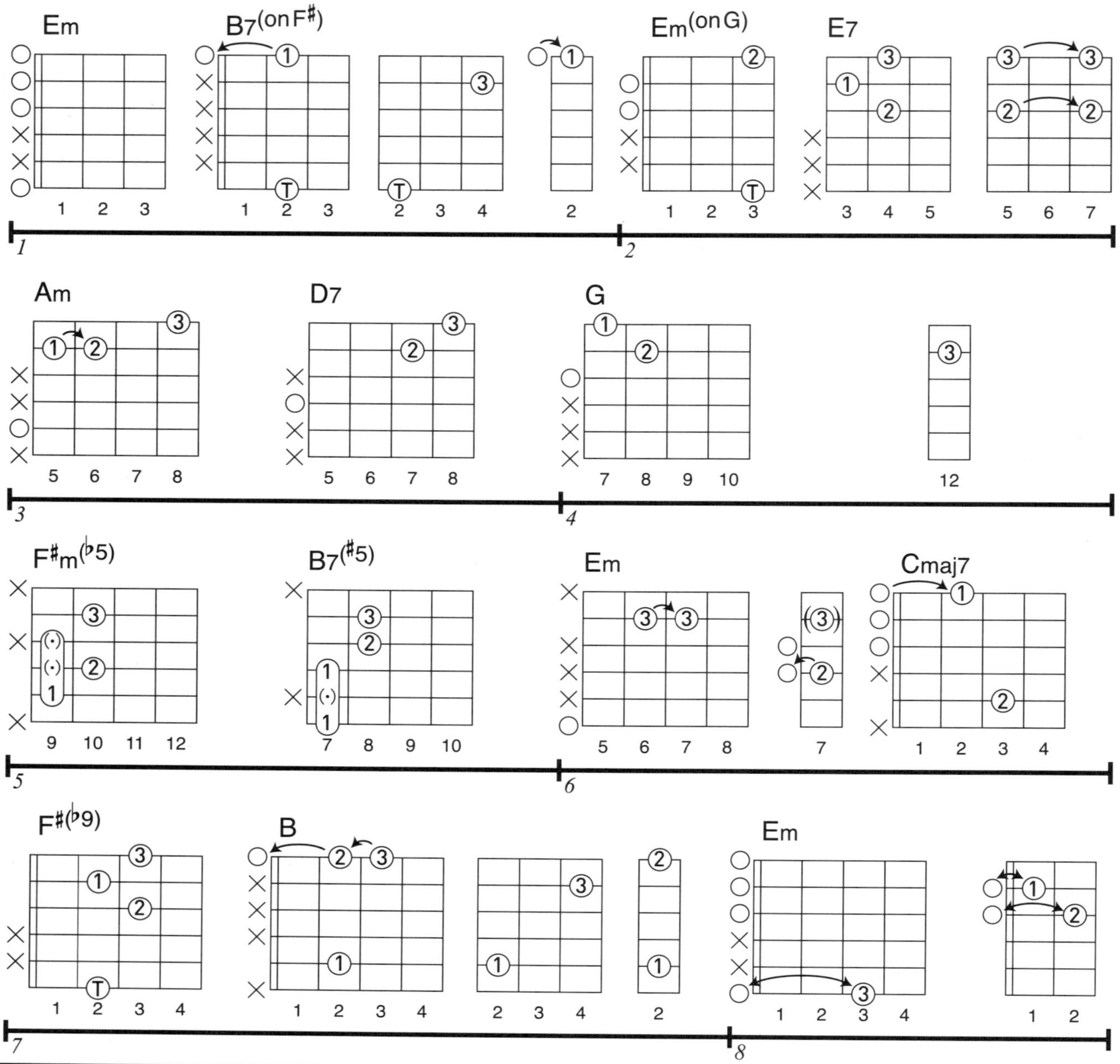
Em
B7(onF#)
Em(onG)
E7
1
2
Am
D7
G
3
4
F#m(b5)
B7(#5)
Em
Cmaj7
5
6
F#(b9)
B
Em
7
8
C2
1～4 bar : same as C 1～4 bar
1
2
3
4
F7#(b9)
5
6

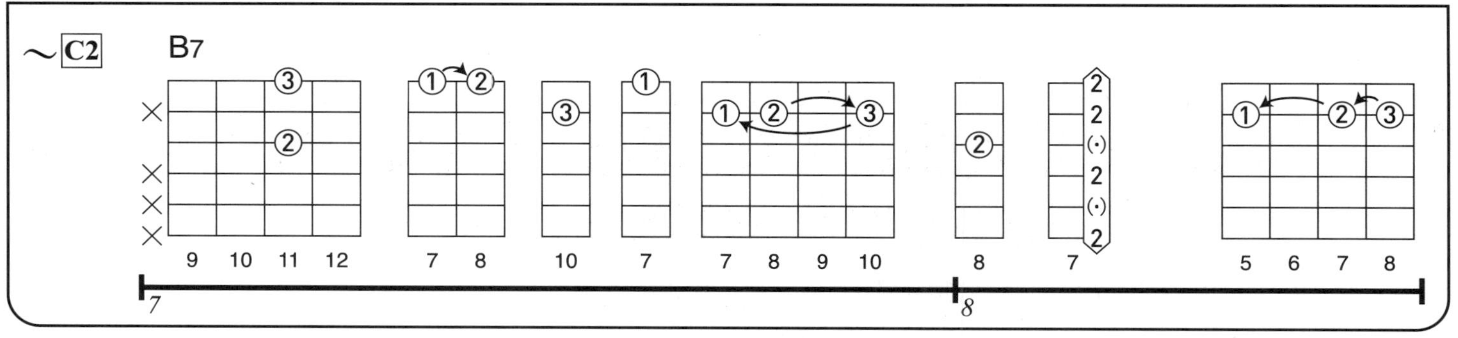


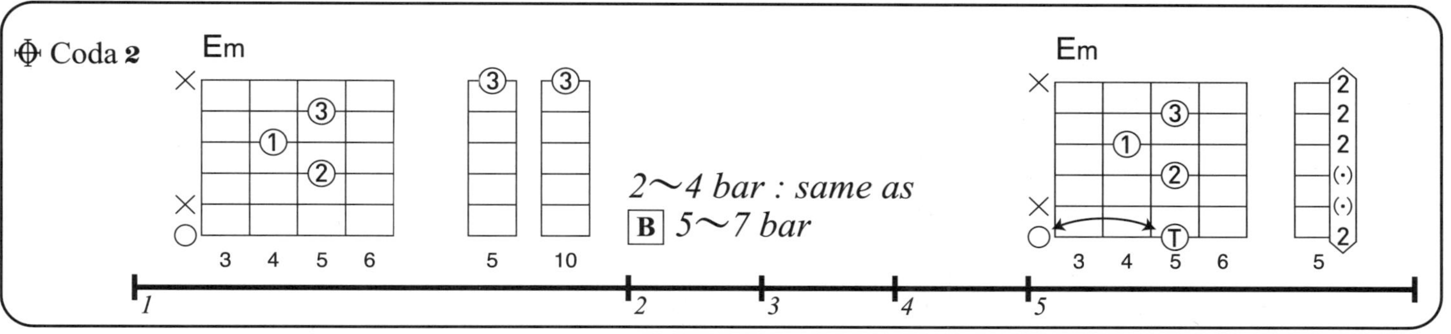


*2～4 bar : same as* **B** *5～7 bar*

# Merry Christmas Mr. Lawrence
## ~영화 〈전장의 크리스마스〉에서~

Song Written by Ryuichi Sakamoto
©1983 by YANO MUSIC PUBLISHING CO., LTD.

**Tuning = D A D G A C**

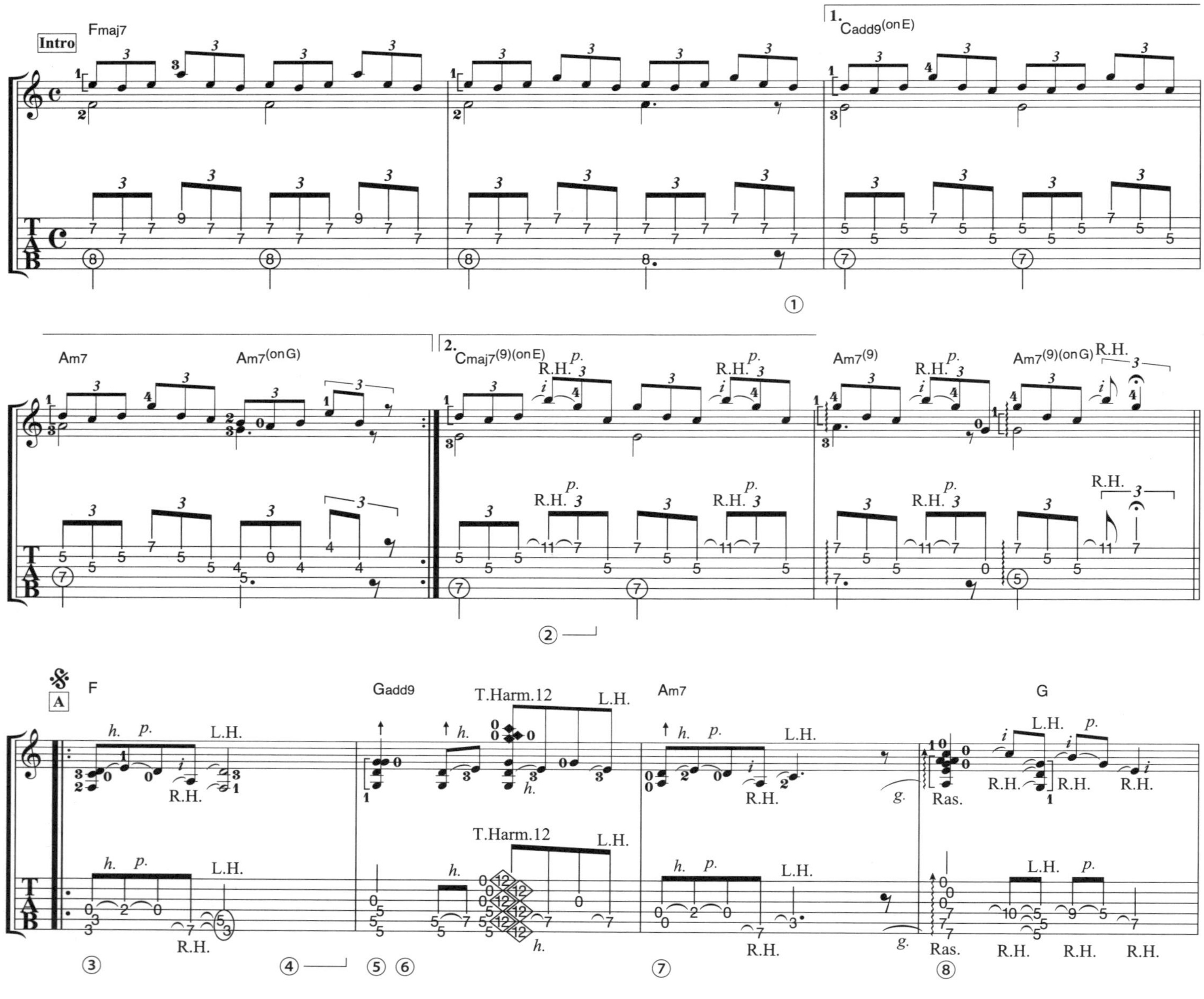

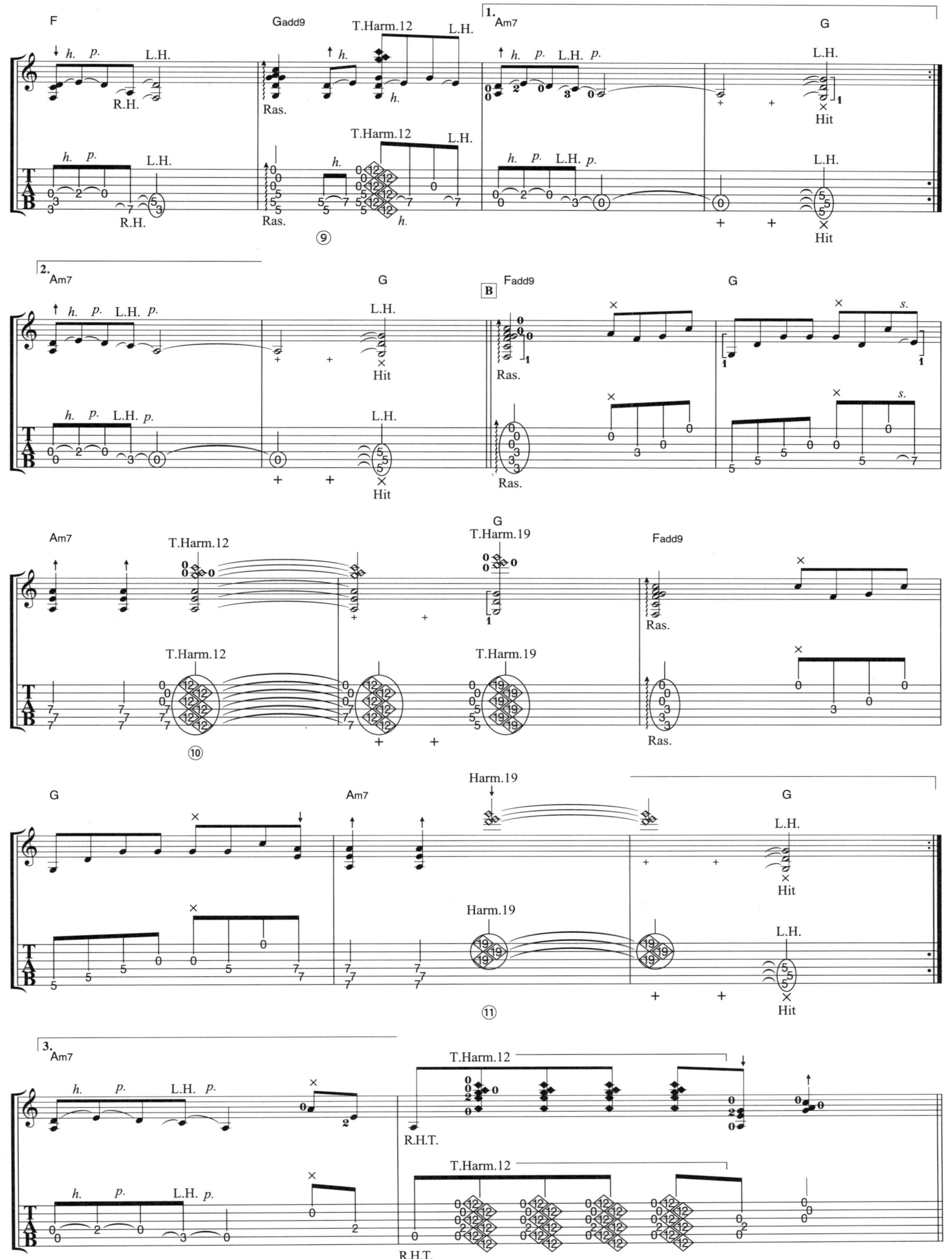
Merry Christmas Mr. Lawrence ~영화 〈전장의 크리스마스〉에서~
03
10th Anniversary BEST -Ballade Side- Kotaro Oshio  47

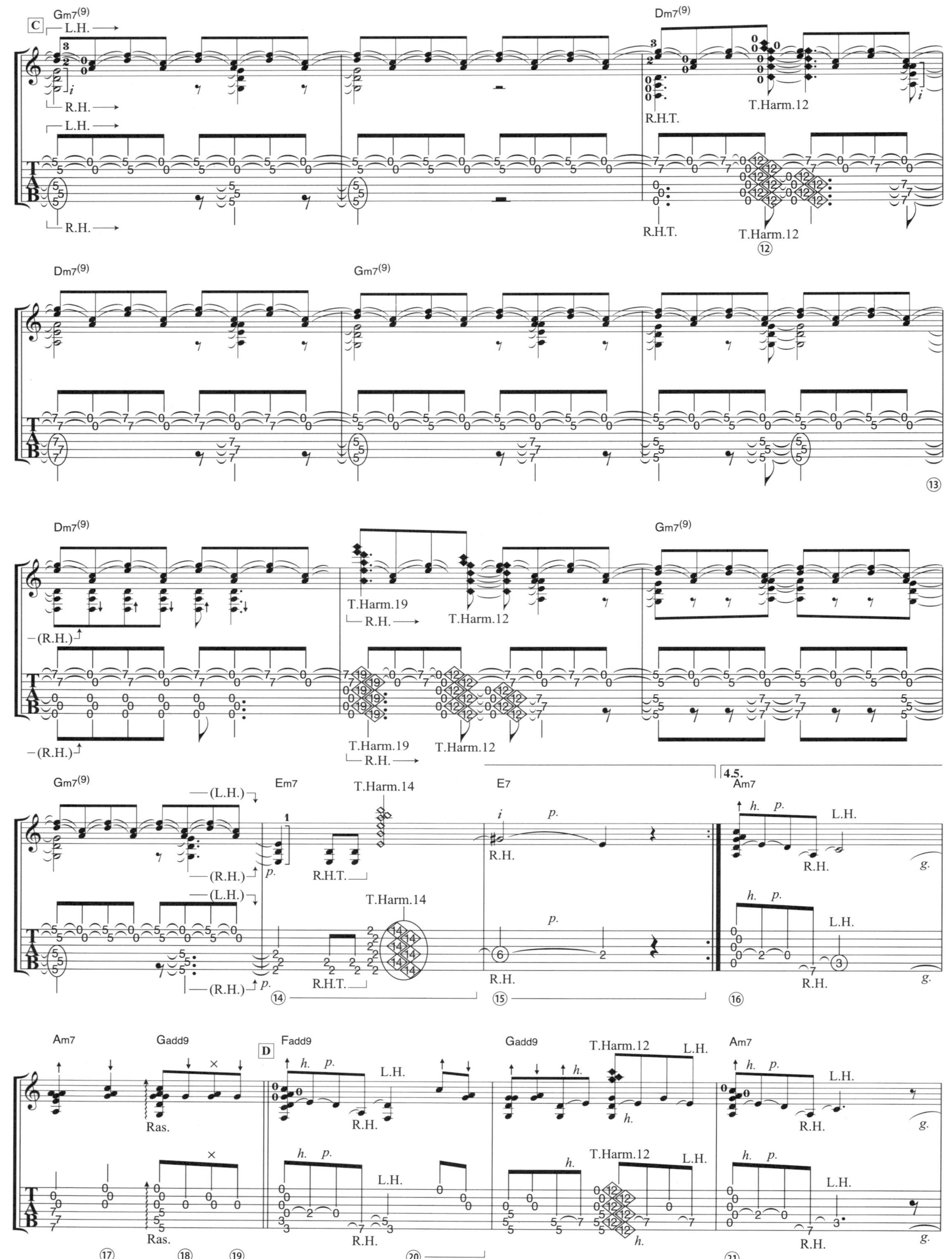

Merry Christmas Mr. Lawrence ~영화 〈전장의 크리스마스〉에서~
03
C
Gm7(9)
L.H.
R.H.
L.H.
R.H.
Dm7(9)
T.Harm.12
R.H.T.
T.Harm.12
12
Dm7(9)
Gm7(9)
13
Dm7(9)
(R.H.)
T.Harm.19
R.H.
T.Harm.12
Gm7(9)
T.Harm.19
T.Harm.12
R.H.
(R.H.)
Gm7(9)
(L.H.)
(R.H.)
Em7
p.
R.H.T.
T.Harm.14
T.Harm.14
R.H.T.
E7
i
p.
R.H.
p.
R.H.
4.5.
Am7
h.
p.
L.H.
R.H.
g.
h.
p.
L.H.
R.H.
g.
(L.H.)
p.
(R.H.)
14
15
16
Am7
Gadd9
×
Ras.
Ras.
D
Fadd9
h.
p.
L.H.
R.H.
h.
p.
L.H.
R.H.
Gadd9
h.
h.
T.Harm.12
L.H.
T.Harm.12
L.H.
h.
Am7
h.
p.
L.H.
R.H.
g.
h.
p.
L.H.
R.H.
g.
17
18
19
20
21

03
Merry Christmas Mr. Lawrence ~영화 〈전장의 크리스마스〉에서~

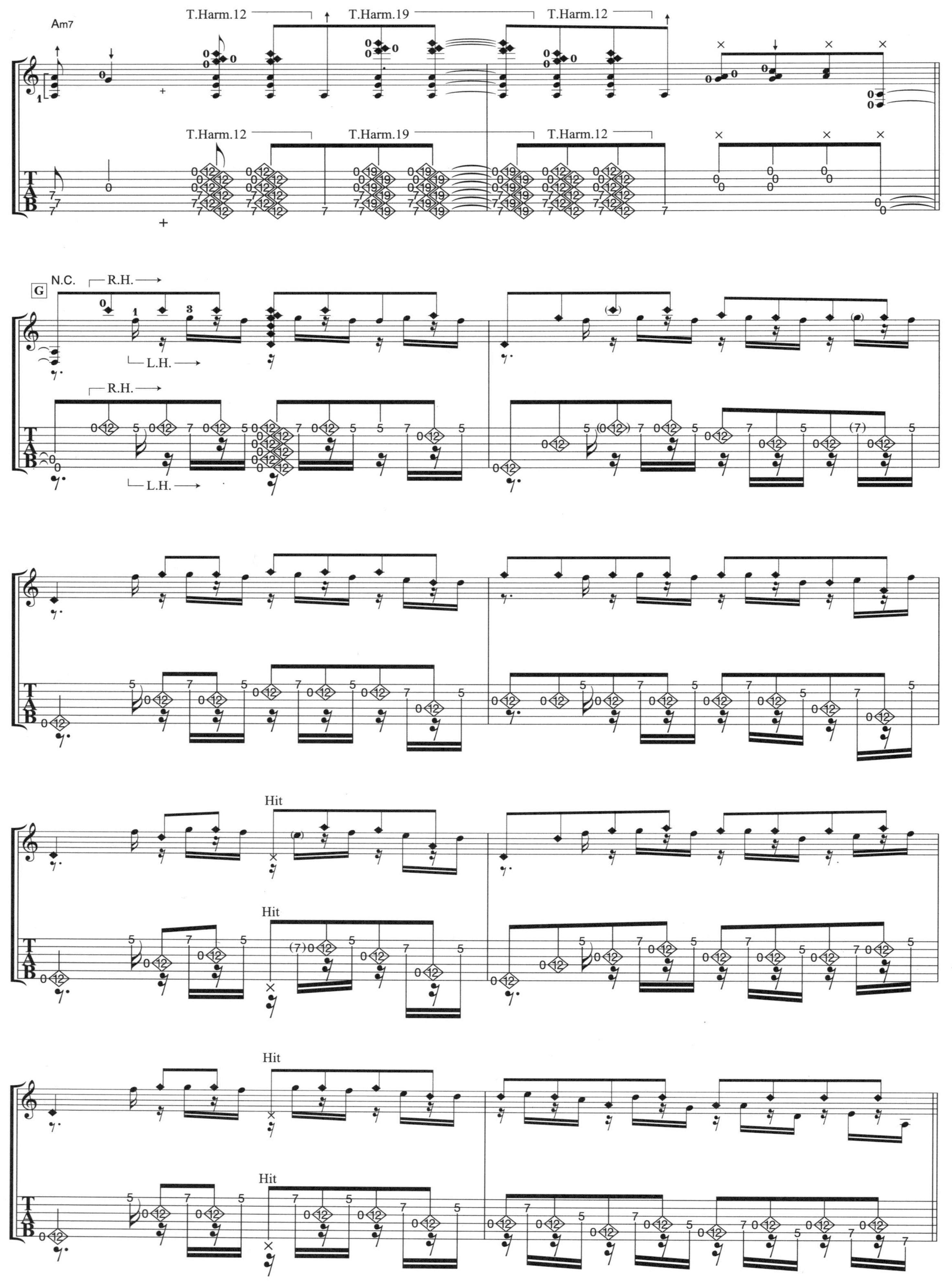
Am7
T.Harm.12
T.Harm.19
T.Harm.12
G
N.C.
R.H.
L.H.
R.H.
L.H.
Hit
Hit
Hit
Hit

Hit
Hit
Hit
Hit
(R.H.)
Dm7
(L.H.)
(R.H.)
(L.H.)

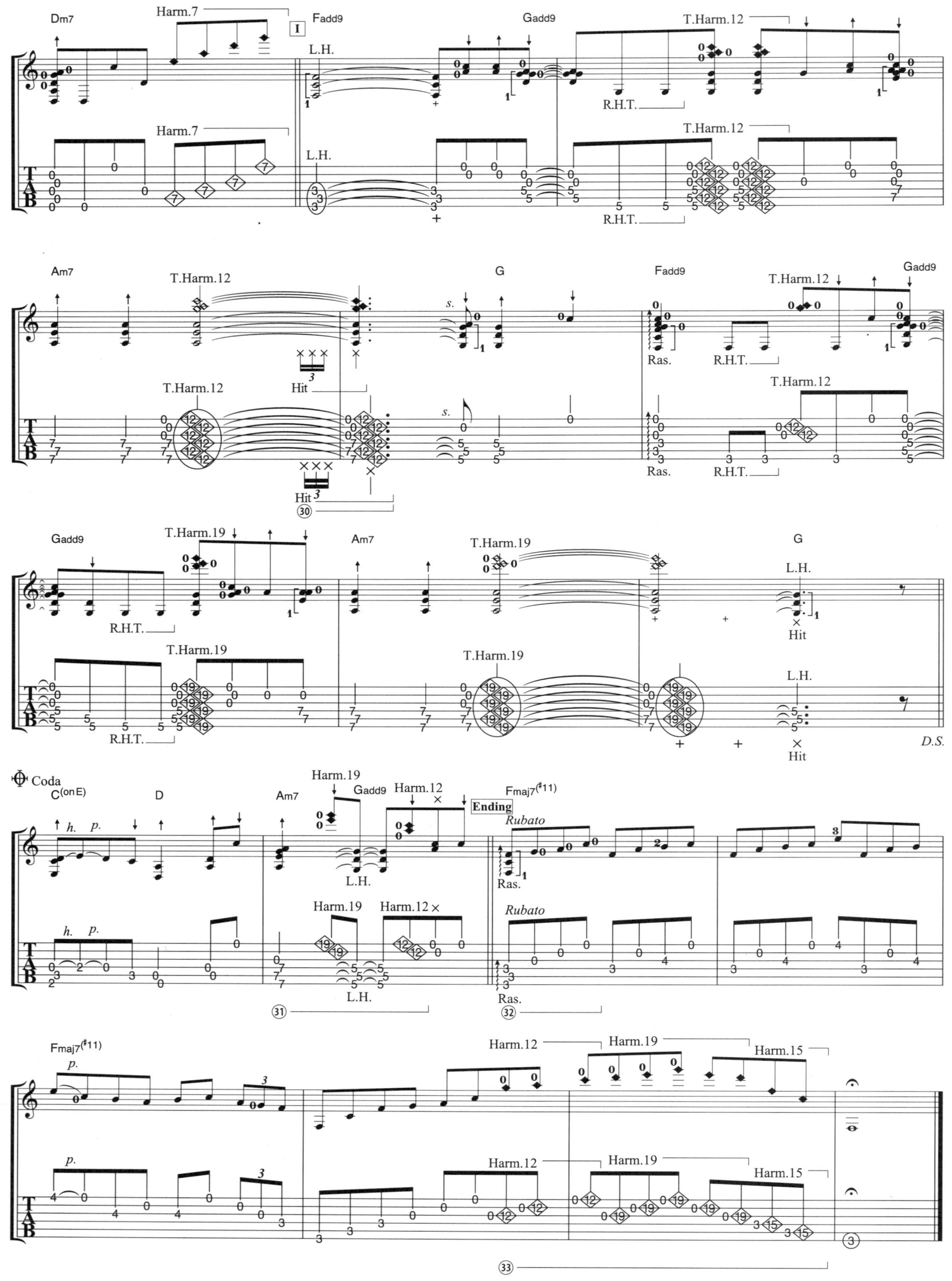




Merry Christmas Mr. Lawrence ~영화 〈전장의 크리스마스〉에서~

# Merry Christmas Mr. Lawrence
## ~영화 〈전장의 크리스마스〉에서~

녹음에 사용된 기타:GREVEN D-Herringbone Custom(#1097)

### Tuning : D↓／A／D／G／A↓／C↓

①6번 줄을 1음 내린다(4번 줄 개방의 1옥타브 아래)
②2번 줄을 1음 내린다(5번 줄 개방의 1옥타브 위)
③1번 줄을 2음 내린다(3번 줄 5프렛과 유니즌)

## 곡의 개요&연주법 해설

2002년에 발매된 앨범 〈STARTING POINT〉에 수록된 곡으로, 오리지널은 작곡가 사카모토 류이치가 직접 주연을 맡은 영화 〈전장의 크리스마스〉의 메인 테마다. 〈10th Anniversary BEST〉에서 재녹음되었지만, 운지가 조금 바뀐 것 이외에 별다른 변경은 없다.

오시오 코타로가 직접 상세히 주법 해설을 하고, 좌우 손이 클로즈업된 동영상이 DVD 〈So Happy〉에 수록되어 있다. 그 외에도 DVD 〈드라마틱 라이브〉에 라이브 버전이, CD 〈Blue sky〉의 부록DVD에 PV가 수록되어 있다.

곡의 몇 군데에서 다른 기타가 추가되었다. C에서는 리버브를 깊게 걸어서 멜로디를 연주하고 있다. E~F에서도 깊은 리버브를 건 기타로 온음의 단음 하모닉스를(F에서는 코드) 하고 있다. 그리고 달 세뇨 때의 A에는 음이 천천히 시작되도록 가공된 온음 하모닉스가, 이어지는(달 세뇨 때의) D에는 하모닉스의 멜로디가 겹쳐져 있다(65페이지 참조).

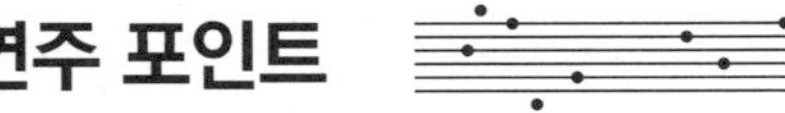

## 연주 포인트

### Intro

① 두 번째(도돌이표로 돌아왔을 때)에는 3번 줄 7프렛, D음은 연주하지 않는다.

② 오른손 집게손가락으로 1번 줄 11프렛을 눌러서 소리를 낸다(R.H.: 라이트 핸드). 이어지는 풀링은 오른손 집게손가락을 1번 줄 바깥 방향으로 튕기듯 피킹해서 소리를 낸다. 그리고 앞뒤의 아르페지오는 오른손을 사운드 홀 부근의 정위치로 되돌리지 않고, 라이트 핸드를 하기 쉽도록 11프렛 부근에서 피킹한다.

### A

이 곡의 중심이 되는 섹션이다. 좌우의 손이 복잡하게 연동된다. 오른손과 왼손의 움직임이 나뉘어진 TAB악보가 다음 페이지 [악보 예①]에 게재되어 있다. 한 소절씩 천천히 살펴보자.

먼저, 1소절째는 왼손 3번 손가락으로 5번 줄 3프렛의 C음, 왼손 2번 손가락으로 6번 줄 3프렛의 F음을 누르고, 오른손 엄지손가락으로 6번 줄, 집게손가락으로 5번 줄, 가운뎃손가락으로 4번 줄을 피킹한다. 그리고 왼손 1번 손가락으로 4번 줄 2프렛 E음을 해머링→풀링하고, 왼손으로 누르고 있던 5~6번 줄에서 손가락을 떼는 동시에 오른손 집게손가락으로 6번 줄 7프렛의 A음을 누른다(R.H.). 이어서 오른손 집게손가락을 떼는 동시에 왼손 3번 손가락으로 5번 줄 5프렛 D음, 왼손 1번 손가락으로 6번 줄 3프렛 F음을 누른다(L.H.:레프트 핸드). 참고로 풀링처럼 손가락을 줄에서 떼면서 소리를 내는 경우에는 손가락으로 줄을 튕기듯이 지판과 평행하게 뗀다. 소리를 내지 않을 경우에는 줄을 튕기지 말고, 지판과 수직으로 부드럽게 손가락을 뗀다.

2소절째는 왼손 1번 손가락으로 4~6번 줄 5프렛을 부분 바레하고 오른손으로 다운 스트로크한다. 2박자째도 오른손으로 다운 스트로크→왼손 3번 손가락으로 5번 줄 7프렛 E음을 해머링한다. 3박자째는 왼손은 부분 바레한 채로 오른손 가운뎃손가락으로 모든 줄의 12프렛을 태핑 하모닉스한다(바로 앞에서 해머링한 왼손 3번 손가락은 태핑 하모닉스 전에 뗀다). 이어서 왼손 3번 손가락으로 5번 줄 7프렛 E음을 해머링한다.

3소절째는 4~5번 줄 개방을 오른손으로 스트로크하고, 이어서 왼손 2번 손가락으로 4번 줄 2프렛 E음을 해머링→풀링한다.

오른손 집게손가락으로 6번 줄 7프렛 A음을 누르고(R.H.), 그 상태로 5번 줄 3프렛 C음을 왼손 2번 손가락으로 누른다(L.H.). 소절이 끝나는

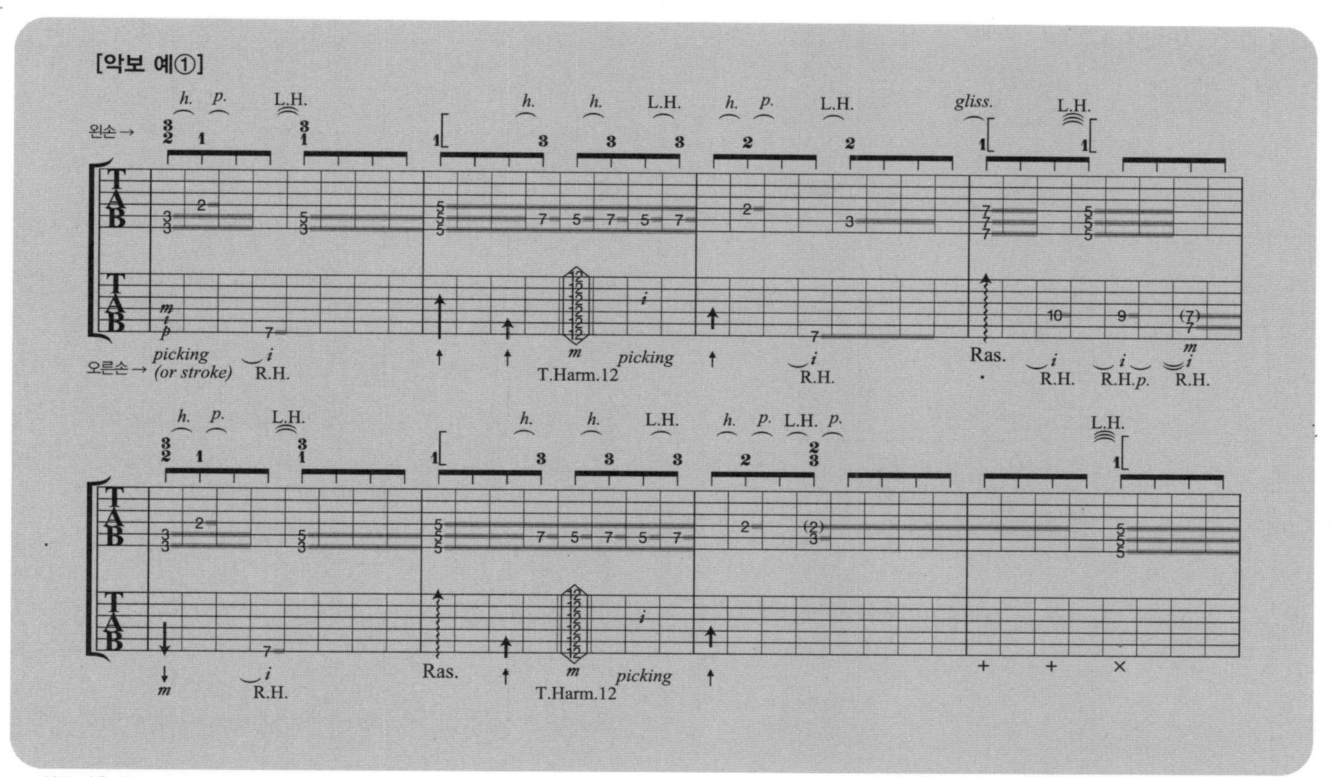



위쪽 단은 왼손, 아래쪽 단은 오른손의 움직임이다. 1소절을 8개의 블록으로 나누었다(한 칸이 8분음). TAB악보의 숫자 오른쪽의 회색 선은 어디까지 누르고 있는지를 나타낸다.

부분(4박자째 뒤)에서 4~6번 줄 1프렛을 왼손 1번 손가락으로 부분 바레하고, 왼손 2번 손가락을 줄에서 떼면서 4~6번 줄 7프렛으로 글리스 업한다. 또는 왼손 1번 손가락으로 6번 줄만 눌러서 글리스 업한 다음, 7프렛을 부분 바레하는 방법도 있다.

4소절째는 글리스 업한 4~6번 줄 7프렛과 1~3번 줄 개방을 오른손으로 라스게아도(Ras.)한다. 2박자째는 왼손의 부분 바레를 푸는 동시에 오른손 집게손가락으로 4번 줄 10프렛 C음을 누르고(R.H.), 다음은 오른손 집게손가락을 떼는 동시에 왼손 1번 손가락으로 4~6번 줄 5프렛을 부분 바레한다(L.H.). 3박자째는 부분 바레한 채로 오른손 집게손가락으로 4번 줄 9프렛 B음을 누르고(R.H.) 풀링한 다음, 다시 오른손 집게손가락으로 5번 줄 7프렛을 누른다(R.H.). 이때 동시에(또는 약간 느리게) 오른손 가운뎃손가락으로 4번 줄 7프렛도 눌러두는데, 이것은 다음의 스트로크를 위한 준비이므로 소리는 내지 않는다.

5소절째는 앞에서 4번 줄을 누르고 있던 오른손 집게손가락과 가운뎃손가락을 저음줄 쪽으로 미끄러뜨리듯이 튕겨서 4~6번 줄을 스트로크한다. 그 다음부터 6소절째 마지막까지는 1~2소절째와 같은 방식으로 연주한다.

7소절째는 3소절째 시작 부분과 같은 방식으로 4~5번 줄 개방을 오른손으로 스트로크하고, 왼손 2번 손가락으로 4번 줄 2프렛 E음을 해머링

→풀링한다. 다음은 왼손 3번 손가락으로 5번 줄 3프렛 C음을 레프트 핸드→풀링한다. 레프트 핸드를 할 때, 4번 줄 2프렛의 E음도 왼손 2번 손가락으로 누른다(5번 줄을 풀링할 때 떼지 않는다).

8소절째는 5번 줄 개방현 A음이 울리게 해두고 4번 줄 2프렛의 E음도 누른 상태를 유지한다. 오른손은 1박자째와 2박자째 앞에서 팜(Plam:음표 아래에 +표시)으로 때리는 음을 낸다. 2박자째 뒤에서 4번 줄 2프렛에서 손가락을 떼고 3박자째에서는 왼손 1번 손가락으로 4~6번 줄 5프렛을 부분 바레(L.H.)한다. 동시에 오른손 엄지손가락의 측면으로 기타의 보디를 때린다(×:보디 히트. 기타 상판의 16~21프렛 부근 위쪽).

소절이 시작되는 부분의 코드 스트로크는 라스게아도를 하는 경우도 있다(반대로 라스게아도로 표기되어 있지만 스트로크로 연주하는 경우도 있다). 이때 악보에 표기되어 있지 않은 고음줄이 개방으로 울리는 경우도 있다.

이 곡은 라이트 핸드로 멜로디도 연주한다. 따라서 오른손 운지를 정확히 할 필요가 있다. 라이트 핸드를 할 때, 넥의 위아래를 오른손 엄지손가락과 새끼손가락으로 끼우듯이 잡으면 안정된 자세로 할 수 있다.

이 섹션은 곡 전체에서 5번 반복되며, 각각은 세밀하게 다르다. 아래에 주요한 차이점을 적어두었다. 하지만 반드시 아래와 같이 연주할 필

요는 없으며, 연주하기 편한 방법이나 분위기를 내기 좋은 방법으로 통일해서 연주해도 된다.

### 두 번째

③:라스게아도로 연주하고, 3번 줄 개방현 G음도 울린다.

⑤:라스게아도로 연주하고, 1~2번 줄 개방도 울린다.

⑦:1~3번 줄 개방도 울린다.

### 세 번째

③:라스게아도로 연주하고, 3번 줄 개방현 G음도 울린다.

⑤:라스게아도로 연주하고, 1~2번 줄 개방도 울린다.

⑦:1~3번 줄 개방도 울린다.

⑧:라스게아도가 아닌 다운 스트로크로 연주한다.

### 네 번째

⑤:라스게아도로 연주하고, 1~2번 줄 개방도 울린다.

⑦:1~3번 줄 개방도 울린다.

⑨:1~3번 줄 개방과, 4번 줄 5프렛 G음도 울린다(즉, 모든 줄을 다운 스트로크하고 있다).

### 다섯 번째

③:라스게아도로 연주한다.

④:4박자째 앞에서 2번 줄 개방현 A음을 다운 스트로크한다. 뒤에서 2~3번 줄 개방을 업 스트로크한다.

⑥:1박자째 뒤에서 2번 줄 개방현 A음을 업 스트로크로 연주한다.

⑧:라스게아도가 아닌 다운 스트로크로 연주한다. 1번 줄은 연주하지 않는다.

⑨:3번 줄 개방과, 4번 줄 5프렛(모두 G음)도 울린다.

⑯:4~5번 줄 개방만 연주한다. 1~3번 줄은 연주하지 않는다.

⑰:1번 줄은 연주하지 않는다.

⑱:3번 줄 개방 G음 대신에 2번 줄 개방 A음을 연주한다.

⑲:3번 줄 개방 G음 대신에 4번 줄 개방 D음을 연주한다.

### B

⑩ 4~6번 줄은 하모닉스가 울리는 부분이다. 여기서는 프레이즈의 연결을 중시해서 실음으로 표기되었다.

⑪ 오른손 집게손가락을 1~3번 줄 19프렛에 대고 약손가락으로 연주한다. 악보에는 업 스트로크 기호를 붙였다. 이것은 오른손을 크게 움직이는 스트로크가 아닌 실제로는 손끝만 움직이는 복현 피킹이다. 그

리고 집게손가락은 손끝이 아닌 손가락을 눕혀서 바레하는 동작으로 줄에 댄다.

### C

왼손은 2번과 3번 손가락으로 레프트 핸드(해머링&풀링)를 반복한다. 오른손 집게손가락은 4~6번 줄을 부분 바레한다(R.H.). 7소절째에서는 오른손으로 4~6번 줄 개방을 스트로크한다.

⑫ 오른손으로 모든 줄을 태핑 하모닉스한다. 왼손은 레프트 핸드(해머링&풀링)의 패턴을 계속 유지한다(8소절째도 같다).

⑬ 4~6번 줄을 누른 오른손 집게손가락을 저음줄 쪽으로 튕겨서(풀링) 개방현의 소리를 낸다.

⑭ 왼손은 모든 줄 2프렛을 바레한다. 동시에 바로 전까지 4~6번 줄 5프렛을 누르고 있던 오른손으로 풀링을 해서 4~6번 줄 2프렛의 음을 낸다(1~3번 줄 2프렛의 소리는 내지 않는다). 이어서 오른손 집게손가락으로 5~6번 줄 12~14프렛 부근을 때려서 리듬을 유지한 후(R.H.T.), 3박자째에서 14프렛 태핑 하모닉스로 연결한다.

⑮ 2프렛을 바레한 채로 오른손 집게손가락은 4번 줄 6프렛을 누른다(R.H.). 다음은 오른손 집게손가락을 풀링해서 2프렛의 음을 낸다.

### D

⑳ 두 번째(𝄋 때)에는 3박자째 뒤에서 1~2번 줄 개방을 업 스트로크, 4박자째 앞에서 1~2번 줄 개방을 다운 스트로크, 4박자째 뒤에서 2번 줄 개방 A음을 업 스트로크한다.

㉑ 두 번째(𝄋 때)에는 1~3번 줄 개방은 연주하지 않는다.

㉒ 첫 번째에는 1~2번 줄 개방을 연주하지 않고, 두 번째(𝄋 때)에는 연주한다.

㉓ 두 번째(𝄋 때)에는 이 네일 어택을 하지 않는다.

㉔ 앞 소절 마지막 부분부터 천천히 업 스트로크한다. 그 흐름을 타고 6소절째 시작 부분에서 저음줄을 다운 스트로크한다. 두 번째(𝄋 때)에는 1~3번 줄은 연주하지 않는다.

㉕ 두 번째(𝄋 때)에는 1박자째 뒤의 2번 줄 개방현 A음은 연주하지 않

는다. 2박자째 앞과 3박자째 앞의 5번 줄 3프렛 C음도 연주하지 않는다.

---

**E**

스트로크를 하자마자 줄을 누른 손가락의 힘을 빼서 음을 짧게 끊는다. Fmaj7, Fmaj7$^{(\#11)}$, Am7$^{(11)}$의 5번 줄은 6번 줄을 누른 손가락을 대서 뮤트한다.

㉖ 첫 번째에는 라스게아도로 연주하고, 두 번째(도돌이표로 돌아왔을 때)에는 다운 스트로크를 한다.

㉗ 6번 줄은 5번 줄을 누른 1번 손가락 끝을 대서 뮤트한다.

㉘ 첫 번째에만 1번 줄을 누른 4번 손가락을 글리스 다운해서 Fmaj7으로 간다.

---

**F**

㉙ 태핑 하모닉스 다음에 연주하는 6번 줄은 태핑한 오른손이 지판에서 멀어질 때, 엄지손가락을 가볍게 6번 줄에 대서 낸다. 6, 7소절째의 3박자째 뒤, 8소절째의 2박자째 뒤도 같다.

---

**G** **H**

이곳도 좌우의 손이 따로따로 소리를 낸다. 왼손은 5프렛과 7프렛을 교대로 누른다(L.H.). 오른손은 **G** 는 12프렛 위를 집게손가락으로 때려서

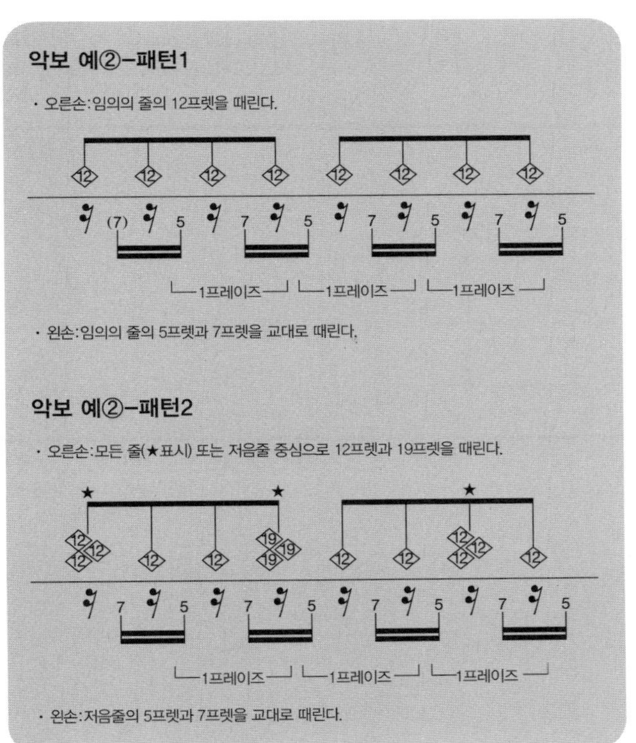



단음 태핑 하모닉스를 하고(악보 예②-패턴1), **H** 는 모든 줄 태핑 하모닉스(12프렛 및 19프렛)가 추가된다(최종적으로는 악보 예②-패턴2). 연주하는(때리는) 줄이 정해져 있는 것은 아니다. 이러한 순서를 기본으로 왼손과 오른손이 16비트의 앞과 뒤에서 교대로 움직인다(오른손이 앞, 왼손이 뒤. 악보에는 오른손 음표의 기둥과 꼬리가 위쪽을 향하고, 왼손은 아래쪽을 향하고 있다).

---

**I**

㉚ 보디 히트(악보 아래쪽에 ×)는 쥐고 있던 오른손을 차례로 펴는 동작이다. 새끼손가락부터 손톱으로 기타 상판(16~21프렛의 아래쪽 부근)을 차례대로 때린다.

㉛ 4~6번 줄 7프렛을 부분 바레해서 스트로크한다. 2박자째에서 오른손을 1~2번 줄 19프렛에 대고 하모닉스를 한다(⑪과 같다). 동시에 왼손은 부분 바레를 푼다. 이어서 4~6번 줄 5프렛을 레프트 핸드하고(부분 바레로 해머링을 한다), 3박자째 뒤에서 다시 오른손만으로 하모닉스를 낸다.

---

**Ending**

㉜ 라스게아도의 흐름 속에서 3번 줄, 2번 줄, 1번 줄을 오른손 손톱으로 때린다.

㉝ 이 부분의 하모닉스는 모두 오른손 집게손가락을 하모닉스 포인트에 대고 피킹한다.

Intro
Fmaj7
Cadd9(on E)
1. Am7
Am7(on G)
2. Cmaj7(9)(on E)
Am7(9)
Am7(9)(on G)

A
F
Gadd9
Am7
G
F
Gadd9
Am7
G

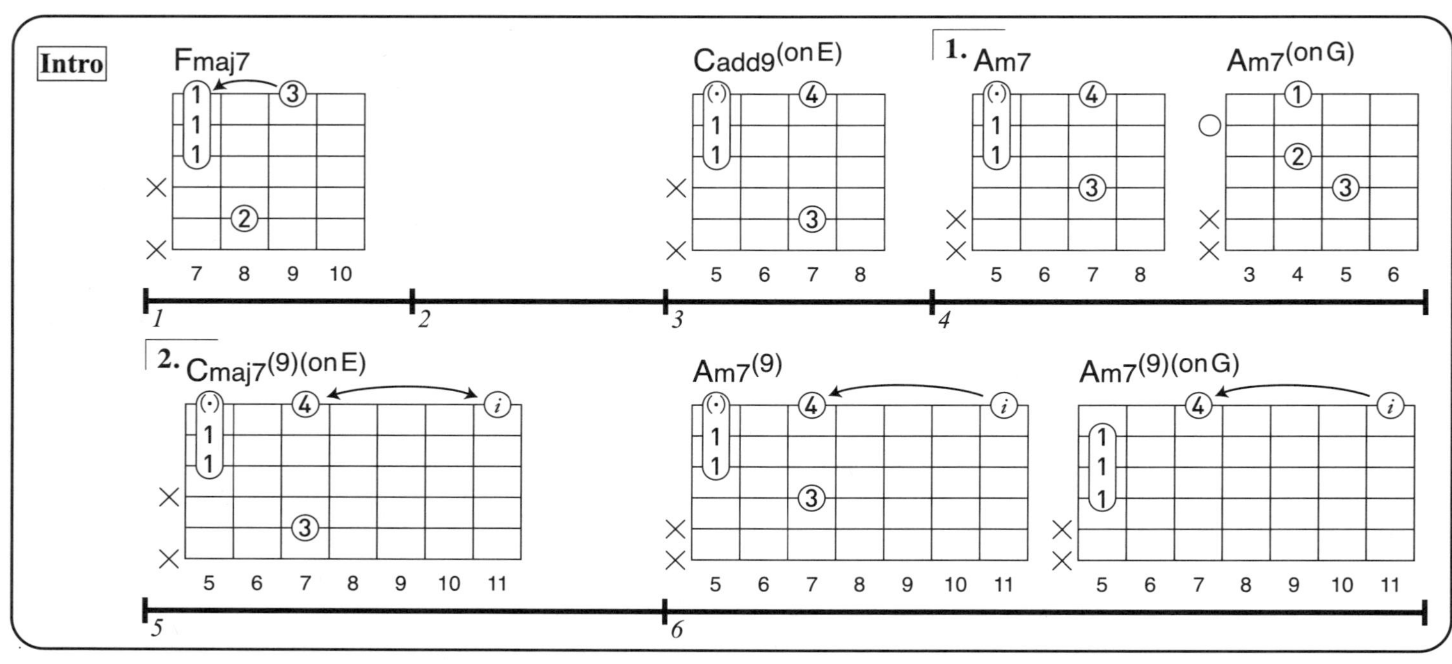

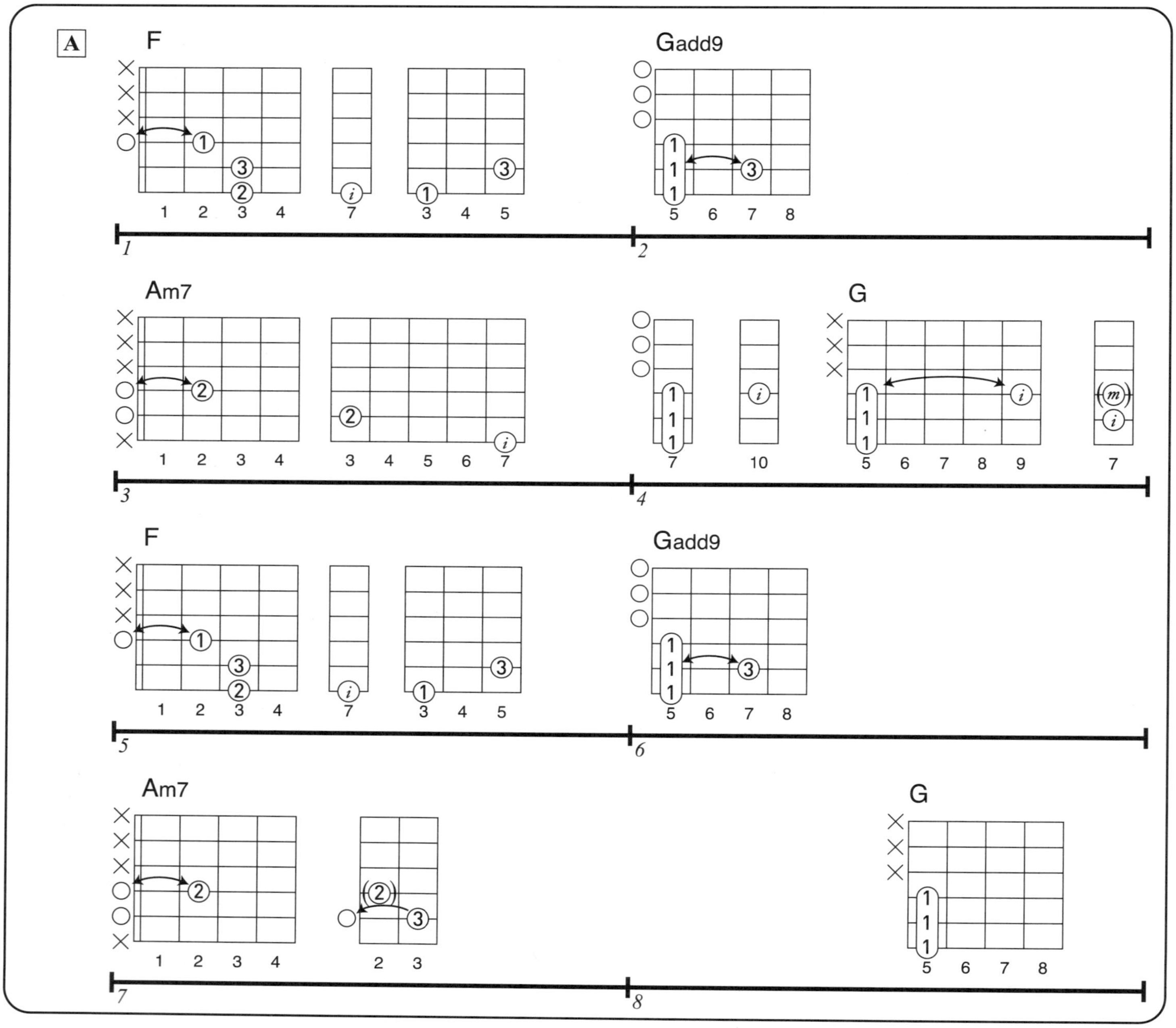

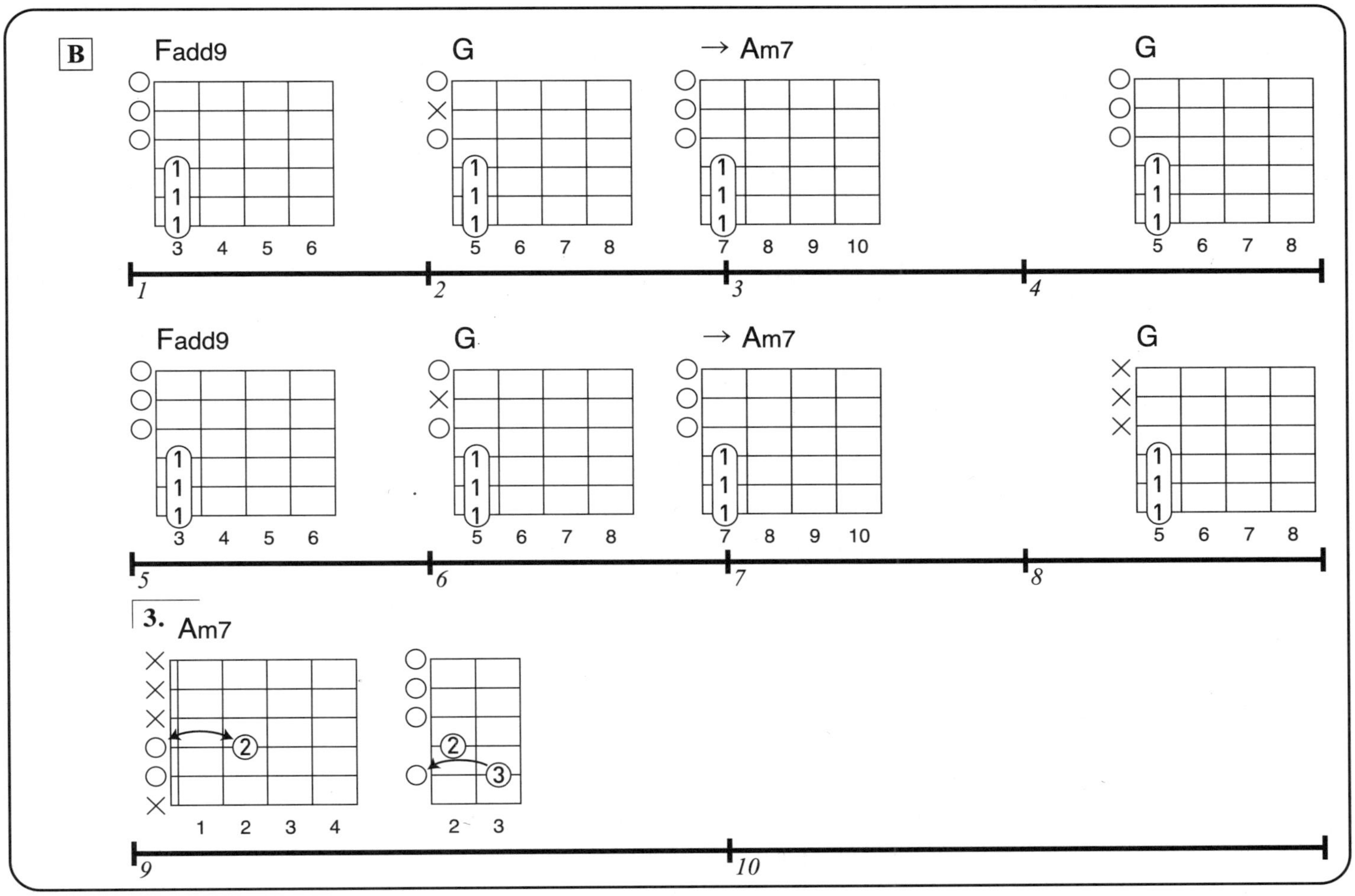

**B**

Fadd9　　G　　→ Am7　　G

1　2　3　4

Fadd9　　G　　→ Am7　　G

5　6　7　8

3. Am7

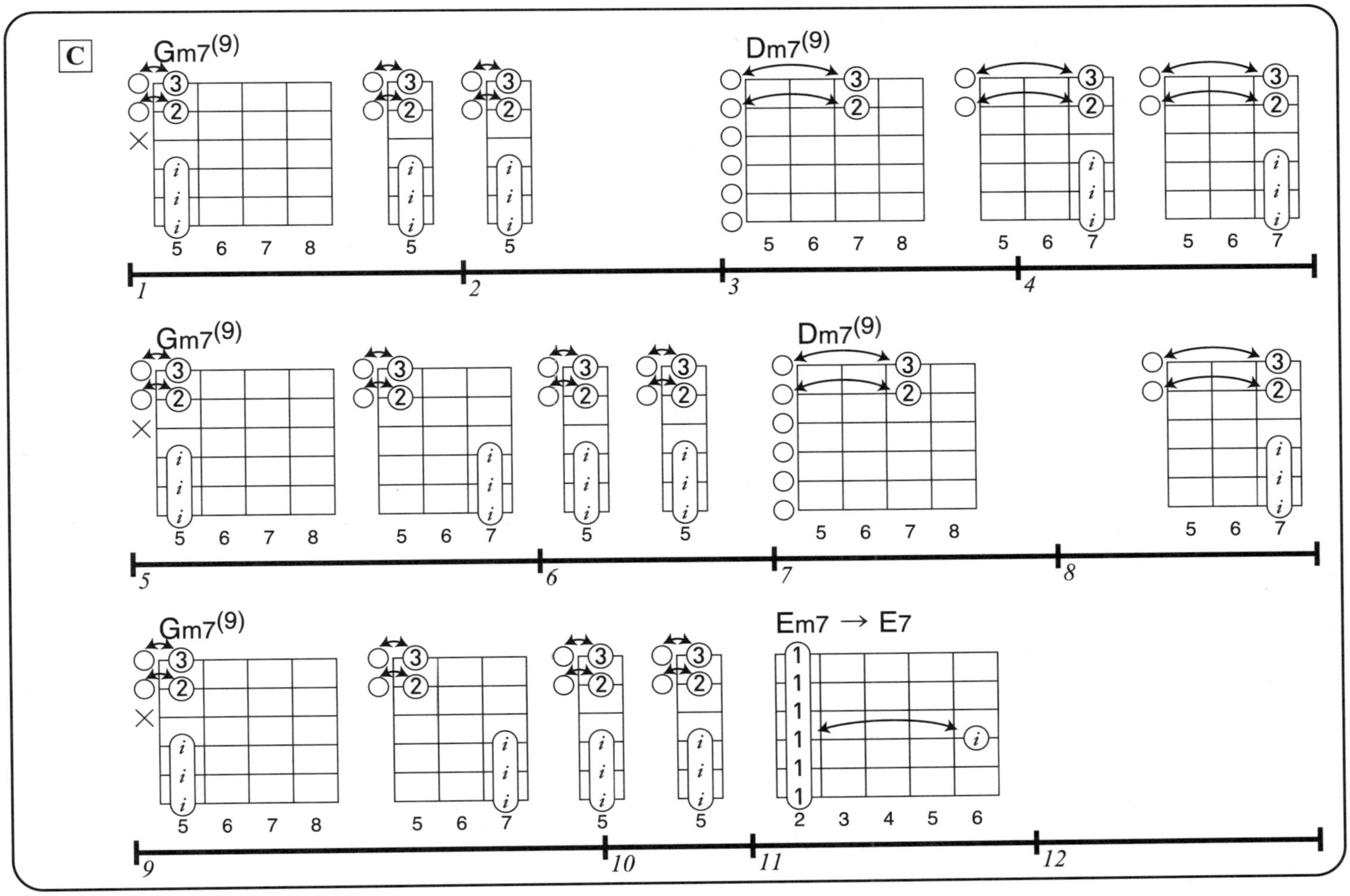

9　10

**C**

Gm7$^{(9)}$　　Dm7$^{(9)}$

1　2　3　4

Gm7$^{(9)}$　　Dm7$^{(9)}$

5　6　7　8

Gm7$^{(9)}$　　Em7 → E7

9　10　11　12

4.5.
Am7
Gadd9

D
1～4 bar : same as A 1～4 bar
D(on F♯)
Fadd9
C(on E)
D
Am7 → Gadd9

E
Fmaj7
Fmaj7(♯11)
Cadd9(on E)
Am7(11)
Gadd9

F
Fadd9
→ G
→ Am7
Gadd9

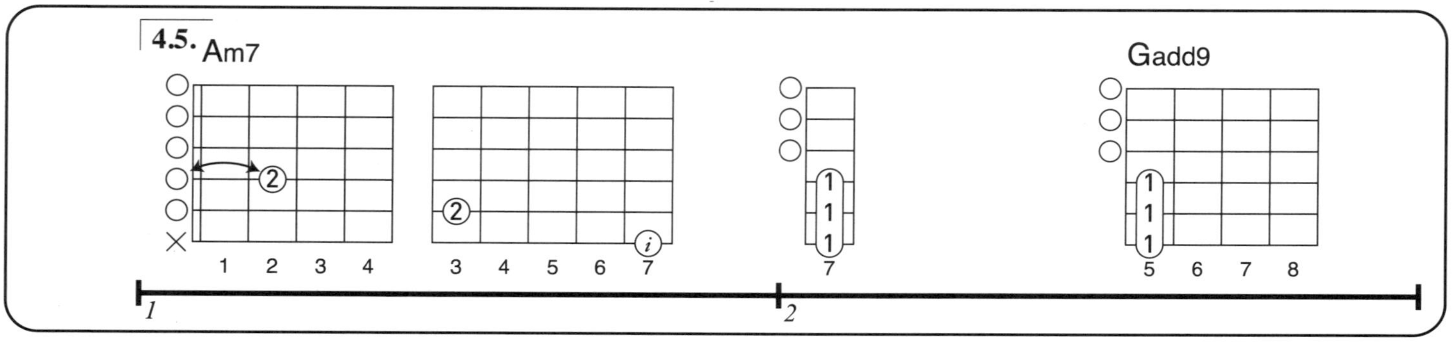

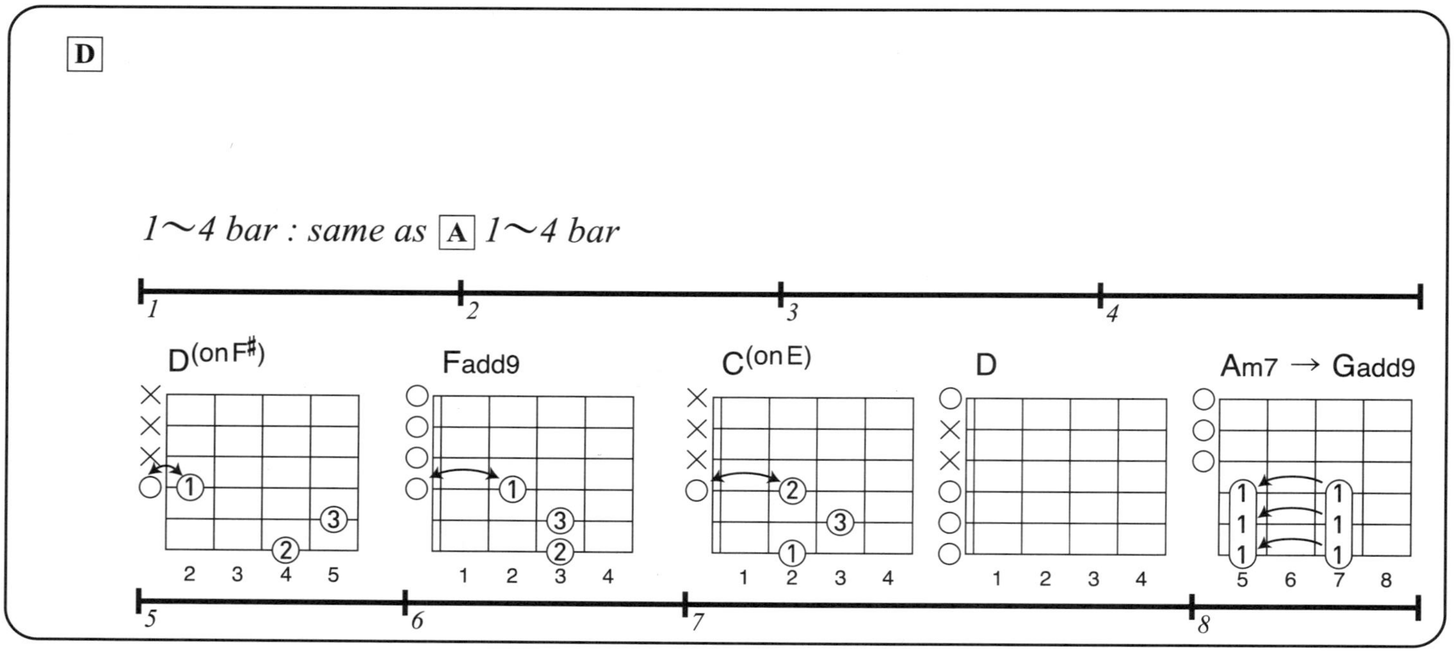

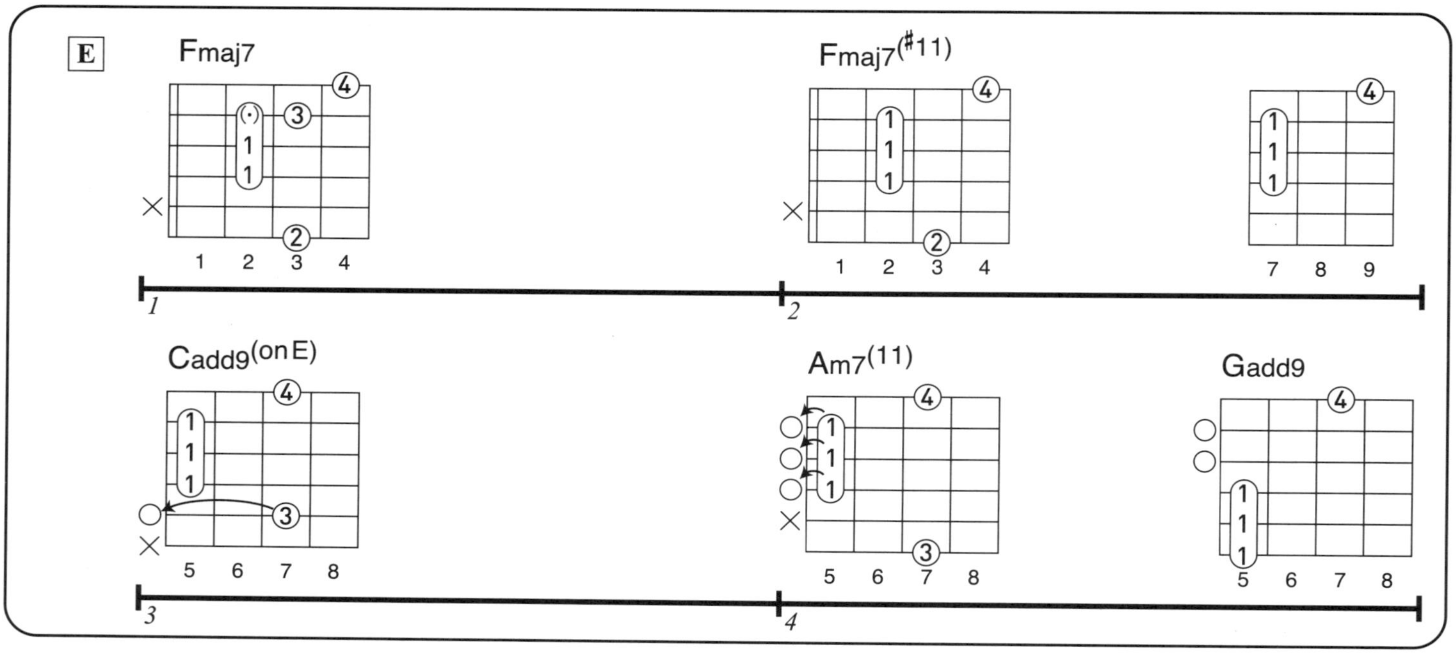

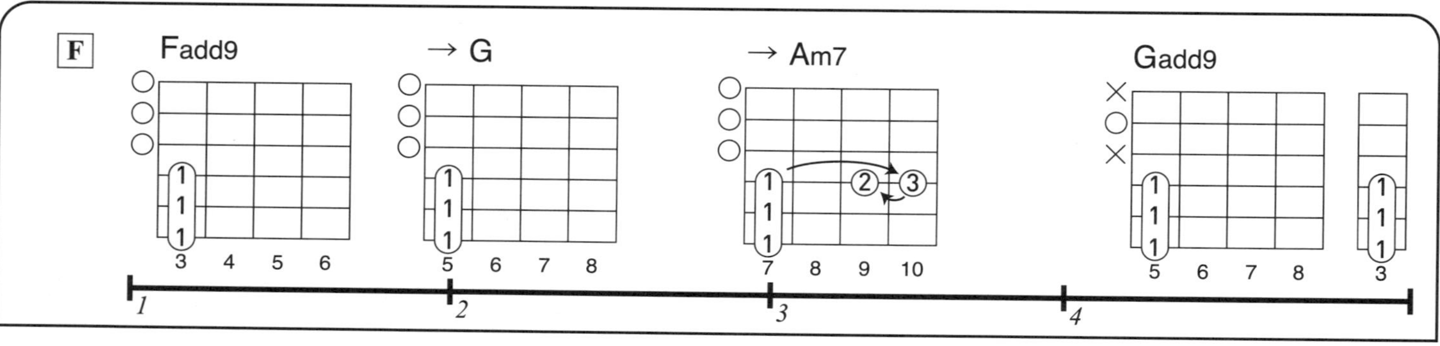

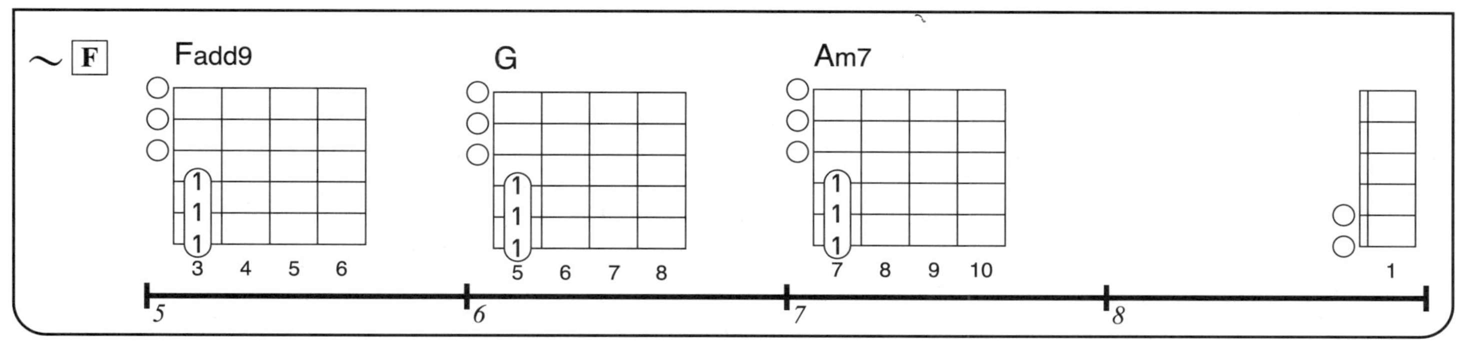

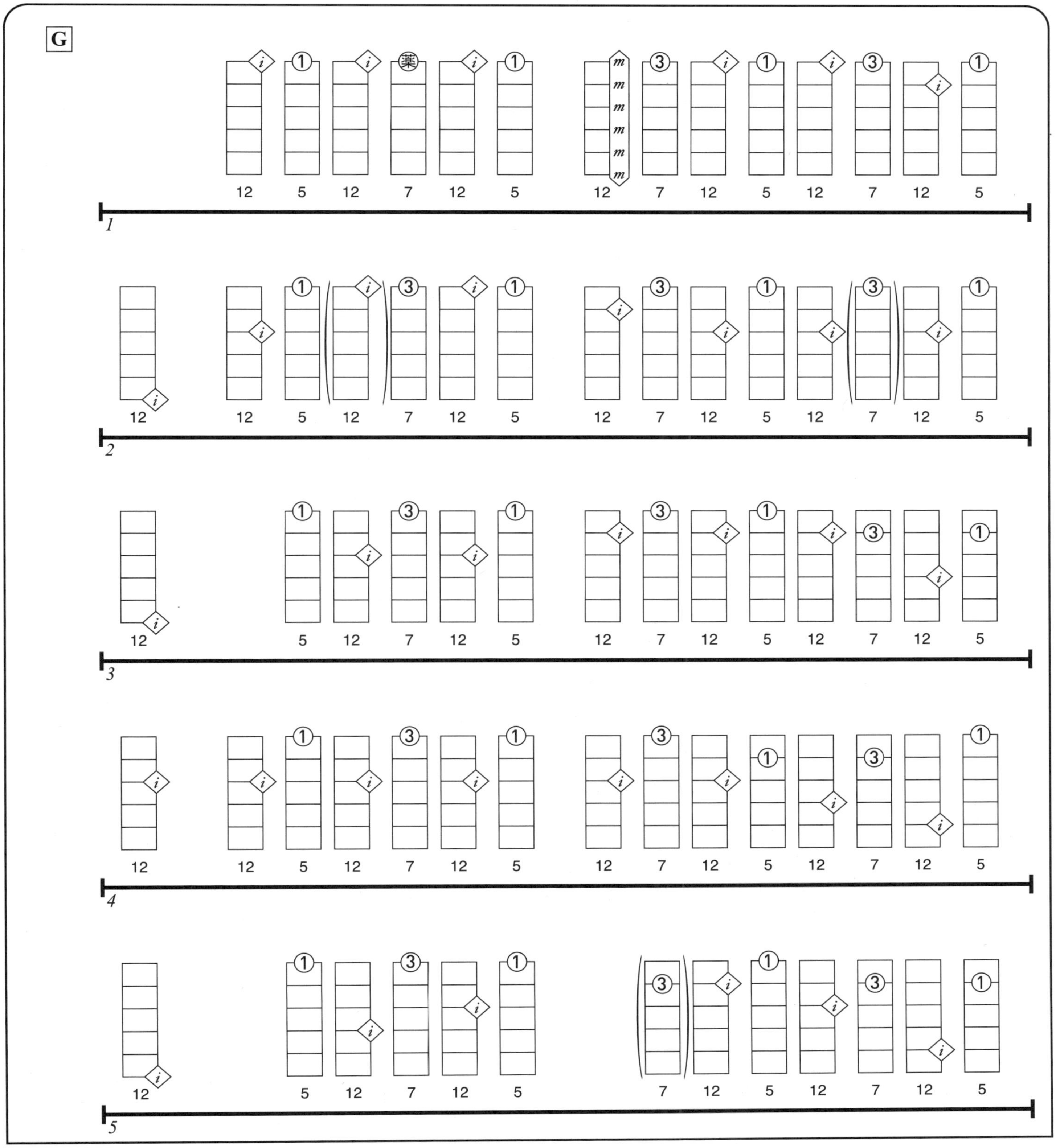

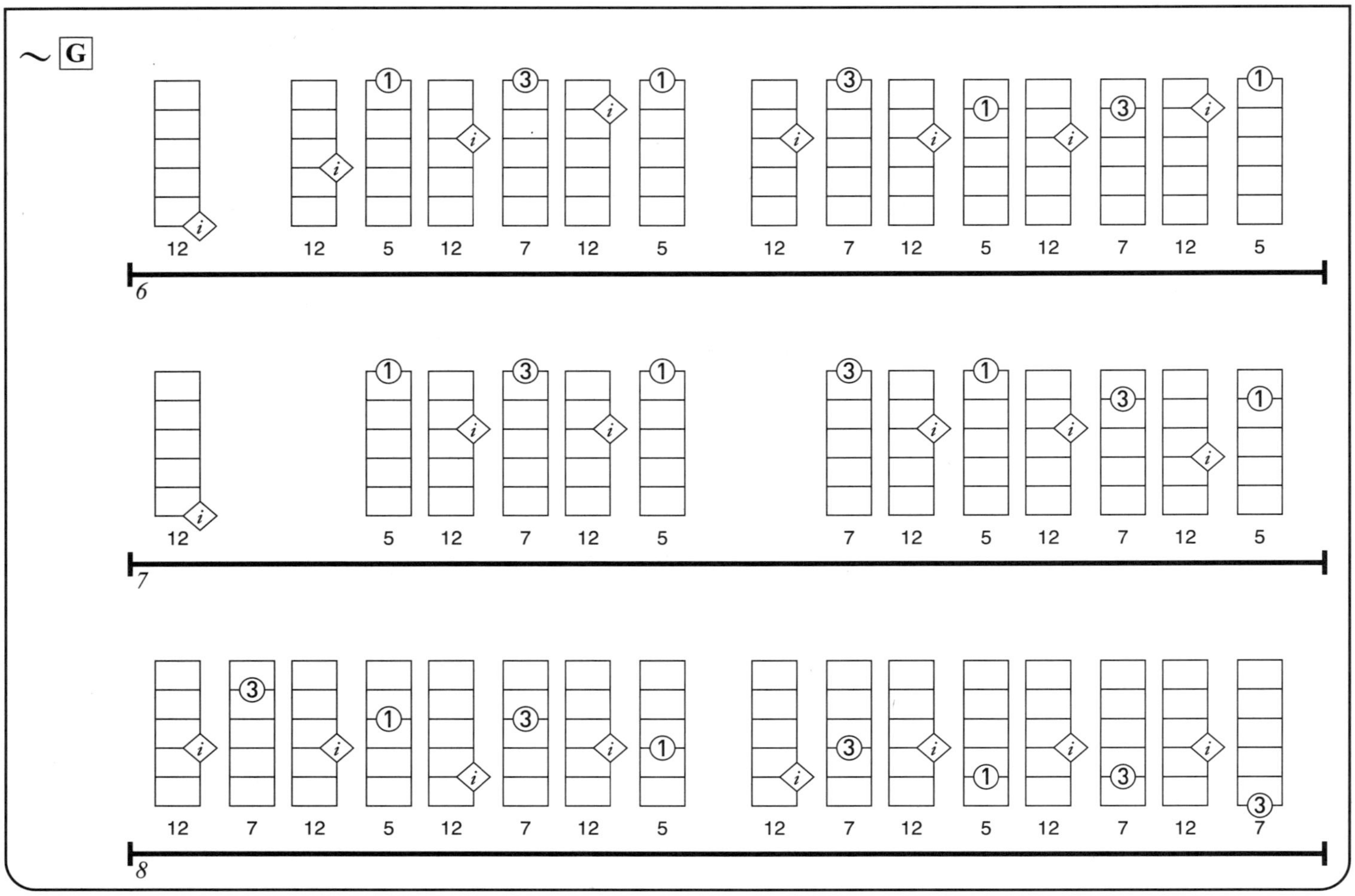

Merry Christmas Mr. Lawrence ~영화 〈전장의 크리스마스〉에서~

~G

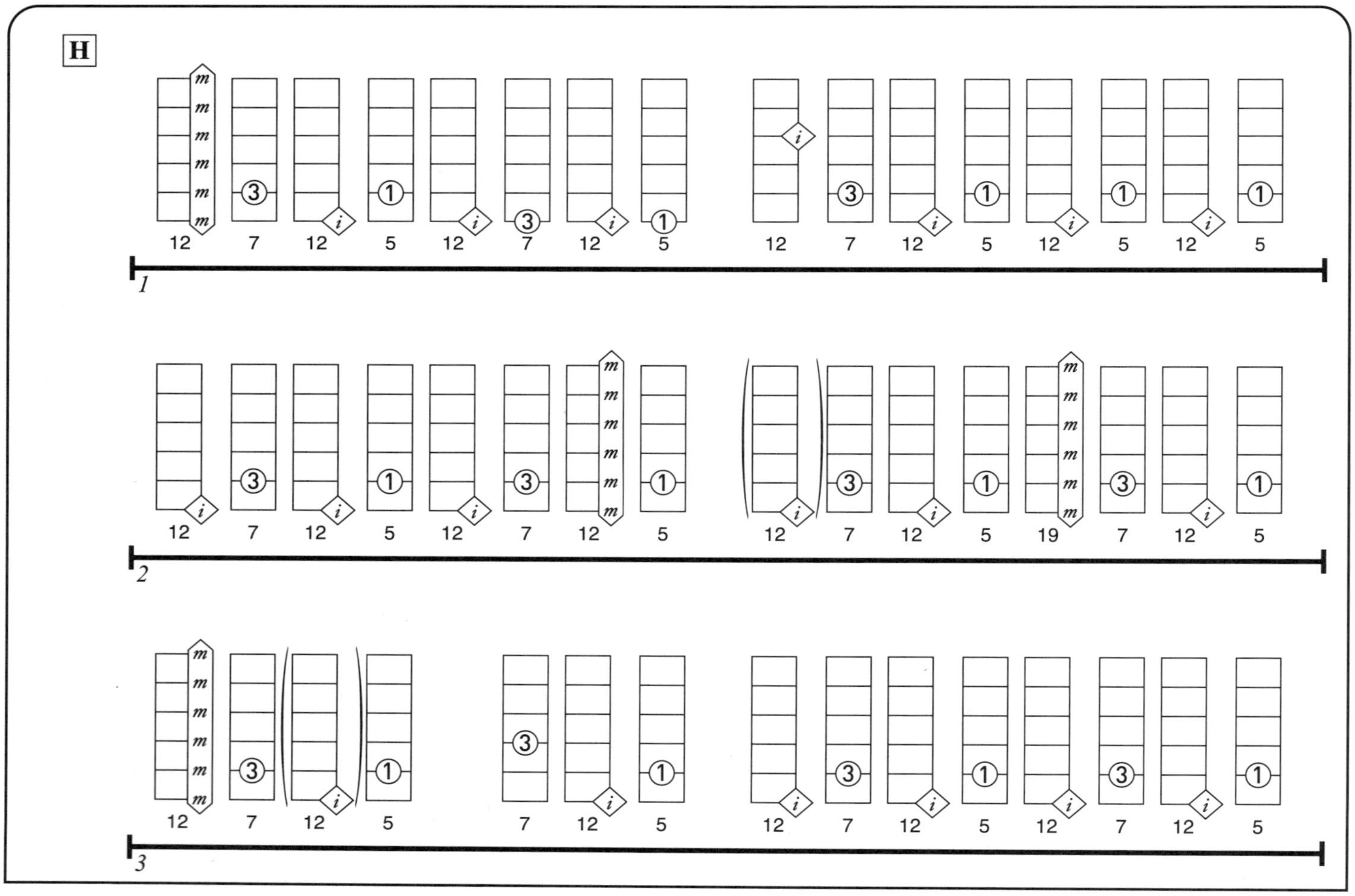

H

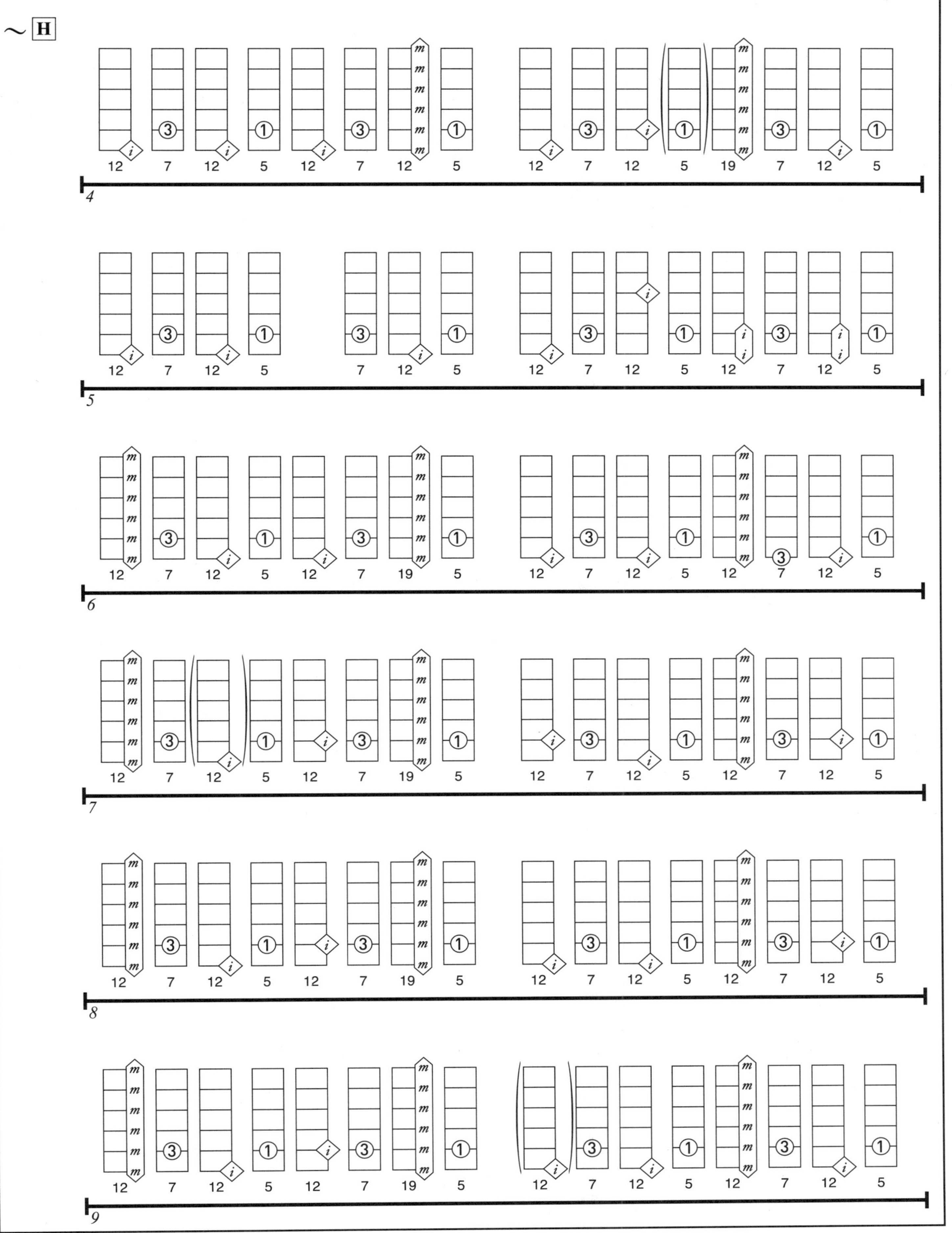

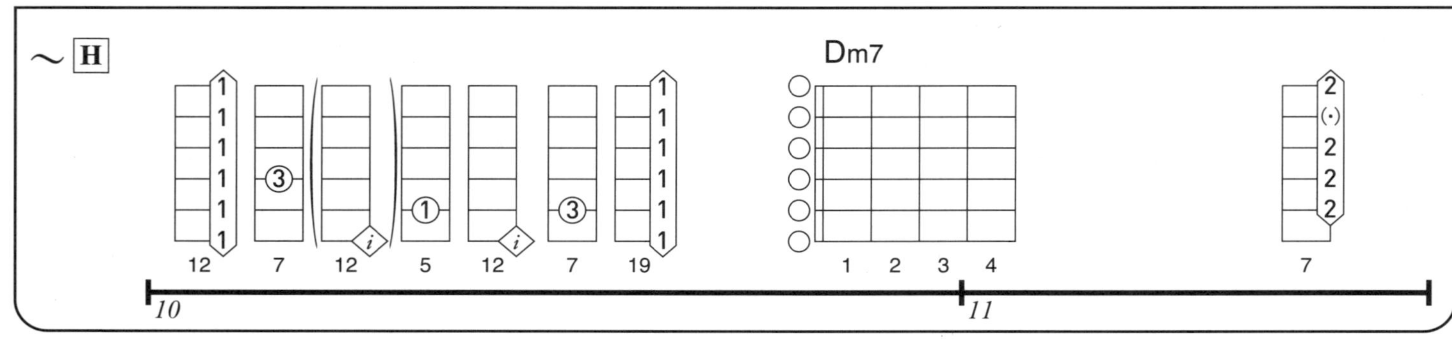
~ H
Dm7
12 7 12 5 12 7 19
1 2 3 4
7
10
11

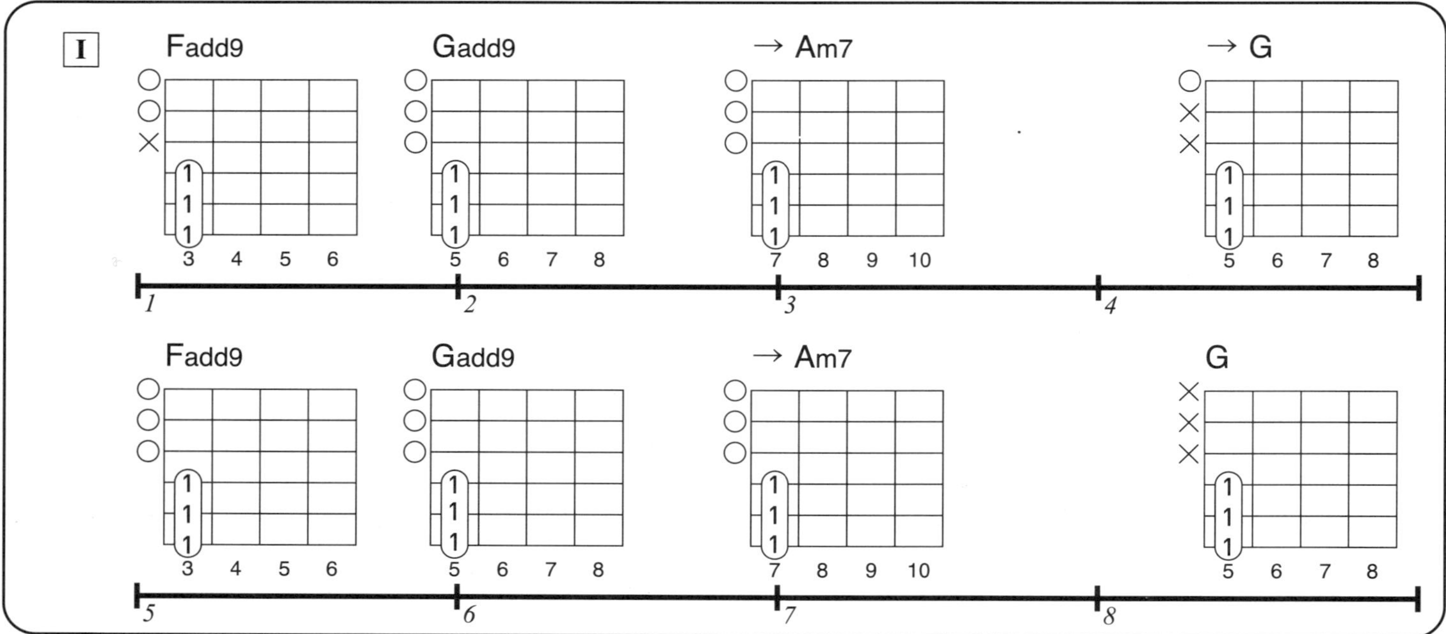
I
Fadd9
Gadd9
→ Am7
→ G
3 4 5 6
5 6 7 8
7 8 9 10
5 6 7 8
1
2
3
4
Fadd9
Gadd9
→ Am7
G
3 4 5 6
5 6 7 8
7 8 9 10
5 6 7 8
5
6
7
8

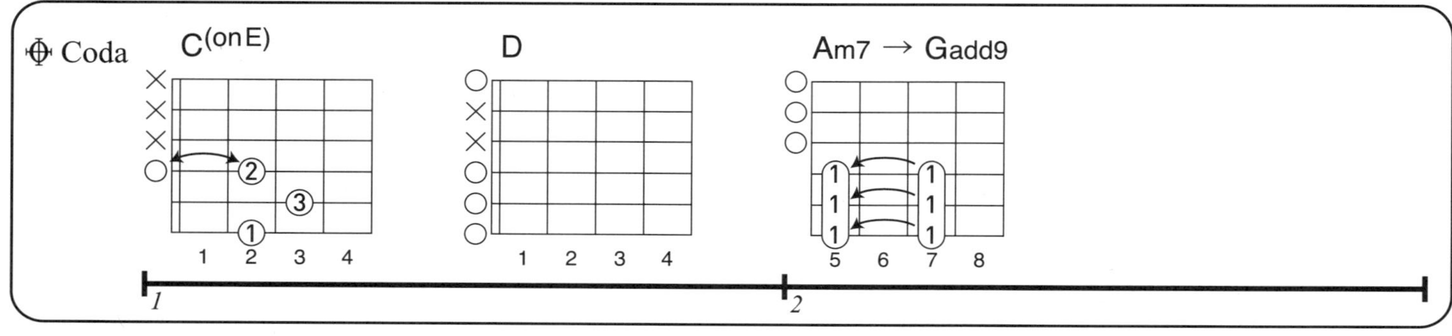
Coda
C(onE)
D
Am7 → Gadd9
1 2 3 4
1 2 3 4
5 6 7 8
1
2

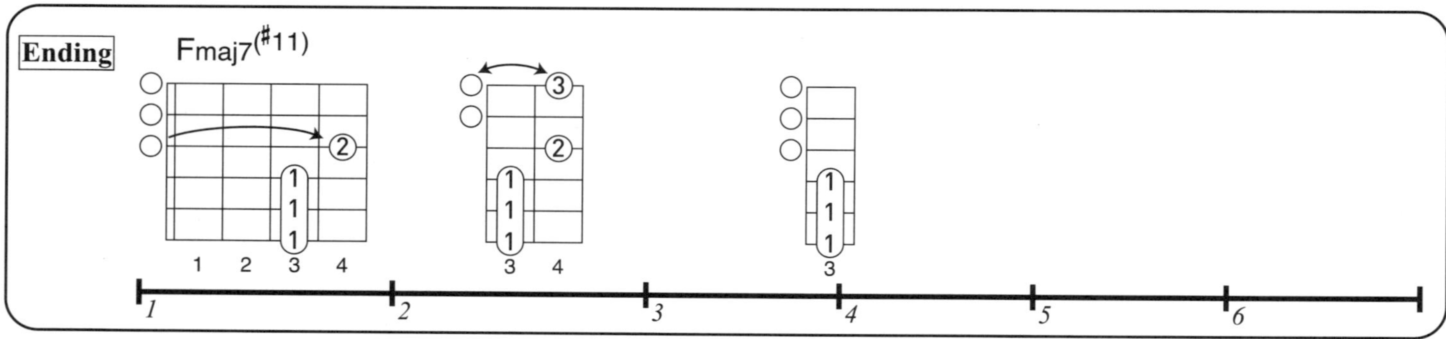
Ending
Fmaj7(#11)
1 2 3 4
3 4
3
1
2
3
4
5
6

**Guitar 2**　　녹음에 사용된 기타 : GREVEN D–Herringbone Custom(#1097)

**Tuning=D↓／A／D／G／A↓／C↓**

기타 2(Guitar 2)는 메인 기타와 같은 튜닝이다. 아래는 달 세뇨 때의 D(두 번째의 D)에 겹쳐진 멜로디로, 모두 내
추럴 하모닉스로 연주할 수 있다.

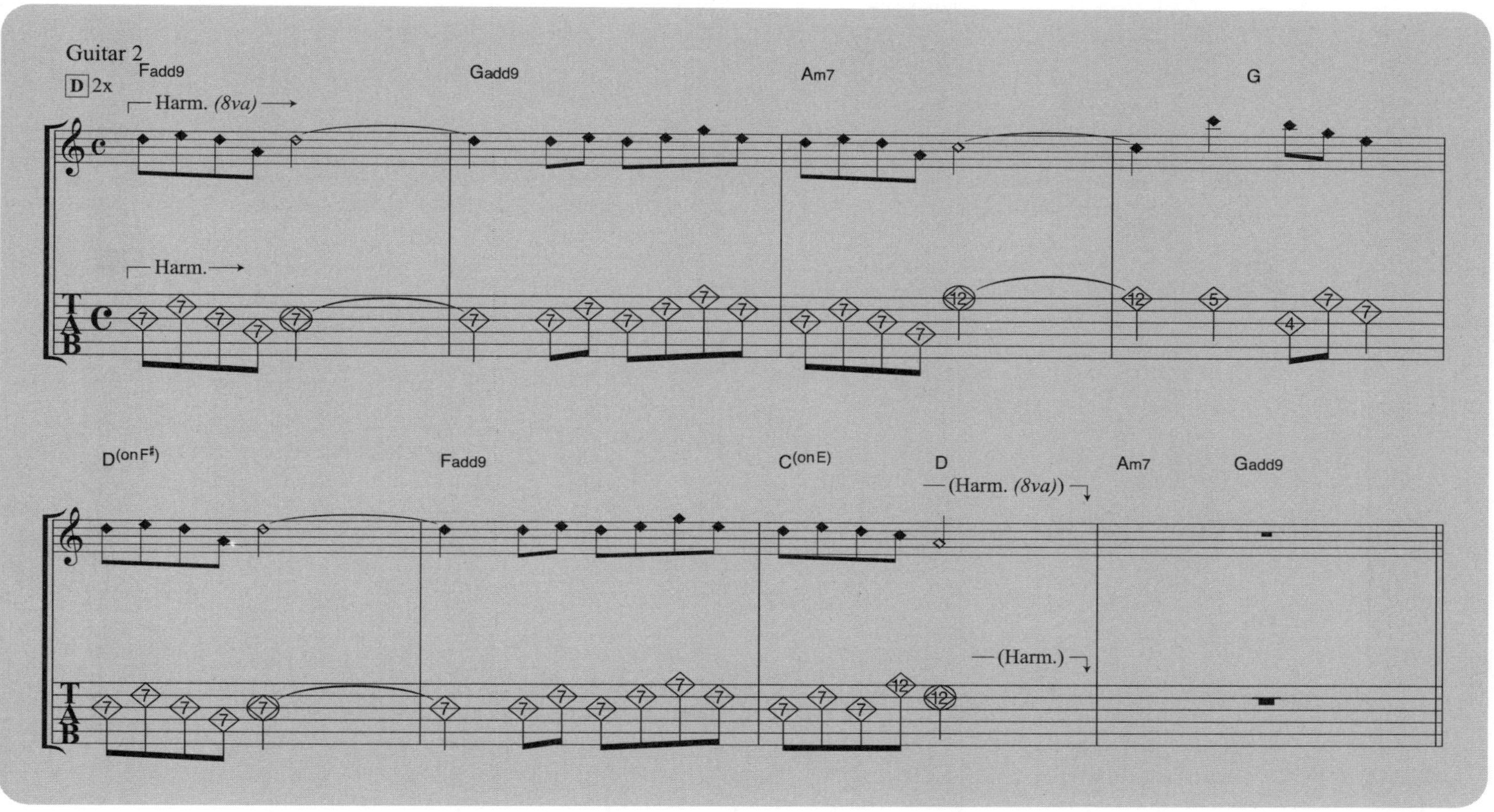

# Misty Night

Song Written by Kotaro Oshio

©2004 by KOTARO music office, Inc. & Sony Music Publishing (Japan) Inc.

**Tuning = E A D G B D**

Misty Night

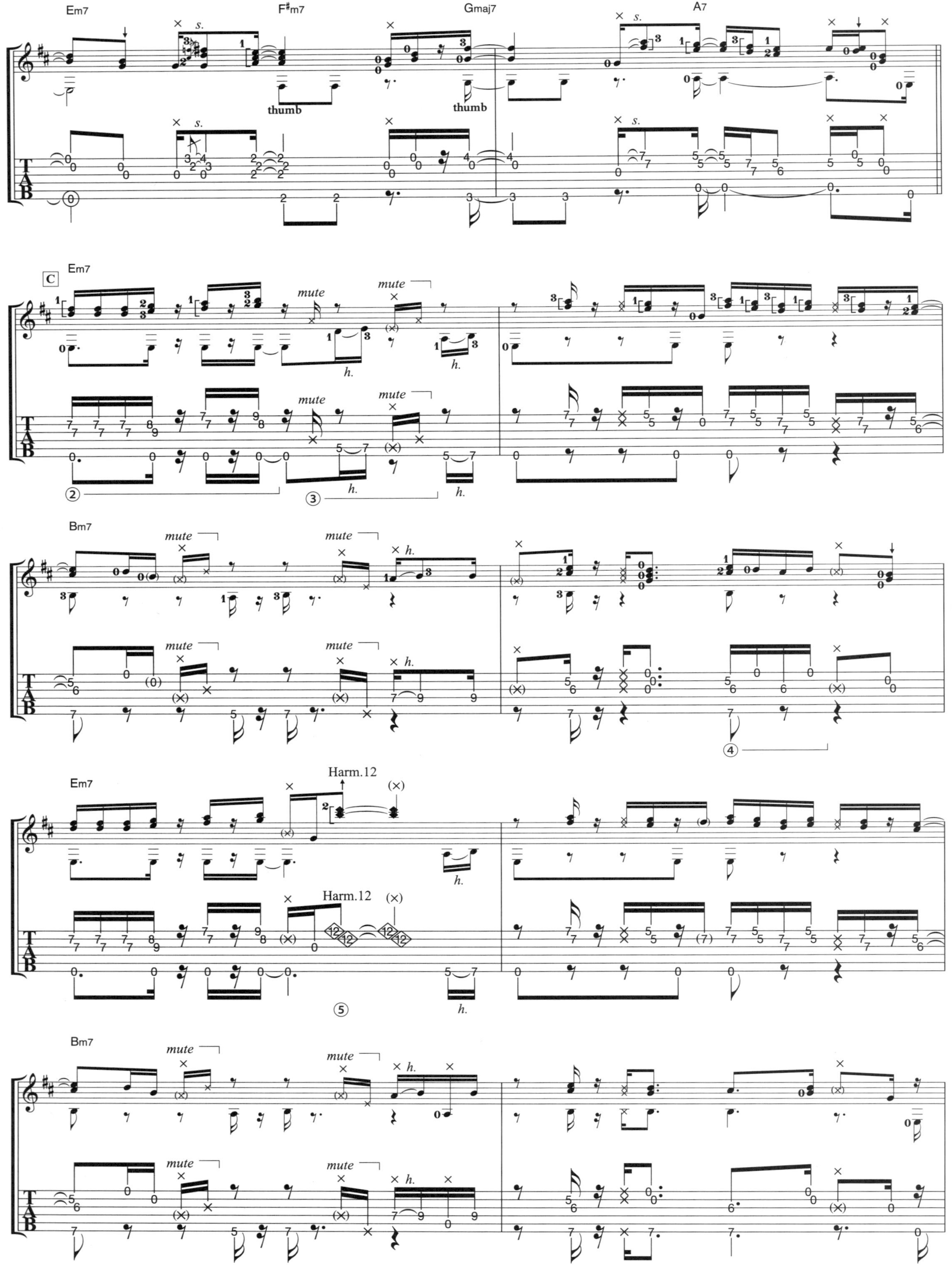

Em7
F♯m7
Gmaj7
A7
thumb
thumb
s.
C
Em7
mute
mute
h.
h.
Bm7
mute
mute
h.
Em7
Harm.12
Harm.12
h.
h.
Bm7
mute
mute
h.

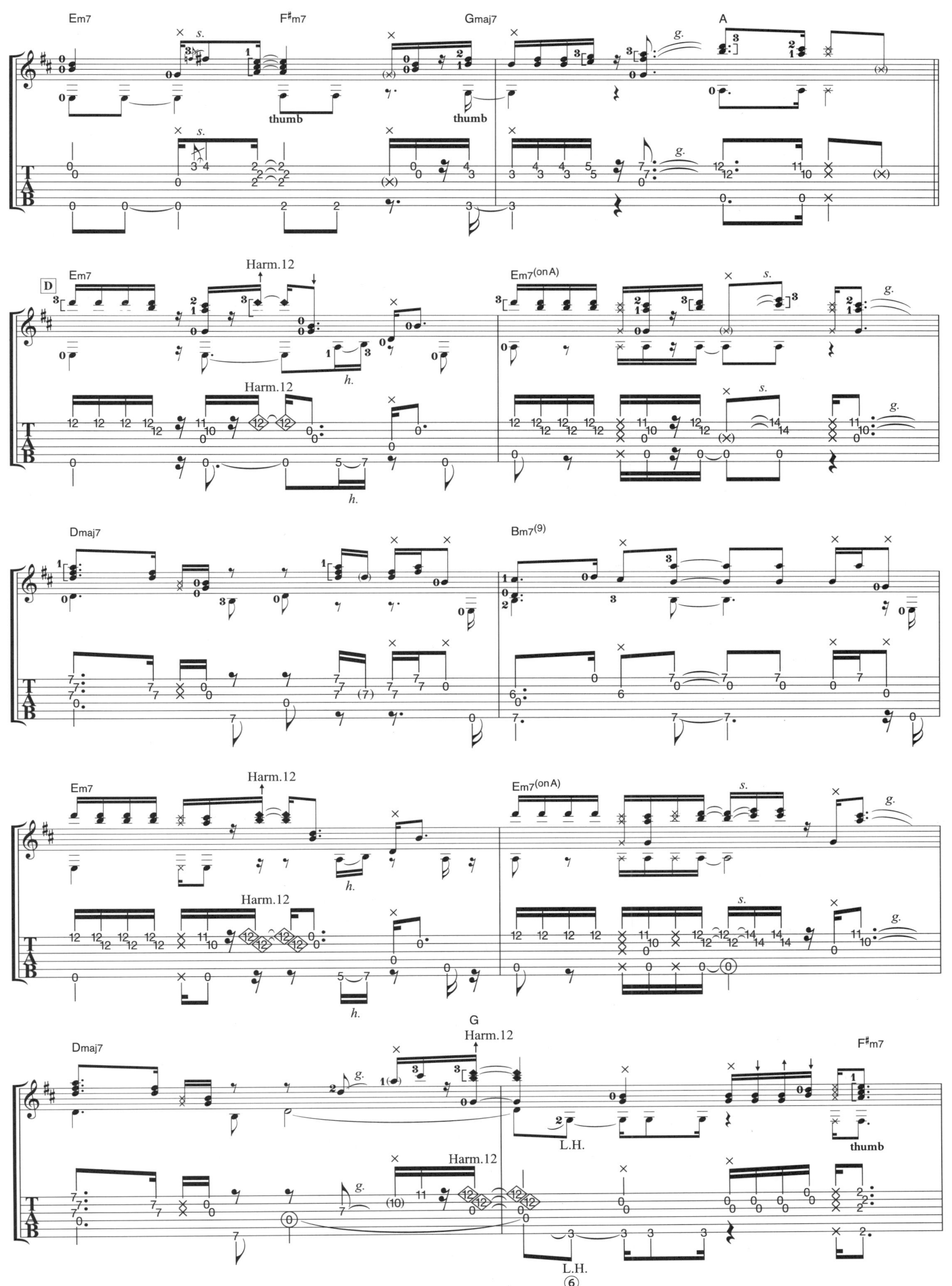

Misty Night
04
72  10th Anniversary BEST -Ballade Side- Kotaro Oshio

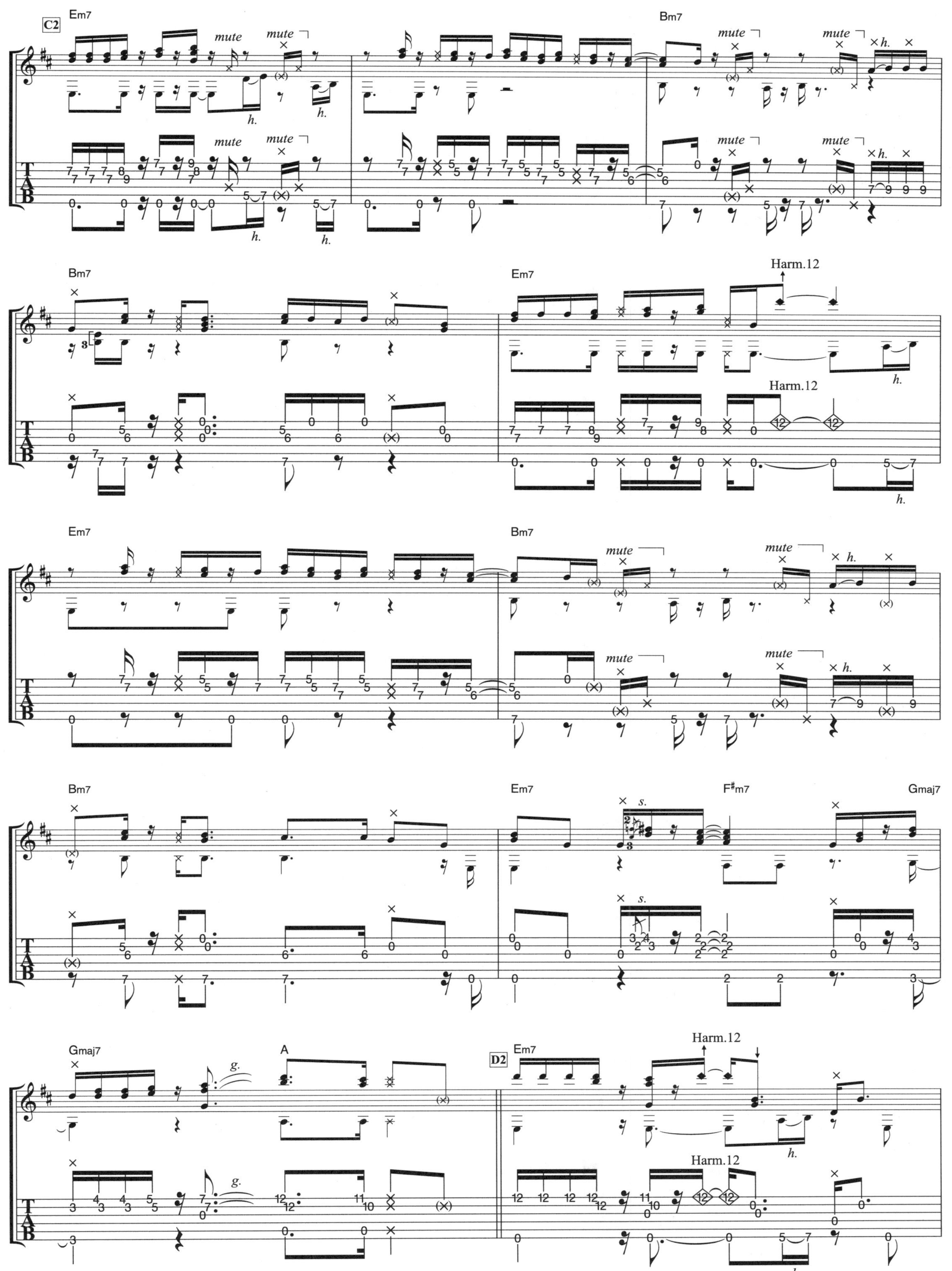
C2
Em7
Bm7
mute
mute
h.
h.
h.
h.
Bm7
Em7
Harm.12
Harm.12
h.
h.
Em7
Bm7
mute
mute
× h.
mute
mute
× h.
Bm7
Em7
F#m7
Gmaj7
s.
s.
Gmaj7
A
D2
Em7
Harm.12
Harm.12
g.
g.
h.
h.
04
Misty Night

Gmaj7    F#m7    Em7
F#m7    Bm7    A(on B)
Misty Night
04
A(on B)    G(on A)    A(on B)    s.    g.
A(on B)    G(on A)
A(on B)    h. vib.    G(on A)    h. p.    p.    p.
Ras.    Ras.
A(on B)    G(on A) F#(on G#) F#(on G#)    G#(on A#)    A(on B)    Harm.
G(on A) G(on A)    G(on A)
Harm.

# Misty Night

녹음에 사용된 기타:GREVEN D-Herringbone Custom(#1097)

## Tuning : E／A／D／G／B／D↓

①1번 줄을 1음 내린다(4번 줄 개방의 1옥타브 위)

## 곡의 개요&연주법 해설

2004년에 발표된 앨범 〈Be HAPPY〉에 수록된 곡으로 〈10th Anniversary BEST〉에서 재녹음되었다. 운지가 약간 바뀌었으며, 구성을 포함해 큰 변경은 없다.

스트링 히트(음표 머리가 ×표시)를 섞은 네일 어택(음표 위에 ×표시)으로 리듬을 유지한다. 음정이 명확하지 않은 네일 어택과 뮤트해서 피킹하는 부분은 음표 머리를 (×)로 표기했다(A 1소절째, 2박자째나 C 1소절째 등). 네일 어택 중 음표 위의 ×에 괄호가 쳐진 것(C 5소절째, 4박자째 등)은 네일 어택의 음은 울리지 않고, 동작의 지지점이 되는 새끼손가락이 보디에 닿는 음만 난다는 것을 의미한다.

 연주 포인트 

## Intro

①1~4번 줄은 오른손 집게손가락으로 시간차를 줘서 업 스트로크한다. 다음 소절 시작 부분의 6번 줄은 오른손 엄지손가락으로 피킹한다. 다음 소절의 G(onA)의 시작 부분도 같다.

## C

② 1번 손가락 1~3번 줄 7프렛 부분 바레는 누른 상태를 유지한다. 따라서 오른손으로 음을 끊는다(스트링 히트와 비슷한 동작이다).

③ 음표 머리의 ×에 *mute*라고 표기된 음은 왼손으로 뮤트하고 오른손으로 피킹한다. 왼손은 앞뒤의 5프렛→7프렛 해머링을 하기 쉽도록 1번 손가락이 5프렛, 3번 손가락이 7프렛 부근에 오도록 위치를 잡는다. 4박자째의 네일 어택도 뮤트한 줄에 대해서 한다. 3소절째도 같다.

④ 2번 줄 5프렛 E음과 3번 줄 6프렛 C#음은 계속 누르고 있지 않다.

왼손의 힘을 빼서 음을 끊어준다.

⑤ 하모닉스를 강하게 연주한다(D에 나오는 다른 하모닉스도 마찬가지다).

## D

⑥ 왼손으로 누르는 움직임만으로 소리를 낸다(해머링과 같은 동작이다).

## Ending

⑦ 부드럽게 다운 스트로크를 한다.

⑧ 왼손은 바로 앞에서 이어지는 폼으로 줄을 누른다. 오른손 집게손가락을 2번 줄 17프렛, 3번 줄 18프렛, 4번 줄 19프렛에 대고 약손가락으로 2~4번 줄을 업 스트로크(복현 피킹)한다. 6번 줄은 오른손 엄지손가락으로 피킹한다.

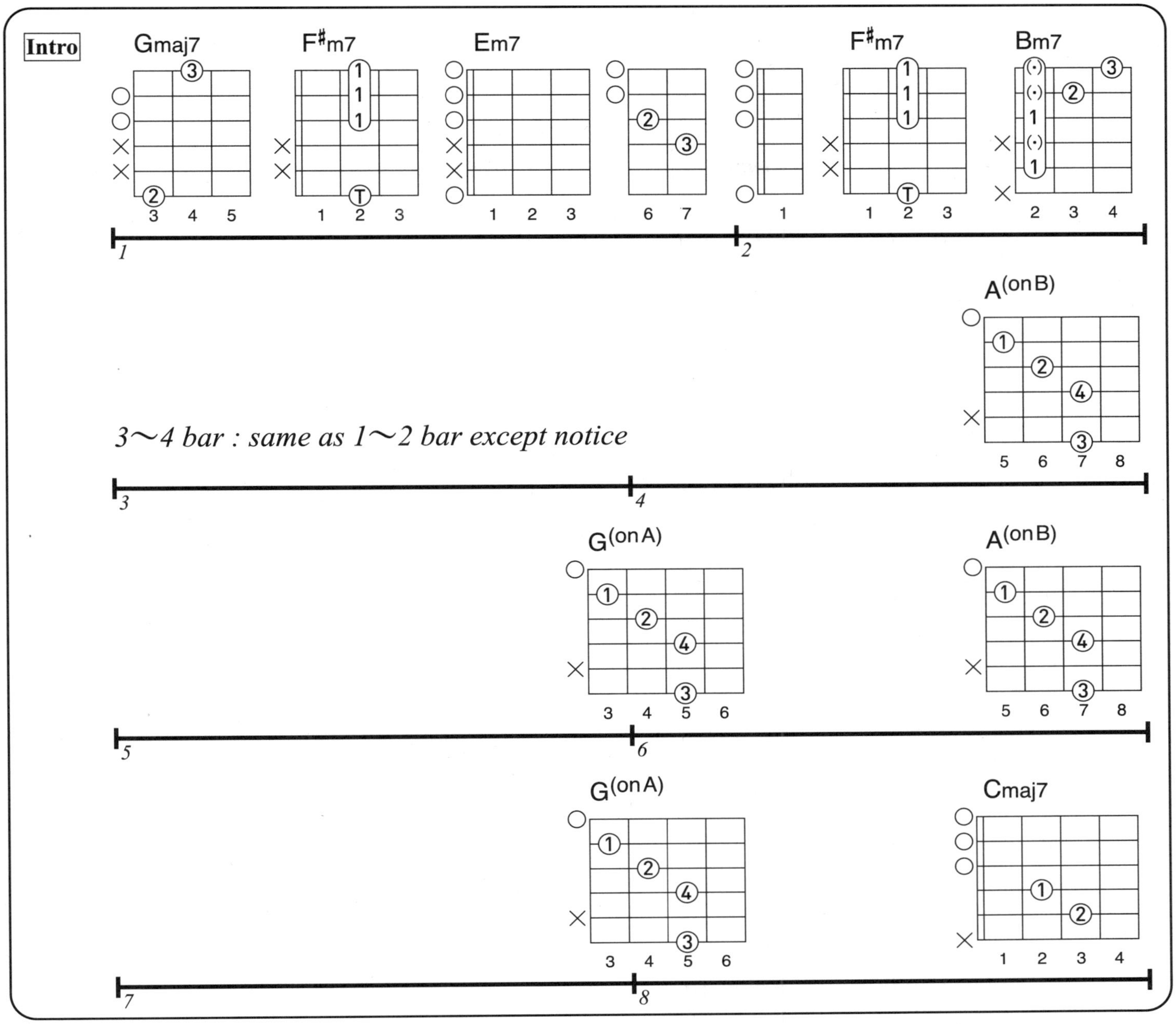

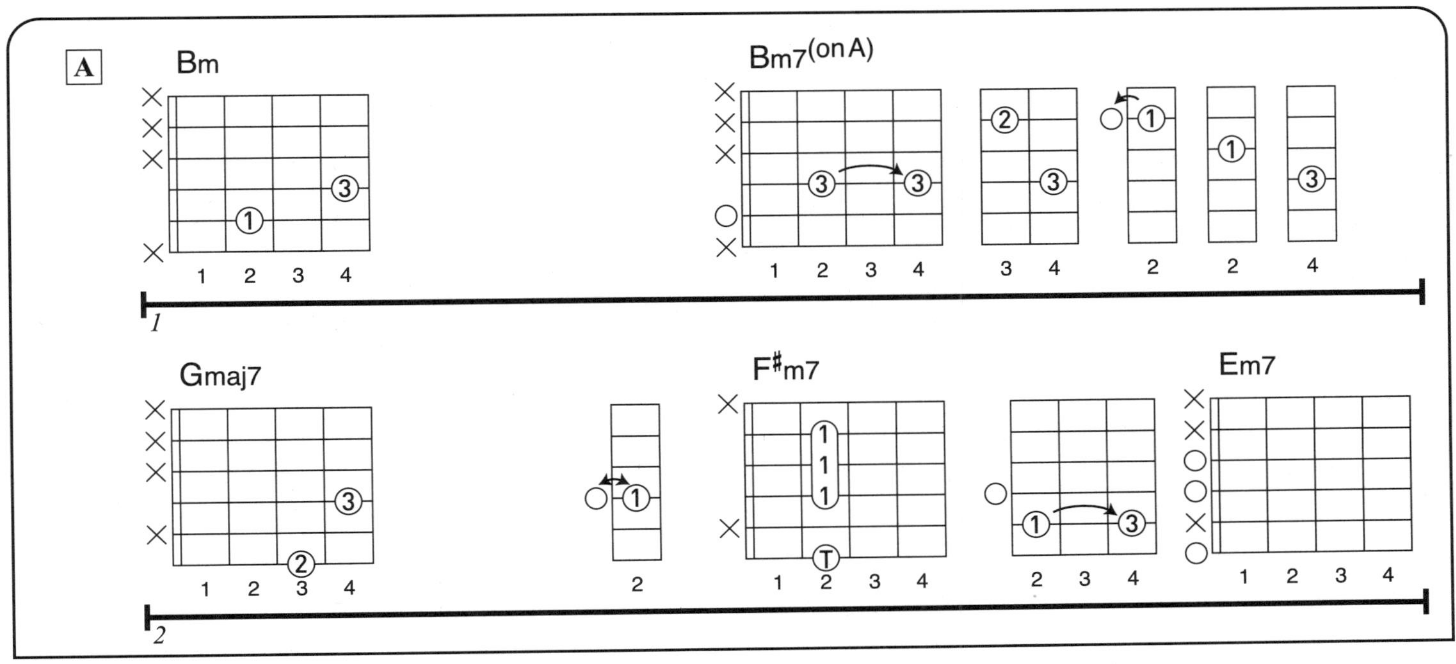

Intro
Gmaj7
F#m7
Em7
F#m7
Bm7
3~4 bar : same as 1~2 bar except notice
A(onB)
G(onA)
A(onB)
G(onA)
Cmaj7
A
Bm
Bm7(onA)
Gmaj7
F#m7
Em7





04
Misty Night

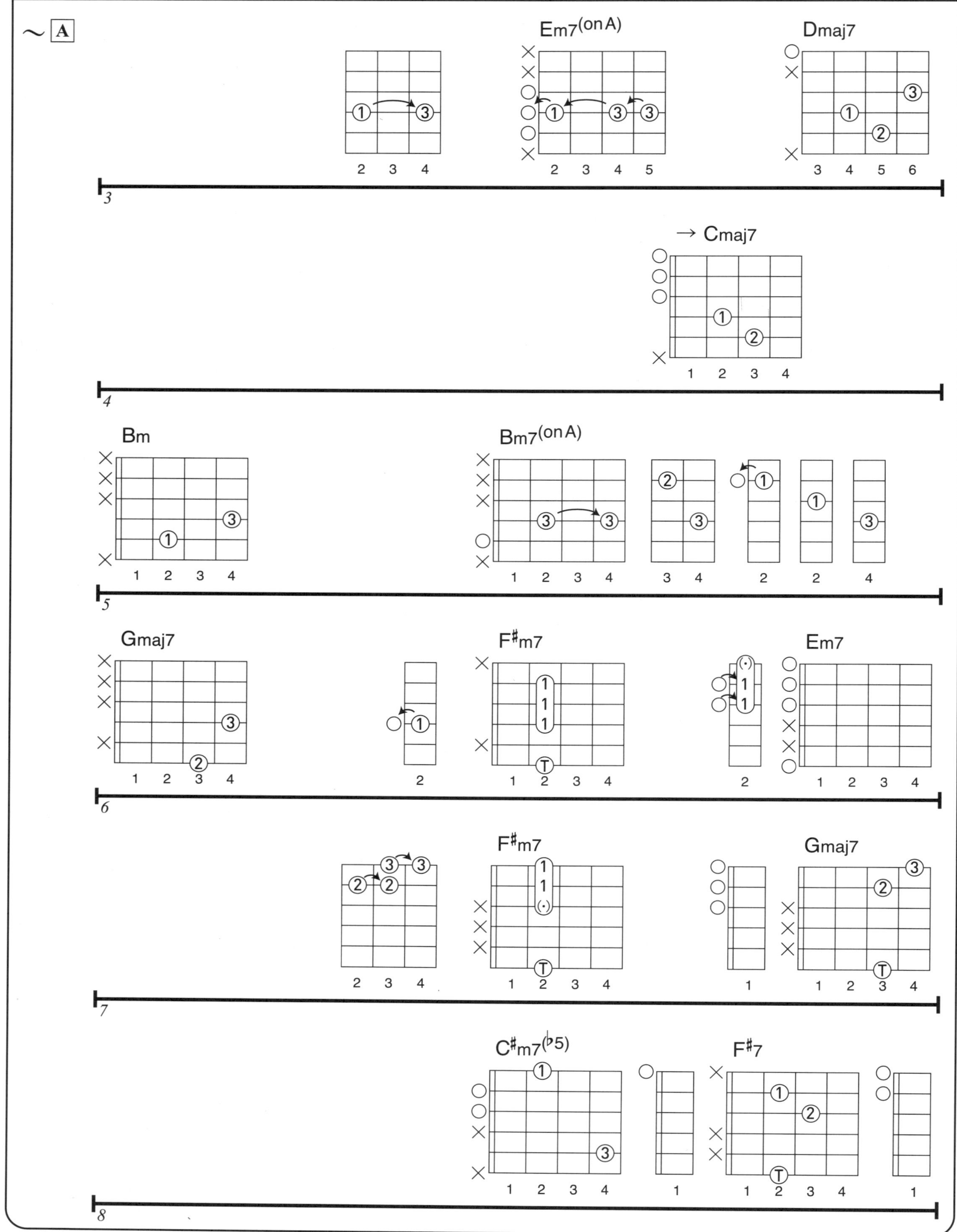
A
Em7(onA)
Dmaj7
→ Cmaj7
Bm
Bm7(onA)
Gmaj7
F#m7
Em7
F#m7
Gmaj7
C#m7(b5)
F#7

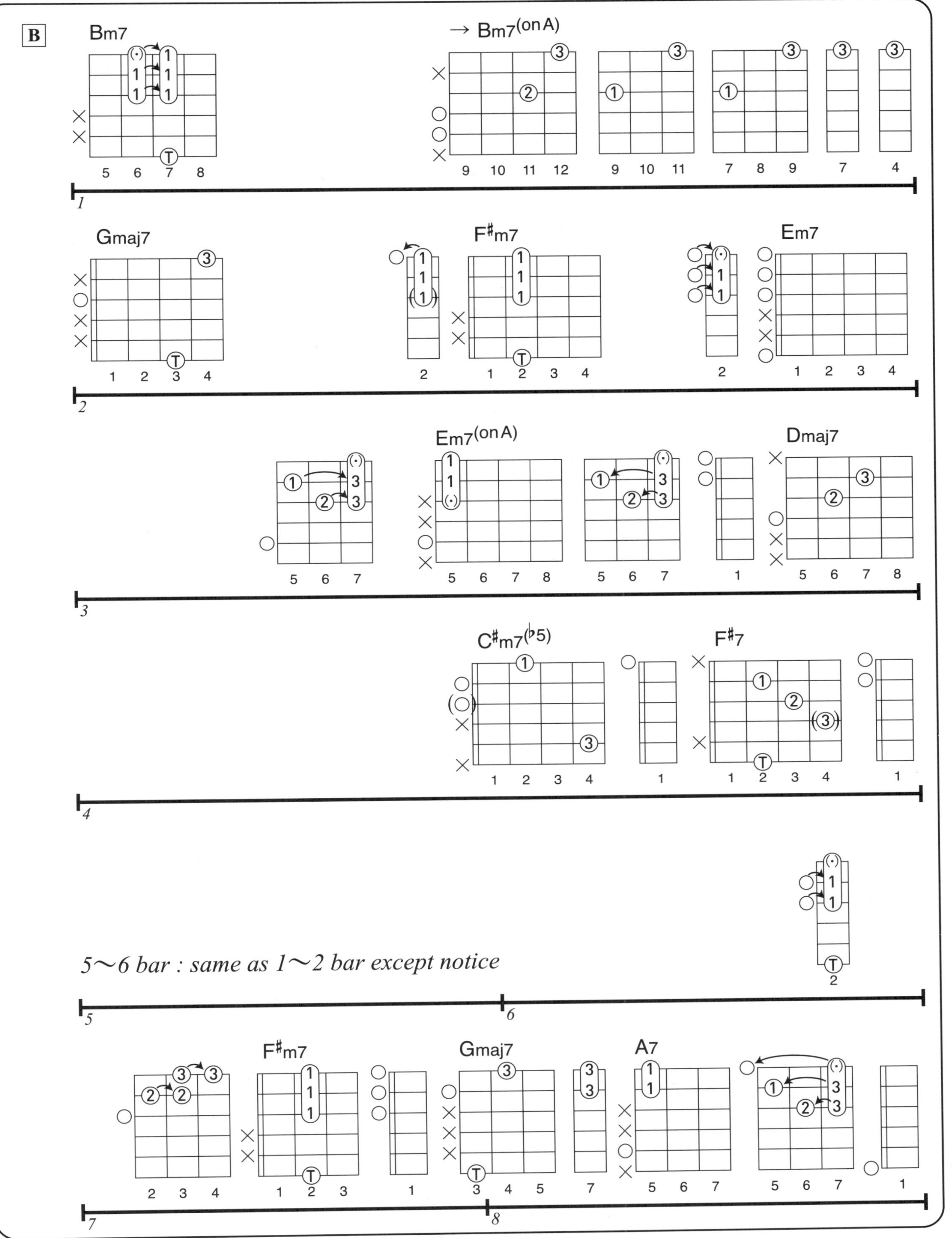

B
Bm7
→ Bm7(on A)
Gmaj7
F#m7
Em7
Em7(on A)
Dmaj7
C#m7(b5)
F#7
F#m7
Gmaj7
A7
5〜6 bar : same as 1〜2 bar except notice

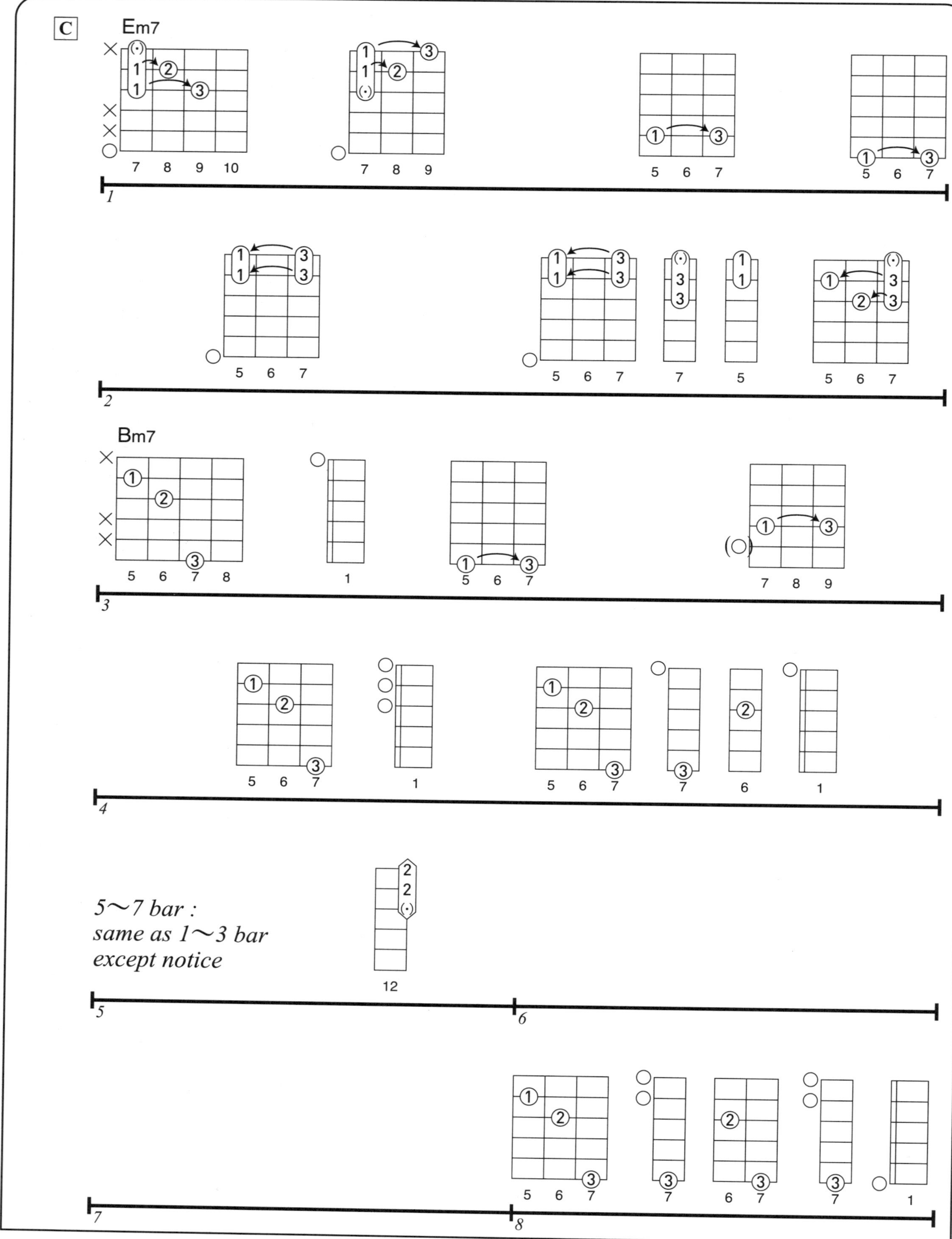
C
Em7
7 8 9 10
7 8 9
5 6 7
5 6 7
5 6 7
5 6 7
7
5
5 6 7
Bm7
5 6 7 8
1
5 6 7
7 8 9
5 6 7
1
5 6 7
7
6
1
5～7 bar :
same as 1～3 bar
except notice
12
5
6
5 6 7
7
6 7
7
1
7
8

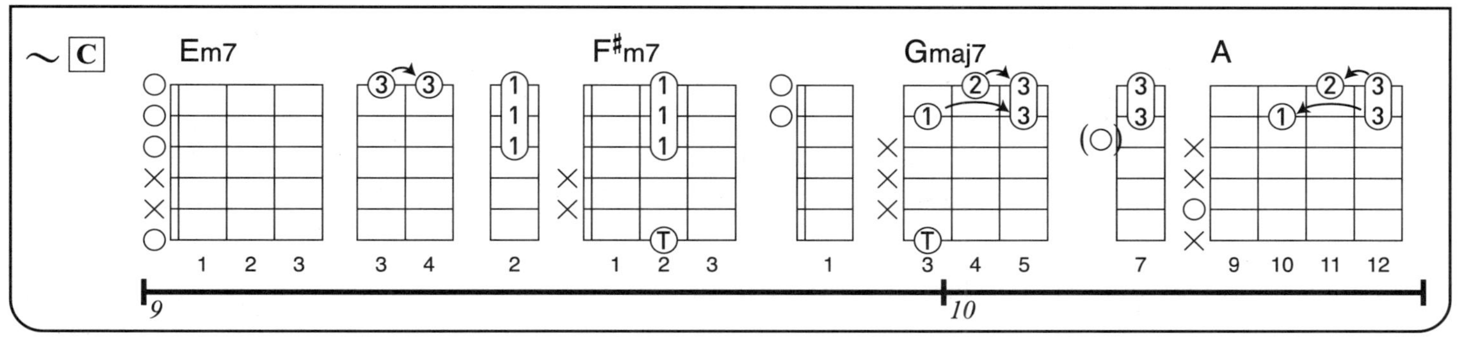
～ C
Em7
F♯m7
Gmaj7
A

D
Em7
Em7(onA)
Dmaj7
Bm7(9)

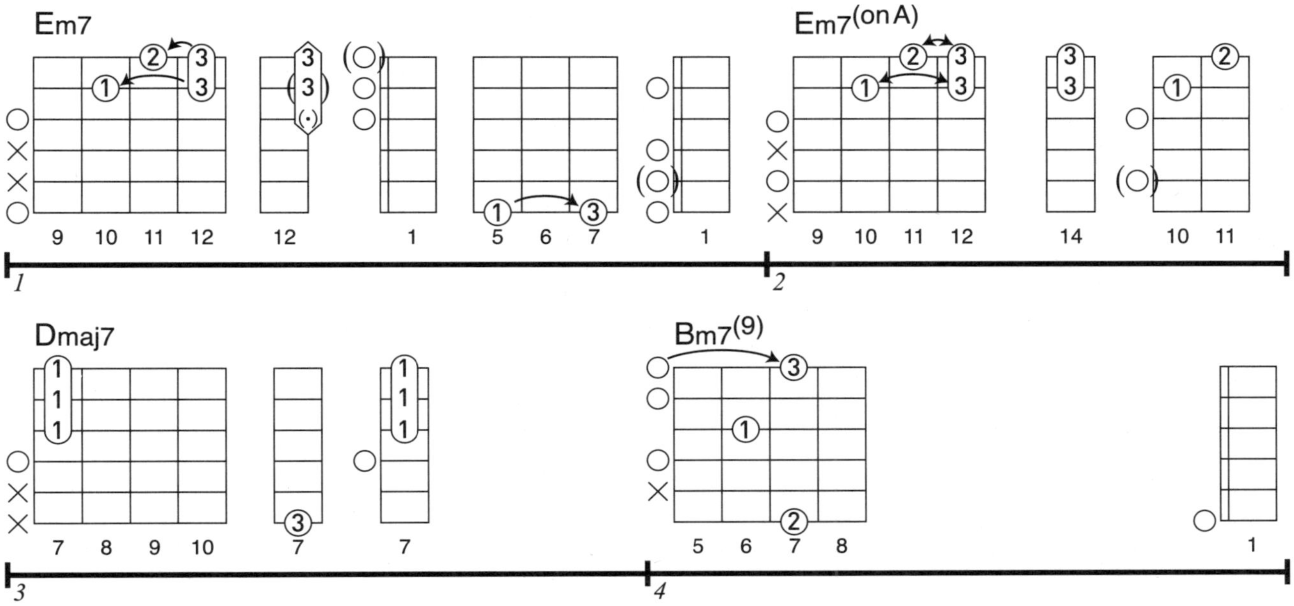

5～6 bar : same as 1～2 bar

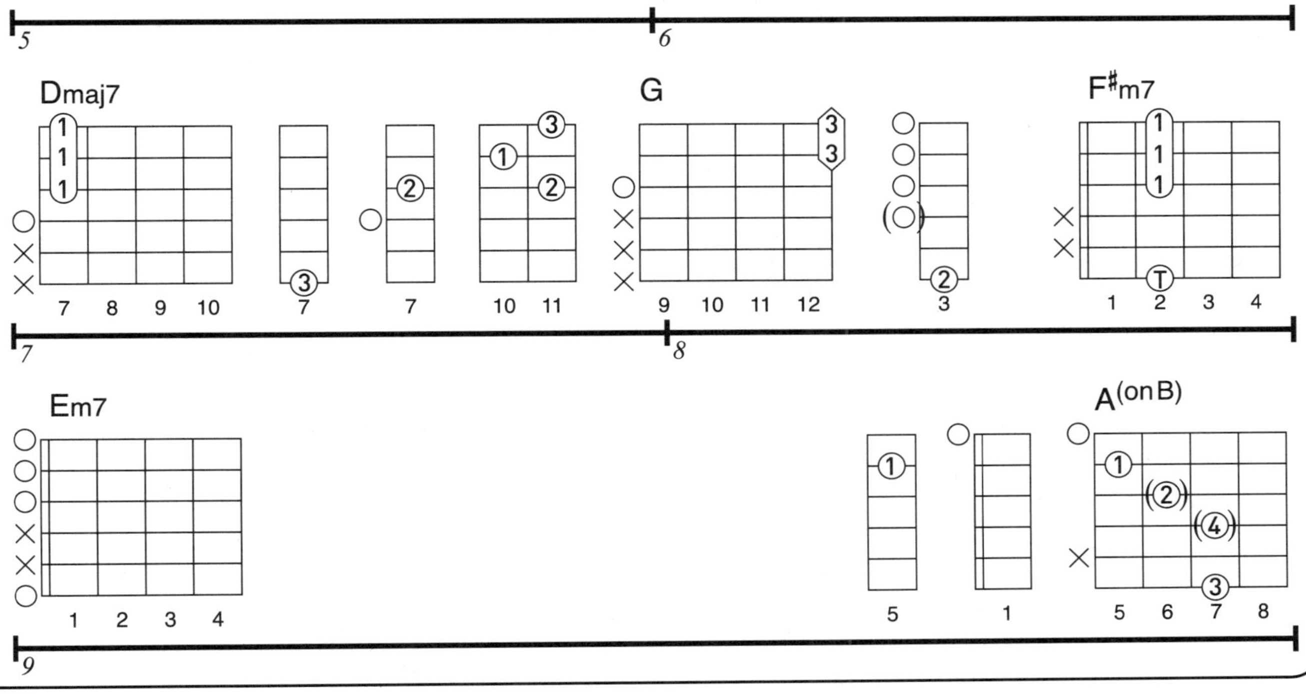

Dmaj7
G
F♯m7
Em7
A(onB)

04
Misty Night

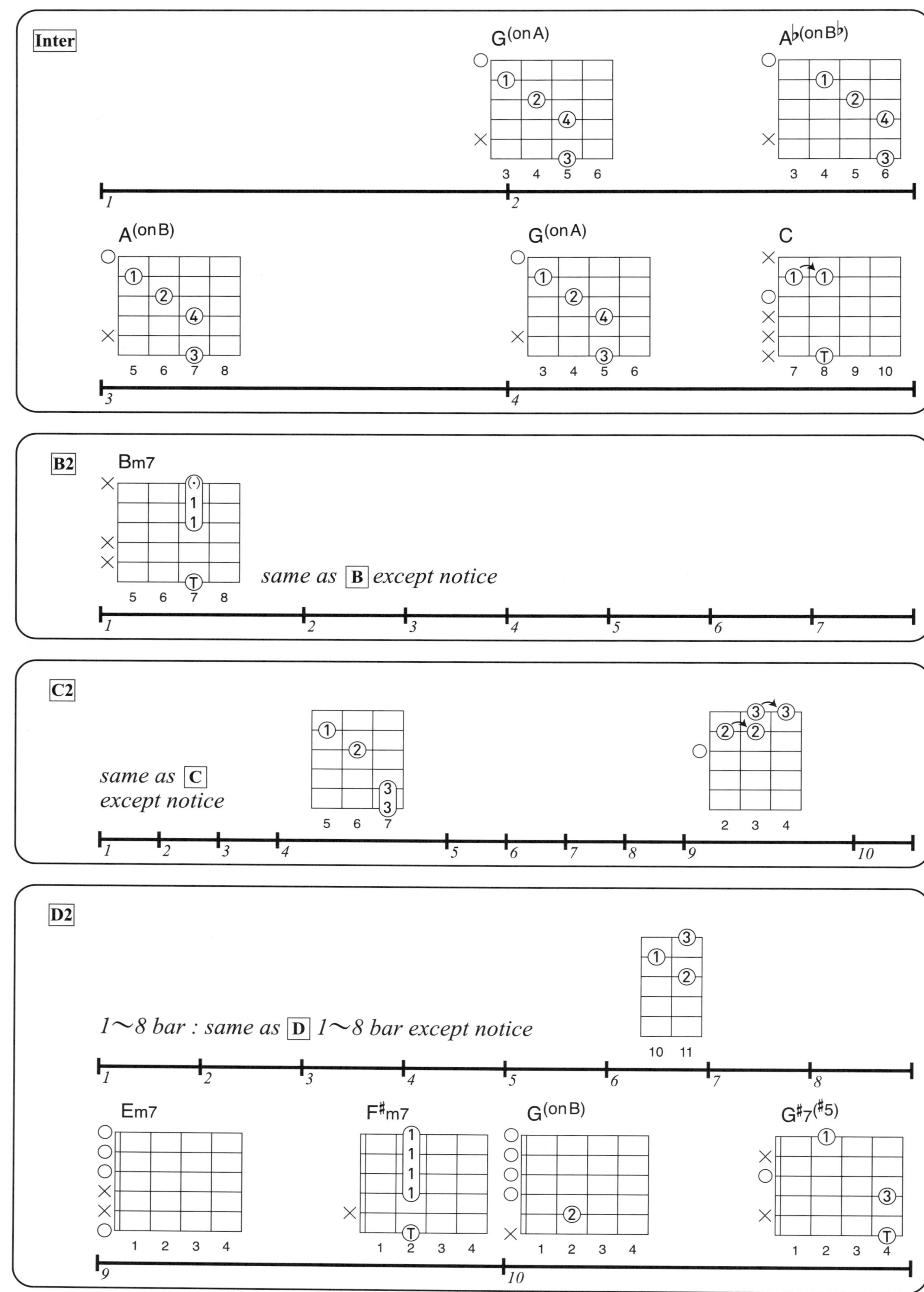
Inter
G(on A)
A♭(on B♭)
A(on B)
G(on A)
C
B2
Bm7
same as B except notice
C2
same as C
except notice
D2
1～8 bar : same as D 1～8 bar except notice
Em7
F♯m7
G(on B)
G♯7(♯5)

Ending

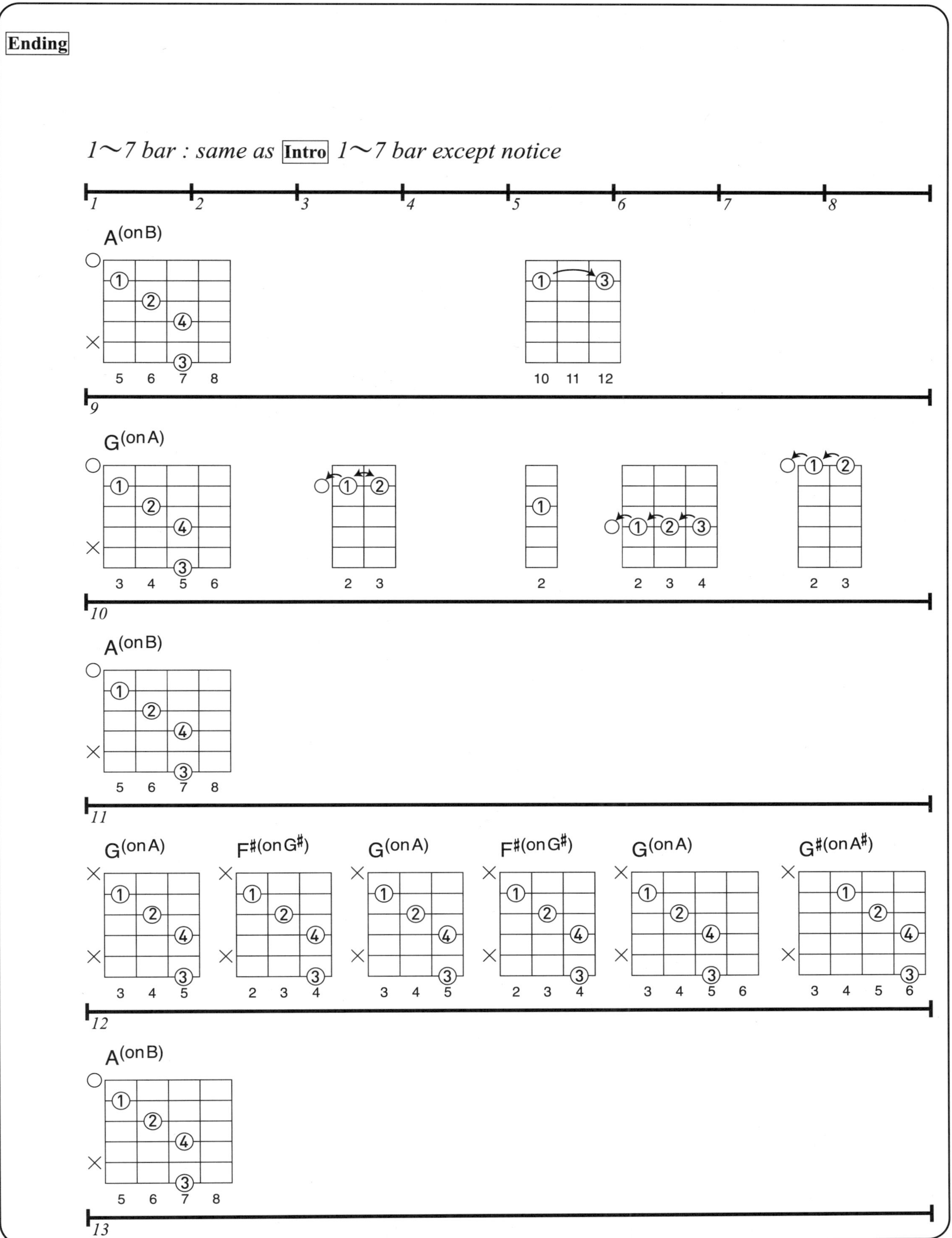
1～7 bar : same as Intro 1～7 bar except notice
A(onB)
G(onA)
A(onB)
G(onA)
F#(onG#)
G(onA)
F#(onG#)
G(onA)
G#(onA#)
A(onB)

# 天使の日曜日(Angel's Sunday)

Song Written by kotaro oshio



**Tuning = D A D G B D**

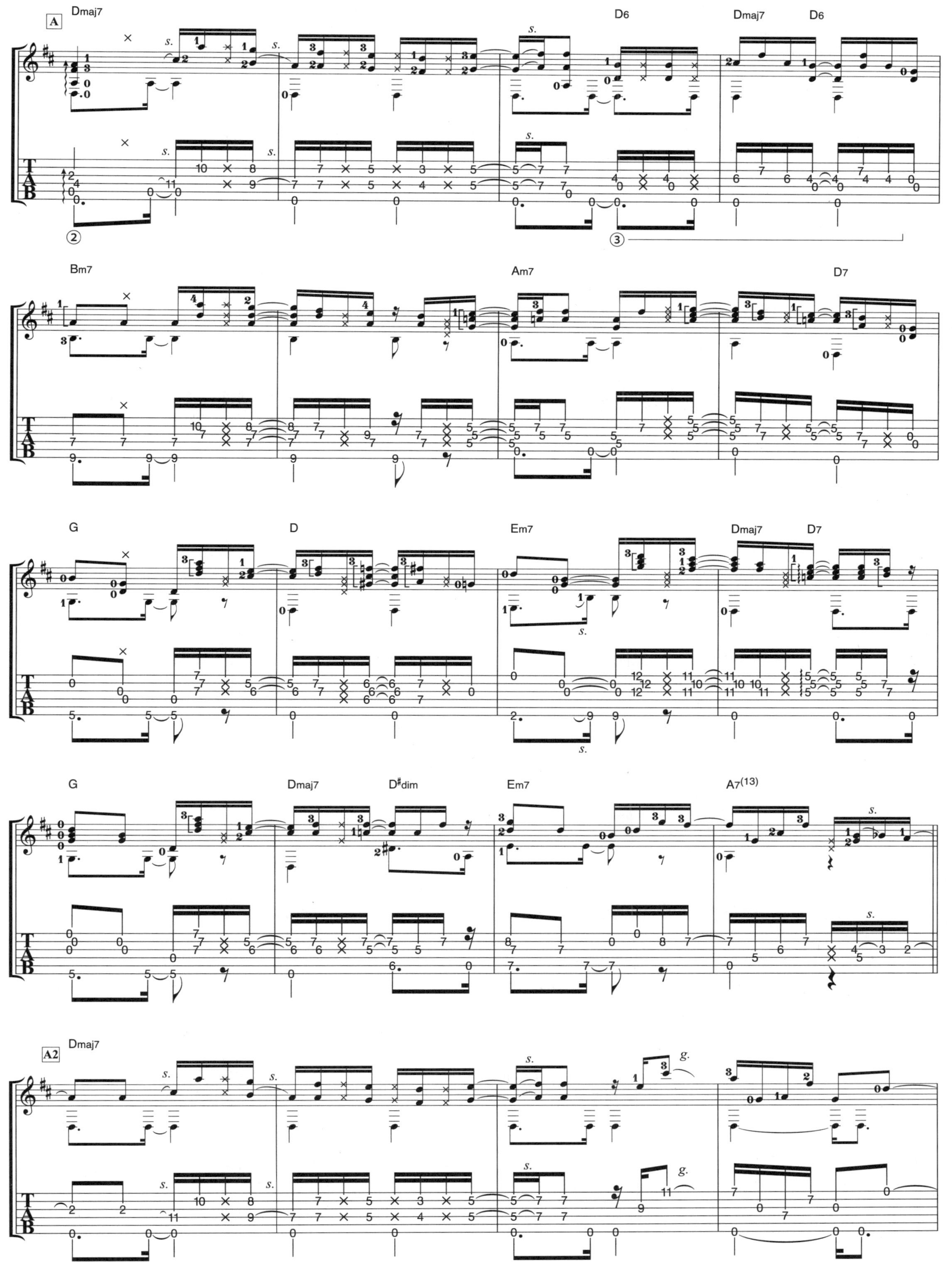

A
Dmaj7
D6
Dmaj7
D6
Bm7
Am7
D7
G
D
Em7
Dmaj7
D7
G
Dmaj7
D#dim
Em7
A7(13)
A2
Dmaj7





05
天使の日曜日 (Angel's Sunday)

天使の日曜日 (Angel's Sunday)
05
Bm7
Am7
D7
G
Dmaj7
Em7
vib.
Dmaj7
D7
s.
vib.
s.
G
Dmaj7
D♯dim
Em7
A7sus4
A7
B
Em7
D
D♯dim
Em7
A7

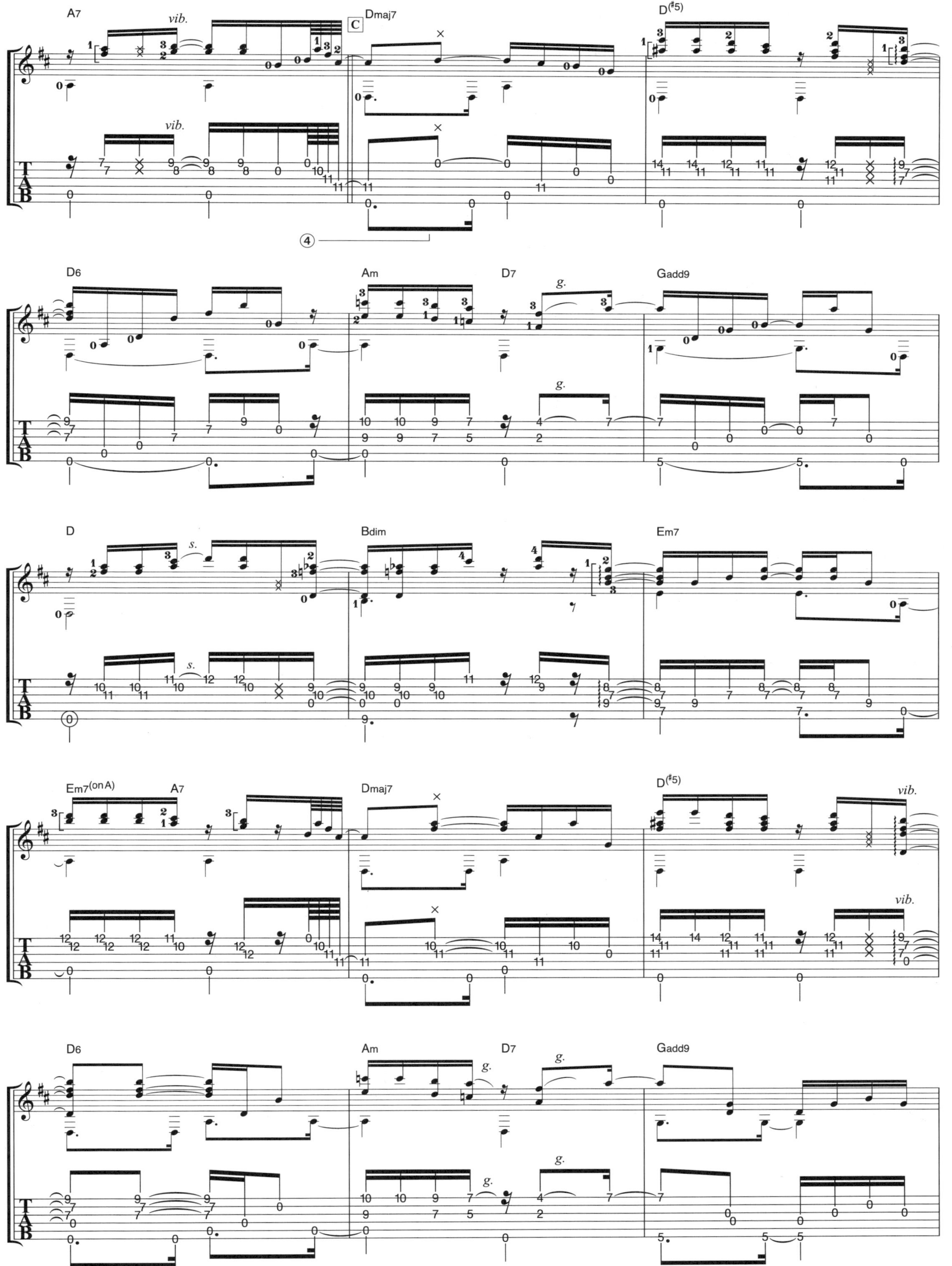
A7
vib.
Dmaj7
D(#5)
D6
Am
D7
g.
Gadd9
D
s.
Bdim
Em7
Em7(on A)
A7
Dmaj7
D(#5)
vib.
D6
Am
D7
g.
Gadd9
C

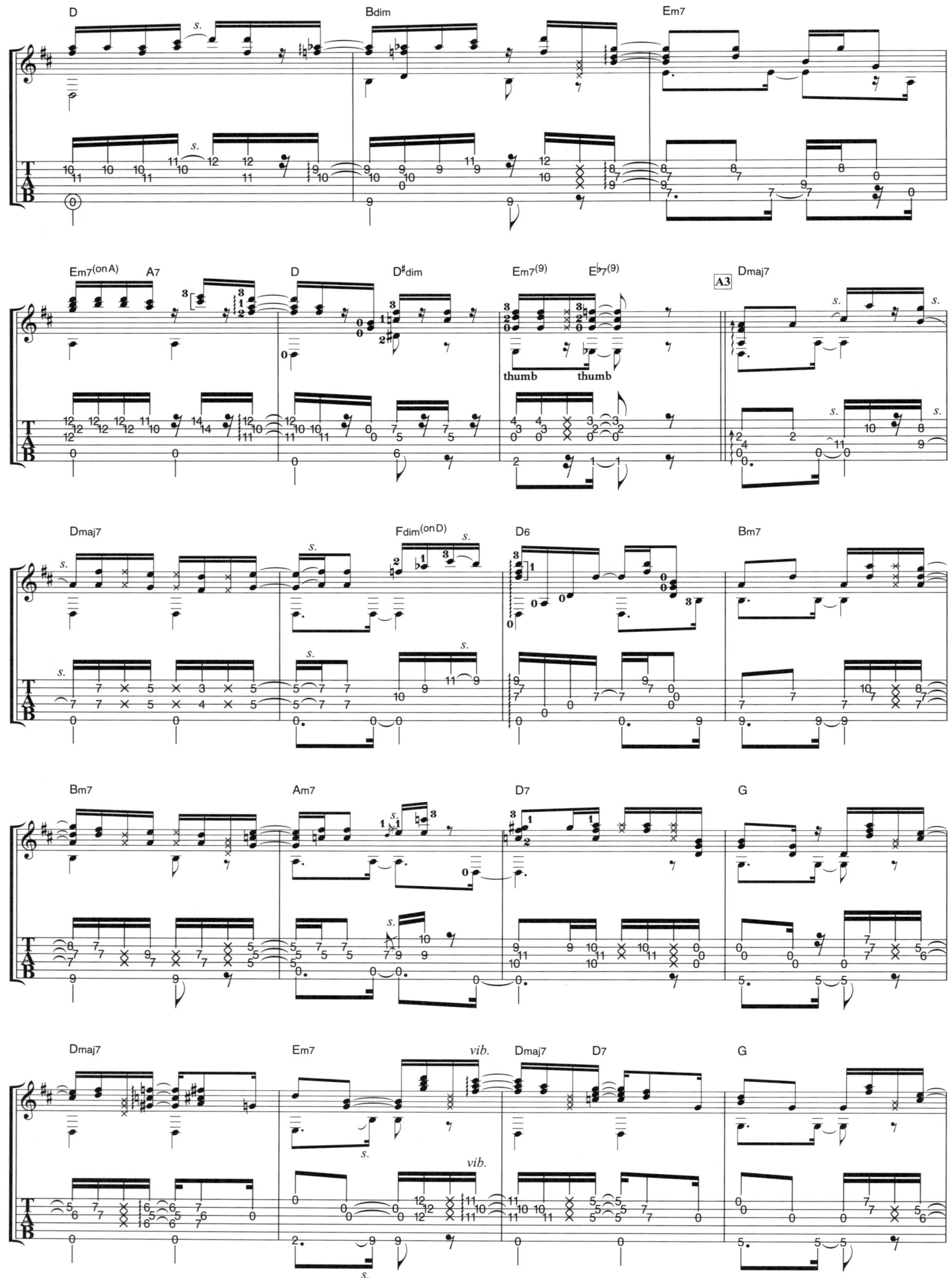
D
Bdim
Em7
Em7(onA)
A7
D
D#dim
Em7(9)
Eb7(9)
A3
Dmaj7
thumb
thumb
s.
Dmaj7
Fdim(onD)
D6
Bm7
s.
Bm7
Am7
D7
G
s.
Dmaj7
Em7
vib.
Dmaj7
D7
G
vib.
s.

05
天使の日曜日 (Angel's Sunday)

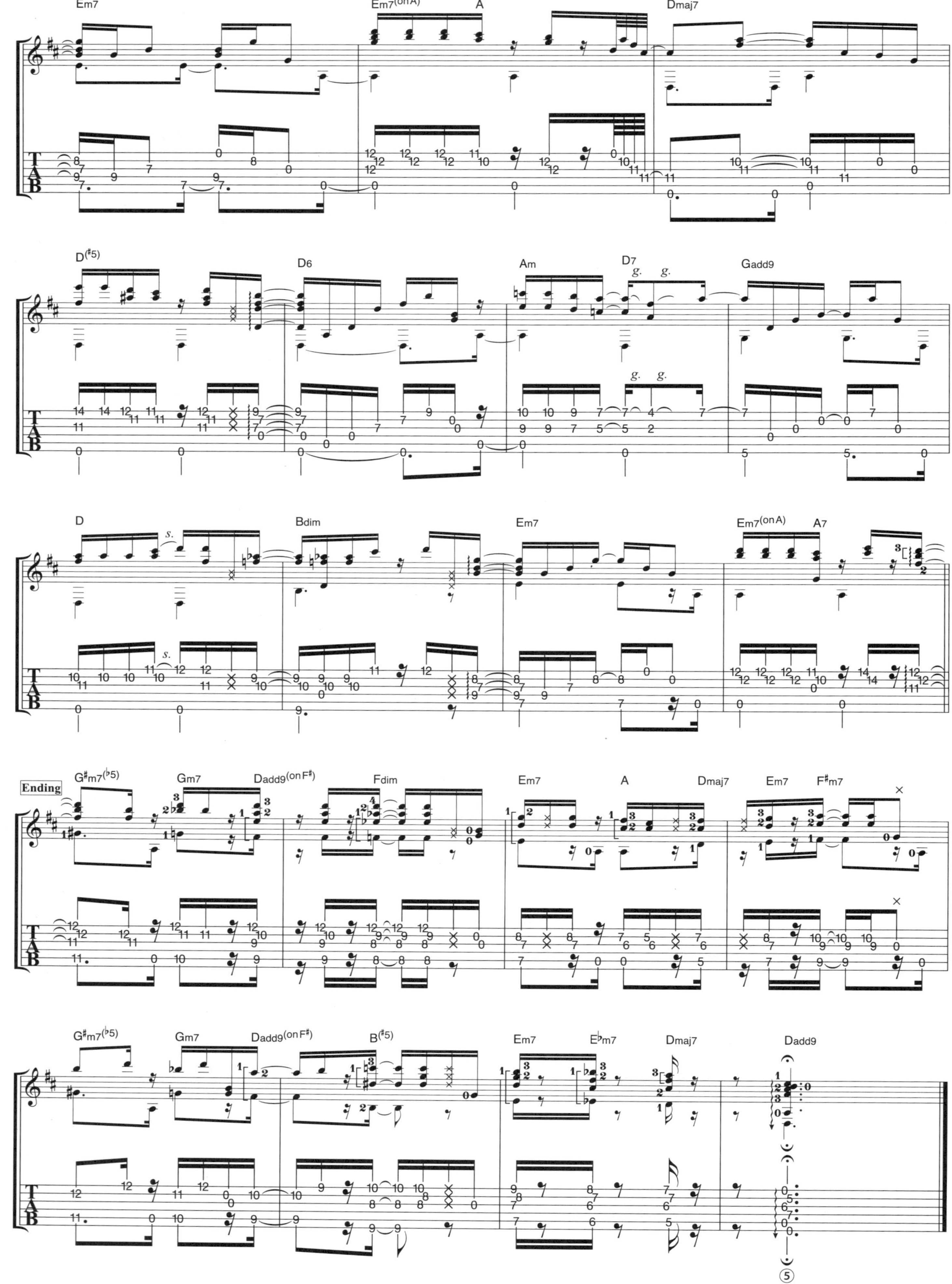

# 天使の日曜日(Angel's Sunday)

녹음에 사용된 기타:Gibson L-1

## Tuning : D↓ ／A／D／G／B／D↓

①6번 줄을 1음 내린다(4번 줄 개방의 1옥타브 아래)
②1번 줄을 1음 내린다(4번 줄 개방의 1옥타브 위)

## 곡의 개요&연주법 해설

2004년에 발매된 앨범 〈Be HAPPY〉에 수록된 보사노바 터치의 아름다운 곡이다. 〈10th Anniversary BEST〉에서는 같은 기타(Gibson L-1)로 재녹음했으며, 서브 타이틀인 'Step Down'의 의미처럼 예전의 튜닝(E♭ B♭E♭A♭CE♭)에서 반음 내린 튜닝으로 연주했다.

이 곡에는 스트링 히트(음표 머리가 ×표시)가 자주 나온다. 이것은 오른손 손가락(주로 집게손가락과 가운뎃손가락)으로 줄을 때리는 느낌으로 줄에 올려서 음을 멈추는 동시에 때리는 음을 낸다. 그리고 그 손가락으로 할퀴듯이 피킹하는 연주법이다.

퀵 아르페지오 이외에 여러 줄을 동시에 연주하는 부분(예를 들어 Intro 5소절째 1박자째 뒤의 3번 줄 7프렛 D음과 4번 줄 5프렛 G음 등)은 한 손가락으로 여러 줄을 피킹하는 경우도 있다(손가락 끝으로 하는 가벼운 스트로크 같은 느낌). 의도적으로 구별해서 하고 있지는 않으므로 평범하게 한 줄씩 피킹해도 된다(악보에 별다른 표기는 하지 않았다).

## 연주 포인트

### Intro
① 부드럽게 다운 스트로크를 한다.

### A
② 부드럽게 다운 스트로크를 한다(A3도 같다).

③ 바로 앞에서 연주한 2번 줄 7프렛을 왼손 3번 손가락으로 누른 채로 연주한다(다이어그램 참조).

### B
④ 1~4번 줄을 오른손 집게손가락으로 부드럽게 업 스트로크한다. 이어지는 C 시작 부분의 6번 줄 개방, D음은 오른손 엄지손가락으로 피킹한다. C 9~10소절째의 해당 부분도 같다.

### Ending
⑤ 모든 줄을 부드럽게 업 스트로크한다.

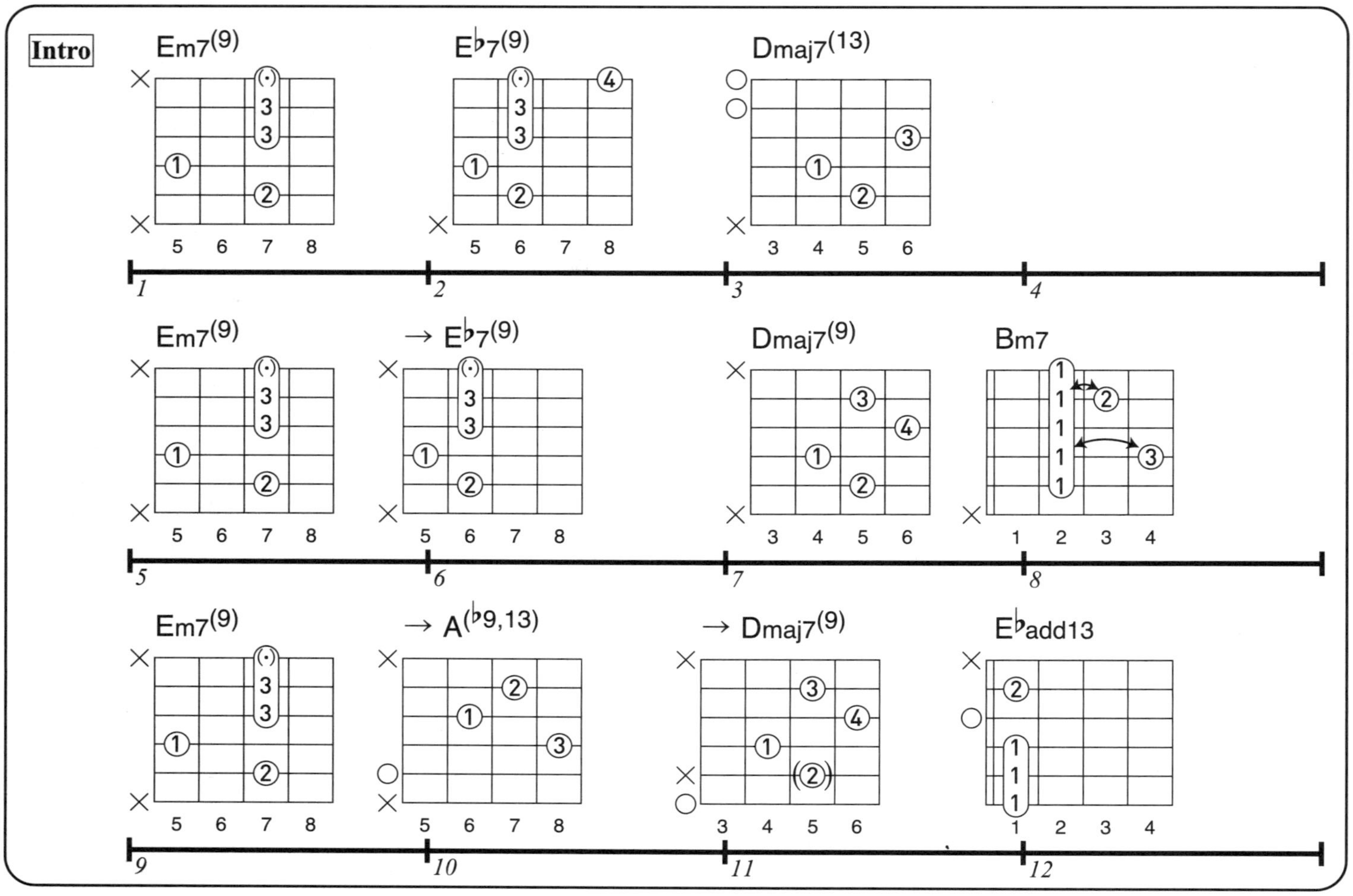

Intro
Em7(9)
E♭7(9)
Dmaj7(13)
Em7(9)
→ E♭7(9)
Dmaj7(9)
Bm7
Em7(9)
→ A(♭9,13)
→ Dmaj7(9)
E♭add13
A 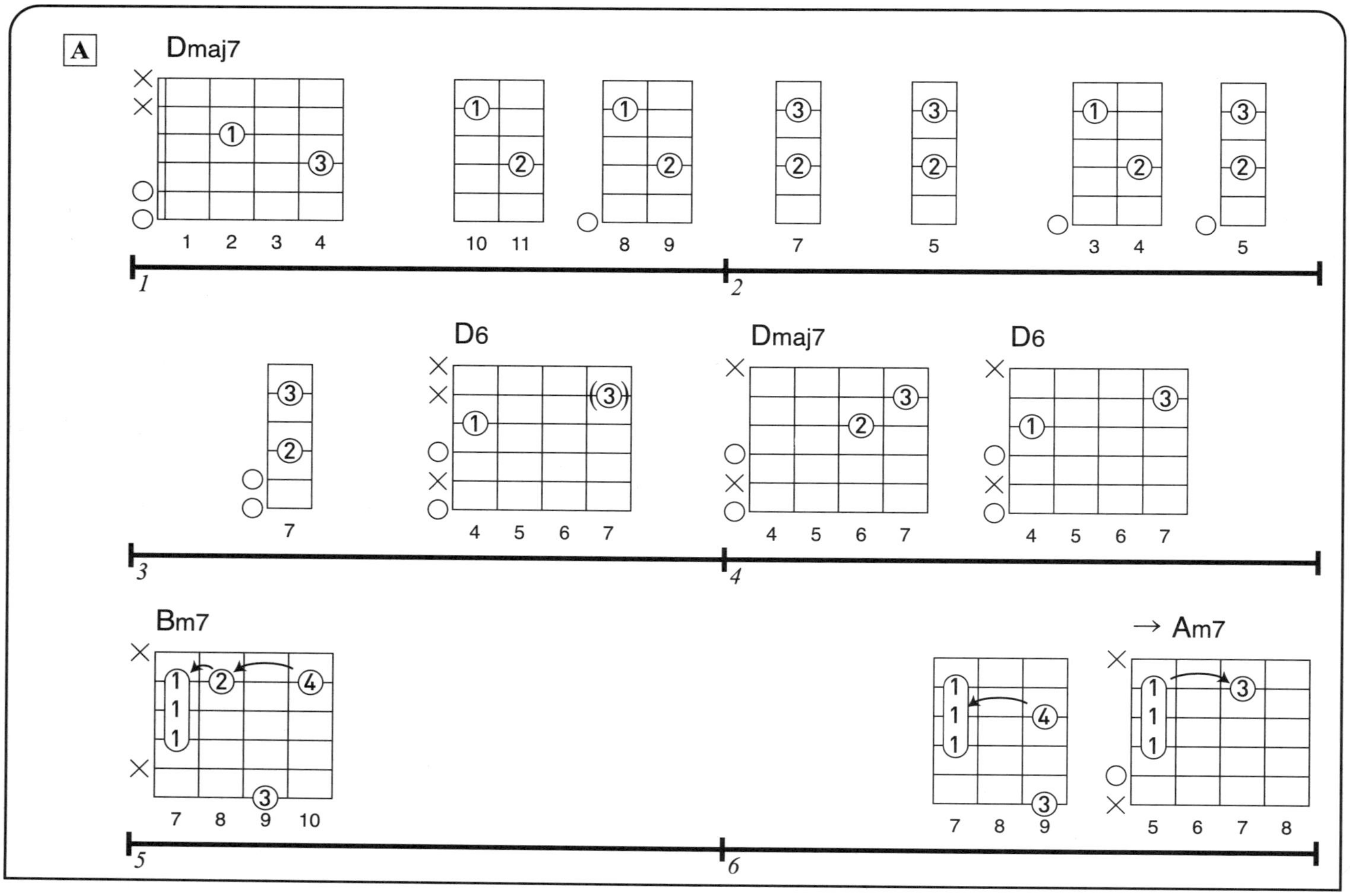
Dmaj7
D6
Dmaj7
D6
Bm7
→ Am7





05
天使の日曜日 (Angel's Sunday)

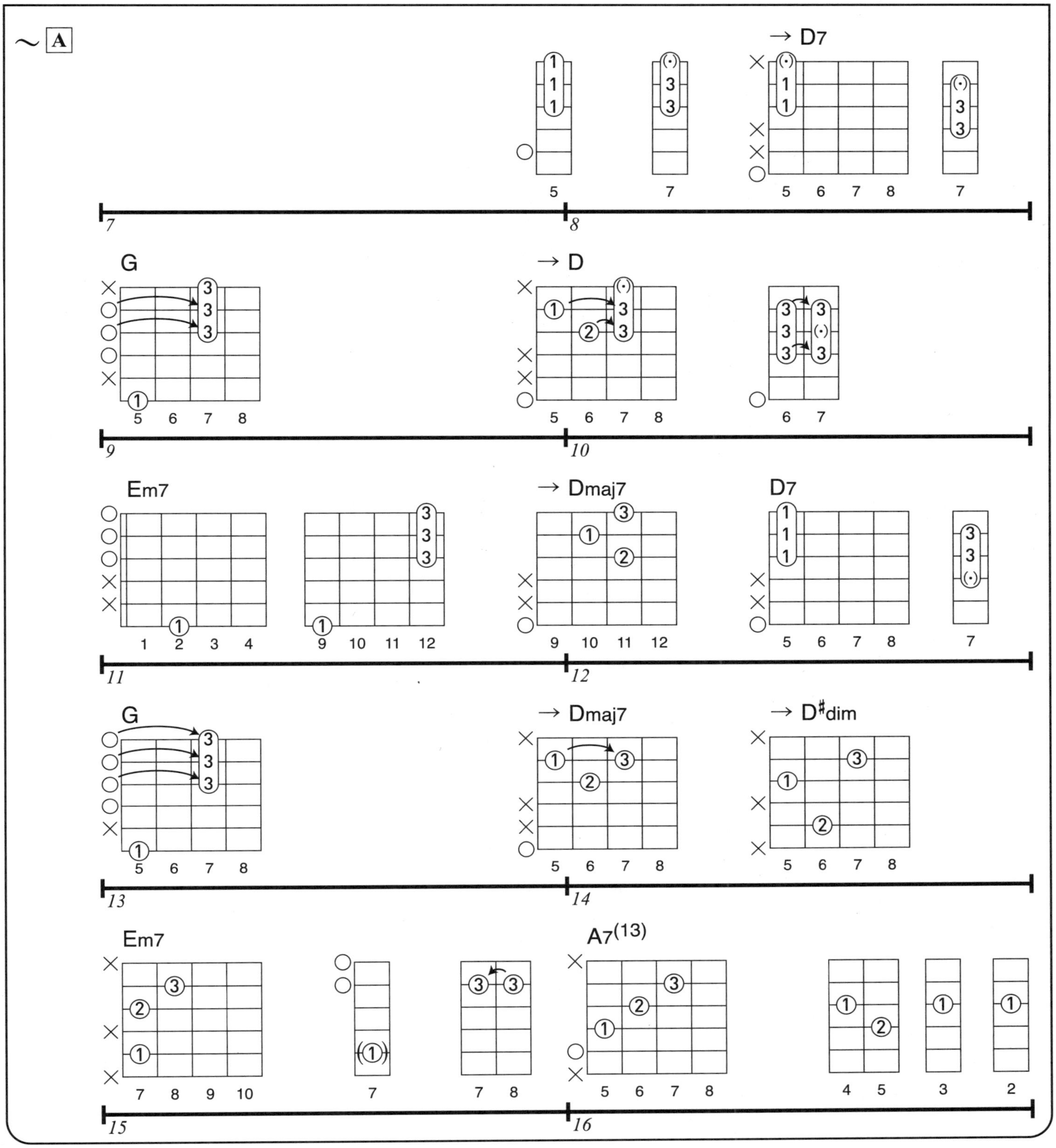

～ A

→ D7

G

→ D

Em7

→ Dmaj7

D7

G

→ Dmaj7

→ D#dim

Em7

A7(13)

A2

same as A
except notice

Dmaj7


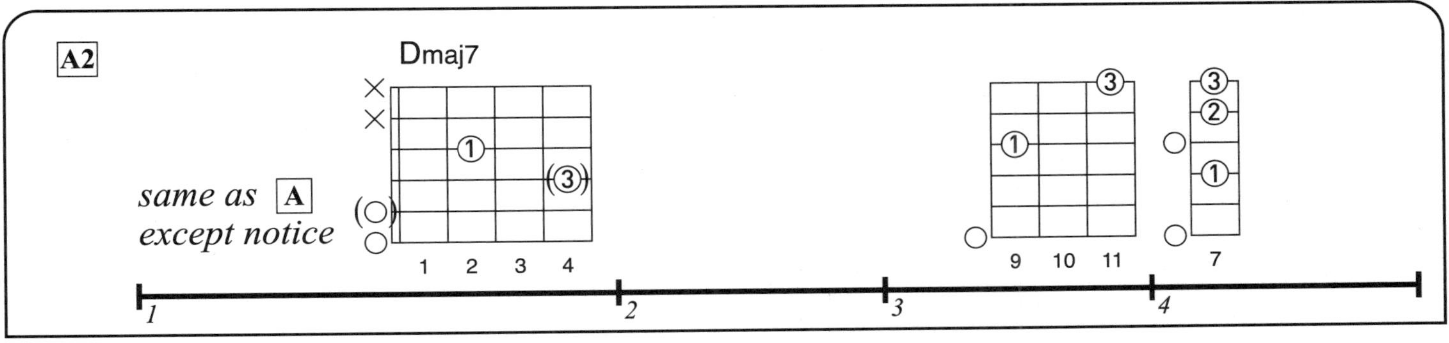



05
天使の日曜日 (Angel's Sunday)

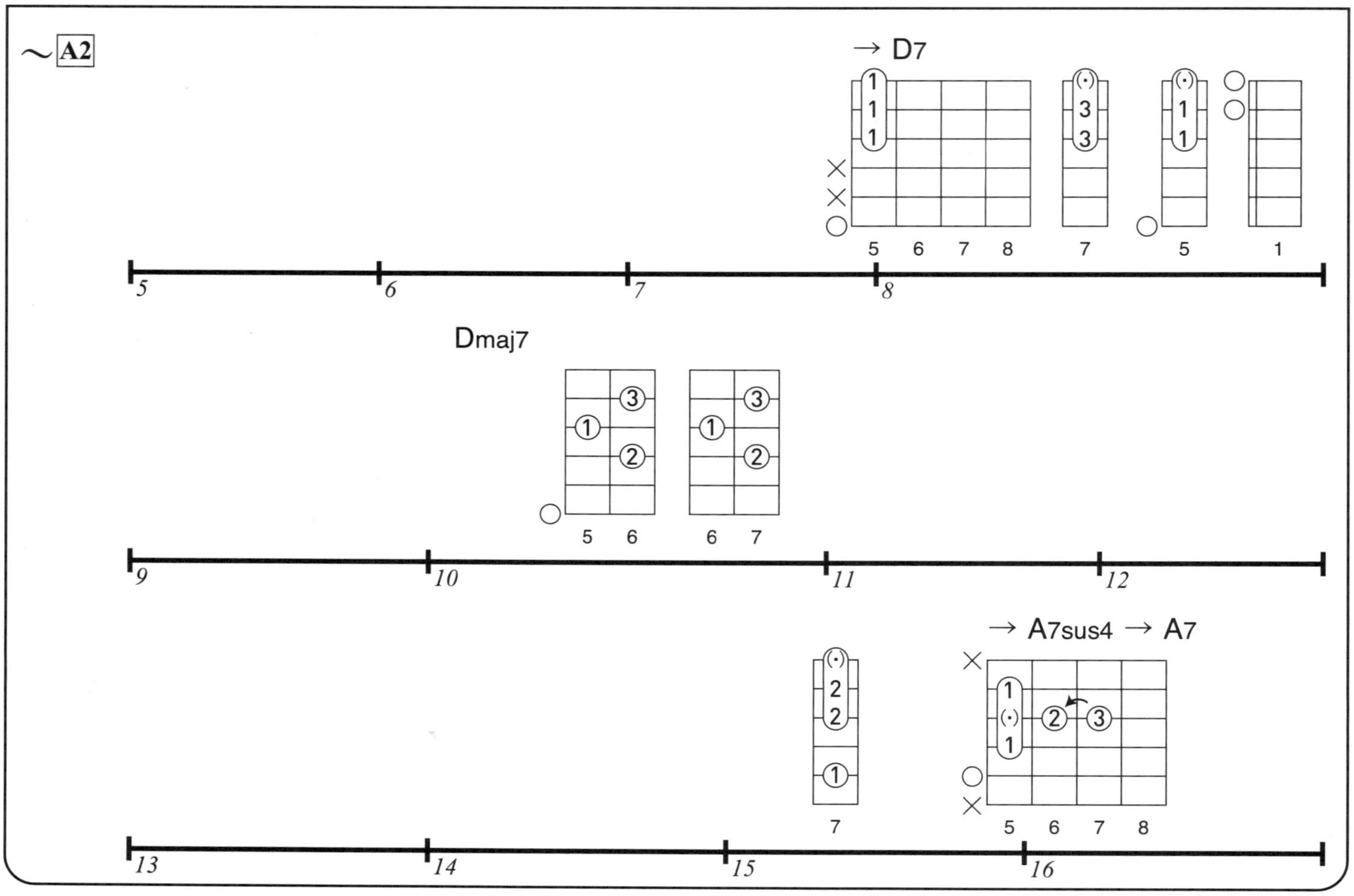

～ **A2**

→ D7

Dmaj7

→ A7sus4 → A7

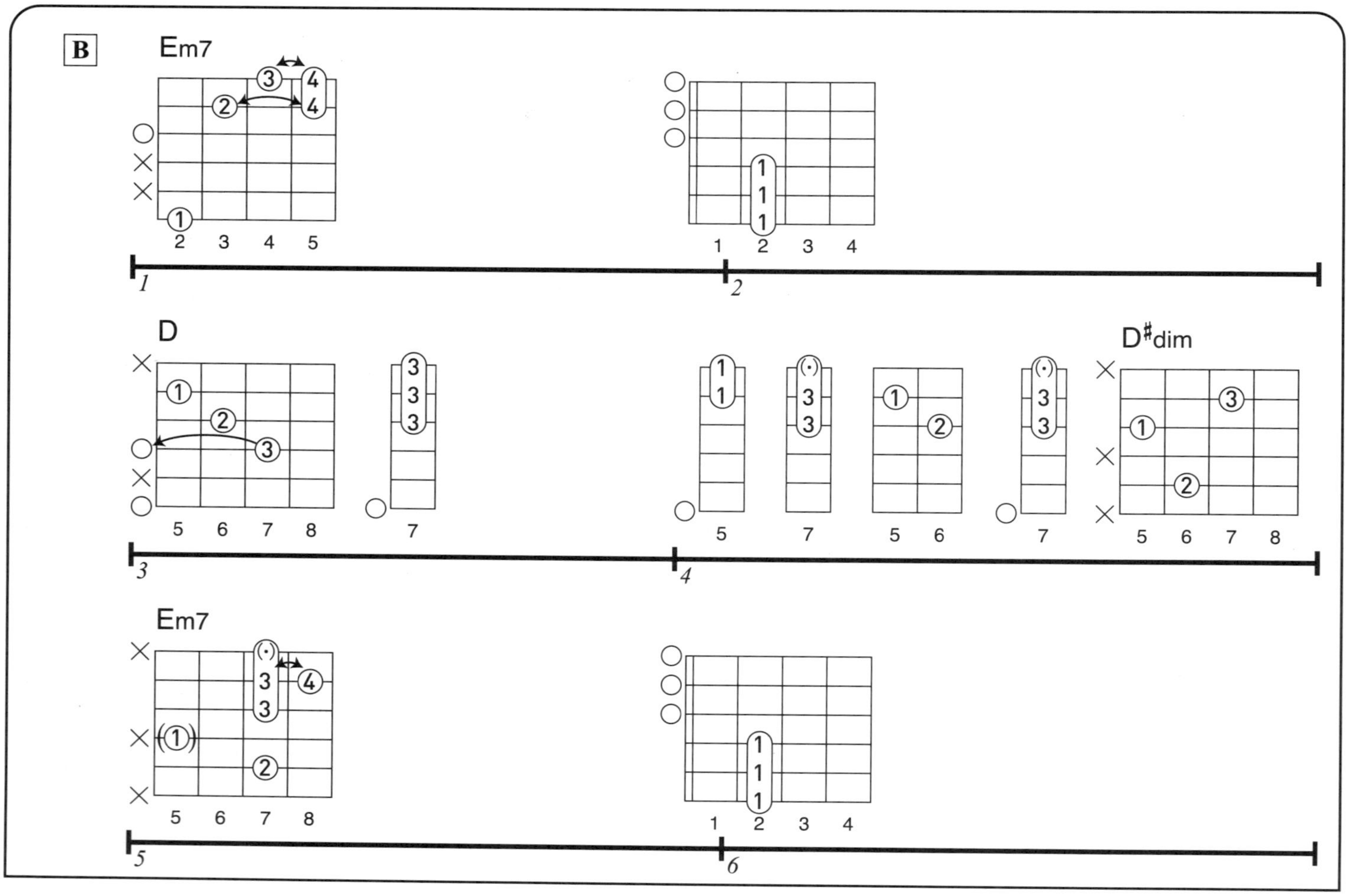

**B** Em7

D      D#dim

Em7

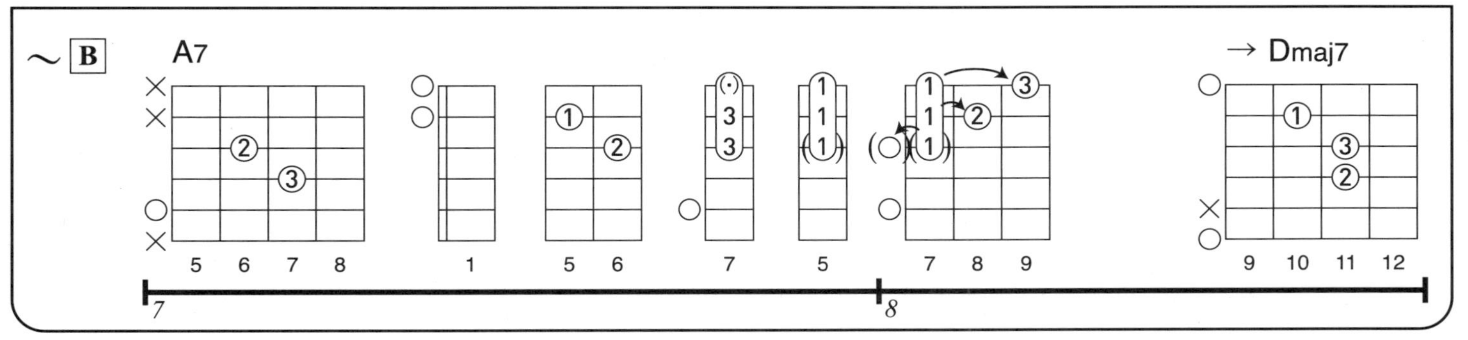

～ B
A7
→ Dmaj7

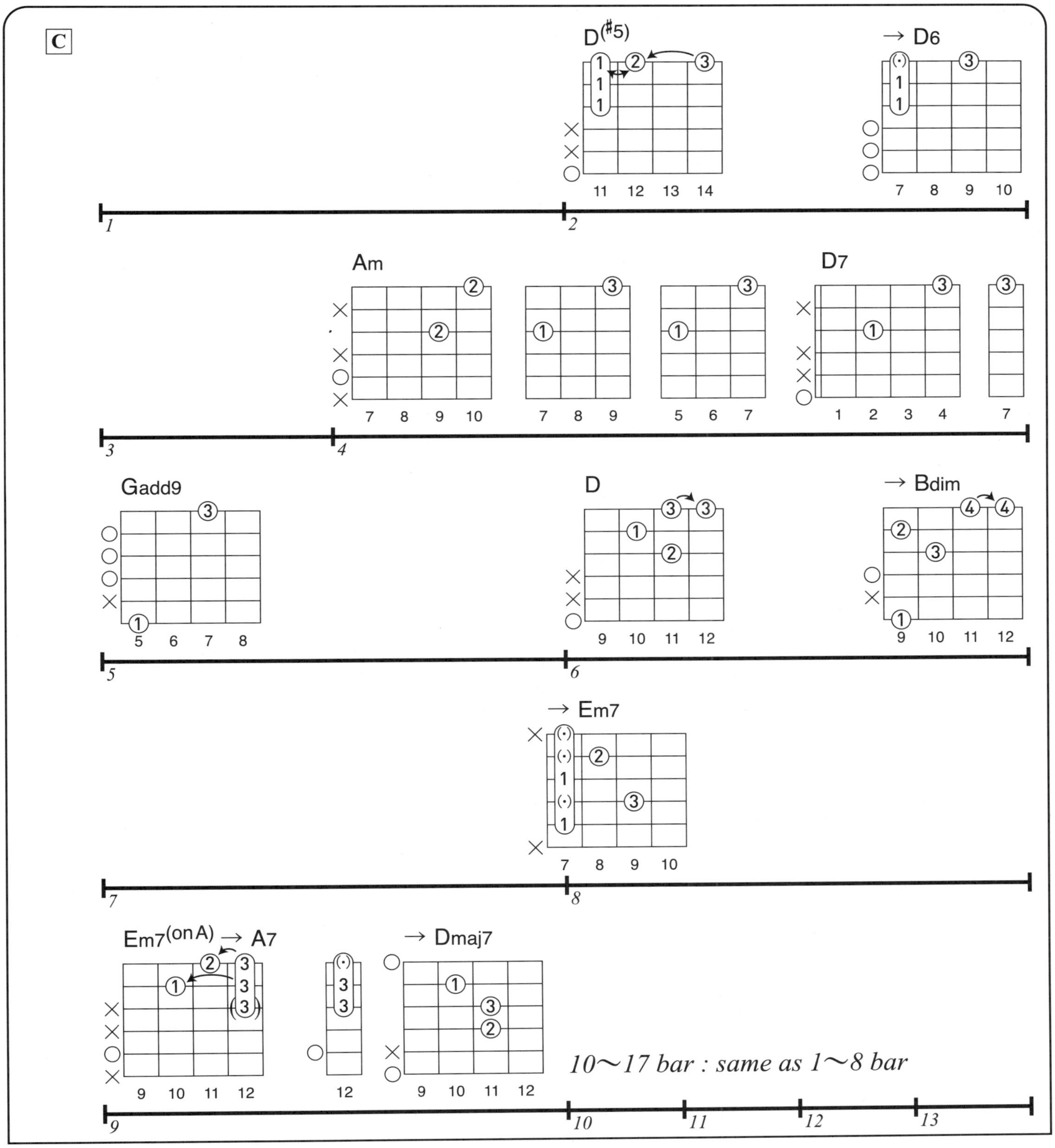

C
D(#5)
→ D6
Am
D7
Gadd9
D
→ Bdim
→ Em7
Em7(onA) → A7
→ Dmaj7
10～17 bar : same as 1～8 bar

~ **C**

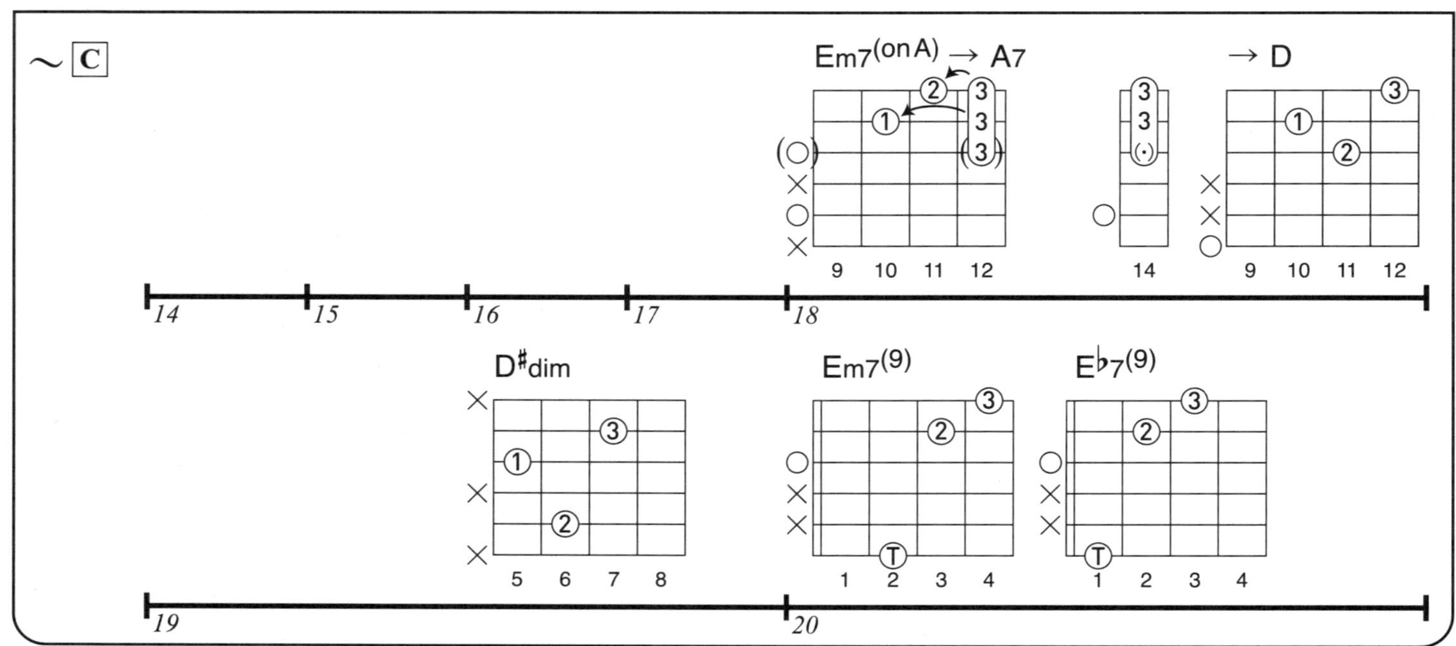

**A3**

*same as* **A2**
*except notice*

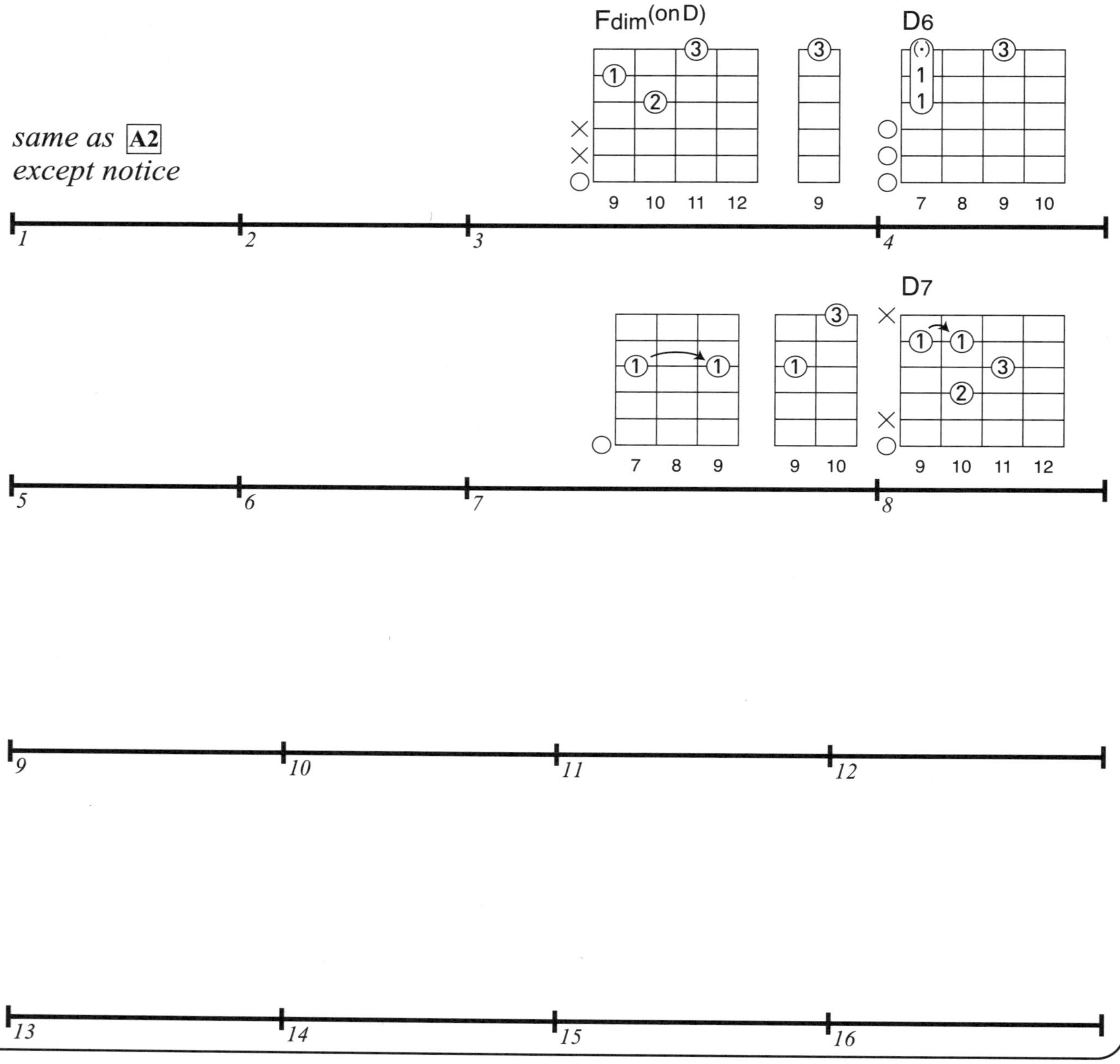

**B2**

*same as* **B** *except notice*

**C2**

*1〜18 bar : same as* **C** *1〜18 bar except notice*

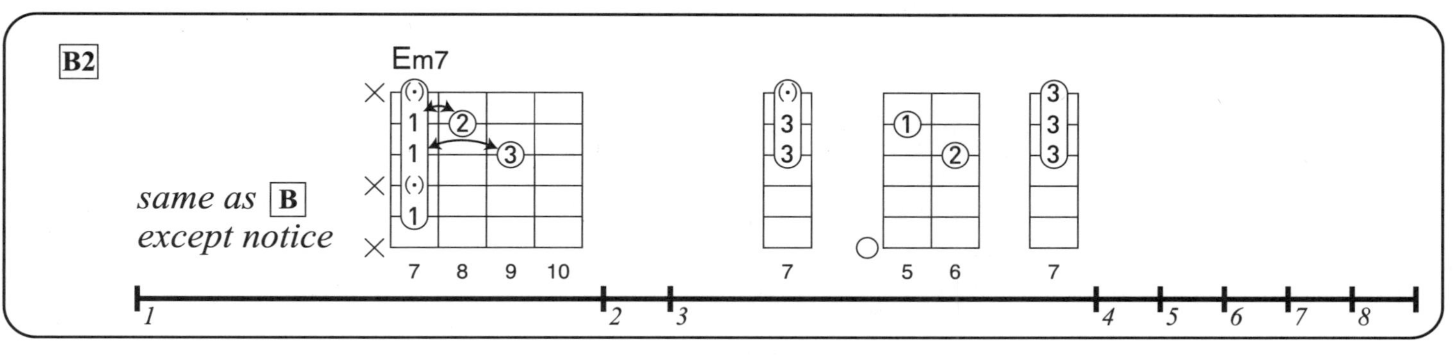

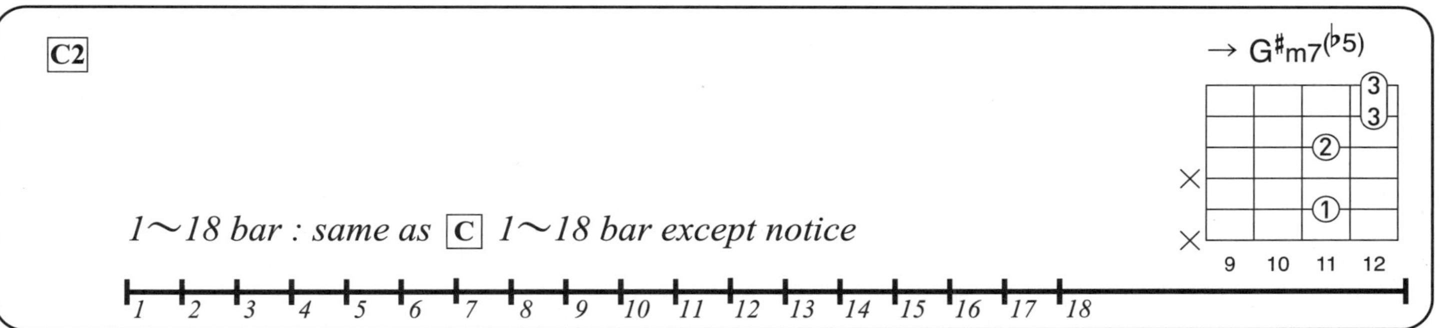

**Ending**

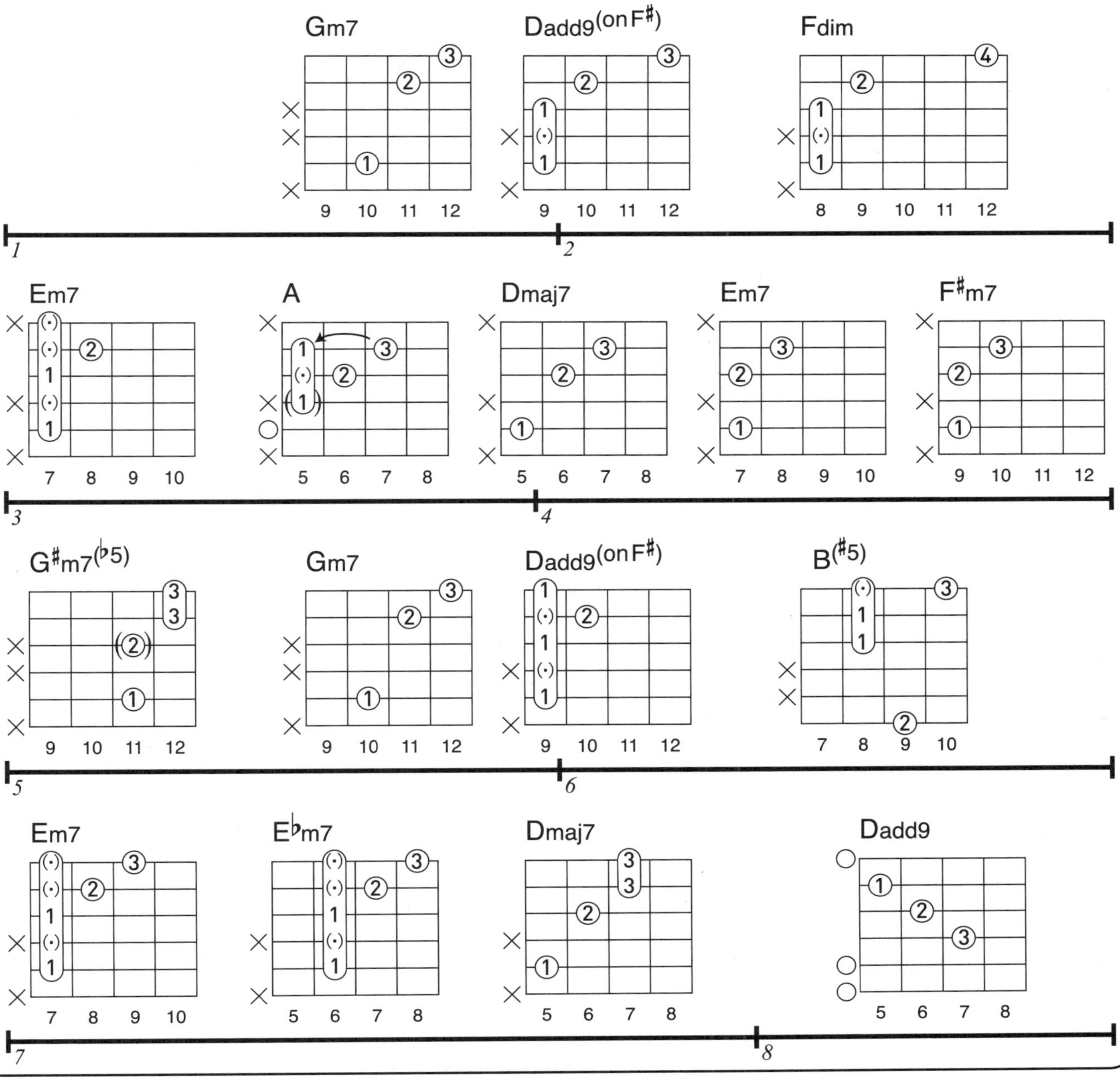

# ナユタ(Nayuta)

Song Written by Kotaro Oshio

©2011 by KOTARO music office, Inc. & Sony Music Publishing (Japan) Inc.

06
ナユタ (Nayuta)

A♭
E♭(on G)
Fm7
A♭maj7(on E♭)
D♭maj7
D♭m
g.
thumb
thumb
A♭maj7(9)
vib.
Harm.12
Harm.19
vib.
Harm.12
Harm.19
Inter
L.H.
D♭maj7(9)
Harm.19
L.H.
Harm.12
Harm.19
Harm.12
A♭maj7(9)
Harm.12
Harm.19
Harm.19
Harm.12
D♭maj7(9)
Harm.12
(L.H.)
(L.H.)
B2
A♭
s.
h.
D♭m
s.
A♭
s.
h.
s.
D♭m
s.
A♭
E♭(on G)
Fm7
E♭
s.





06
ナユタ (Nayuta)

06
ナユタ (Nayuta)
102  10th Anniversary BEST  -Ballade Side- Kotaro Oshio

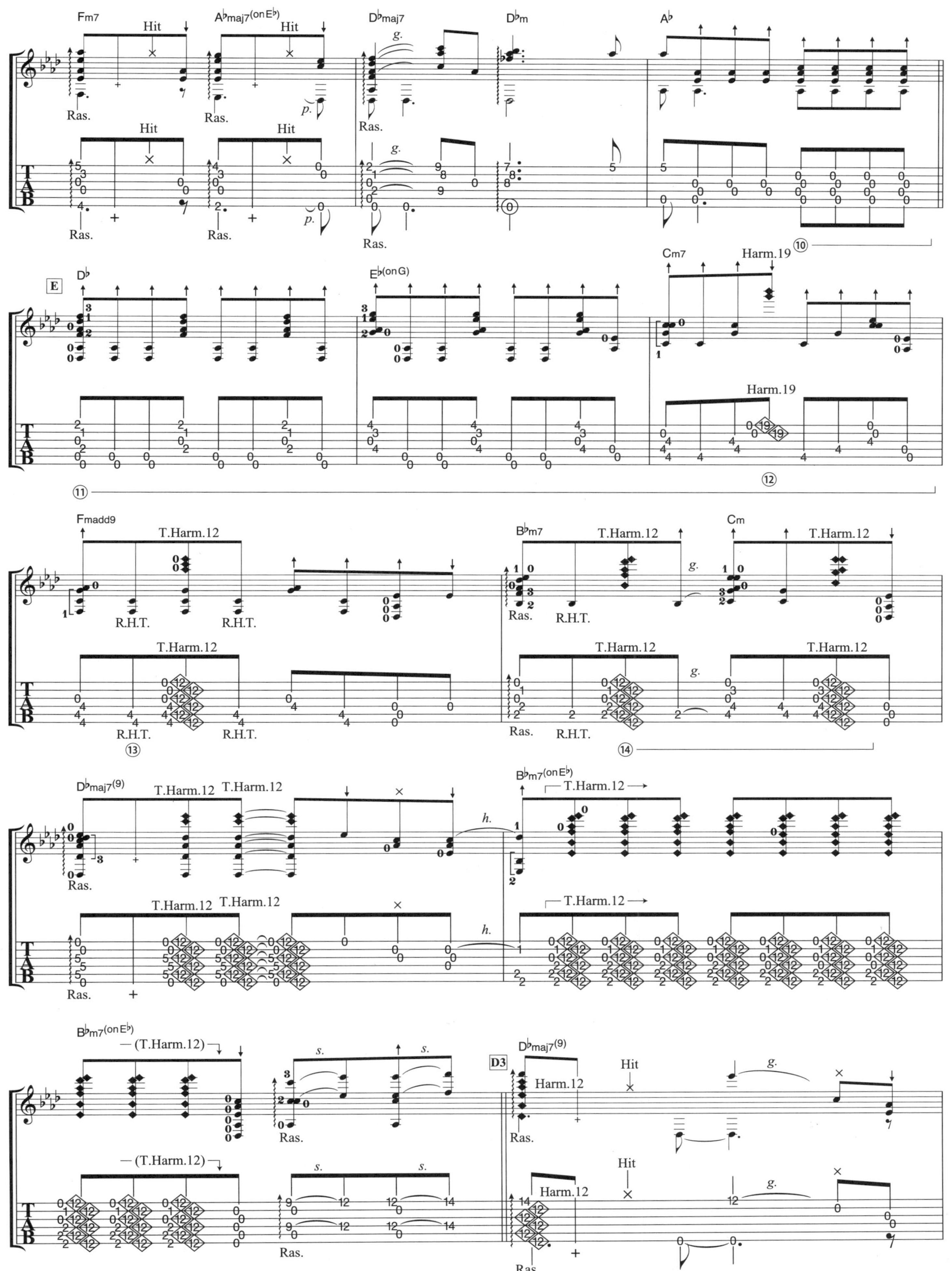
Fm7
Hit
A♭maj7(on E♭)
Hit
D♭maj7
g.
D♭m
A♭
Ras.
Ras.
Ras.
p.
Ras.
Ras.
E
D♭
E♭(on G)
Cm7
Harm.19
Harm.19
Fmadd9
T.Harm.12
R.H.T.
R.H.T.
T.Harm.12
R.H.T.
R.H.T.
B♭m7
T.Harm.12
g.
Cm
T.Harm.12
Ras.
R.H.T.
Ras.
R.H.T.
T.Harm.12
T.Harm.12
T.Harm.12
D♭maj7(9)
T.Harm.12
T.Harm.12
h.
B♭m7(on E♭)
T.Harm.12
Ras.
T.Harm.12
T.Harm.12
T.Harm.12
B♭m7(on E♭)
(T.Harm.12)
s.
s.
D♭maj7(9)
D3
Harm.12
Hit
g.
Ras.
Ras.
(T.Harm.12)
s.
s.
Harm.12
Hit
g.
Ras.



06
ナユタ (Nayuta)

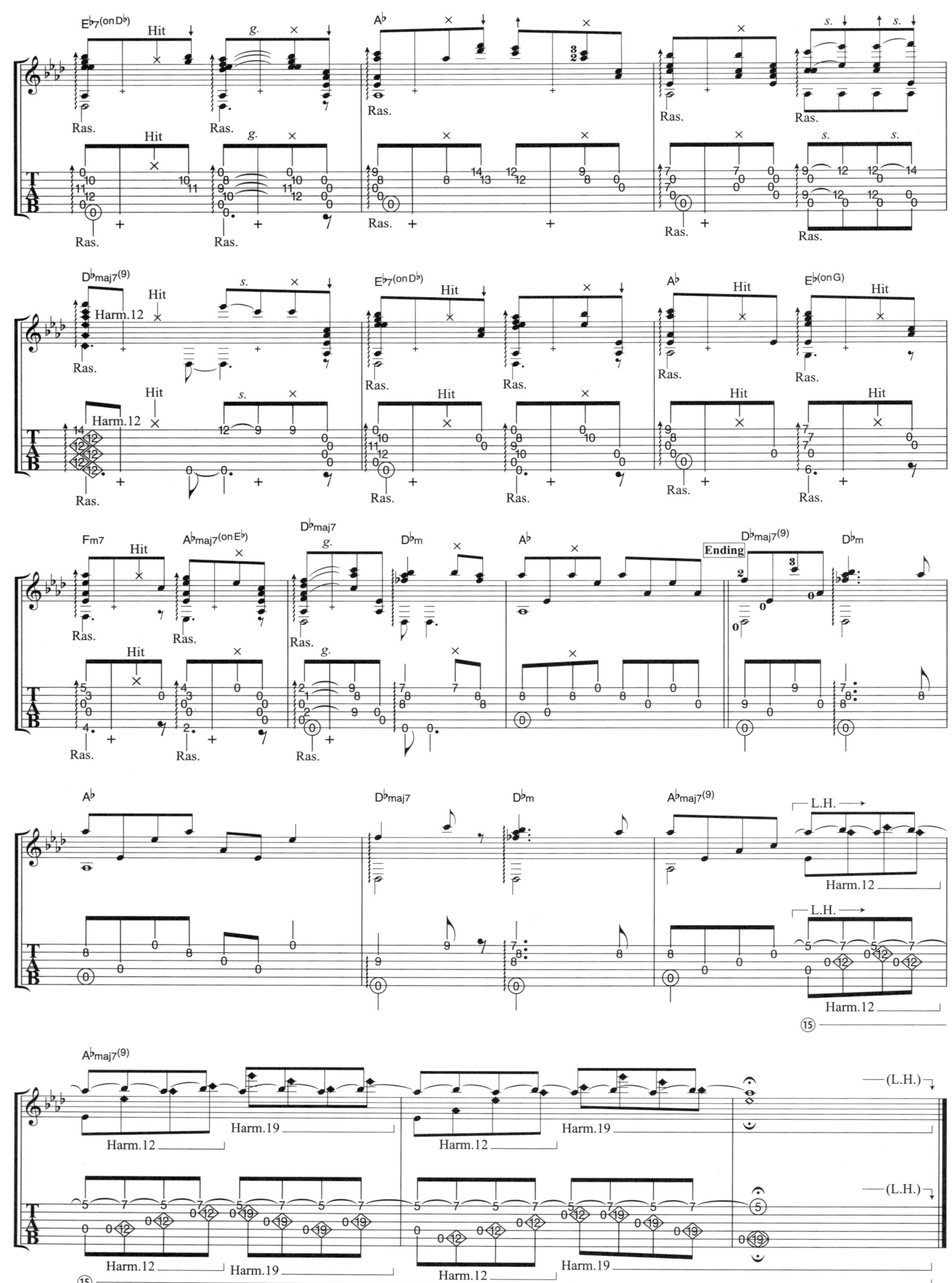

06
ナユタ (Nayuta)
104  10th Anniversary BEST -Ballade Side- Kotaro Oshio

# ナユタ(Nayuta)

녹음에 사용된 기타:GREVEN D-Herringbone Custom(#1097)

## Tuning : C#↓／G#↓／D#↑／G#↑／B#↑／D#↓ (=D♭／A♭／E♭／A♭／C／E♭)

①6번 줄을 1음 반 내린다(5번 줄 4프렛의 1옥타브 아래)
②5번 줄을 반음 내린다(6번 줄 7프렛과 유니즌)
③4번 줄을 반음 올린다(5번 줄 7프렛과 유니즌)
④3번 줄을 반음 올린다(5번 줄 개방의 1옥타브 위)
⑤2번 줄을 반음 올린다(3번 줄 4프렛과 유니즌)
⑥1번 줄을 반음 내린다(4번 줄 개방의 1옥타브 위)

## 곡의 개요&연주법 해설

2011년에 발표된 앨범 〈Hand to Hand〉에 수록된 조용한 발라드다. 이와테 멘코이 테레비 '遠野物語(토오노모노가타리) 100주년 응원 송'으로 만들어진 곡으로 〈Hand to Hand〉 초회한정판 부록DVD에 연주 동영상이 수록되어 있다(앨범과 운지가 다른 부분이 있다).

언뜻 보기에는 어렵게 생각되는 튜닝이다. 오시오 코타로가 평소에 사용하고 있는 CGDCBD를 반음 올린 것이다. 참고로 이 튜닝대로라면 악보는 G#키(G#장조)로 표기되어야 한다. 하지만 악보가 너무 복잡해지기 때문에 D♭A♭E♭A♭CE♭ 튜닝으로 해석하고, 악보도 A♭키(A♭장조)로 표기되었다(C#G#D#G#B#D#와 D♭A♭E♭A♭CE♭는 표기가 다를 뿐 같은 튜닝이다). 다이어그램에는 CGDCBD 튜닝인 경우의 코드 네임이 괄호 안에 표기되어 있으므로 참고하기 바란다.

D와 2코러스째의 네일 어택(음표 위에 ×표시)은 악보에 표기된 줄을 연주한다.

## 연주 포인트

### Intro

주요 프레이즈는 왼손과 오른손을 따로따로 연주한다. 오른손은 집게손가락으로 5~6번 줄을 바레하는 느낌으로 누른다. 3소절째의 개방현은 누르고 있던 오른손을 풀링해서 소리를 낸다.

왼손의 동작은 해머링, 풀링과 같다. 피킹을 하지 않고, 레프트 핸드(L.H.)로 연주한다. 1번 손가락으로 1번 줄 5프렛 A♭음을, 3번 손가락으로 2번 줄(또는 1번 줄) 7프렛을 눌러서 소리를 낸다. 개방현은 줄을 누른 손가락으로 풀링을 해서 소리를 낸다.

① 4번 줄 개방 E♭음은 5~6번 줄 7프렛을 누른 오른손 집게손가락을 뗄 때 나는 소리로 여겨진다. 따라서 일부러 연주하지 않아도 된다.

② 1번 줄 5프렛 A♭음을 왼손 1번 손가락으로 누른 채로 7프렛 B♭음을 왼손 3번 손가락으로 누른다. 다음은 3번 손가락을 뗀다. 1번 손가락으로 5프렛을 누른 채로, 동시에 오른손 집게손가락을 1~2번 줄 12프렛에 대고 약손가락으로 복현 피킹(=업 스트로크)을 한다. 다음은 오른손 집게손가락을 2~3번 줄 19프렛에 대고 약손가락으로 하모닉스를 한다.

③ 지판을 누른 손가락을 뗄 때, 의도하지 않은 소리가 나지 않도록 주의하기 바란다(특히 5~6번 줄). 오시오 코타로는 왼손 2번 손가락을 모든 줄에 대서 뮤트한다(동영상에서 이 동작을 확인할 수 있다).

### A

④ 4번 줄 2프렛 F음과 3번 줄 2프렛 B♭음은 왼손 1번 손가락을 이동시켜 누른다.

### B

B는 A와 비슷한 흐름이지만 멜로디가 1옥타브 높다.

### C

⑤ 왼손은 1, 2, 4번 줄을 누른 채로 하이 포지션으로 글리스 업한다(다이어그램 참조).

⑥ 처음의 3번 줄 7프렛 E♭음을 왼손 3번 손가락으로 누르고, 다음의 1번 줄 7프렛 B♭음은 3번 손가락을 눕혀서 1~3번 줄 부분 바레를 한다. 이어지는 글리스 다운은 5프렛의 A♭음으로 연결시키는 것이 아니다. 더 아래까지 내리고, 다음의 Fm7은 새로 누른다.

### D

⑦ 1번 줄 14프렛 F음을 왼손 3번 손가락으로 누르고, 2~6번 줄 12프렛

에 2번 손가락을 대서(1번 줄에도 함께 댄다) 스트로크로 실음과 하모닉스를 낸다.

⑧ 이러한 개방현은 다음 코드로의 폼 체인지를 위한 준비 시간이다(다이어그램에는 표기되지 않았다).

⑨ 오른손 집게손가락을 하모닉스 포인트에 대고 엄지손가락으로 피킹한다(이어지는 **Inter** 도 같다). 참고로 바로 앞에서 연주한 1번 줄 5프렛 A♭음은 누른 채로 둔다.

## **Inter**

왼손은 **Intro** 와 마찬가지로 레프트 핸드를 한다. 먼저 **D** 마지막 소절의 1번 줄 5프렛 A♭음(1번 손가락)을 누른 채로, 3번 손가락으로 1번 줄 7프렛 B♭음을 해머링한다. 그리고 1번 줄 5프렛 A♭음으로 풀링한다(1번 줄 5프렛을 해머링으로 연주하지 않는다).

오른손 하모닉스는 ⑨와 마찬가지로 집게손가락을 하모닉스 포인트에 대고 엄지손가락으로 피킹한다.

## **B2**

**D2** 는 **B** 와 대부분 같지만, 7소절째의 멜로디가 다르다(다이어그램 참조).

## **C2**

**C2** 는 **B** 와 대부분 같다. 마지막 소절의 **D2** 로 이어지는 멜로디는 옥타브 유니즌이다.

## **D2**

멜로디와 흐름은 **D** 와 대부분 같으며, 때리는 음(팜:악보 아래에 +와 Hit:보디 히트)이 추가되어 있다. 보디 히트는 사운드 홀의 아래쪽 상판을 오른손 가운뎃손가락과 약손가락 끝으로 때려서 소리를 낸다.

⑩ 다운 스트로크를 하면서 뮤트해간다.

## **E**

⑪ 이 부분은 ⑫의 하모닉스를 제외하고는 가볍게 뮤트해서 스트로크한다.

⑫ ②와 마찬가지로 오른손 집게손가락을 1~2번 줄 19프렛에 대고 약손가락으로 복현 피킹(=업 스트로크)을 해서 하모닉스를 낸다.

⑬ 태핑 하모닉스의 흐름 속에서 라이트 핸드 태핑(R.H.T.)으로 스트로크를 대신한다. 2박자째 뒤, 다음 소절 1박째 뒤의 라이트 핸드 태핑도 같다.

⑭ 이 2번의 태핑 하모닉스는 6번 줄의 음이 울리지 않는 것이 좋다. 왼손 엄지손가락으로 넥을 쥐어서 6번 줄을 뮤트한다.

## **D3**

**D3** 는 **D2** 와 대부분 같다(마지막 A♭의 폼이 다르다).

## **Ending**

⑮ **Inter** 와 마찬가지로 왼손은 1번 줄 5프렛 A♭음(1번 손가락)과 1번 줄 7프렛 B♭음(3번 손가락)을 레프트 핸드로 연주한다. 오른손은 집게손가락 끝을 하모닉스 포인트에 대고 엄지손가락으로 피킹한다.

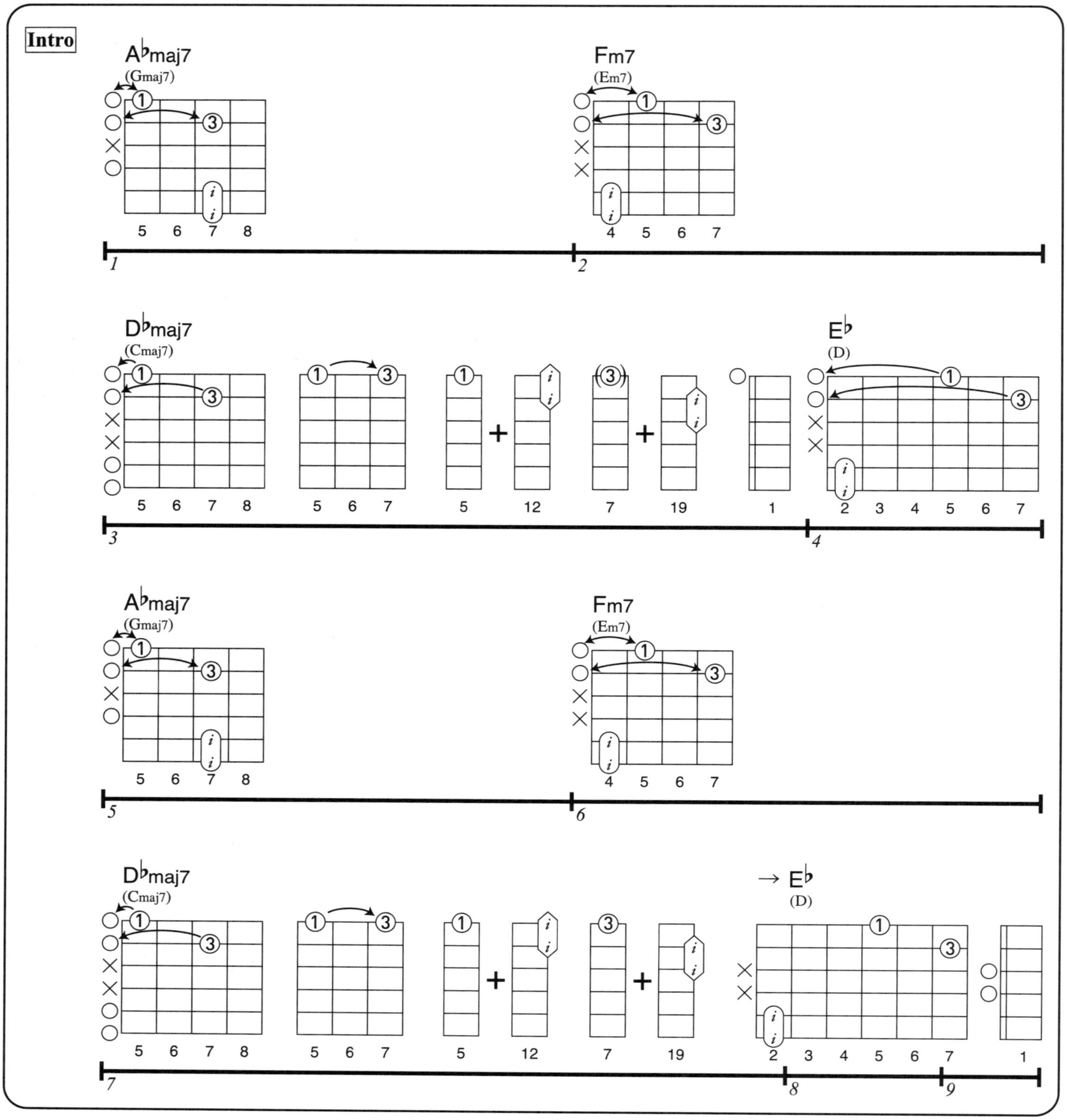

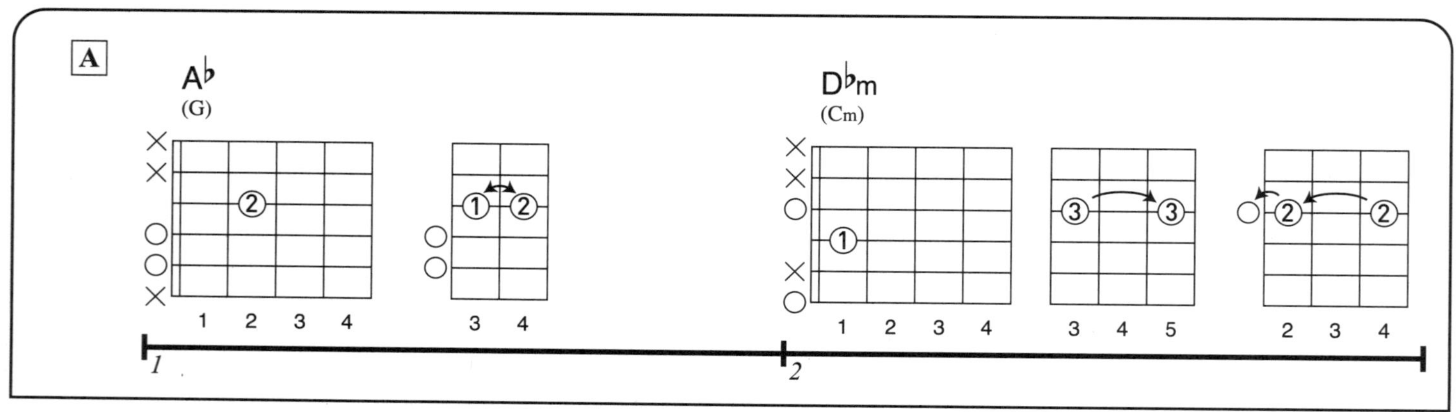


Intro
A♭maj7
(Gmaj7)
Fm7
(Em7)
D♭maj7
(Cmaj7)
E♭
(D)
A♭maj7
(Gmaj7)
Fm7
(Em7)
D♭maj7
(Cmaj7)
→ E♭
(D)
A
A♭
(G)
D♭m
(Cm)





06
ナユタ (Nayuta)

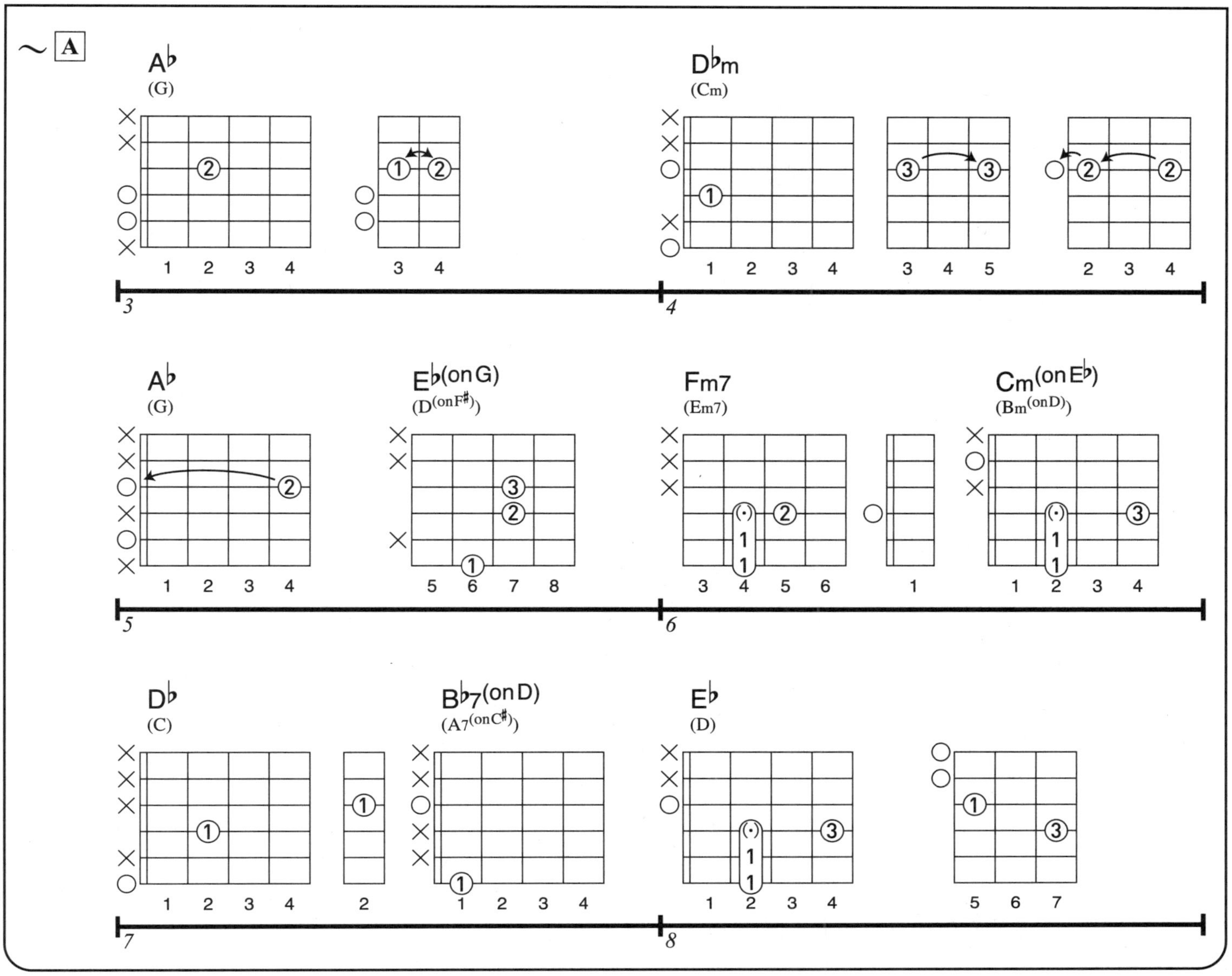

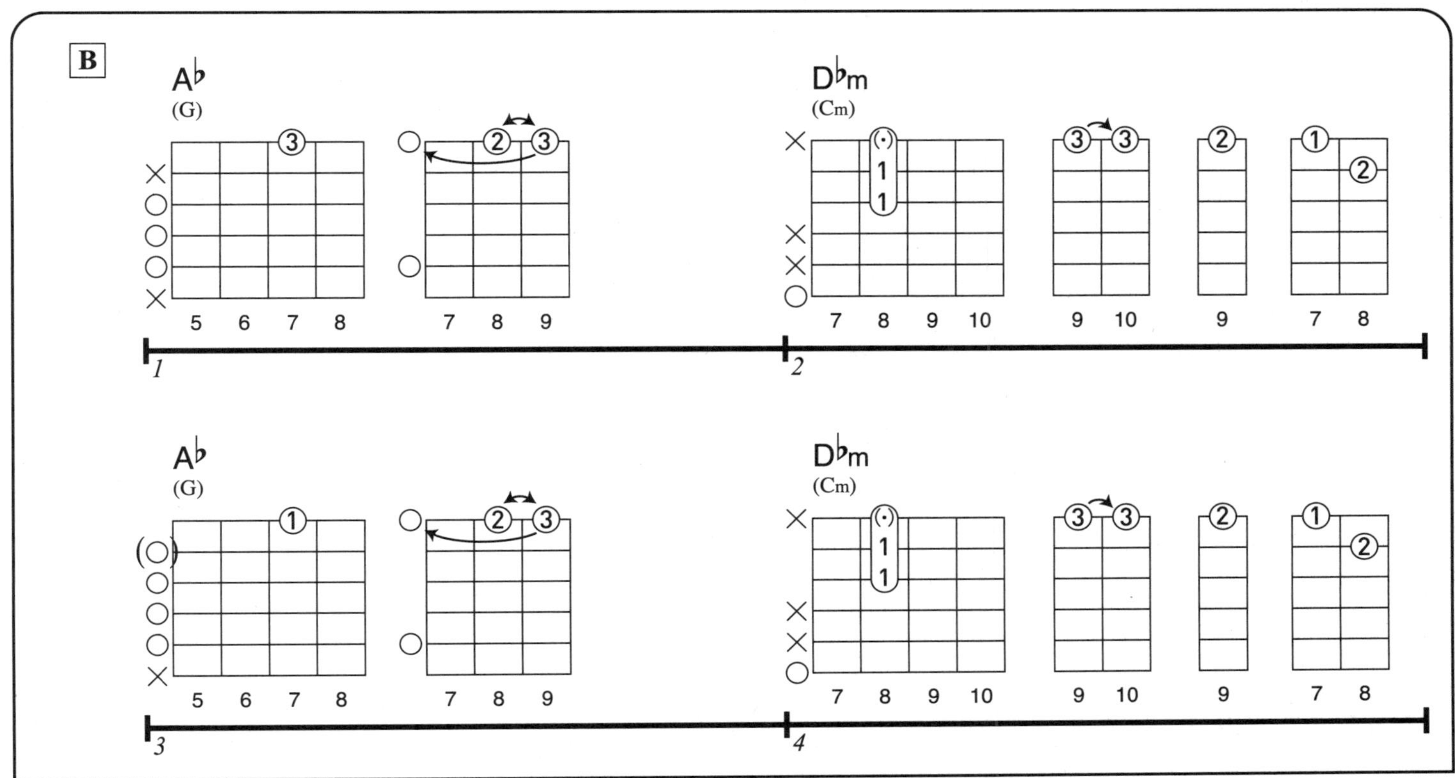

～ A
A♭ (G)
D♭m (Cm)
A♭ (G)
E♭(on G) (D(on F#))
Fm7 (Em7)
Cm(on E♭) (Bm(on D))
D♭ (C)
B♭7(on D) (A7(on C#))
E♭ (D)
3
4
5
6
7
8
B
A♭ (G)
D♭m (Cm)
A♭ (G)
D♭m (Cm)
1
2
3
4




06
ナユタ (Nayuta)

～ B
A♭
(G)
E♭(on G)
(D(on F♯))
Fm
(Em)
E♭
(D)
B♭7(on D)
(A7(on C♯))
B♭m7(on E♭)
(Am7(on D))
→ A♭
(G)
D7(9)
(D♭7(9))

C
D♭maj7
(Cmaj7)
E♭7(on D♭)
(D7(on C))
Cm7
(Bm7)
Fm7
(Em7)
B♭m7
(Am7)
E♭
(D)
A♭maj7(9)
(Gmaj7(9))
D♭maj7
(Cmaj7)
E♭7(on D♭)
(D7(on C))
Cm
(B7)
Bdim
(B♭dim)

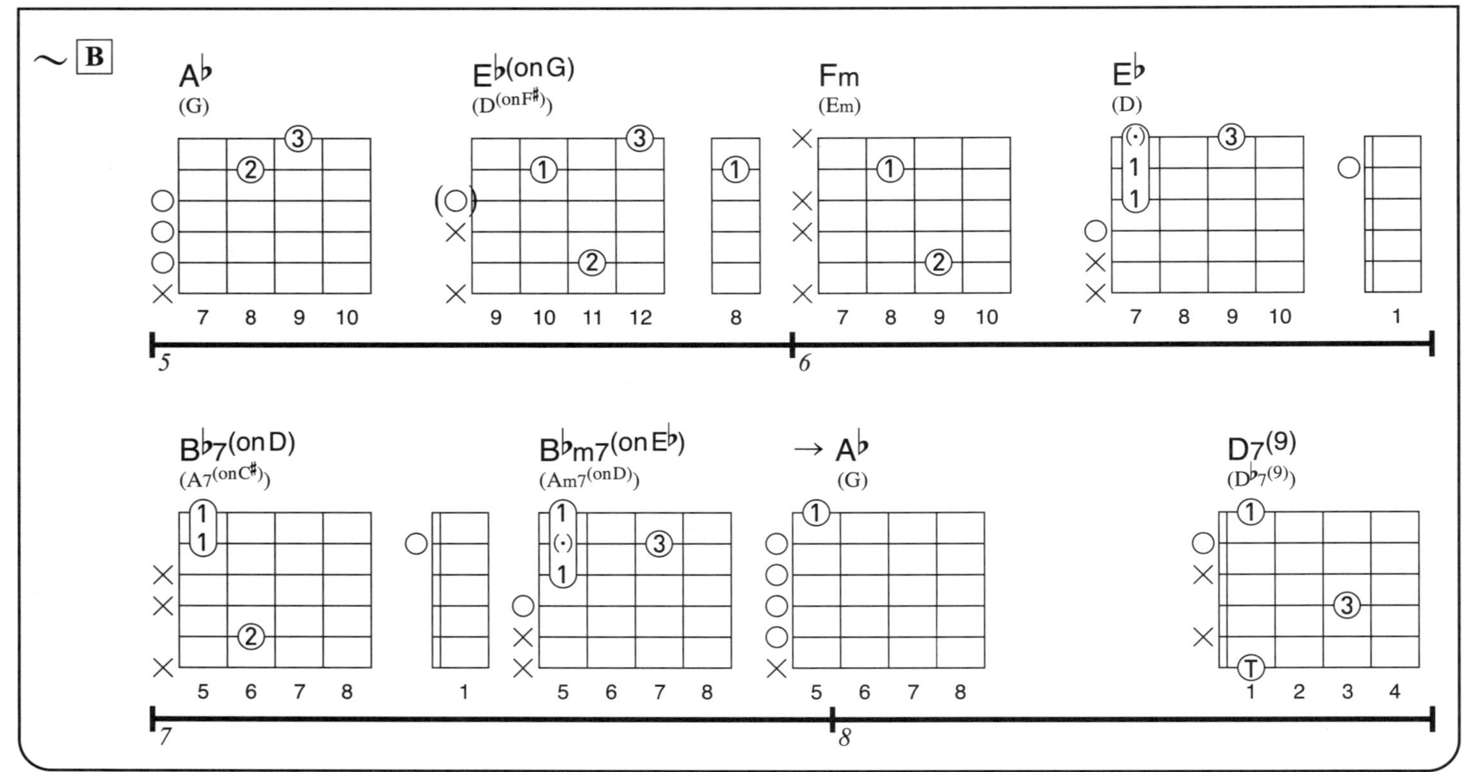

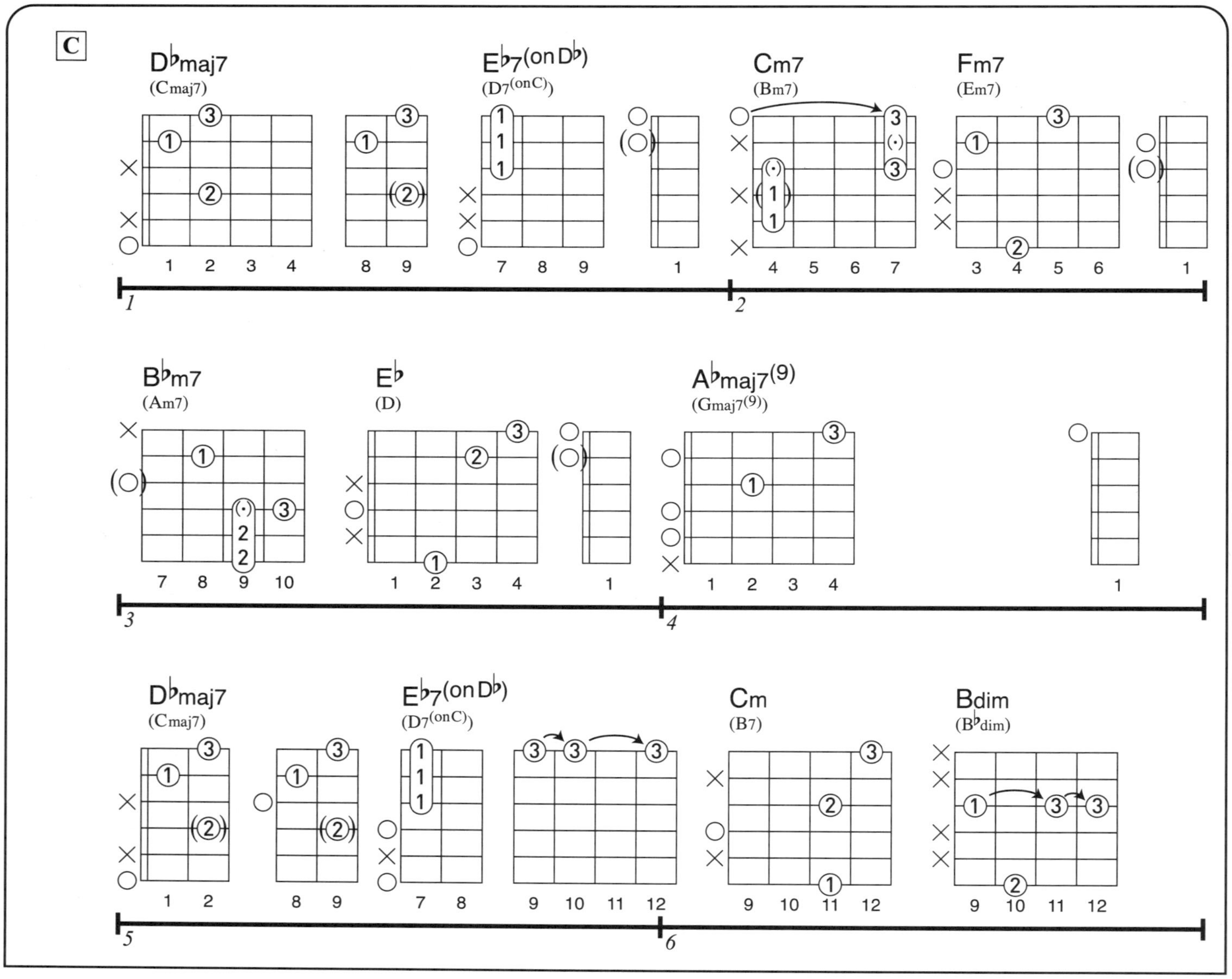

～ C
B♭m7
(Am7)
B♭7(on D)
(A7(onC♯))
E♭
(D)

D
D♭maj7(9)
(Cmaj7(9))
E♭7(on D♭)
(D7(onC))
A♭
(G)
D♭maj7(9)
(Cmaj7(9))
E♭7(on D♭)
(D7(onC))
A♭
(G)
E♭(on G)
(D(onF♯))
Fm7
(Em7)
A♭maj7(on E♭)
(Gmaj7(onD))

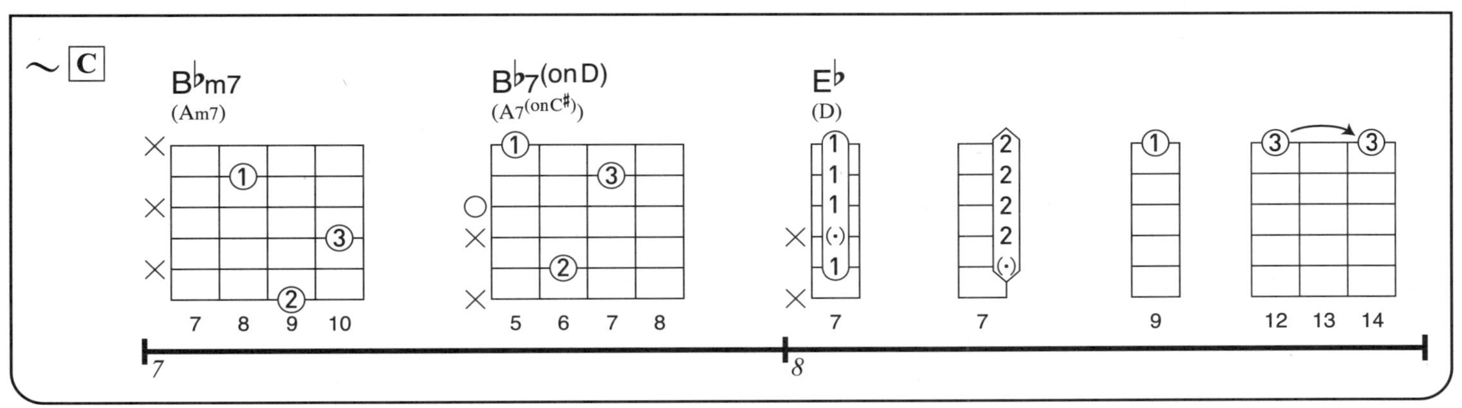

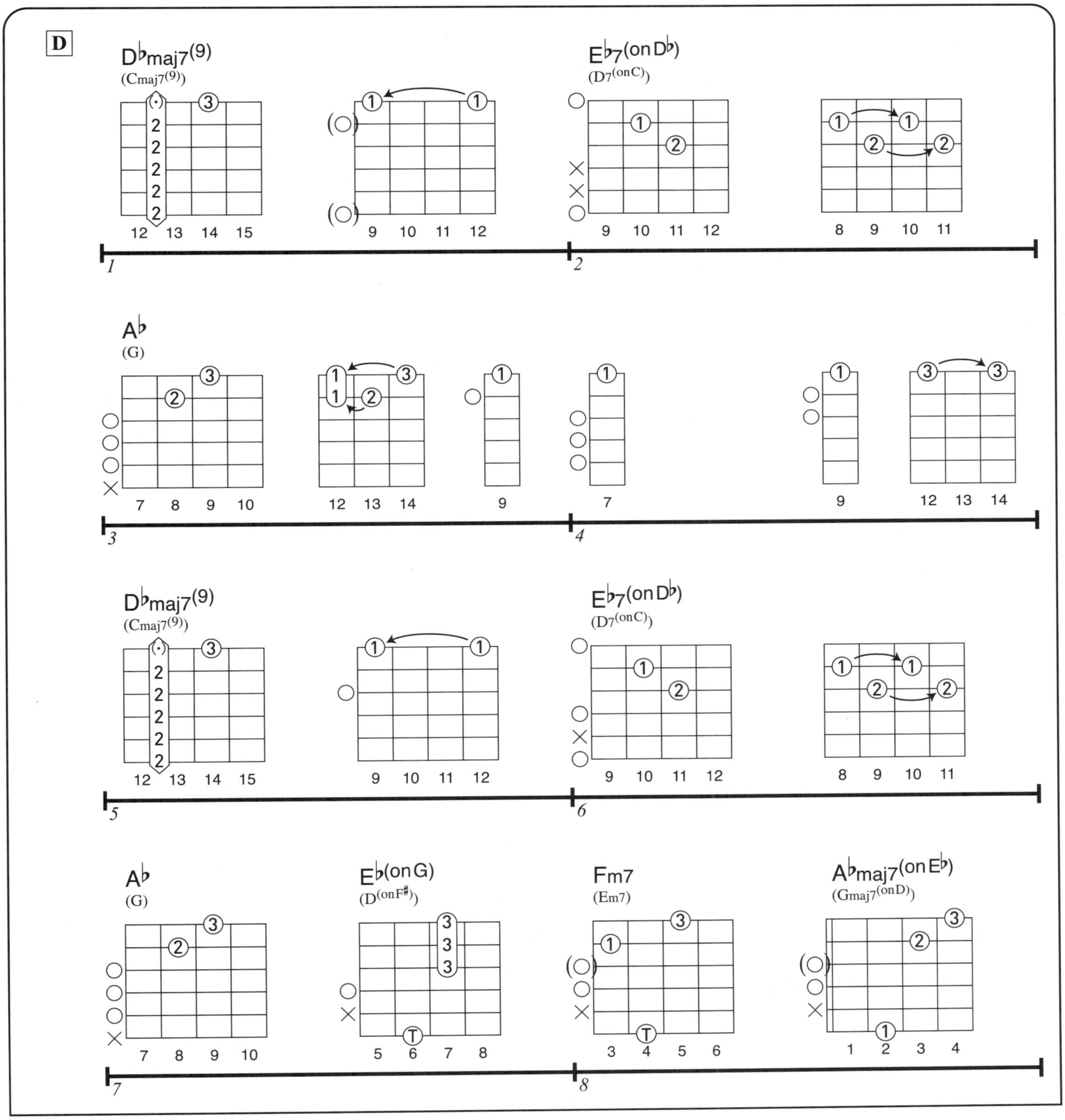

06 ナユタ (Nayuta)

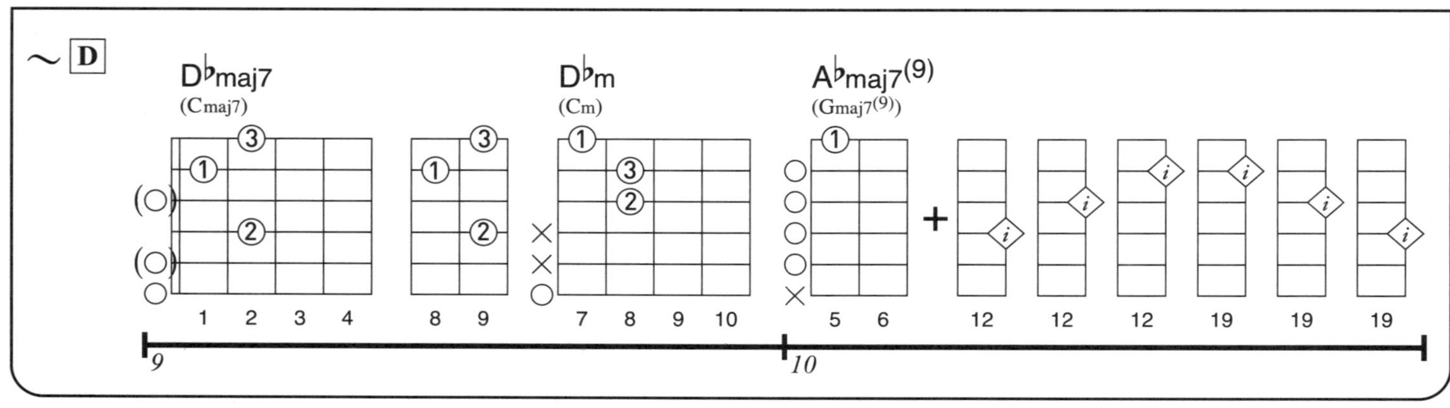

~ D
D♭maj7
(Cmaj7)
D♭m
(Cm)
A♭maj7(9)
(Gmaj7(9))
1 2 3 4
8 9
7 8 9 10
5 6
12 12 12 19 19 19
9
10

Inter
D♭maj7(9)
(Cmaj7(9))
5 6 7 8
12 12 12 12 19 19 19
1
A♭maj7(9)
(Gmaj7(9))
5 6 7 8
12 12 12 19 19 19
2
D♭maj7(9)
(Cmaj7(9))
5 6 7 8
12 12 12 12
1
3

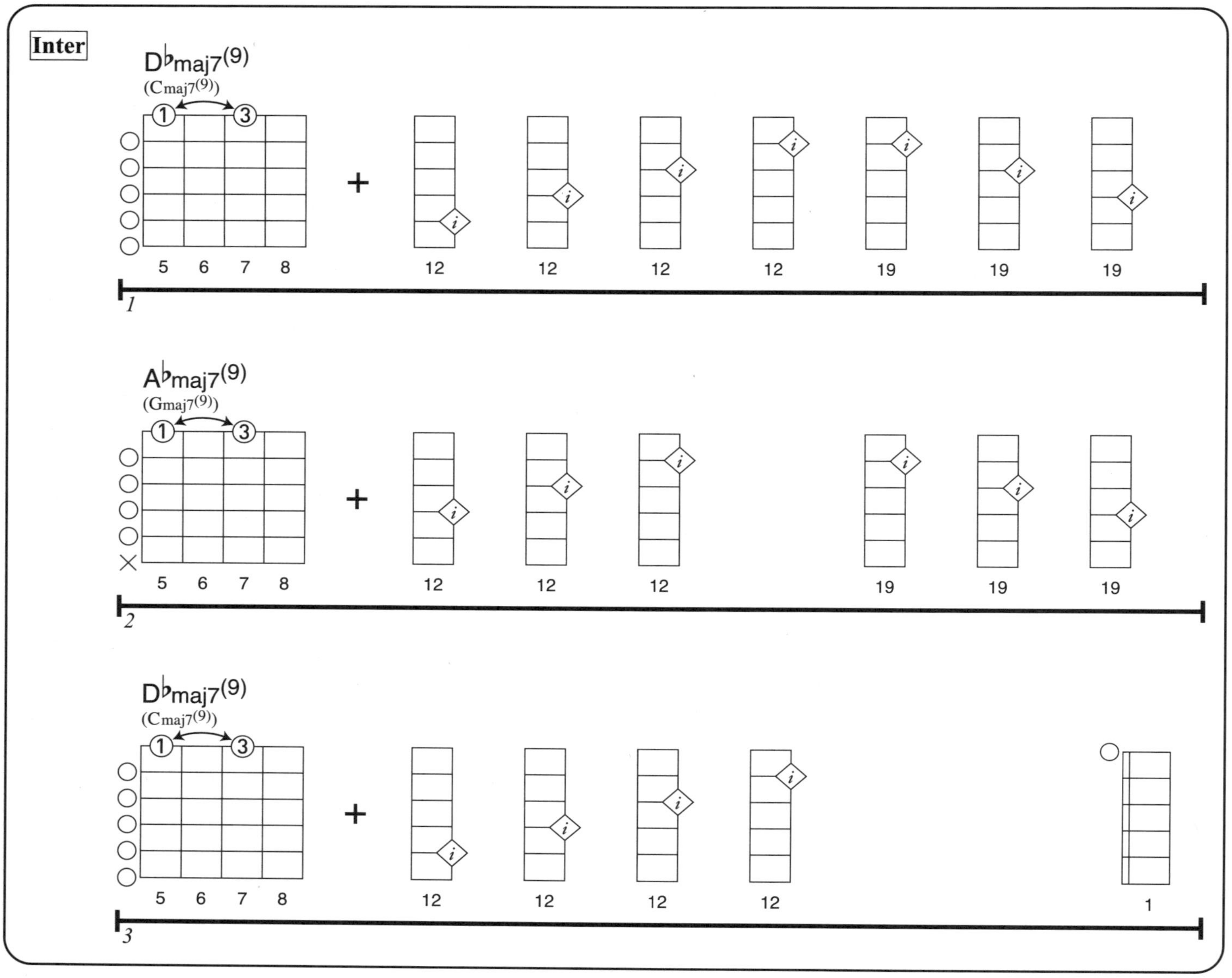

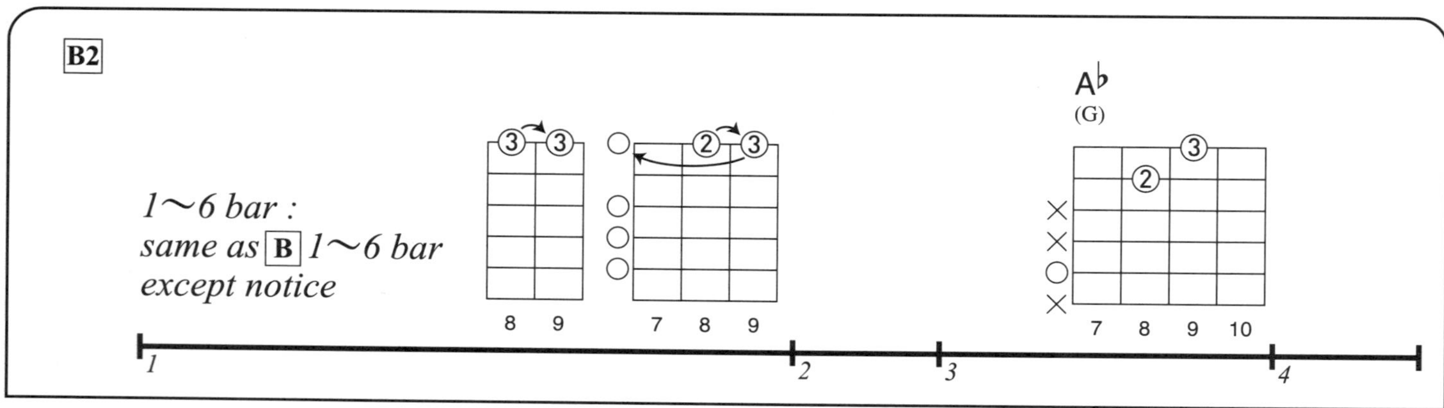

B2
1~6 bar :
same as B 1~6 bar
except notice
8 9
7 8 9
A♭
(G)
7 8 9 10
1
2
3
4

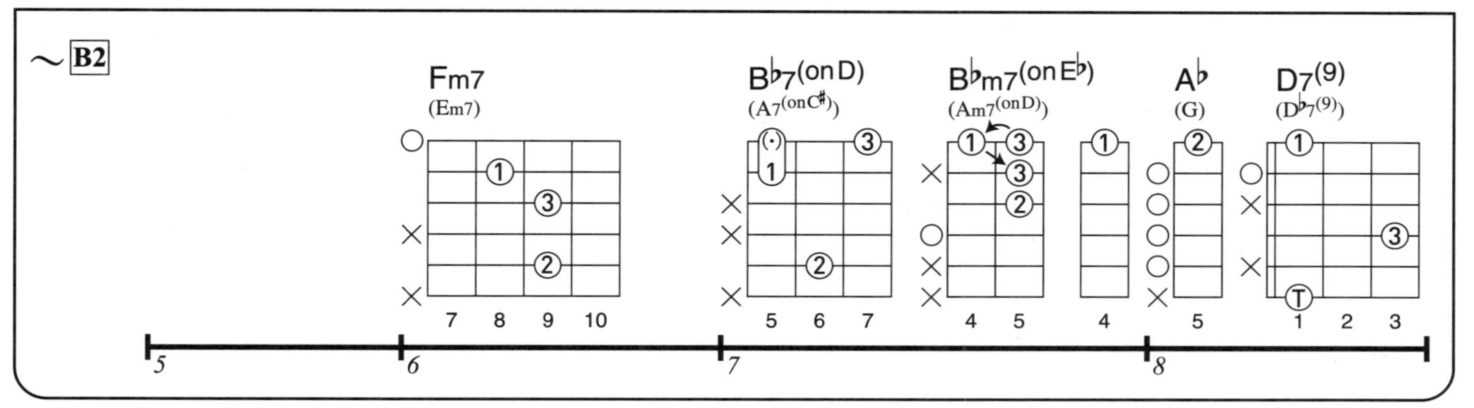

～ B2
Fm7
(Em7)
B♭7(on D)
(A7(on C♯))
B♭m7(on E♭)
(Am7(on D))
A♭
(G)
D7(9)
(D♭7(9))
7 8 9 10
5 6 7
4 5
4
5
1 2 3
5
6
7
8


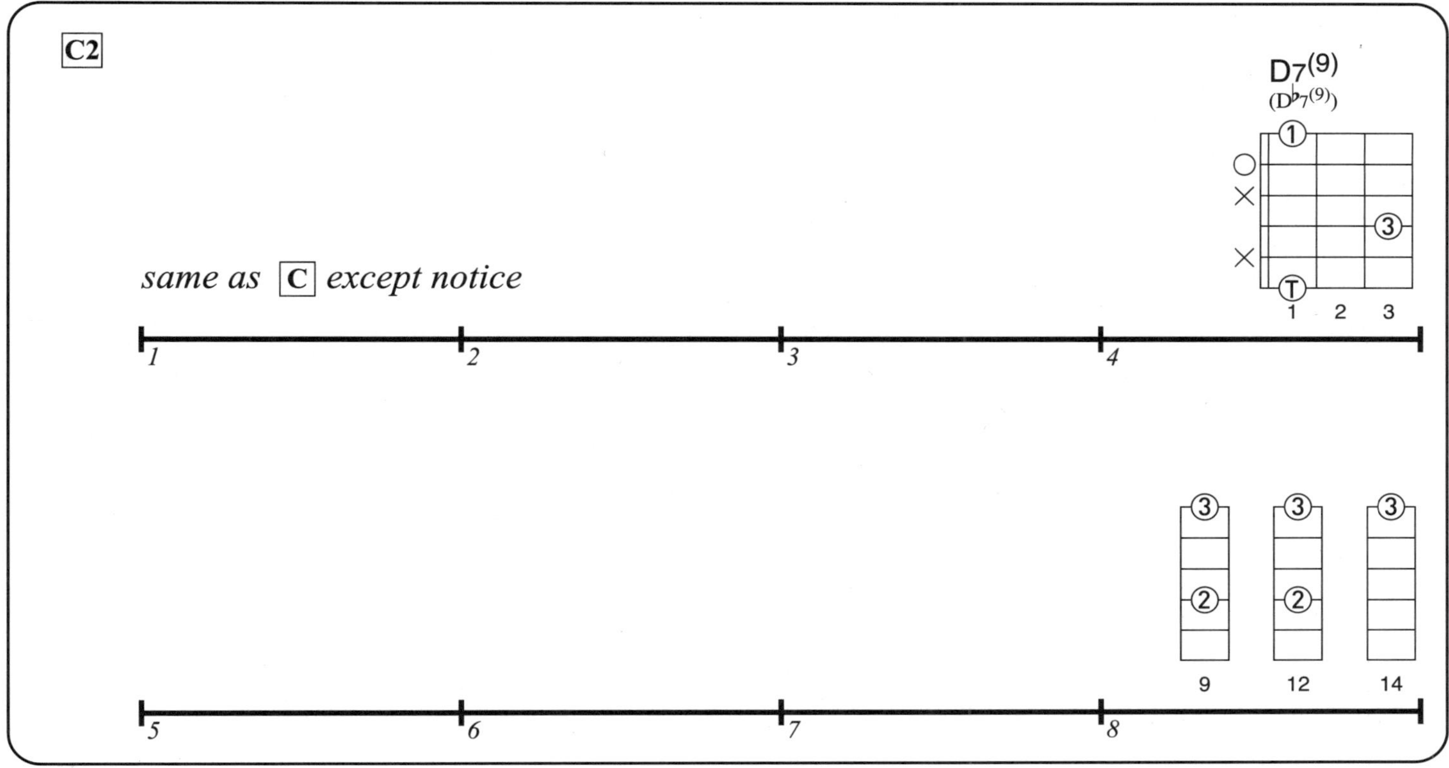

C2
same as C except notice
D7(9)
(D♭7(9))
1 2 3
9 12 14
1
2
3
4
5
6
7
8


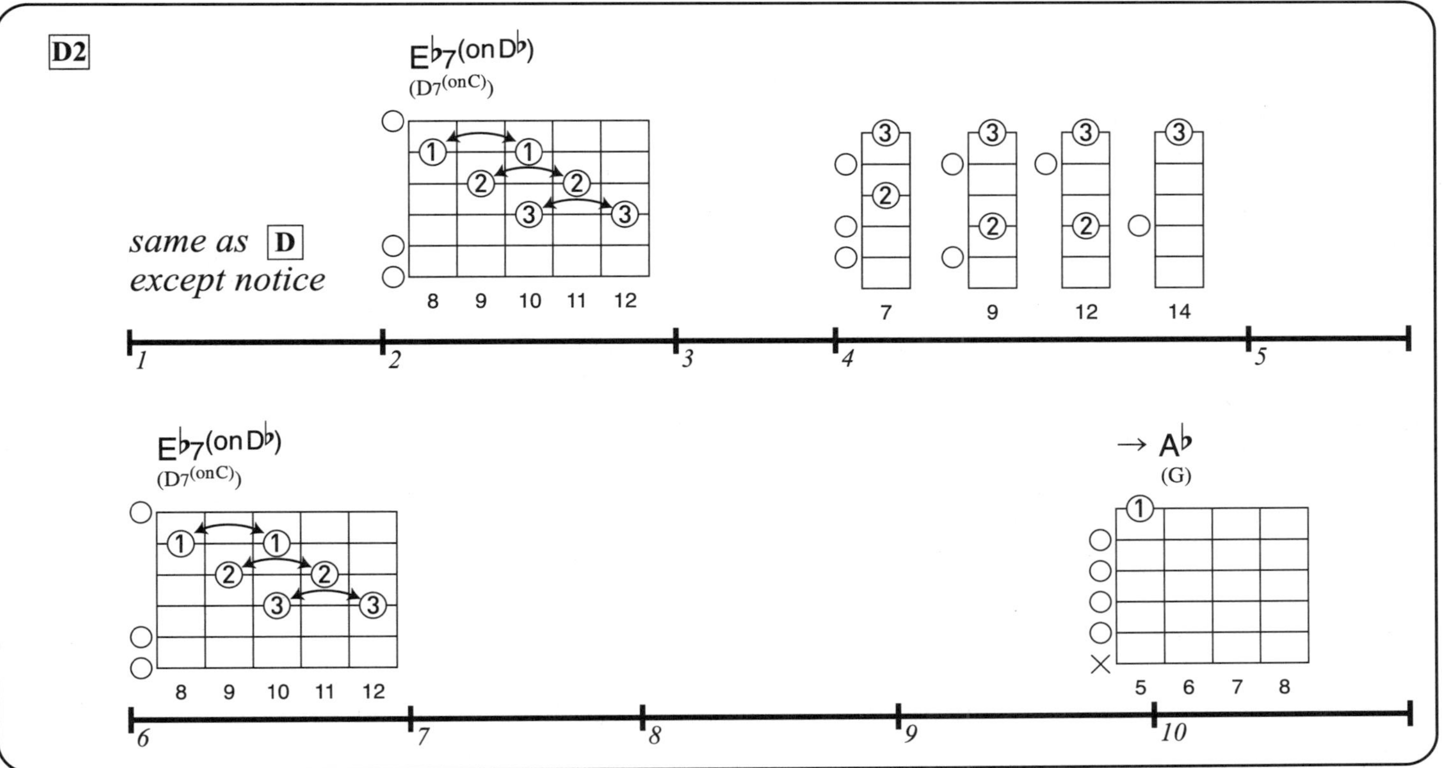

D2
same as D except notice
E♭7(on D♭)
(D7(on C))
8 9 10 11 12
7
9
12
14
1
2
3
4
5
E♭7(on D♭)
(D7(on C))
8 9 10 11 12
→ A♭
(G)
5 6 7 8
6
7
8
9
10

**E**

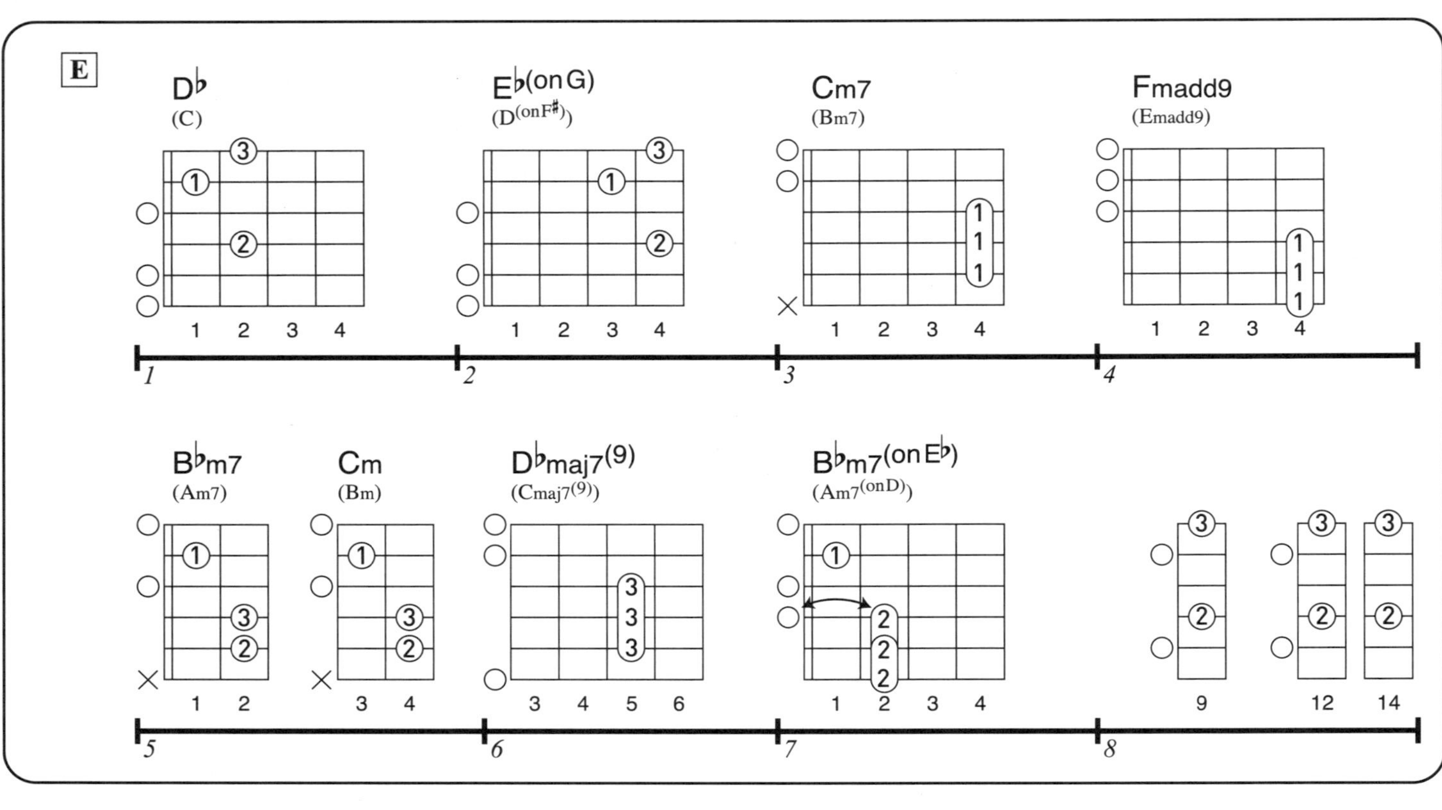

**D3**

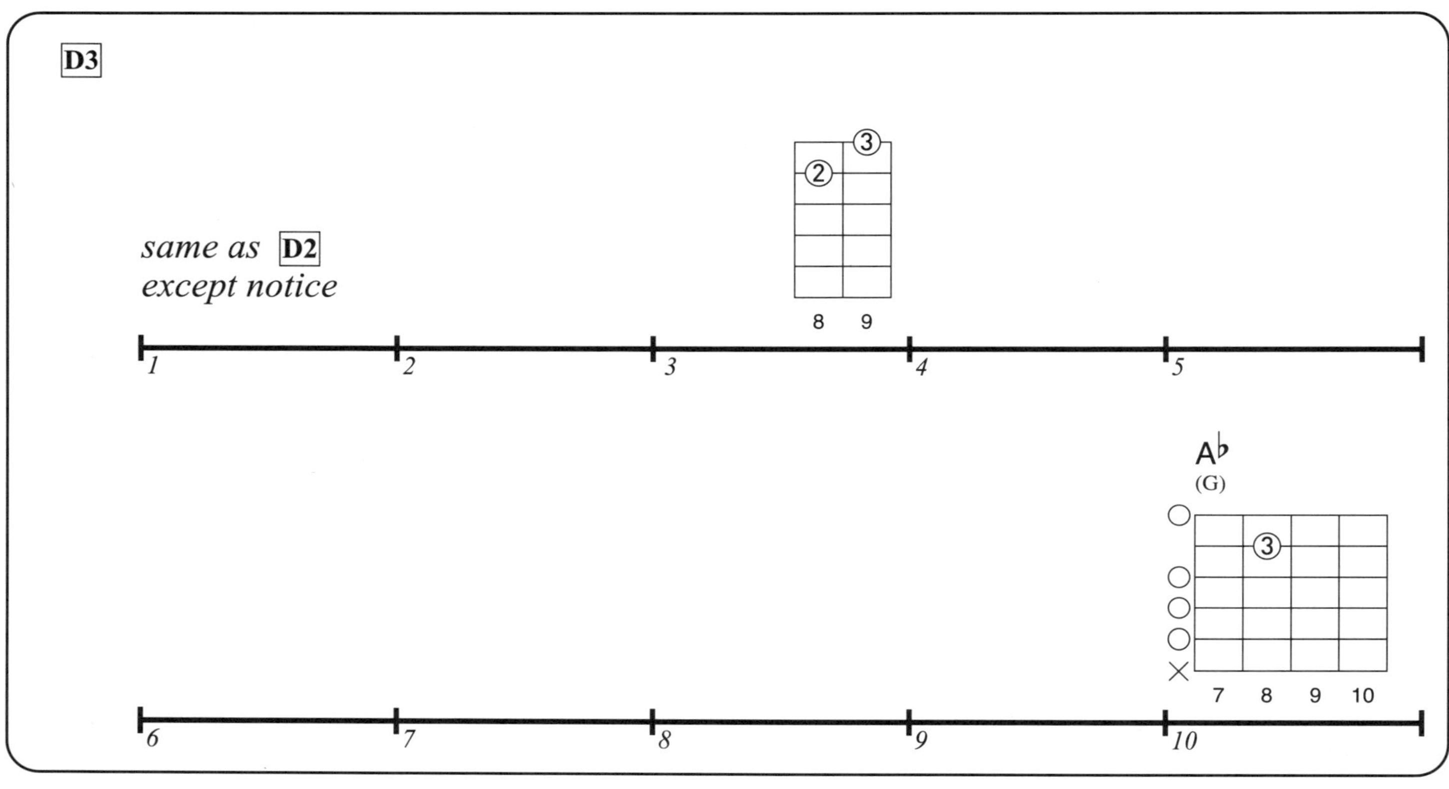



**Ending**

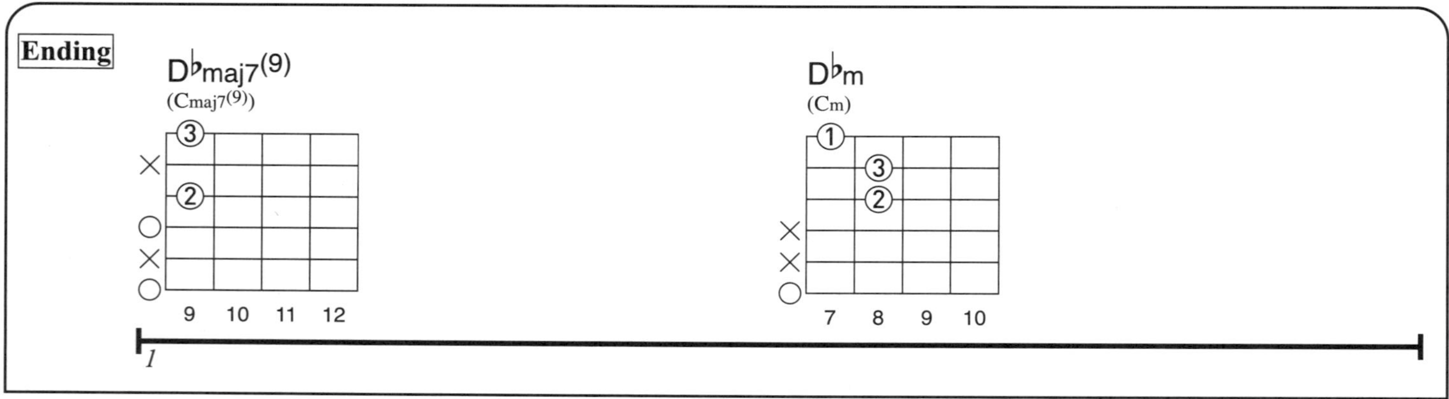

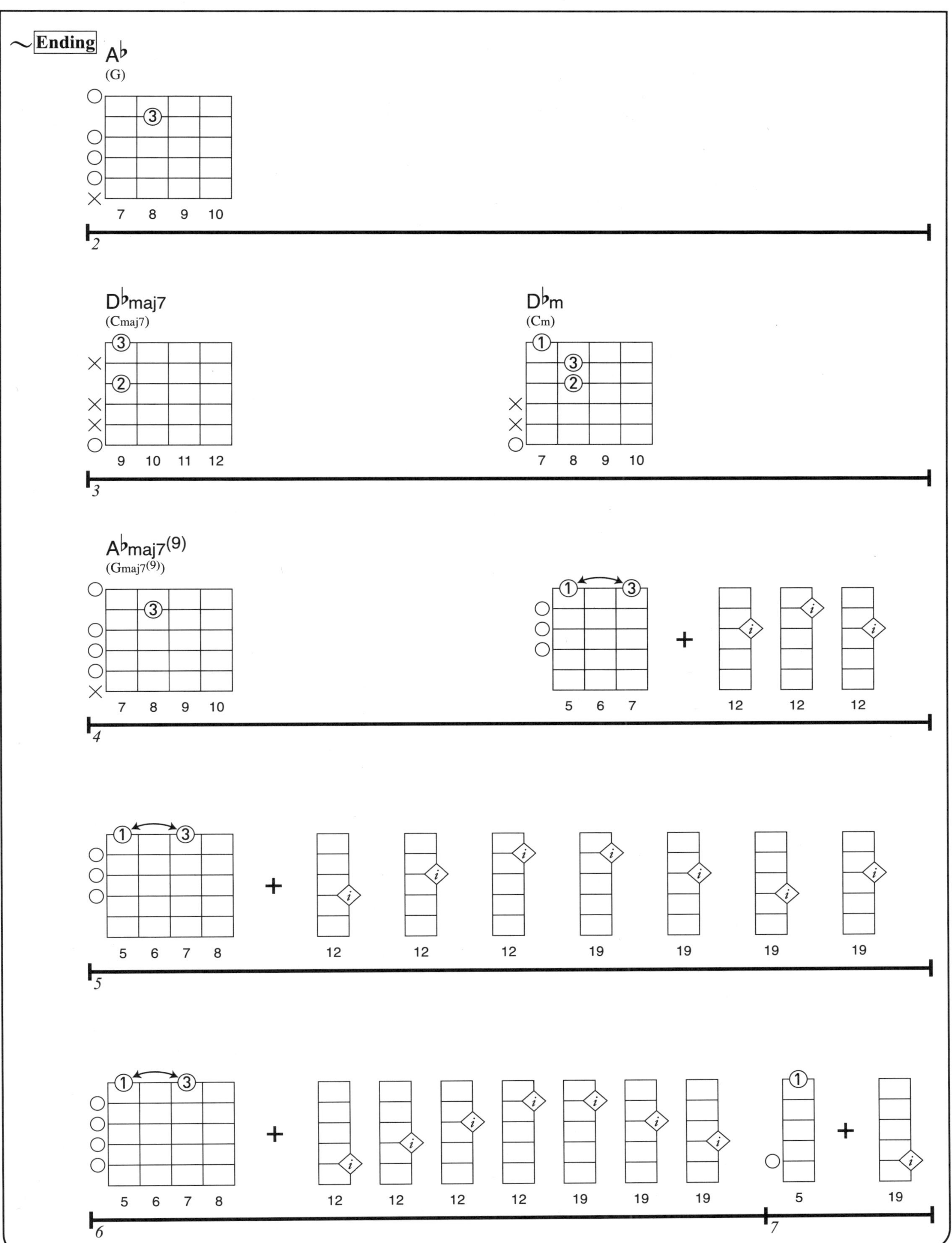

～Ending
A♭
(G)
D♭maj7
(Cmaj7)
D♭m
(Cm)
A♭maj7(9)
(Gmaj7(9))

# 風の詩(Wind Song)

Song Written by kotaro oshio

©2003 by Japan Broadcast Publishing Co., Ltd. & KOTARO music office, Inc. & Sony Music Publishing (Japan) Inc.

**Tuning = D A D G B E**

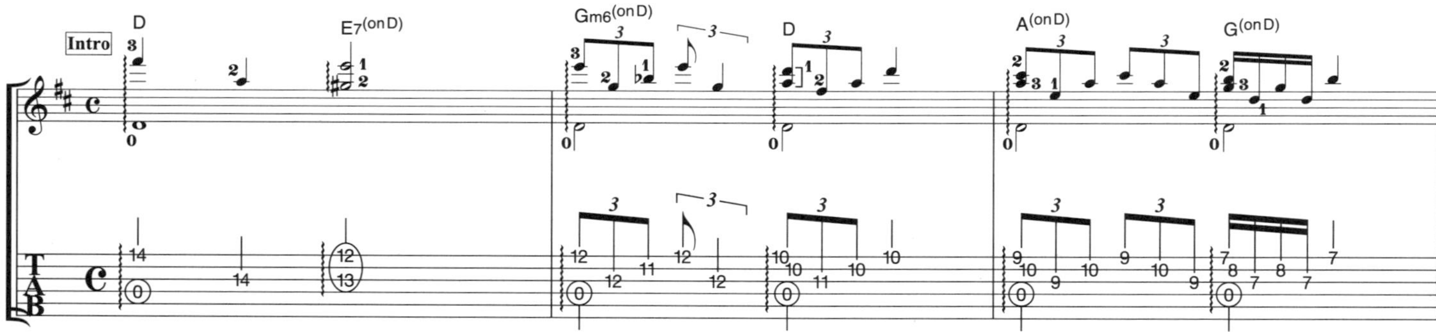

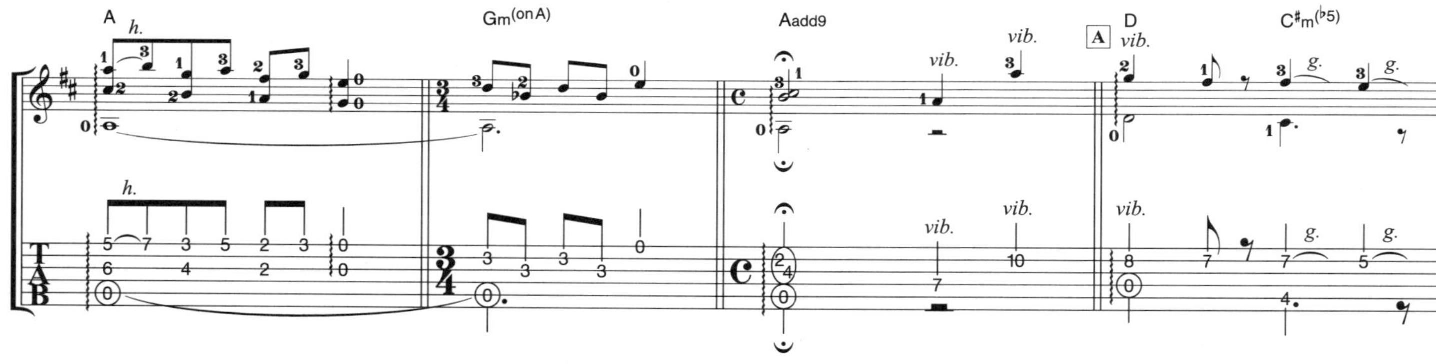

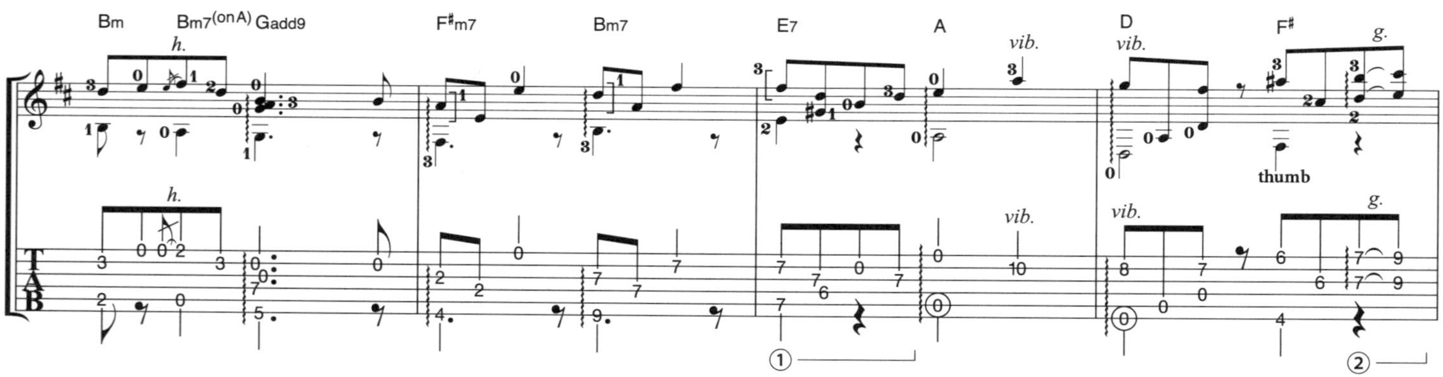

07 風の詩 (Wind Song)
10th Anniversary BEST -Ballade Side- Kotaro Oshio 117

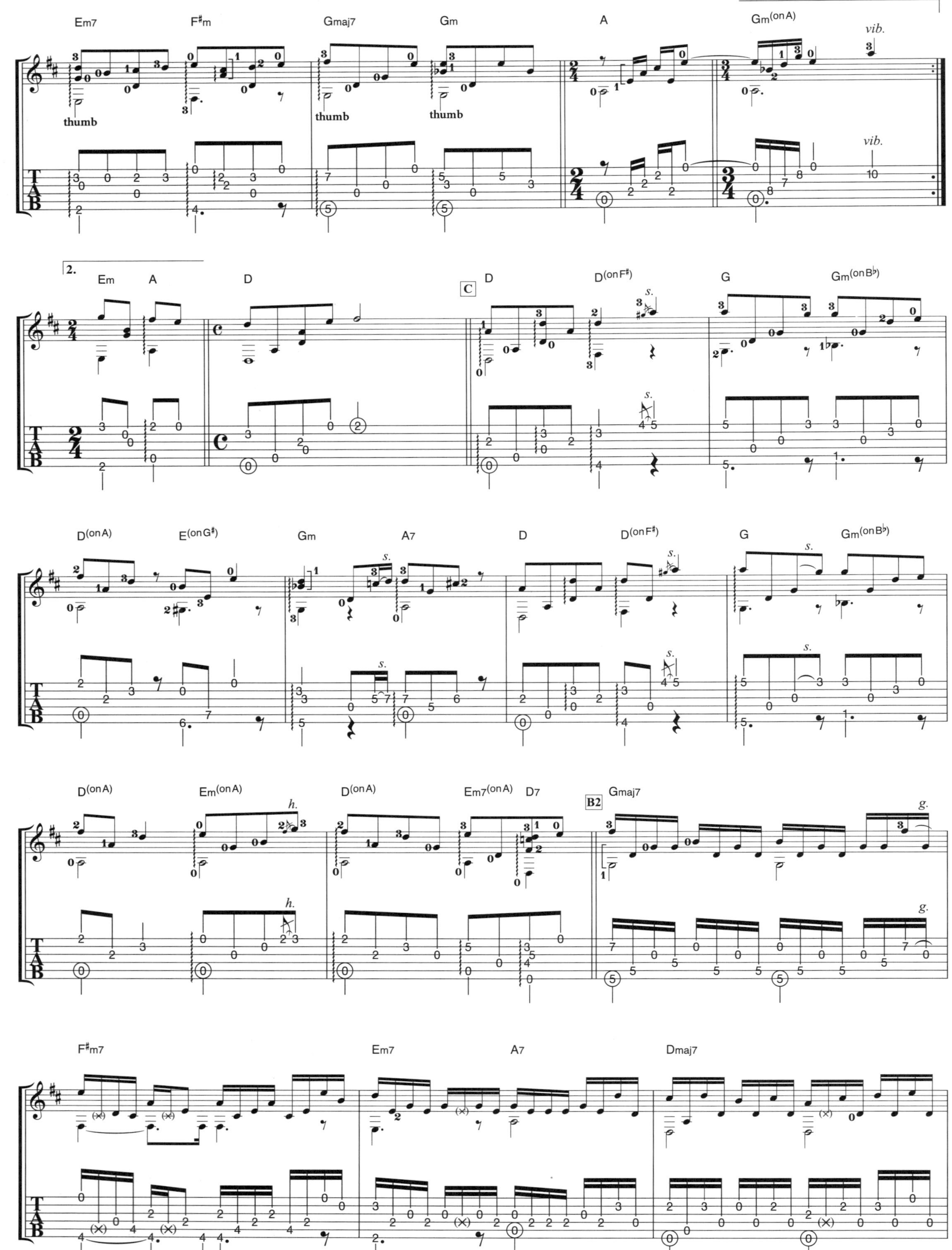

07
風の詩 (Wind Song)
Em7   F#m   Gmaj7   Gm   A   Gm(on A)   vib.
thumb   thumb   thumb
2.   Em   A   D   D   D(on F#)   G   Gm(on B♭)
D(on A)   E(on G#)   Gm   A7   D   D(on F#)   G   Gm(on B♭)
D(on A)   Em(on A)   D(on A)   Em7(on A)   D7   Gmaj7
F#m7   Em7   A7   Dmaj7

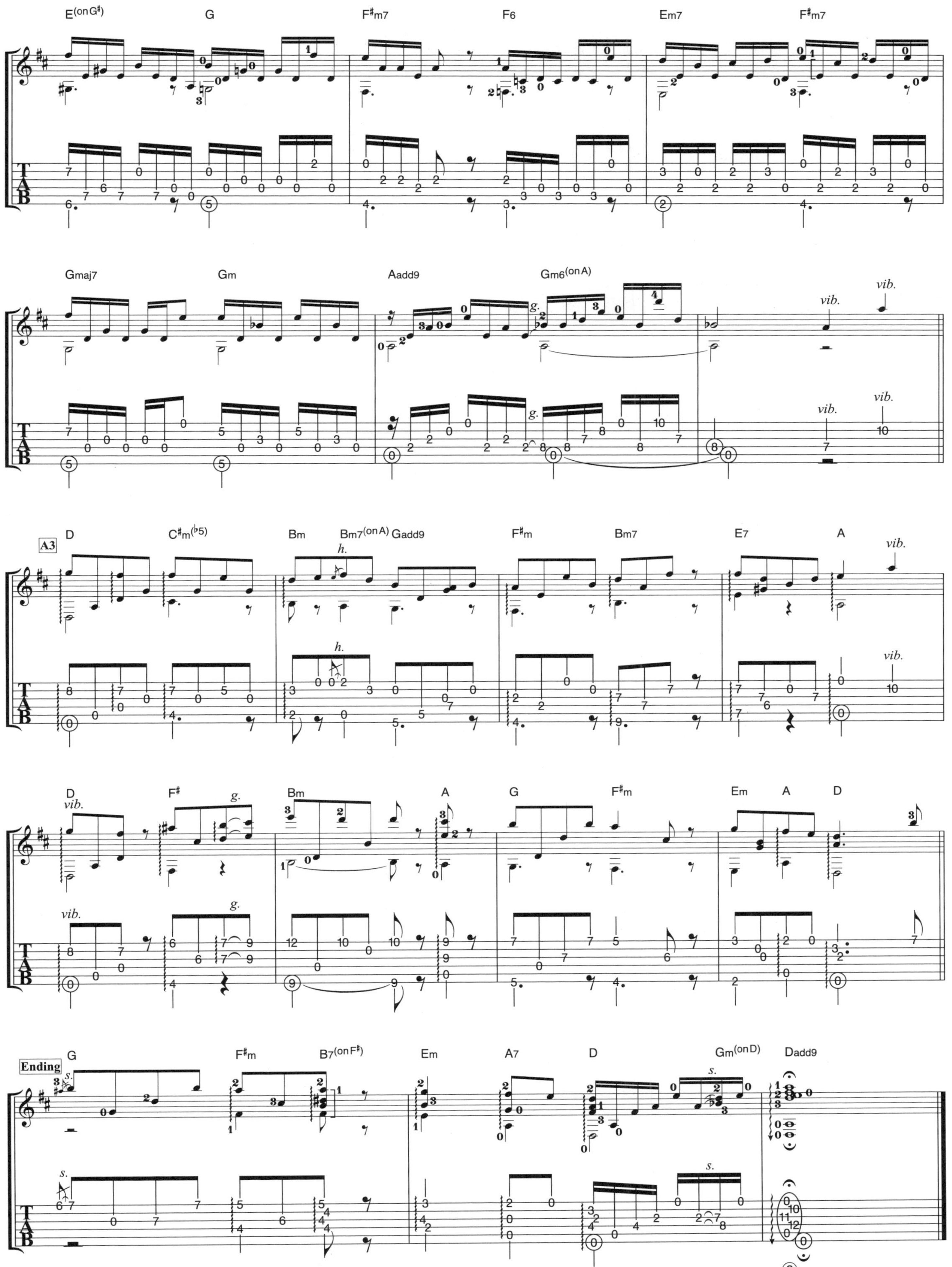
E(on G#)
G
F#m7
F6
Em7
F#m7
Gmaj7
Gm
Aadd9
Gm6(on A)
vib.
vib.
A3
D
C#m(b5)
Bm
Bm7(on A) Gadd9
F#m
Bm7
E7
A
vib.
h.
D
F#
g.
Bm
A
G
F#m
Em
A
D
vib.
Ending
G
F#m
B7(on F#)
Em
A7
D
Gm(on D)
Dadd9
s.

# 風の詩(Wind Song)

녹음에 사용된 기타:Sakata Guitars D28M

## Tuning : D↓／A／D／G／B／E

①6번 줄을 1음 내린다(4번 줄 개방의 1옥타브 아래)

---

## 곡의 개요&연주법 해설

두 번째 앨범 〈Dramatic〉(2003)에 수록된 오시오 코타로를 대표하는 발라드 곡 중 하나다. 오케스트라와 함께 연주한 버전이 '風の彼方'라는 타이틀로 베스트 앨범 〈Blue sky〉(2006)에 수록되었다. 〈10th Anniversary BEST〉에서는 부제에 'Drop D'라고 되어있듯이, 스탠더드 튜닝에서 6번 줄만 온음 내린 드롭D튜닝으로 재녹음되었다. 이것에 대해 오시오 코타로는 D, G, Dm 등의 코드를 연주할 때 낮은 베이스음을 낼 수 있어 울림이 풍부해지기 때문이라고 한다.

 연주 포인트 

## Intro

예전 버전에는 없으며, 이번에 새로이 추가된 섹션이다.

---

## A

① 처음의 2~3번 줄 7프렛은 왼손 3번 손가락을 부분 바레해서 누른다. 2번 줄 개방 B음을 연주할 때, 왼손을 줄에서 완전히 뗀다. 이어지는 3번 줄 7프렛 D음은 3번 손가락으로 누른다(바레하지 않는다).

② 1번 줄과 3번 줄을 7프렛에서 9프렛으로 슬라이드한다. 슬라이드를 한 후에 3번 줄은 피킹하지 않고 1번 줄만 피킹한다.

---

## A2

**A2**는 **A**와 대부분 같지만, 2소절째 Gadd9의 폼이 약간 다르다(다이어그램 참조).

③ 첫 번째는 퀵 아르페지오를 하지 않는다. 두 번째(도돌이표로 돌아왔을 때)만 퀵 아르페지오를 한다.

④ 첫 번째는 퀵 아르페지오를 하지 않는다. 두 번째(도돌이표로 돌아왔을 때)만 퀵 아르페지오를 한다.

⑤ 첫 번째는 퀵 아르페지오를 하지 않는다. 두 번째(도돌이표로 돌아왔을 때)만 퀵 아르페지오를 한다.

⑥ 첫 번째는 퀵 아르페지오를 하지 않는다. 두 번째(도돌이표로 돌아왔을 때)만 퀵 아르페지오를 한다.

---

## B

이전 버전에 비해 5~6소절째의 코드가 크게 바뀌었다.

---

## B2

음표가 많아졌지만, 왼손 폼은 1소절째 이외에는 **B**와 대부분 같다(다이어그램 참조. 다른 부분만 표기되었다).

---

## A3

**A3**은 **A2**와 거의 같으며, 6소절째가 약간 다르다(다이어그램 참조).

---

## Ending

⑦ 부드러운 터치로 천천히 업 스트로크한다.

---

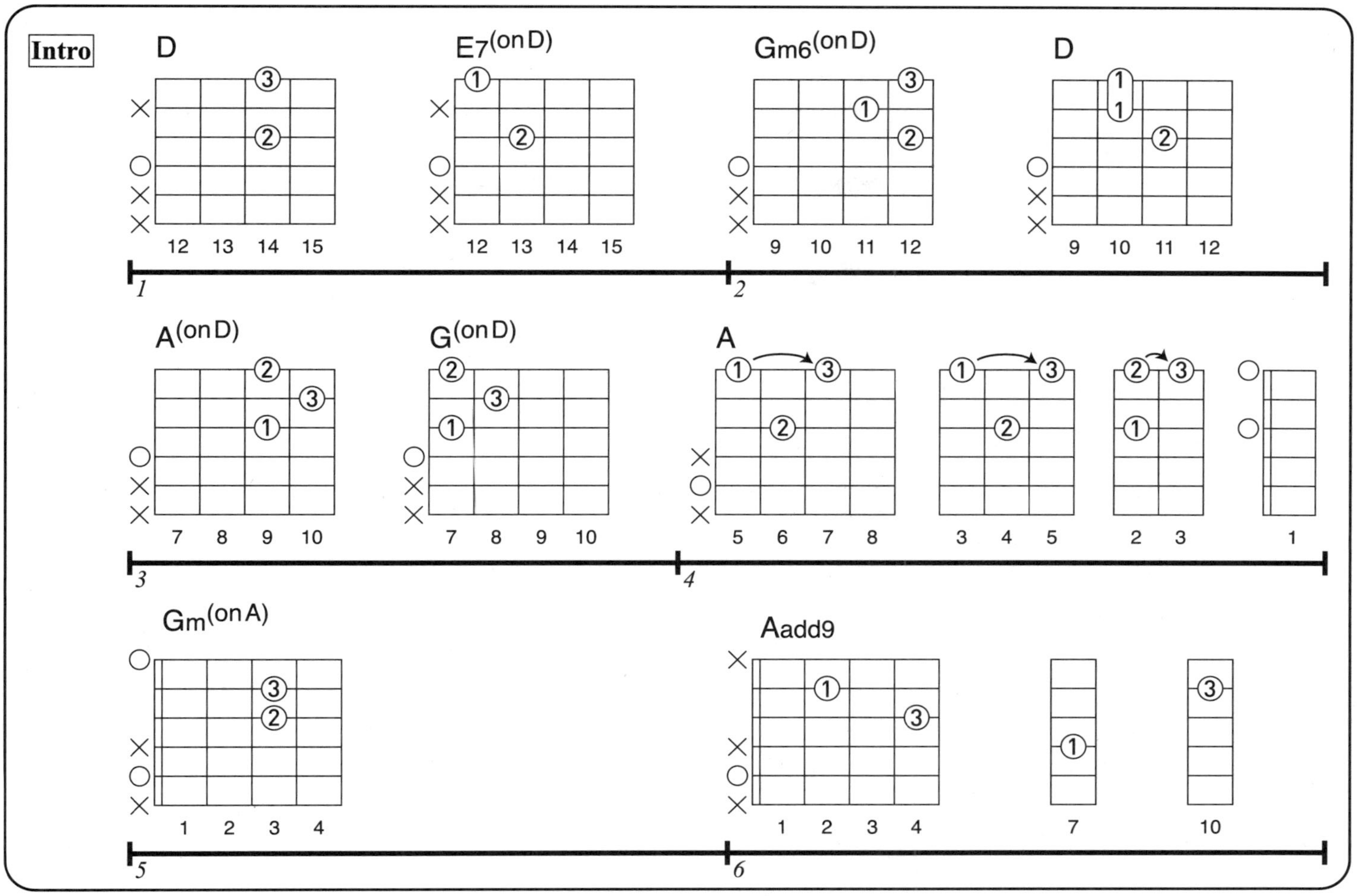
Intro
D
E7(onD)
Gm6(onD)
D
A(onD)
G(onD)
A
Gm(onA)
Aadd9

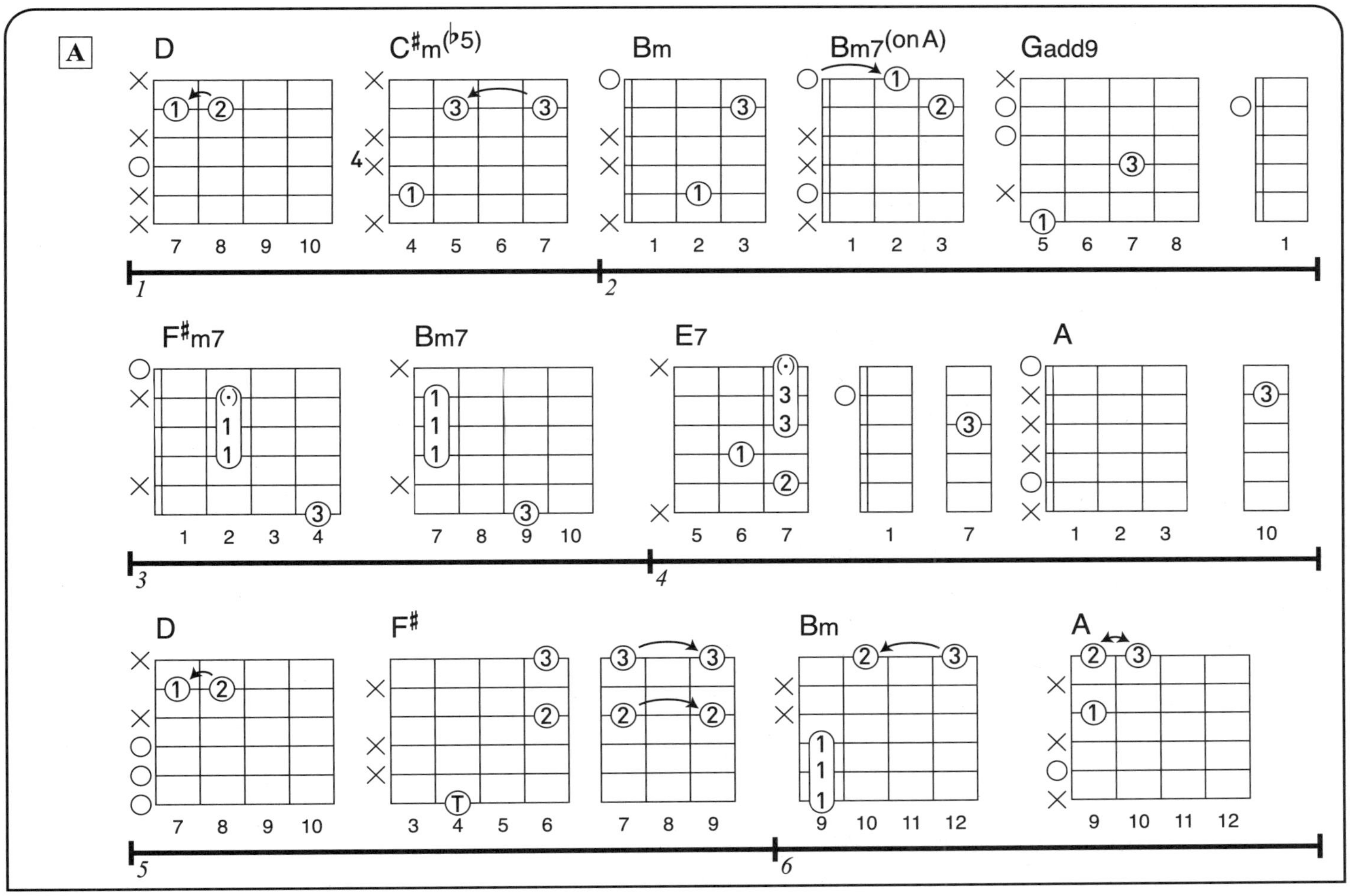
A
D
C♯m(♭5)
Bm
Bm7(onA)
Gadd9
F♯m7
Bm7
E7
A
D
F♯
Bm
A

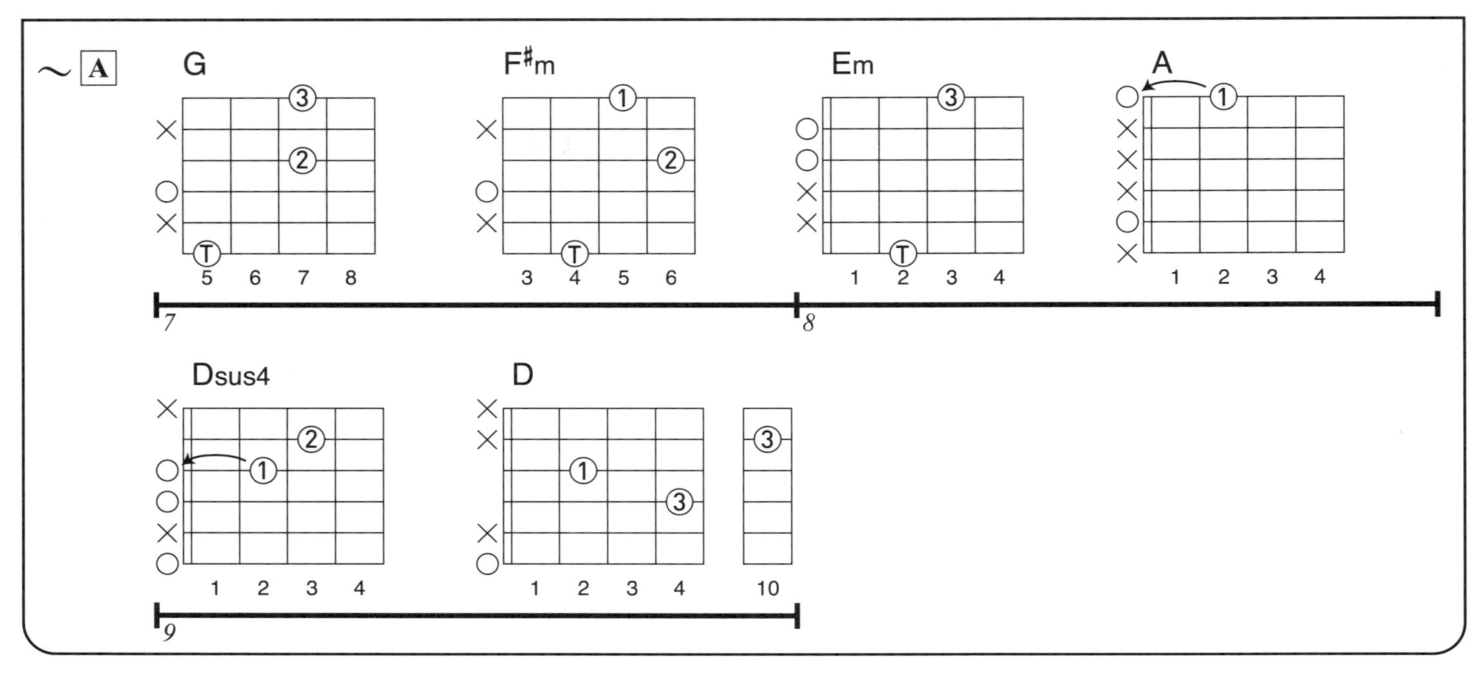


～ A
G
F#m
Em
A
Dsus4
D
7
8
9 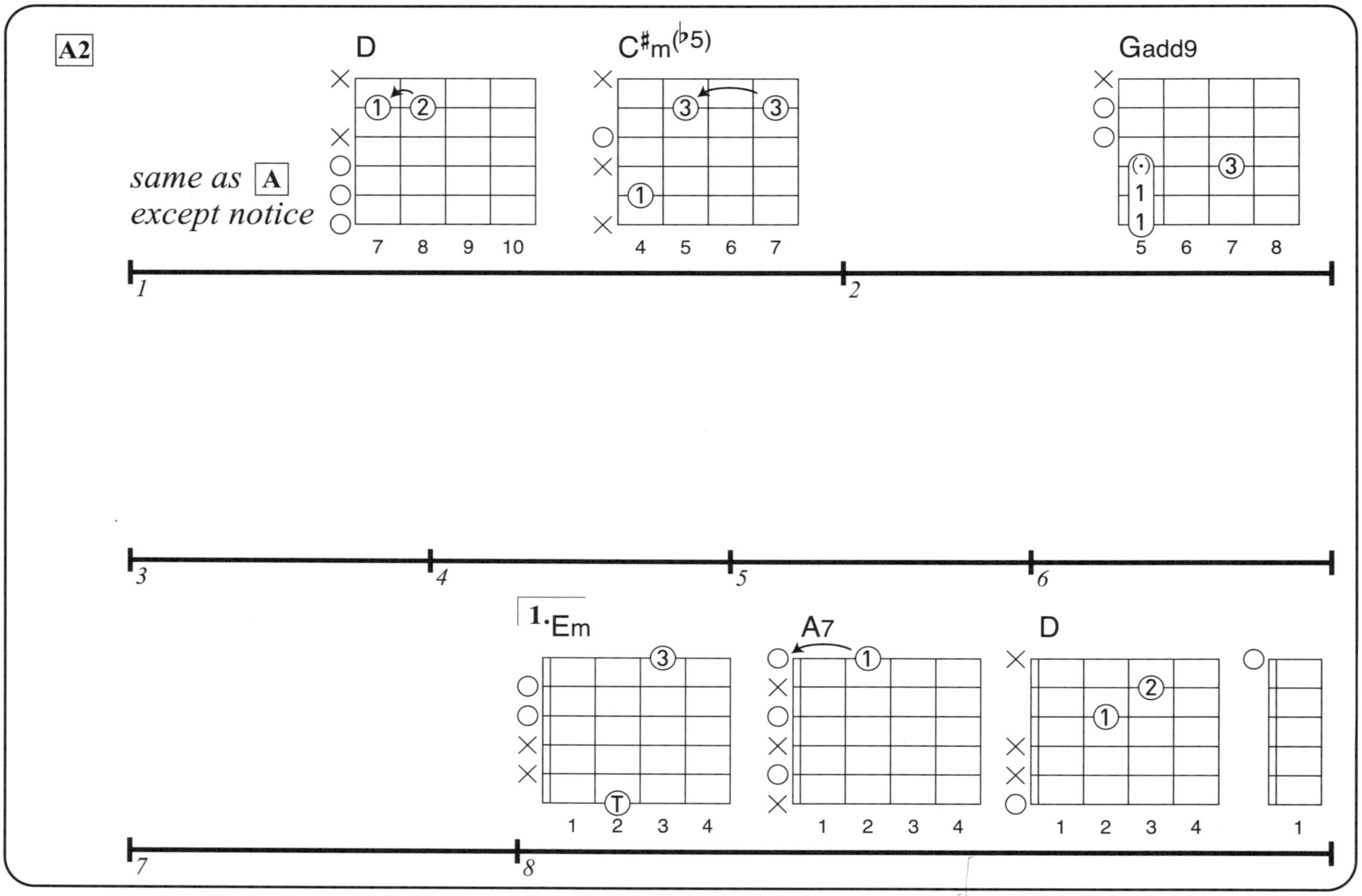
10
A2
same as A
except notice
D
C#m(b5)
Gadd9
1
2
3
4
5
6
1.Em
A7
D
7
8
B 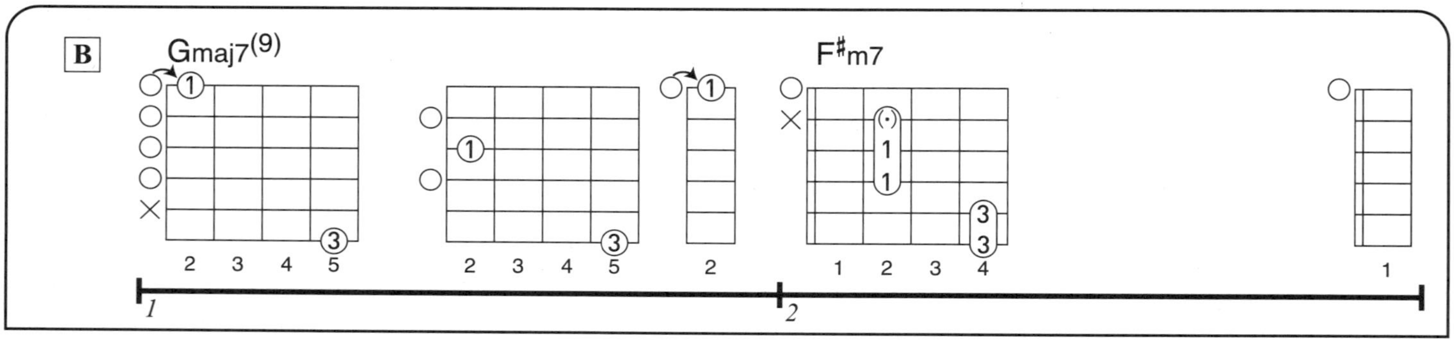
Gmaj7(9)
F#m7
1
2





07
風の詩
(Wind Song)

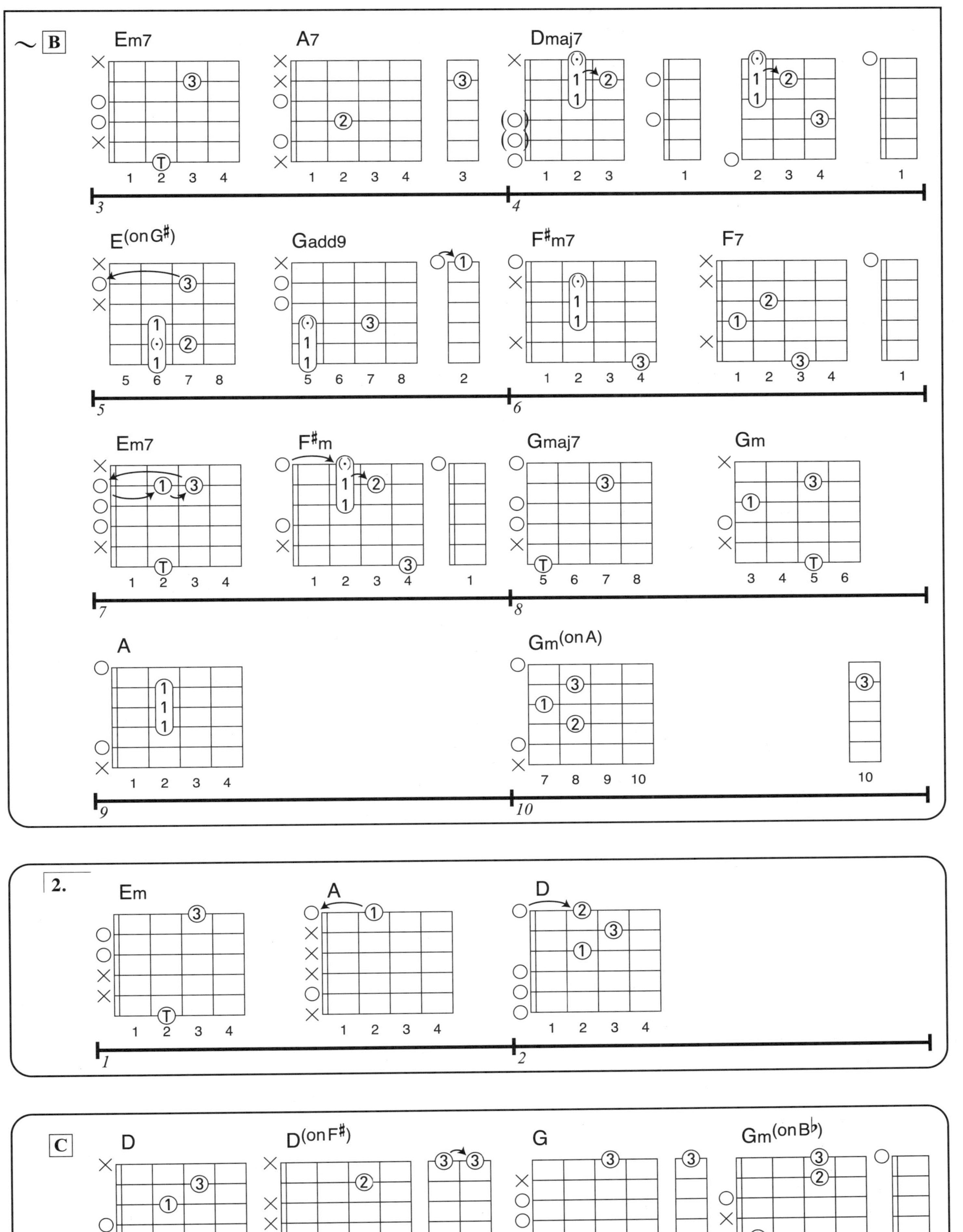
~ B
Em7
A7
Dmaj7
E(on G#)
Gadd9
F#m7
F7
Em7
F#m
Gmaj7
Gm
A
Gm(on A)
2.
Em
A
D
C
D
D(on F#)
G
Gm(on B♭)

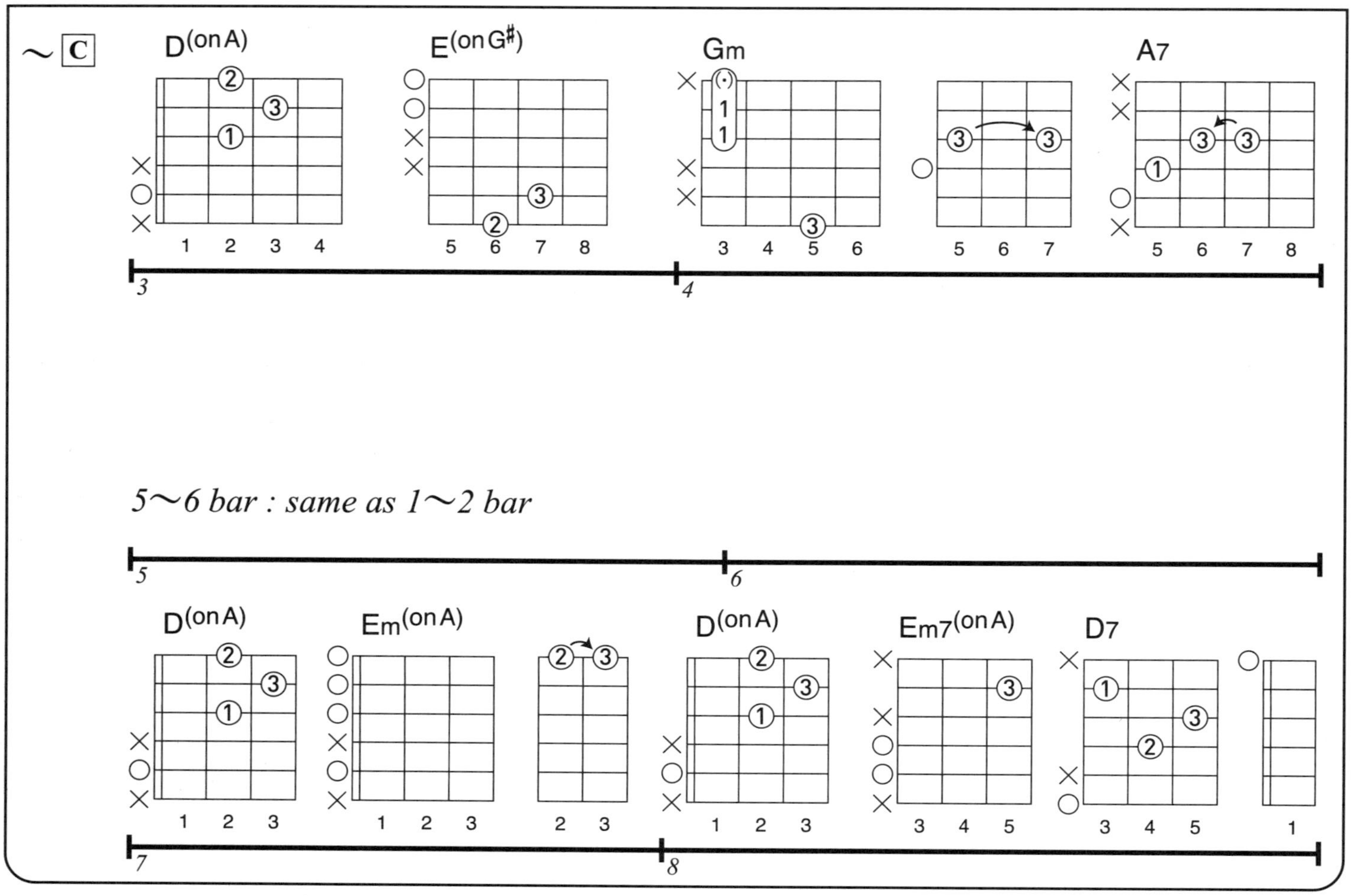

07
風の詩 (Wind Song)
~ C
D(on A)
E(on G#)
Gm
A7
5~6 bar : same as 1~2 bar
D(on A)
Em(on A)
D(on A)
Em7(on A)
D7
B2 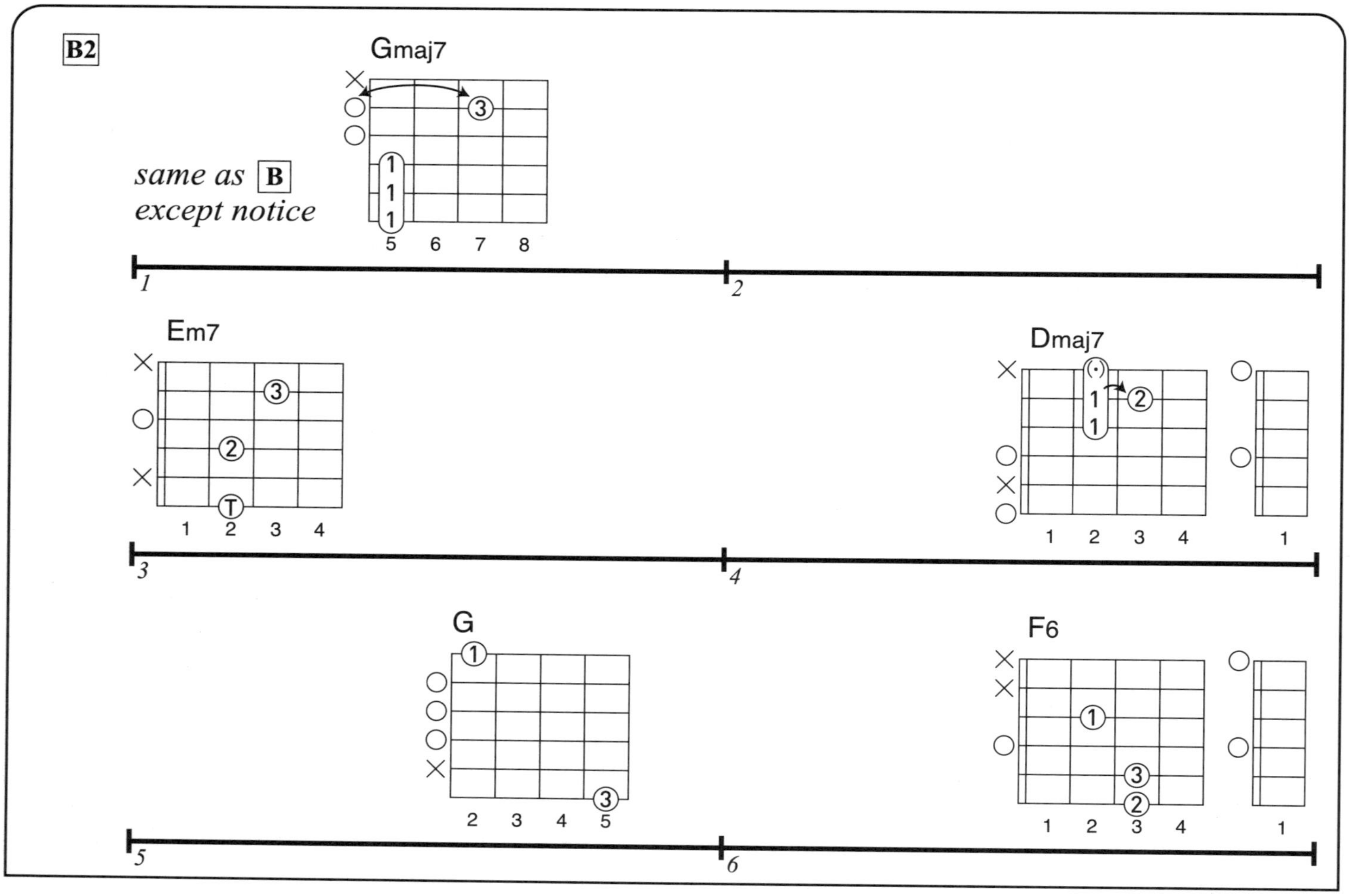
Gmaj7
same as B
except notice
Em7
Dmaj7
G
F6

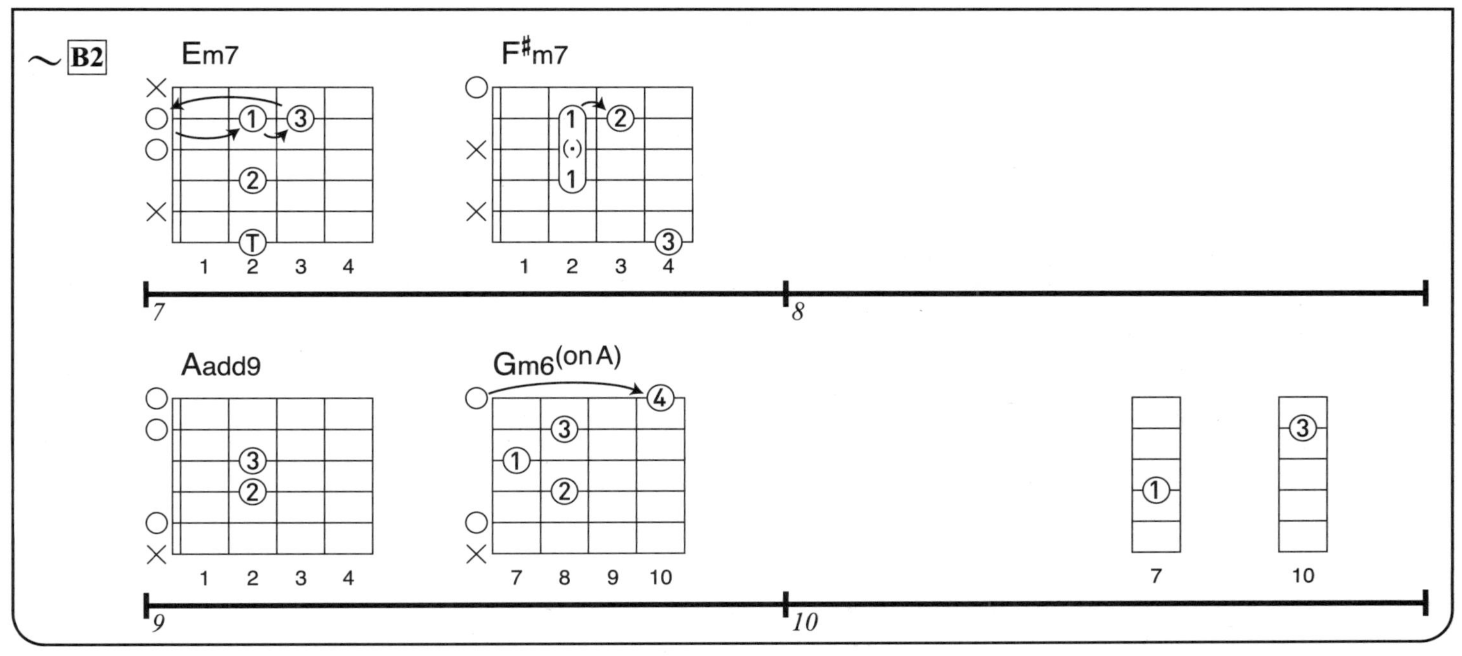
～ B2
Em7
F#m7
1 2 3 4
1 2 3 4
7
8
Aadd9
Gm6(on A)
1 2 3 4
7 8 9 10
7
10
9
10

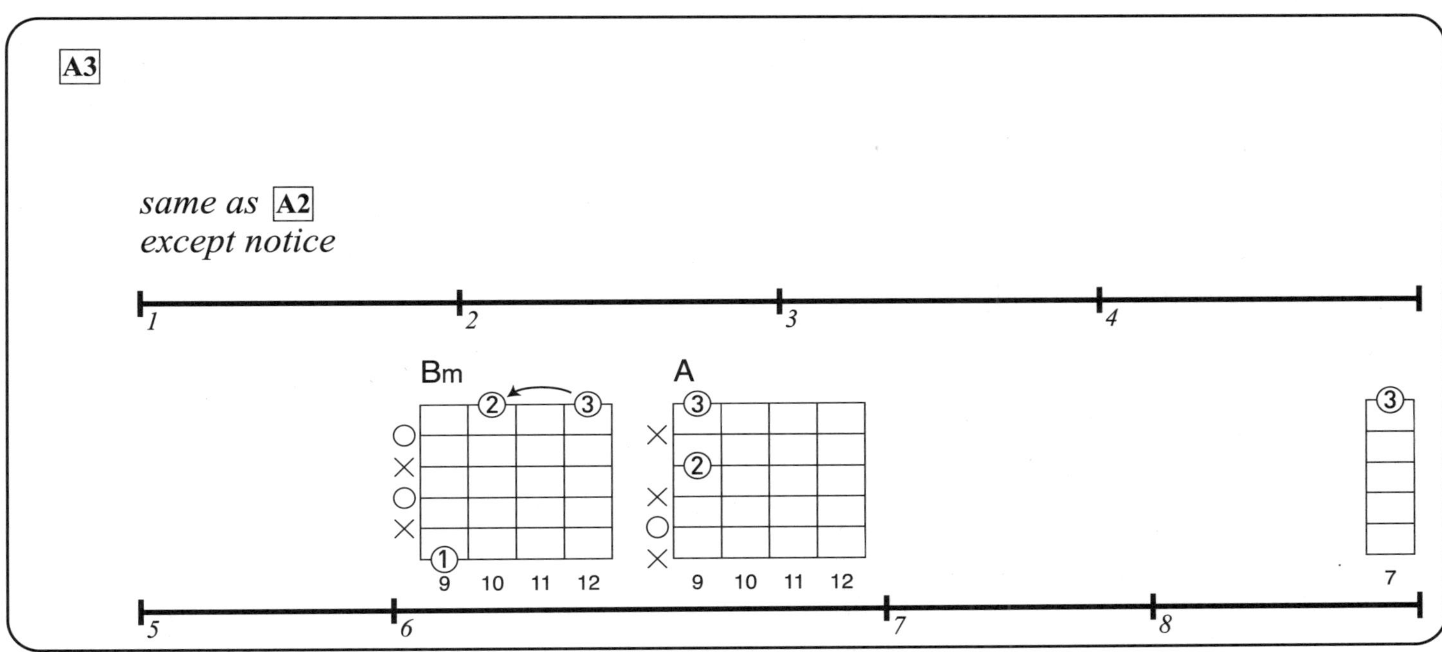
A3
same as A2
except notice
1
2
3
4
Bm
A
9 10 11 12
9 10 11 12
7
5
6
7
8

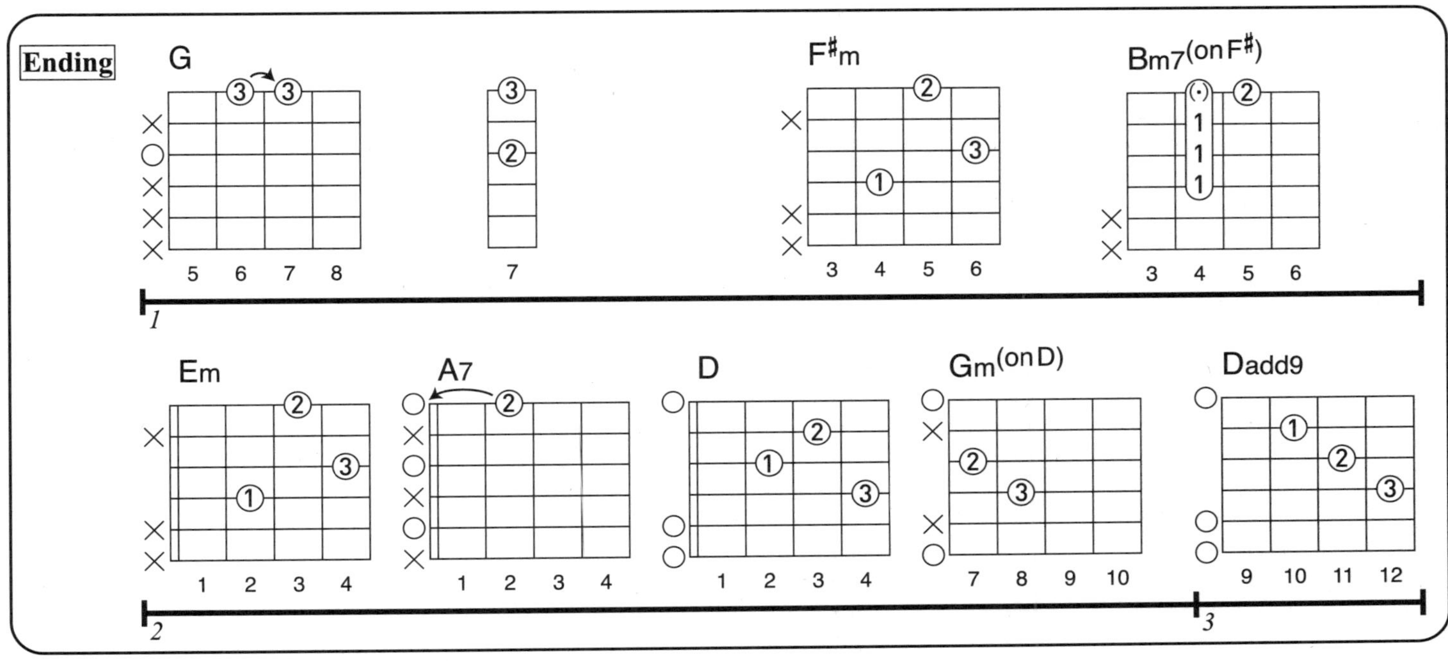
Ending
G
F#m
Bm7(on F#)
5 6 7 8
7
3 4 5 6
3 4 5 6
1
Em
A7
D
Gm(on D)
Dadd9
1 2 3 4
1 2 3 4
1 2 3 4
7 8 9 10
9 10 11 12
2
3

# DREAMING

Song Written by Kotaro Oshio

©2008 by KOTARO music office, Inc. & GAMBIT & Sony Music Publishing (Japan) Inc.

**Tuning = Standard**

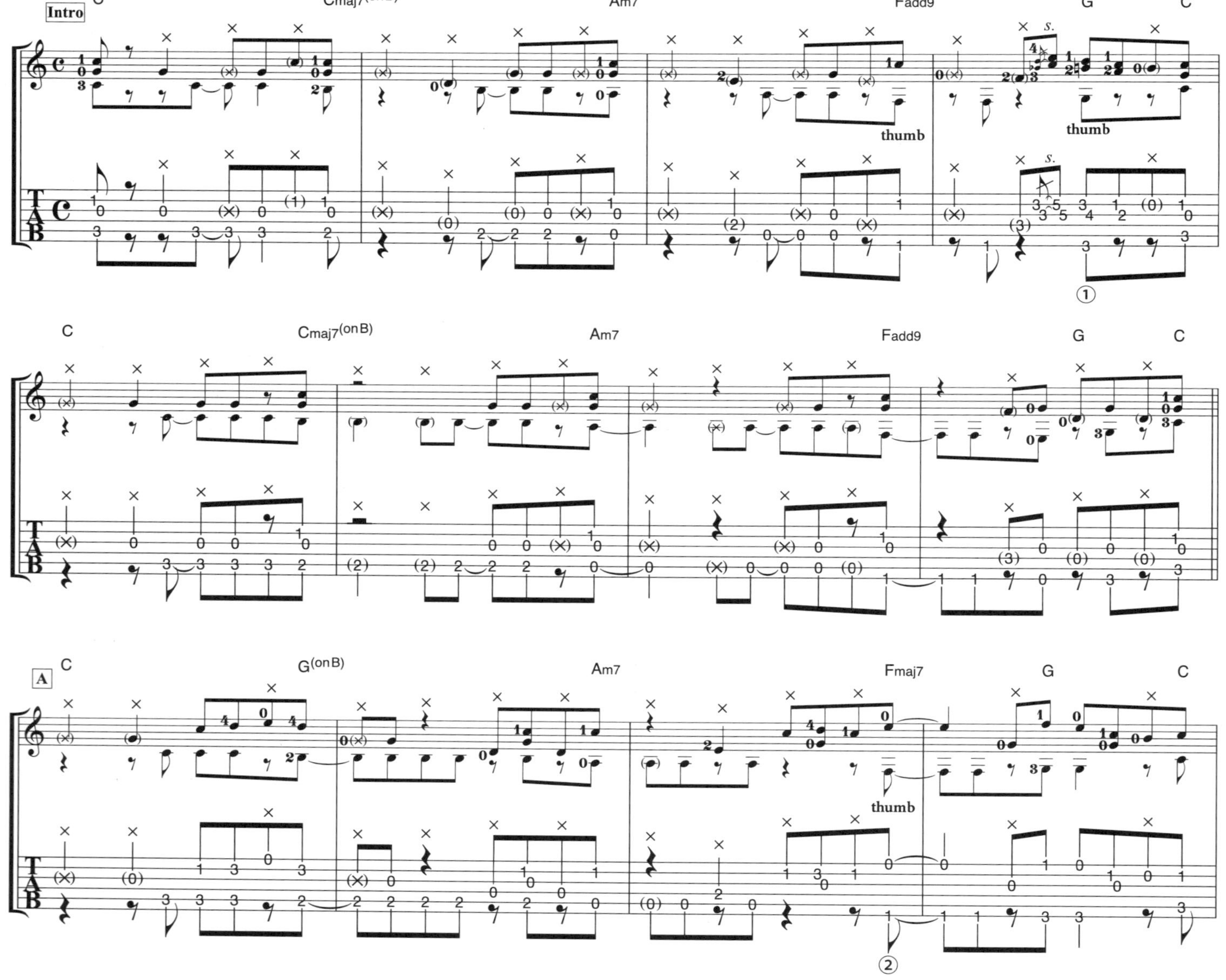

C    G(onB)    Am7    Fmaj7    G    C
B
C    C7(9)    Fmaj7    Bb7    Am7
thumb
Am7    G#7    G7sus4    G
thumb    thumb
G    T.Harm.12    A2    C    G(onB)    Am7
T.Harm.12
Am7    Fmaj7(9)    G    C    G(onB)    Am7

08
DREAMING

G(onB)
Am
G
Fadd9
Em
Am
Dm7
G
C
Inter
Cmaj7(onB)
thumb
Cmaj7(onB)
Am7
Fadd9
G
C
A3
G(onB)
G(onB)
Am7
Fmaj7
G
C
G(onB)
G(onB)
Am7
Fmaj7(9)
G
C
B3
C7(9)

C7(9)
Fmaj7
Bb7
Am7
Am7
G#7
G7sus4
G
C
G(onB)
Am7
G
G
Fadd9
Em
Am
Dm7
G7
G7
C
G(onB)
Am7
G
Ras.
vib.
s.
g.
p.

08 DREAMING
132 10th Anniversary BEST -Ballade Side- Kotaro Oshio

# DREAMING

녹음에 사용된 기타:GREVEN D-Herringbone Custom(#1097)

## Tuning : Standard



### 곡의 개요&연주법 해설

2008년에 발표된 앨범 〈Nature Spirit〉에 수록된 미디엄 템포의 밝은 넘버다. 앨범 〈You&Me〉 초회한정판 부록DVD에는 2008년 콘서트 투어의 라이브 영상이 수록되어 있다. 연주에 참고하기 바란다(앨범과 운지가 다른 부분이 있다).

딜레이(에코의 일종)가 효과적으로 사용되었다. 특히 **Inter**와 **A**에서는 딜레이가 프레이즈의 일부가 되었으므로 기타만으로는 비슷한 분위기를 내기 어려울 것이다. 딜레이나 멀티 이펙터를 가지고 있다면 딜레이 타임을 1박자 길이(대략 500~504ms)로 설정하고 피드백을 1로 내리면(기종에 따라 다르다) 비슷한 느낌을 낼 수 있을 것이다. 실제로는 더욱 세밀하게 조정을 했다. 따라서 더욱 비슷한 효과를 내고 싶다면 페달로 딜레이 음량을 컨트롤하는 등의 테크닉이 필요하다.

곡 전체를 네일 어택(음표 위에 ×표시)과 피킹으로 연주한다. 네일 어택은 악보에 표기된 줄을 연주한다. 음정이 명확하지 않은 부분은 음표의 머리에 괄호를 하거나 (×)로 표기되어 있다.

**Intro**와 **A**, **B**의 베이스음은 오른손 새끼손가락 배 부분~손바닥을 브릿지 부근의 줄에 대고 피킹해서 음을 짧게 만드는 뮤트 주법으로 연주한다. 줄을 누르고 있는 왼손의 힘을 빼는 것이 아니므로 왼손은 줄을 누르고 있어도 된다.

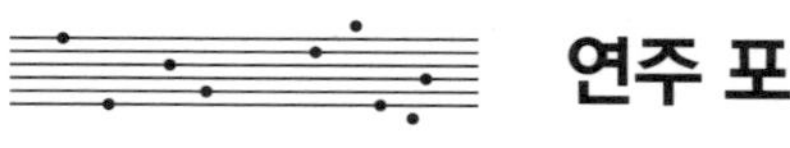

### 연주 포인트

### Intro

1~3소절째와 4소절째 마지막~8소절째 처음은 1번 손가락으로 2번 줄 1프렛 C음을 누른 채로 연주한다. C와 Am7은 명확하게 피킹을 하지는 않지만 4번 줄 2프렛 E음을 누른다(다이어그램 참조).
① 이 부분만 6번 줄 3프렛 G음을 엄지손가락으로 누른다(쉐이크 핸드

그립). 다음 음에서 1번 손가락이 1프렛으로 이동하며, 엄지손가락은 줄에서 뗀다.

### A

② Fmaj7은 바로 앞에서 누르고 있던 2번 줄 1프렛 C음의 손가락을 떼지 않고, 다른 손가락(6번 줄 1프렛 F음의 엄지손가락 등)을 추가한다. 7소절째도 같다.

### B

③ 태핑 하모닉스 앞뒤의 업 스트로크는 사운드 홀 부근이 아닌, 오른손이 12프렛으로 이동하는 도중에 하면 좋다(**D** 7~8소절째의 태핑 하모닉스 앞뒤도 같다). 5번 줄은 6번 줄 3프렛 G음을 누른 왼손 3번 손가락을 대서 뮤트한다.

### C

④ 처음에는 2, 3, 6번 줄만 누르고, 1번 줄을 연주할 때 5프렛 A음을 누른다(다이어그램 참조).

⑤ 2번 줄을 풀링하는 동시에 3번 줄을 네일 어택으로 연주한다.

⑥ 악보에서는 8분음 2개의 길이로 늘인 후, 2프렛으로 글리산도 하도록 표기되어 있다. 실제로는 2박자째 뒤에서 시작해서 3박자째 뒤까지의, 8분음 3개 길이로 늘이고 글리산도한다.

### D

1~6소절째는 G키(G장조)에서 일시적으로 E♭키(E♭장조)로 조바꿈을 한다(악보가 복잡해지지 않도록 G키로 표기되어 있다).

⑦ B♭(onD)에서 B♭m(onD♭)으로의 코드 체인지는 6번 줄을 누른 2번 손가락을 10프렛에서 9프렛으로 이동시키기만 하면 된다. 다른 손가락은 누른 채로 유지한다.

⑧ B♭(onD)는 1번 손가락으로 바레를 한다. 손끝은 5프렛(5번 줄), 손가락 밑동은 4프렛(1번 줄)에 오도록 비스듬히 누른다(다이어그램 참조. 1번 줄과 5번 줄을 잘 누르면 된다). 이것이 어려운 경우에는 베이스음인 D음을 4번 줄 개방으로 연주하고, 1번 손가락은 1번 줄 4프렛만 눌러도 된다.

## C6

⑨ C는 하이 포지션으로 누른다(다이어그램 참조). 이어지는 1소절째의 3박자째 뒤~4박자째 앞에서 개방현을 연주하는 동안 로우 포지션으로 이동한다.

## Ending

⑩ 네일 어택 중심의 연주에서 아르페지오로 바뀐다. 다음 소절에서는 템포를 점점 늘이고(*rit.*:리타르단도) 느리게 마친다(딜레이를 사용하고 있다면 이 부분에서 끈다).

⑪ 부드럽게 스트로크한다. 4번 줄은 처음에는 개방한 상태로 저음줄부터 스트로크한다. 스트로크가 끝난 후 2프렛 E음으로 해머링한다.

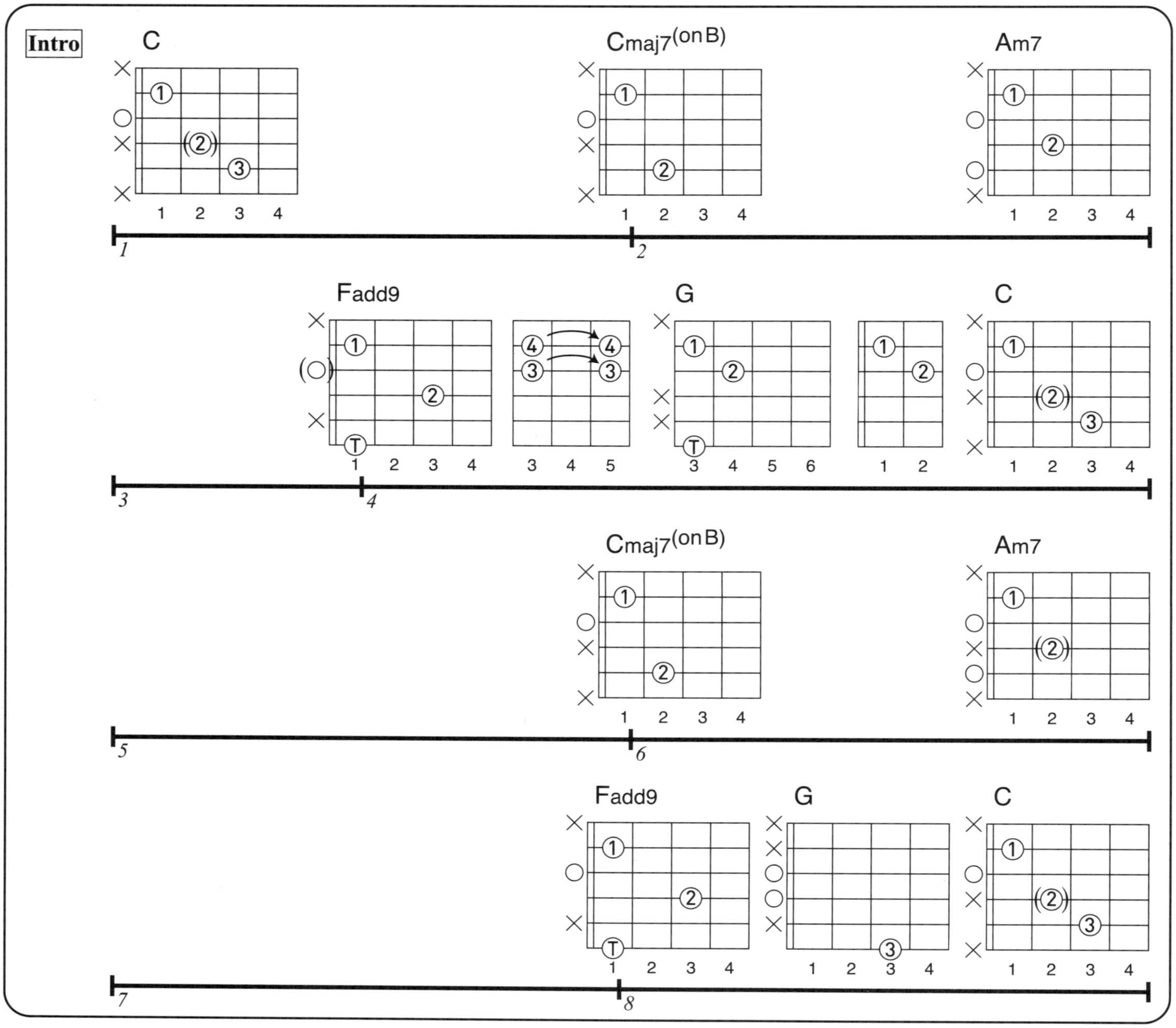

Intro
C
Cmaj7(onB)
Am7
Fadd9
G
C
Cmaj7(onB)
Am7
Fadd9
G
C


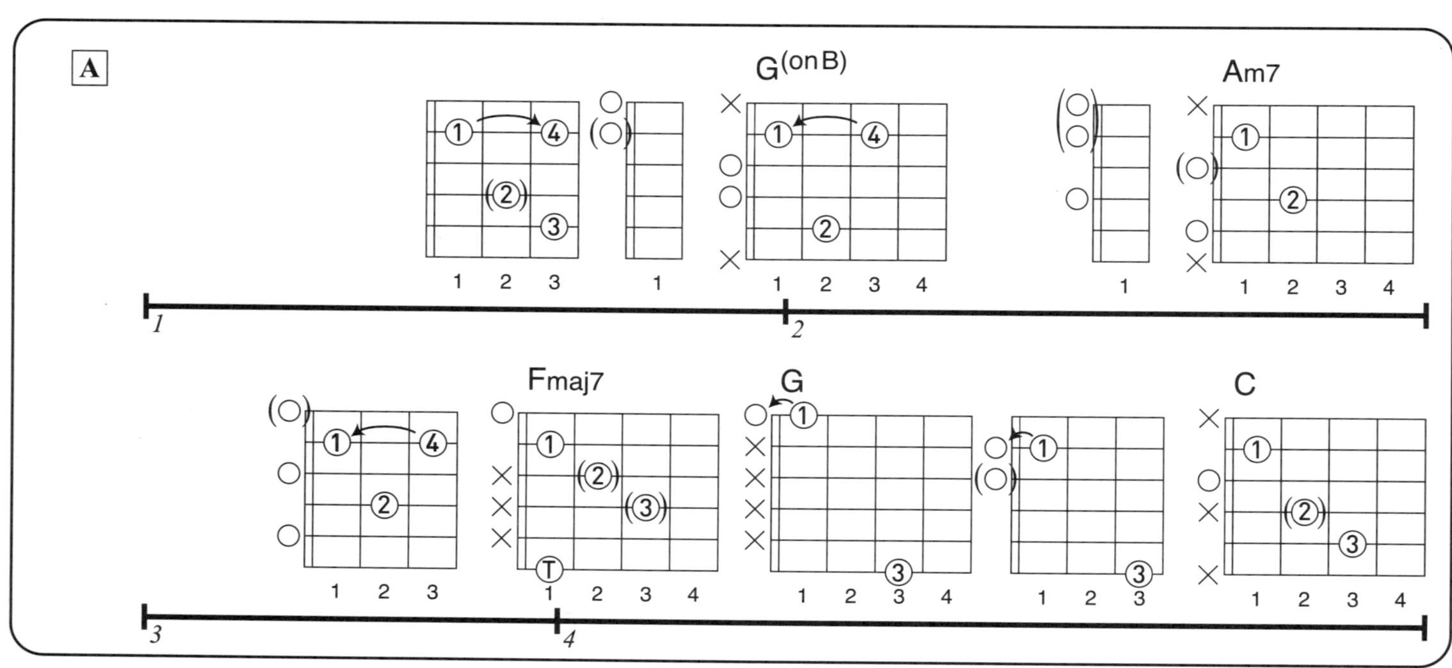

A
G(onB)
Am7
Fmaj7
G
C

～ A

*5～8 bar : same as 1～4 bar*

| 5 | 6 |
| 7 | 8 |



B

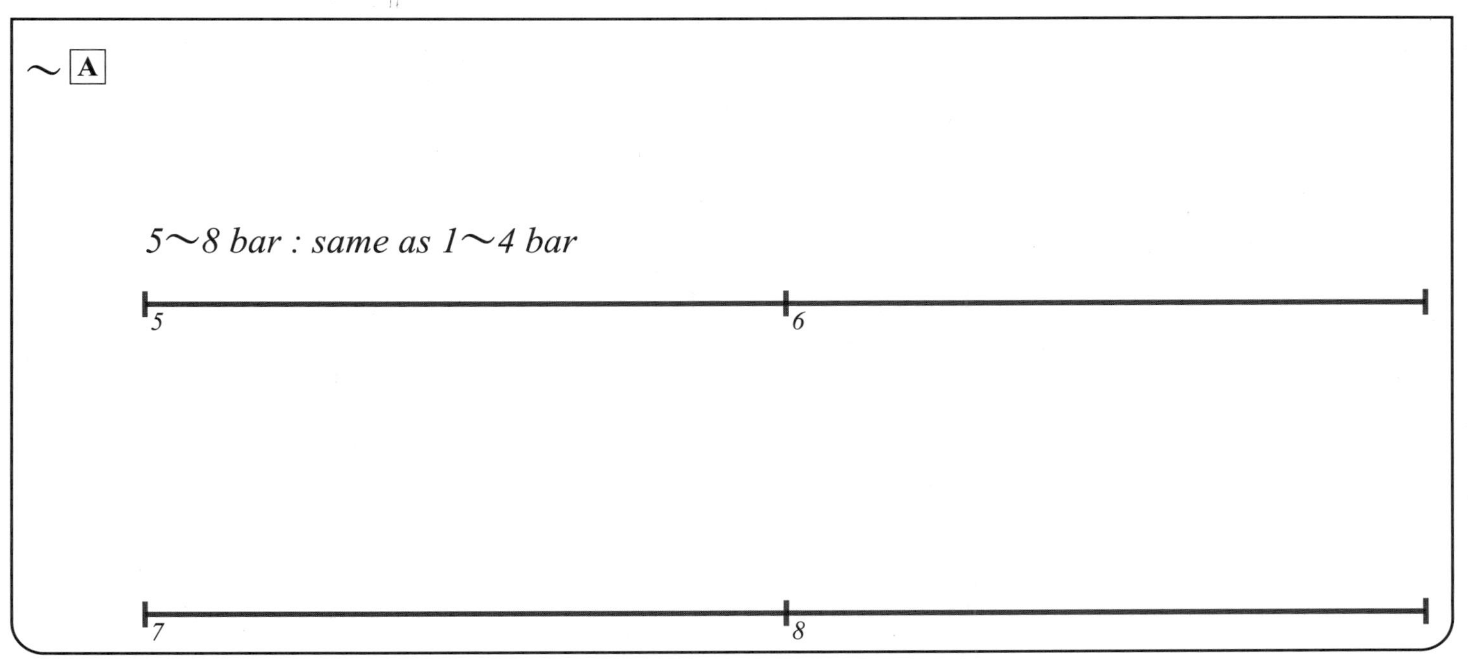


| 1 | 2 |
| 3 | 4 |
| 5 | 6 |
| 7 | 8 |

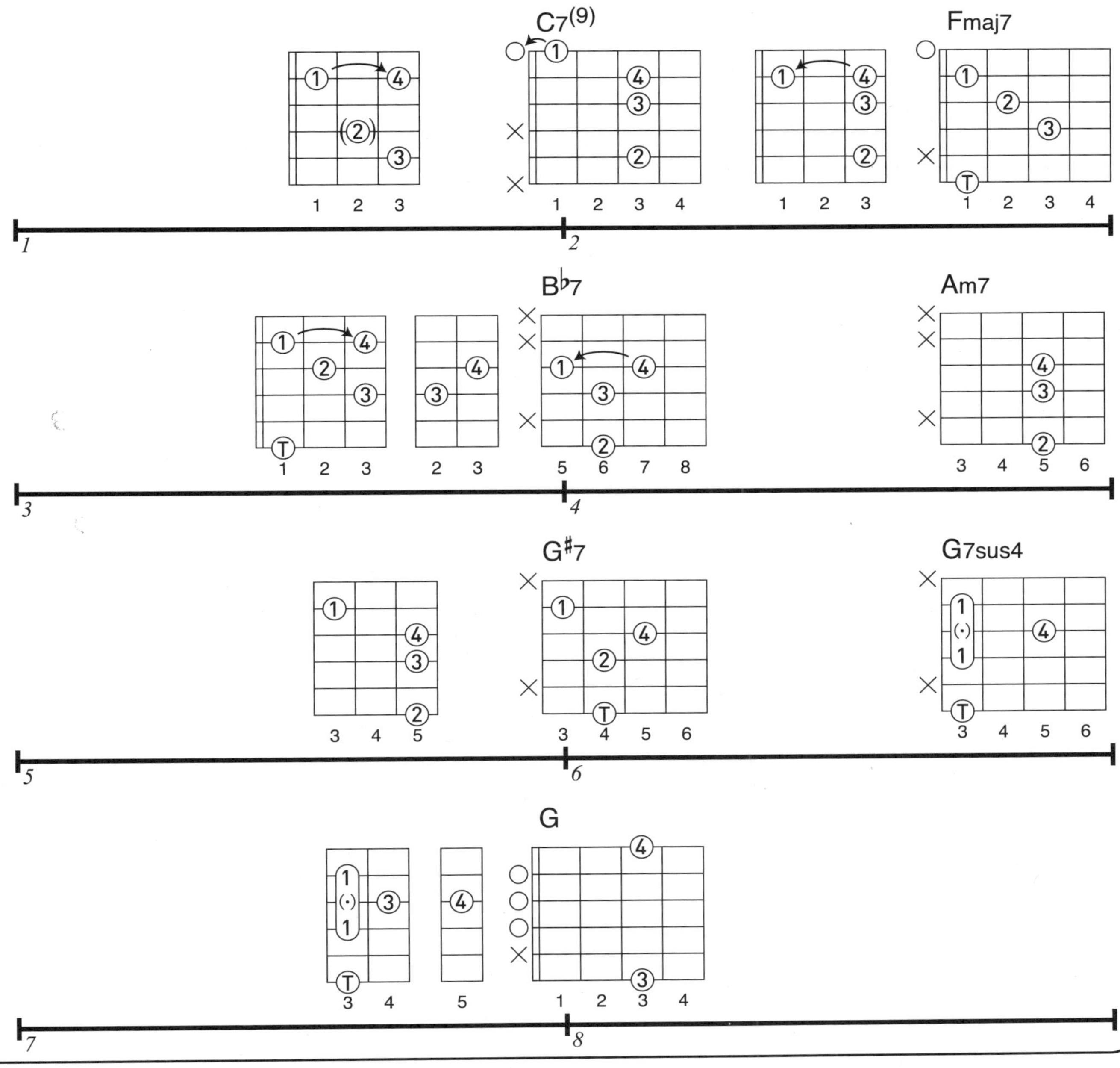

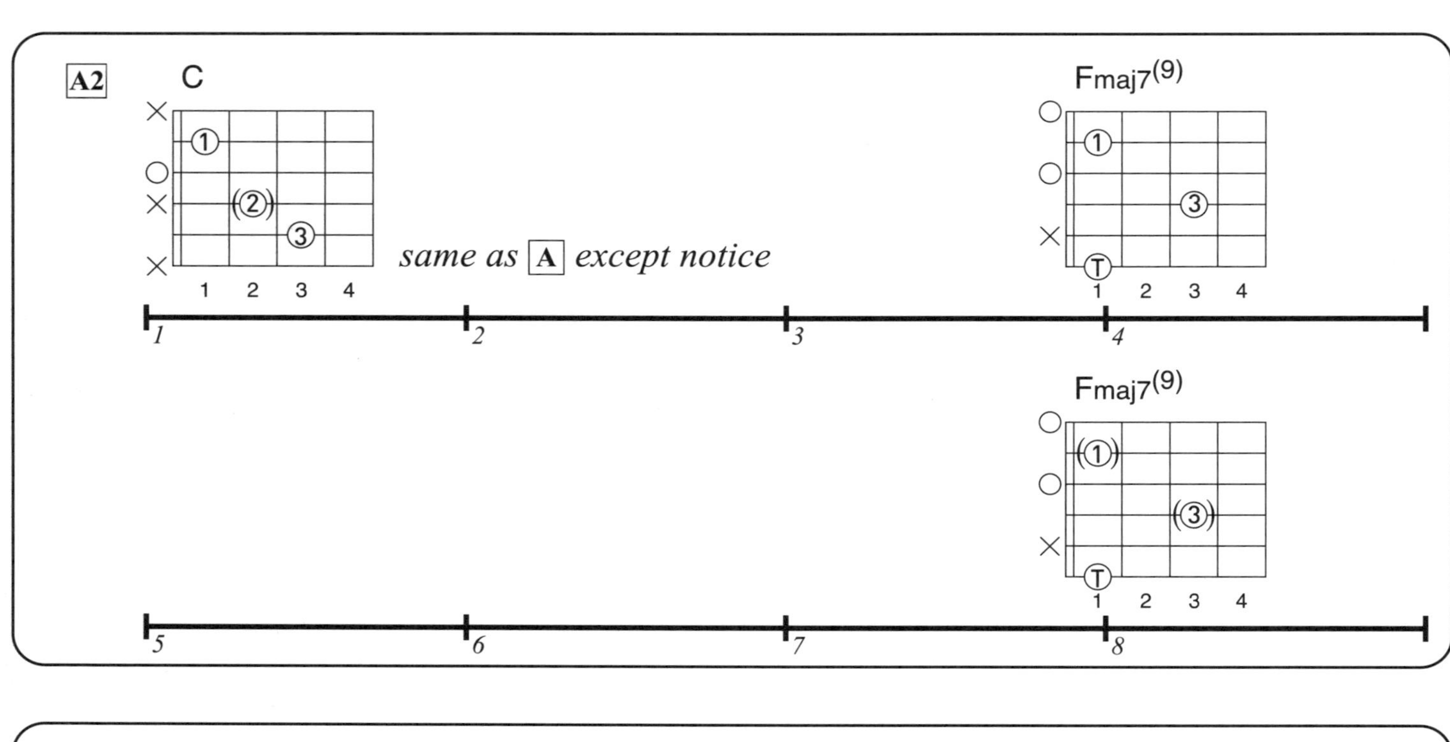

A2
C
Fmaj7(9)
same as A except notice
Fmaj7(9)


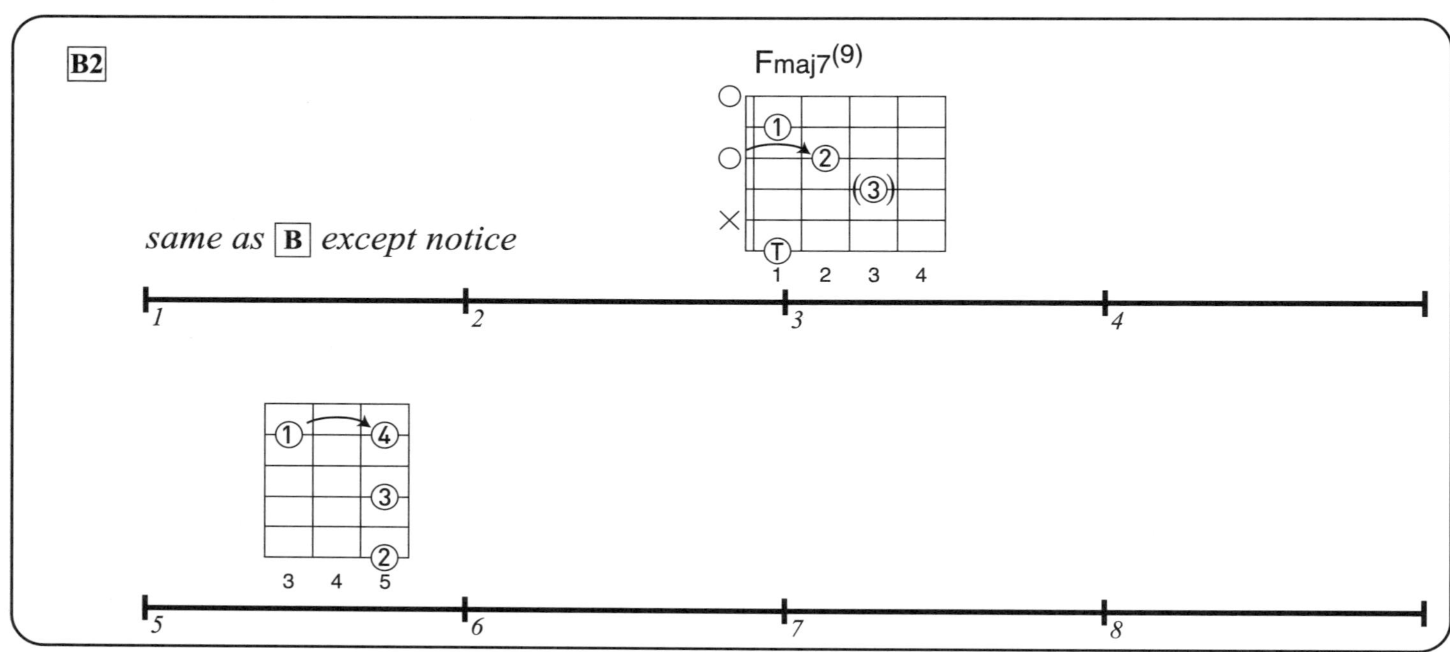

B2
Fmaj7(9)
same as B except notice


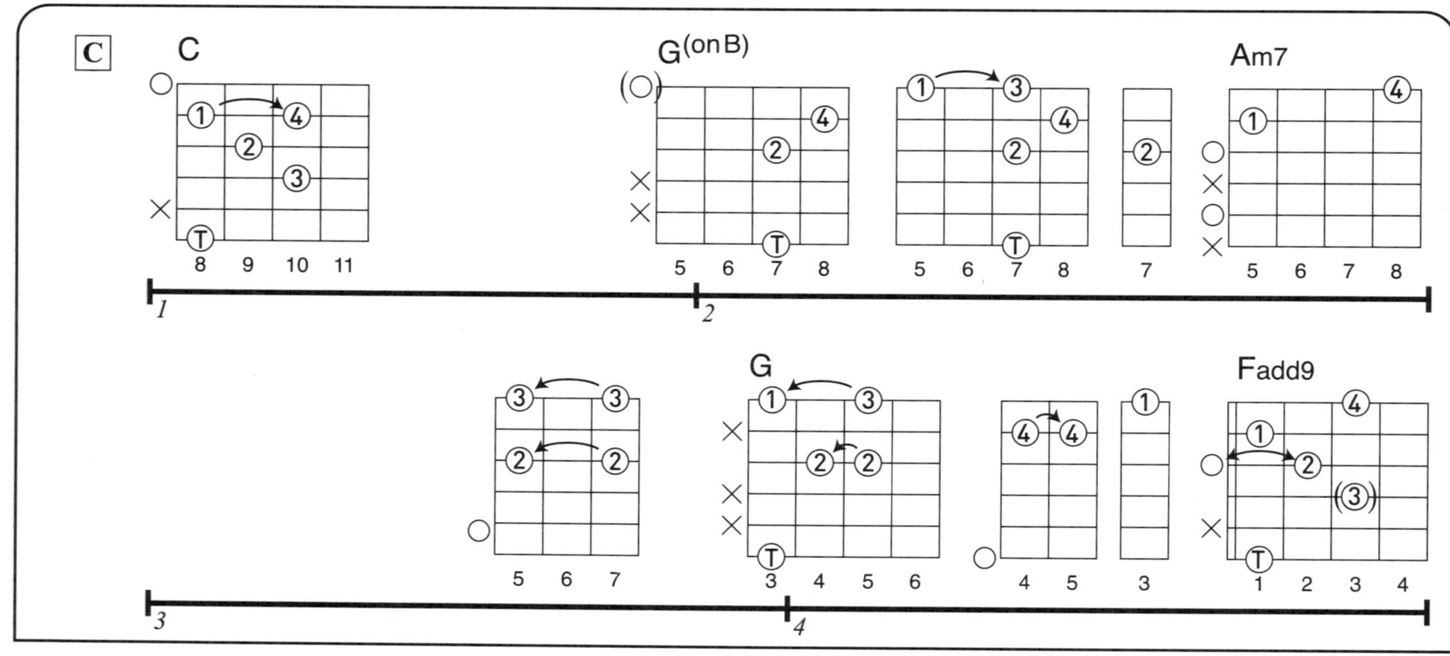

C
C
G(onB)
Am7
G
Fadd9

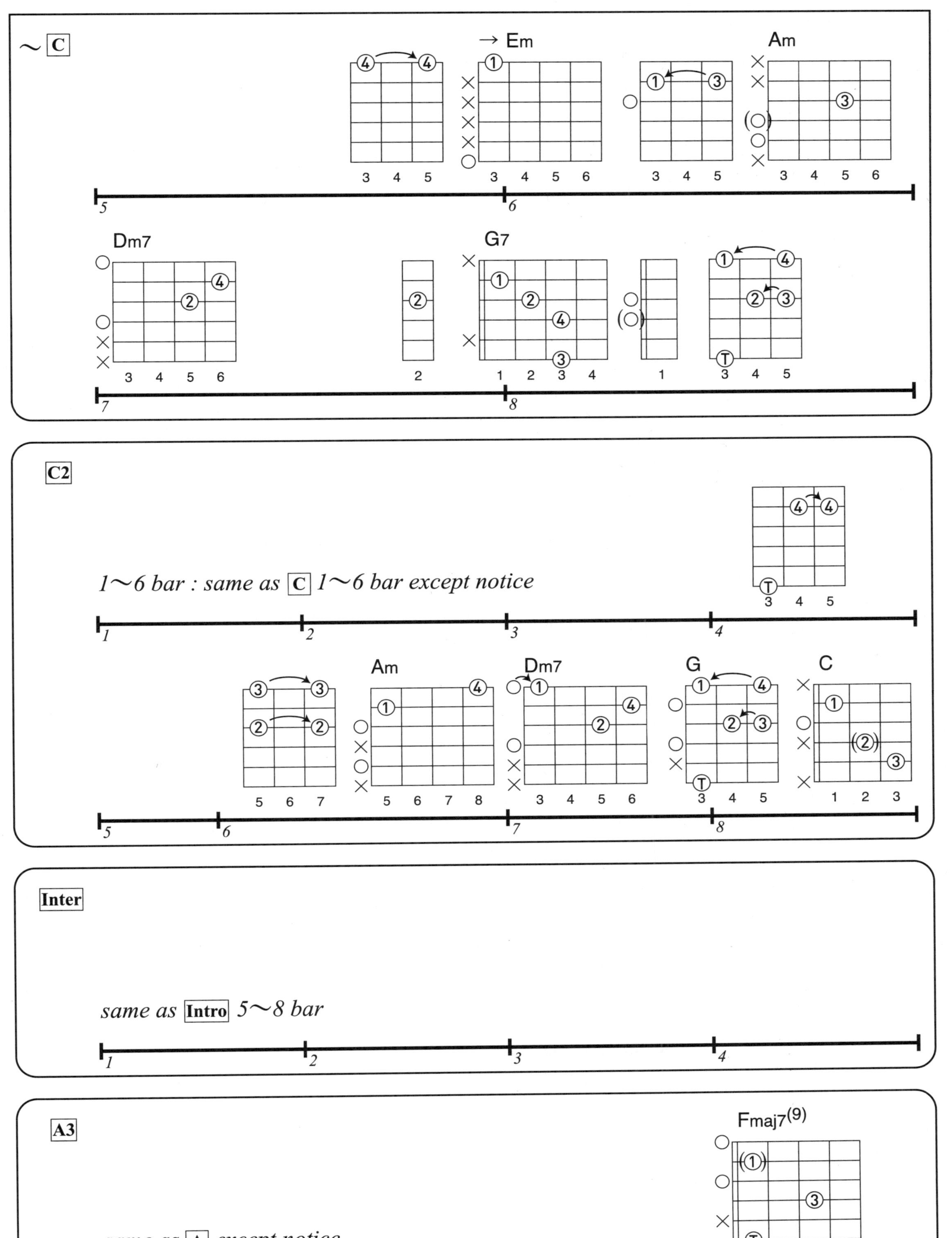


~ C
→ Em
Am
Dm7
G7
C2
1~6 bar : same as C 1~6 bar except notice
Am
Dm7
G
C
Inter
same as Intro 5~8 bar
A3
Fmaj7(9)
same as A except notice

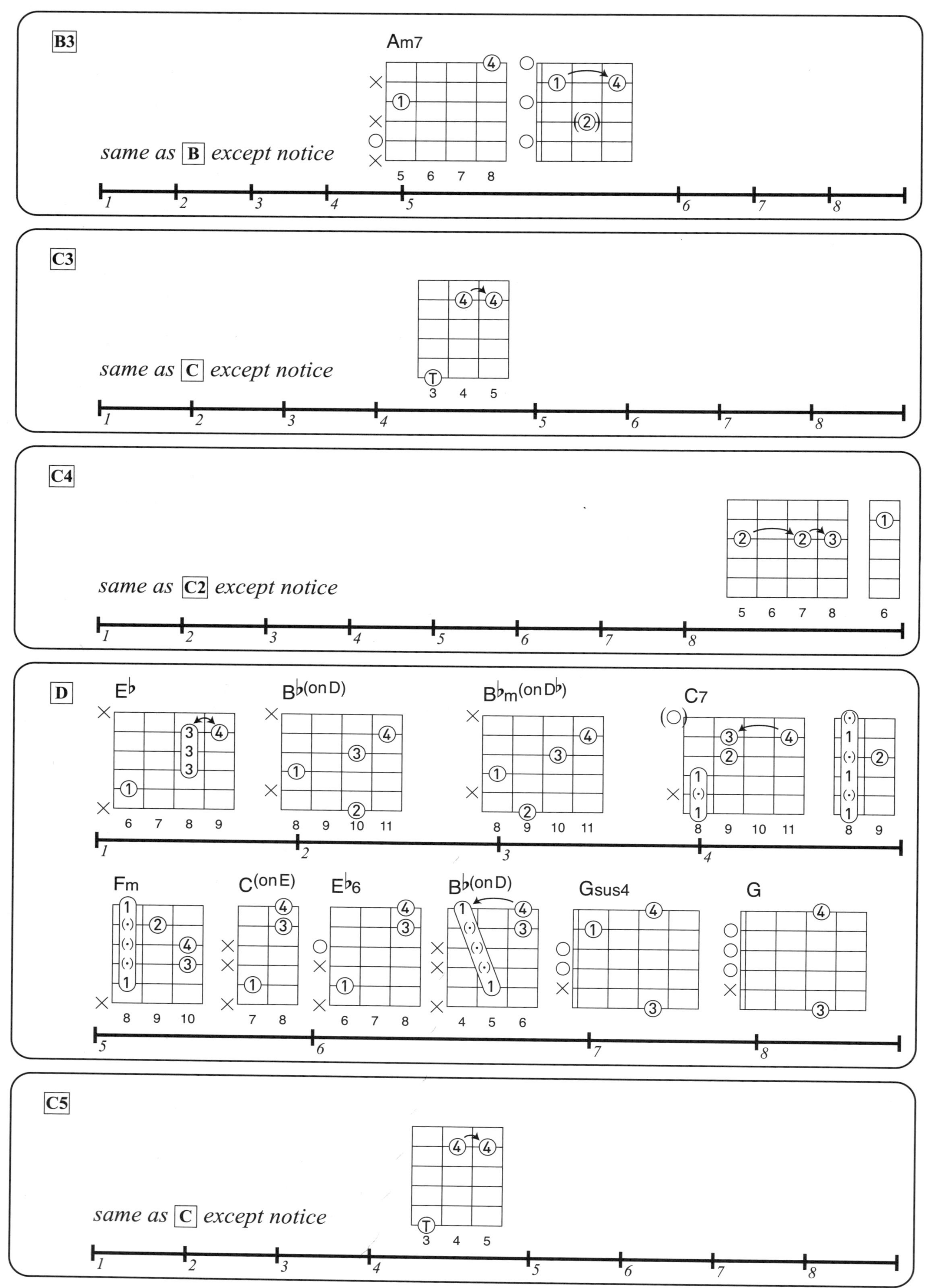

B3
Am7
same as B except notice
5 6 7 8
1 2 3 4 5 6 7 8

C3
same as C except notice
T
3 4 5
1 2 3 4 5 6 7 8

C4
same as C2 except notice
5 6 7 8 6
1 2 3 4 5 6 7 8

D
E♭
B♭(on D)
B♭m(on D♭)
C7
6 7 8 9
8 9 10 11
8 9 10 11
8 9 10 11
8 9
1 2 3 4

Fm
C(on E)
E♭6
B♭(on D)
Gsus4
G
8 9 10
7 8
6 7 8
4 5 6
5 6 7 8

C5
same as C except notice
T
3 4 5
1 2 3 4 5 6 7 8

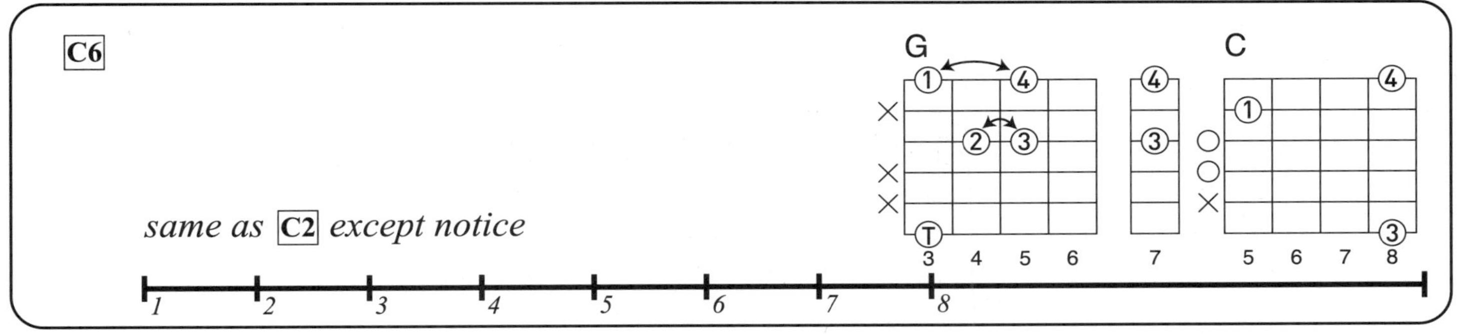


C6
G
C
same as C2 except notice
1 2 3 4 5 6 7 8
3 4 5 6
7
5 6 7 8





Ending 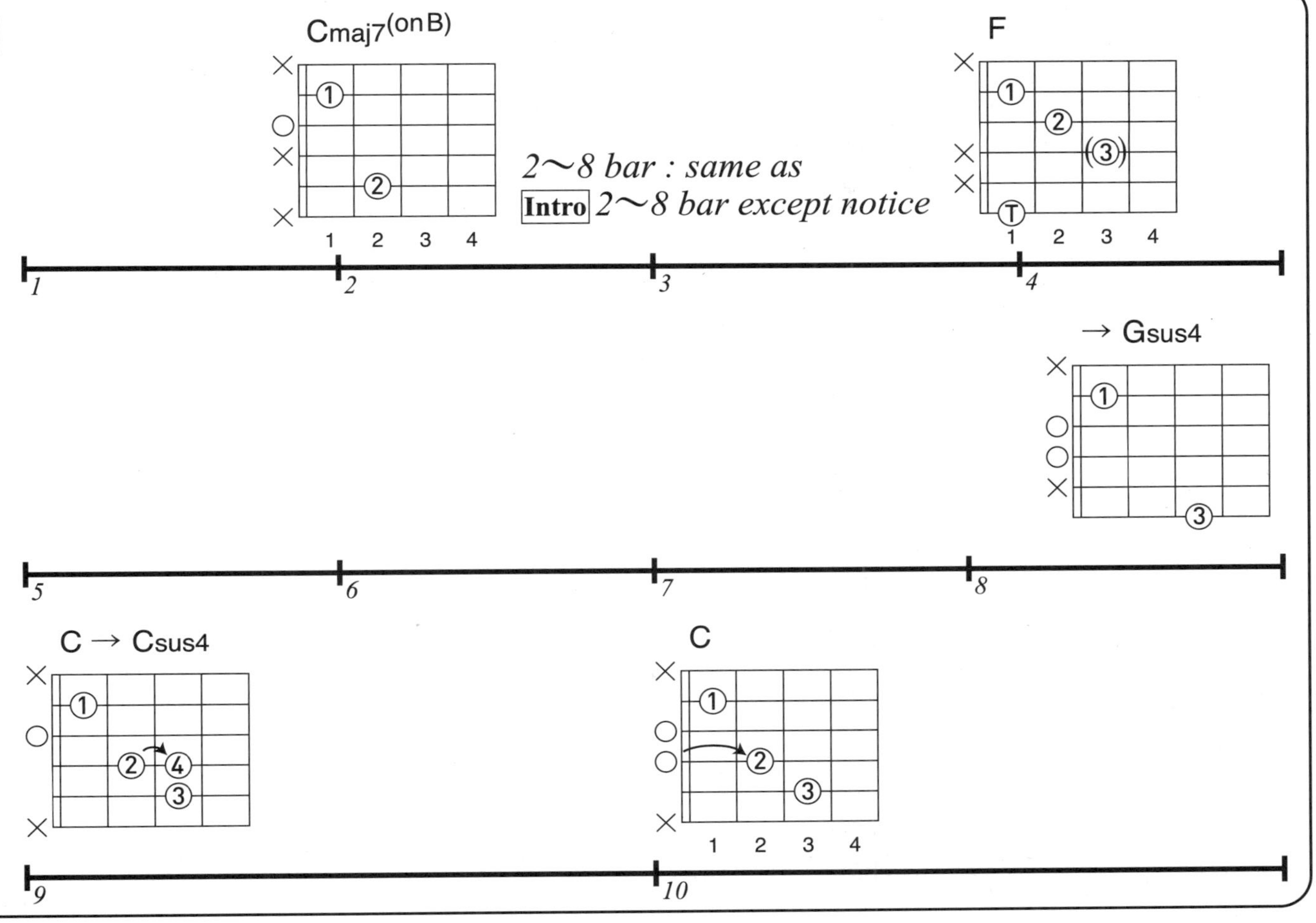
Cmaj7(on B)
F
2~8 bar : same as
Intro 2~8 bar except notice
1 2 3 4
1 2 3 4
1 2 3 4
→ Gsus4
1 2 3 4
5 6 7 8
C → Csus4
C
1 2 3 4
9 10

# オアシス(Oasis)

Song Written by kotaro oshio



**Tuning = A E E F♯ B E**
↓ ↓ ↑ ↓

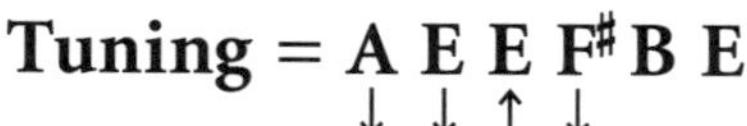

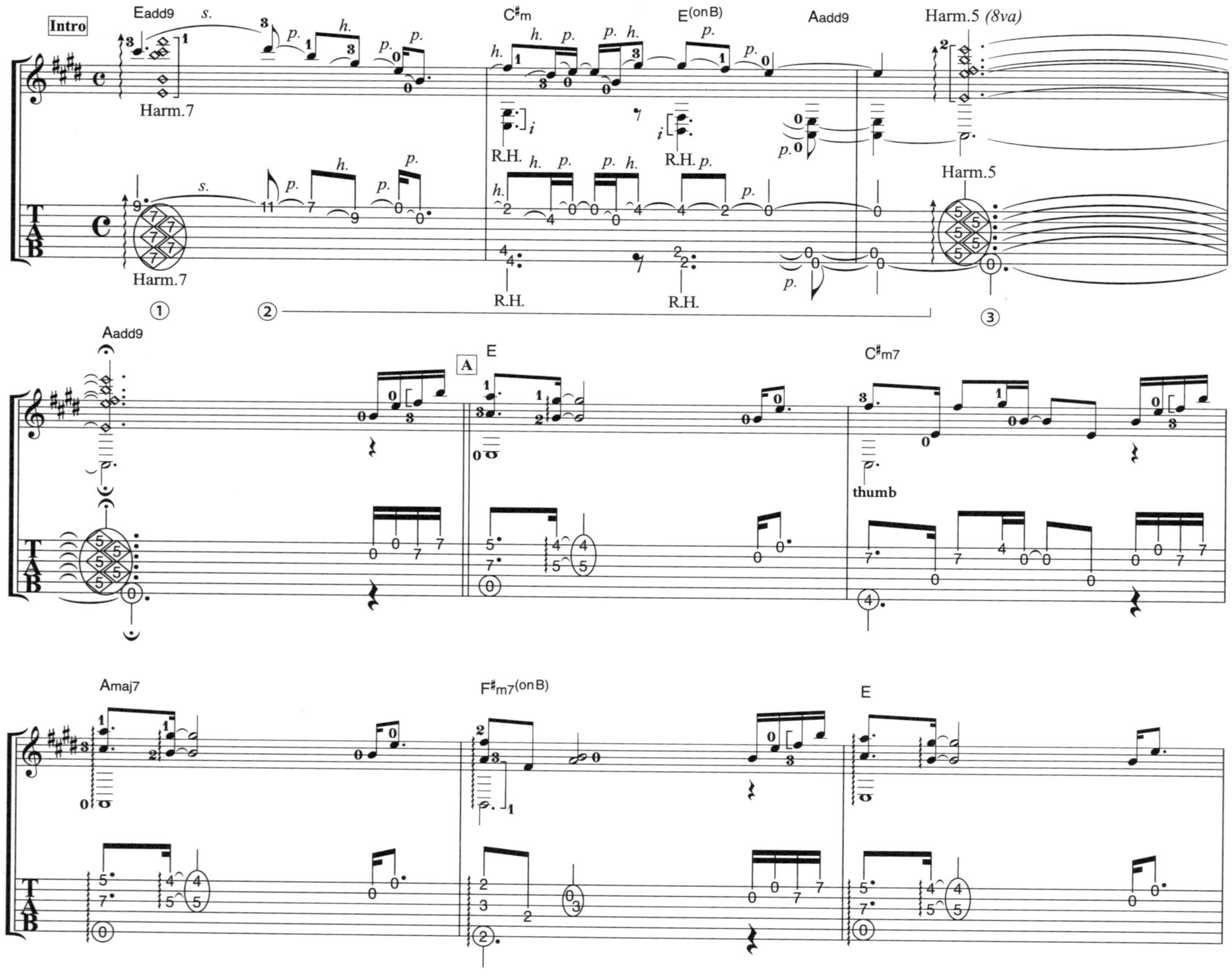

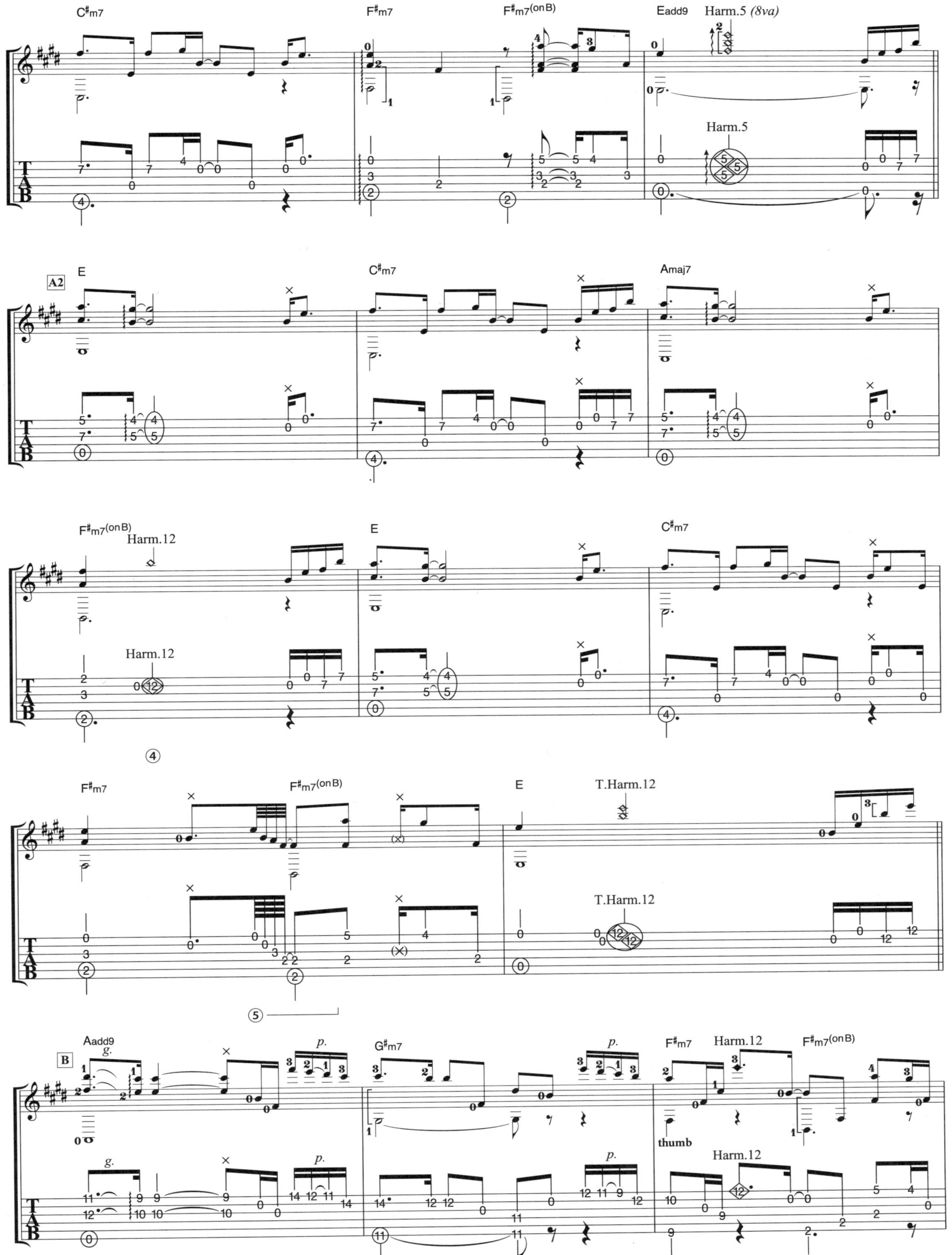

09
オアシス (Oasis)
10th Anniversary BEST -Ballade Side- Kotaro Oshio 143

**144** 10th Anniversary BEST -**Ballade Side**- Kotaro Oshio

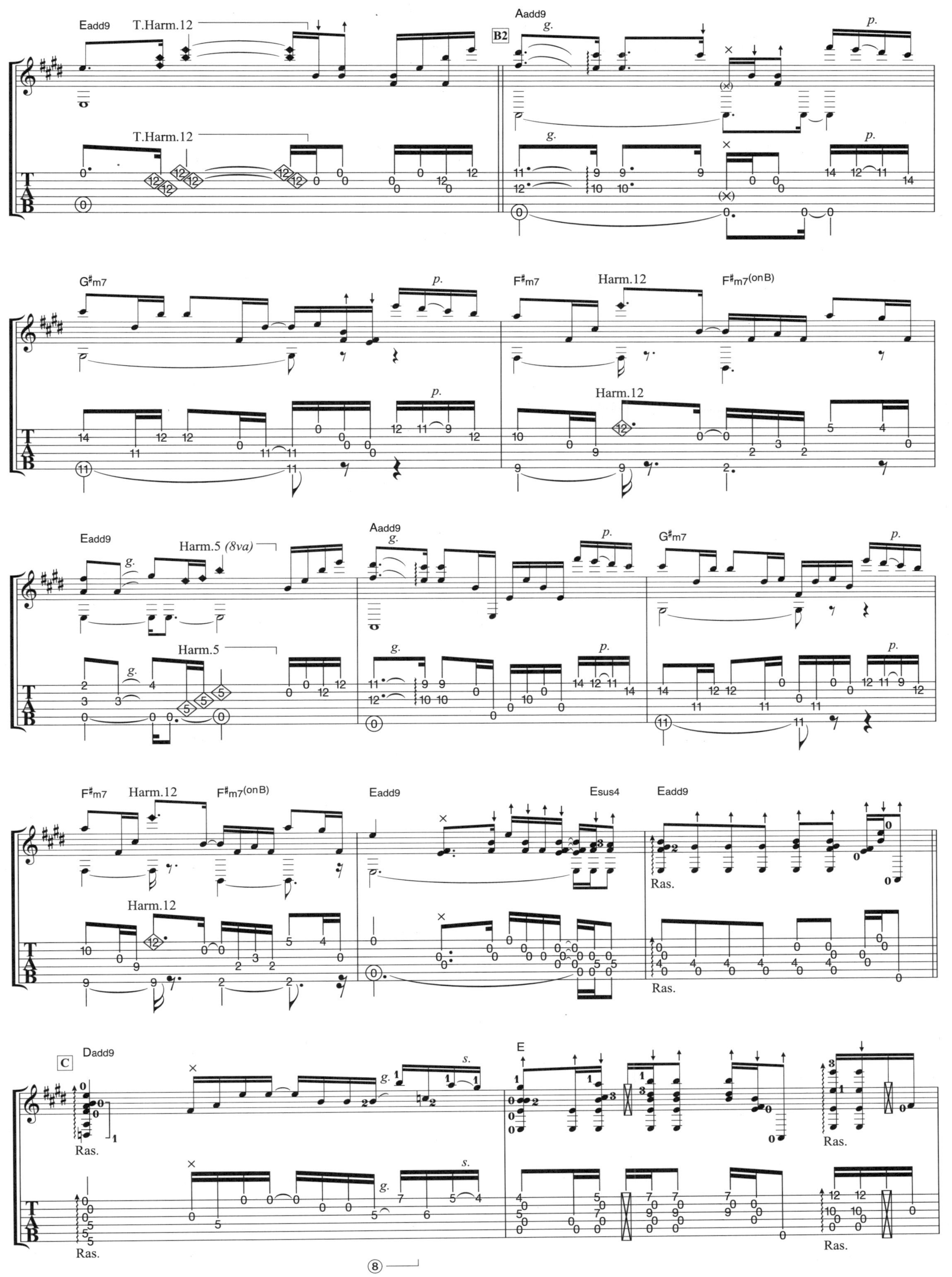

Eadd9
T.Harm.12
Aadd9
B2
g.
p.
G#m7
F#m7
Harm.12
F#m7(onB)
p.
Eadd9
Harm.5 (8va)
Aadd9
g.
p.
G#m7
p.
F#m7
Harm.12
F#m7(onB)
Eadd9
Esus4
Eadd9
Ras.
Ras.
Harm.12
Ras.
C
Dadd9
s.
E
g.
Ras.
Ras.
Ras.

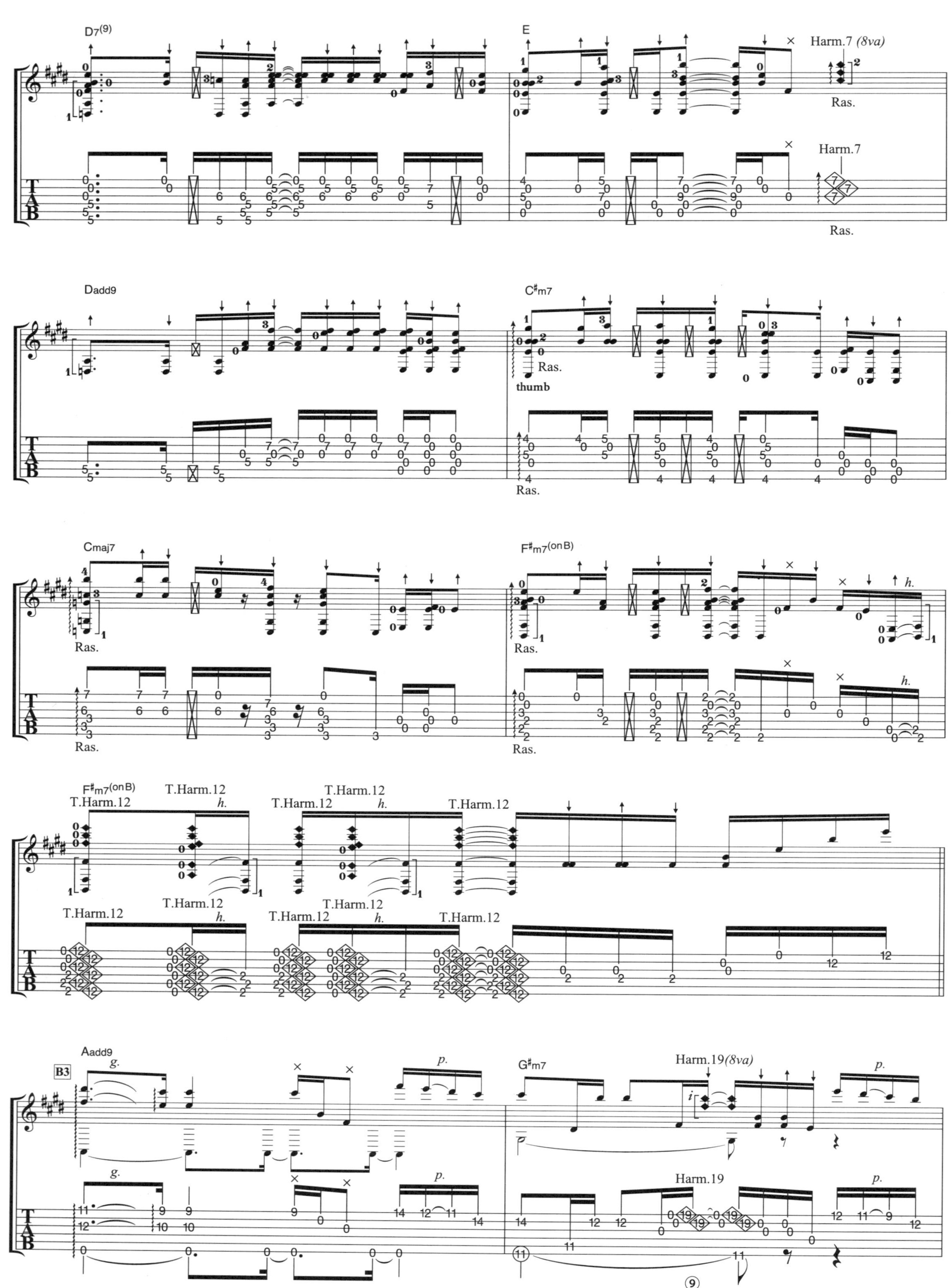

D7(9)
E
Harm.7 (8va)
Ras.
Harm.7
Ras.
Dadd9
C#m7
Ras.
thumb
Ras.
Cmaj7
F#m7(onB)
Ras.
Ras.
h.
Ras.
Ras.
h.
F#m7(onB)
T.Harm.12
T.Harm.12
T.Harm.12
T.Harm.12
T.Harm.12
h.
h.
T.Harm.12
T.Harm.12
T.Harm.12
h.
h.
Aadd9
B3
g.
p.
G#m7
Harm.19(8va)
p.
g.
p.
Harm.19
p.





09
オアシス (Oasis)

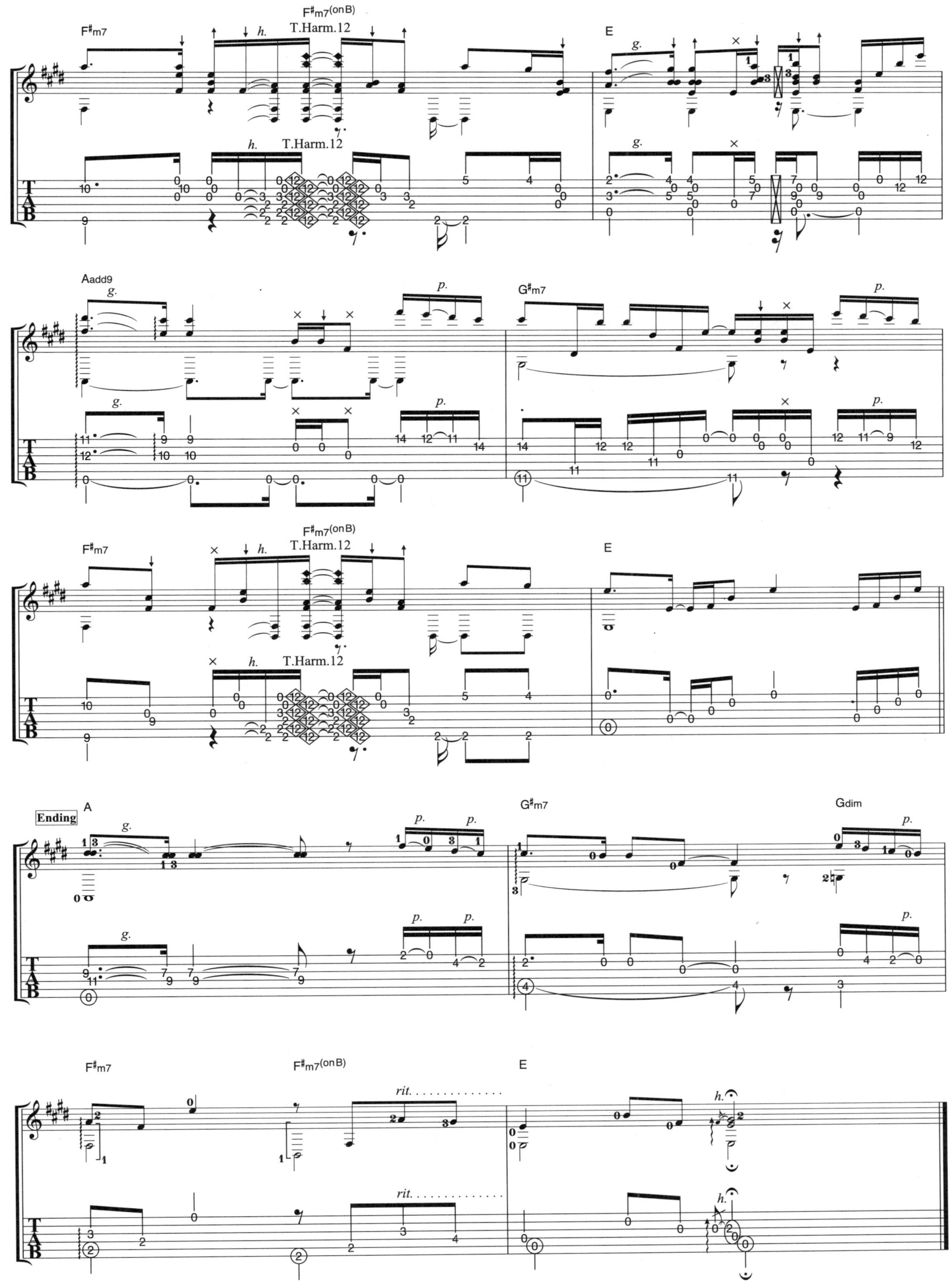

F#m7
F#m7(onB)
T.Harm.12
h.
E
g.
Aadd9
g.
p.
G#m7
p.
F#m7
F#m7(onB)
T.Harm.12
h.
E
Ending
A
g.
p.
p.
G#m7
Gdim
p.
F#m7
F#m7(onB)
E
rit.
h.

# オアシス(Oasis)

녹음에 사용된 기타:GREVEN D-Herringbone Custom(#1097)

## Tuning : A↓／E↓／E↑／F#↓／B／E

①6번 줄을 5도 내린다(스탠더드 튜닝 5번 줄 개방의 1옥타브 아래)
②5번 줄을 4도 내린다(1번 줄 개방의 2옥타브 아래)
③4번 줄을 1음 올린다(1번 줄 개방의 1옥타브 아래)
④3번 줄을 반음 내린다(4번 줄 2프렛과 유니즌)

## 곡의 개요&연주법 해설

2005년에 발표된 앨범 〈Panorama〉에 수록된 웅대한 발라드다. 〈10th Anniversary BEST〉에서 재녹음되었지만, C가 조금 바뀐 것 이외에는 대부분 같다(운지도 일부 변경되었다).

아르페지오를 중심으로 연주한다. 곡의 후반부는 스트로크와 피킹 하모닉스로 분위기를 띄우는 연출을 했다. 스트로크(오선악보 음표 위에 화살표)는 표기된 대로 정확히 연주하려기보다는 악보를 참고해서 지정된 코드를 연주하기 바란다(다이어그램 참조). 슬램(╳)은 오른손 손가락으로 지판의 사운드 홀 부근에서 줄을 때려서 음을 멈추는 동시에 때리는 음을 낸다.

 연주 포인트 

### Intro
① 부드럽게 다운 스트로크한다.

② 왼손과 오른손이 따로따로 다른 음을 낸다. 5~6번 줄은 오른손 엄지손가락과 집게손가락에 넥을 끼우듯이 집어서 부분 바레하듯이 누른다.

③ 6번 줄의 음은 계속 울리게 한다. 1~5번 줄의 5프렛 하모닉스는 부드럽게 다운 스트로크해서 연주한다.

### A2
④ 오른손 집게손가락을 하모닉스 포인트(2번 줄 12프렛)에 대고 약손가락으로 피킹한다.

⑤ 오른손 집게손가락으로 1번 줄에서 4번 줄까지 느리게 업 스트로크한다. 3박자째의 앞에서 오른손 엄지손가락으로 6번 줄을 피킹한다. F#m7(onB)은 연주하지 않지만 A에서와 마찬가지로 3번 줄 3프렛 A음

을 누른다(다이어그램 참조).

### B
⑥ 글리스 업은 왼손 2번 손가락(3번 줄 3프렛, A음)을 누른 채로 5프렛으로 이동하고(5프렛에서는 피킹하지 않는다), 바로 손가락을 떼서 2~4번 줄 5프렛을 바레해서 하모닉스를 한다.

⑦ 오른손 집게손가락을 눕혀서 바레하는 동작으로 1~2번 줄 19프렛에 대고 약손가락으로 업 스트로크(복현 피킹)한다.

### C
⑧ 글리스 업은 왼손 2번 손가락(3번 줄 5프렛, B음)을 누른 채로 8프렛으로 이동한다(8프렛에서는 피킹하지 않는다).

### B3
⑨ 이 부분도 ⑦과 마찬가지로 오른손 집게손가락을 눕혀서 바레하는 동작으로 1~2번 줄 19프렛에 대고 약손가락으로 업 스트로크(복현 피킹)한다.

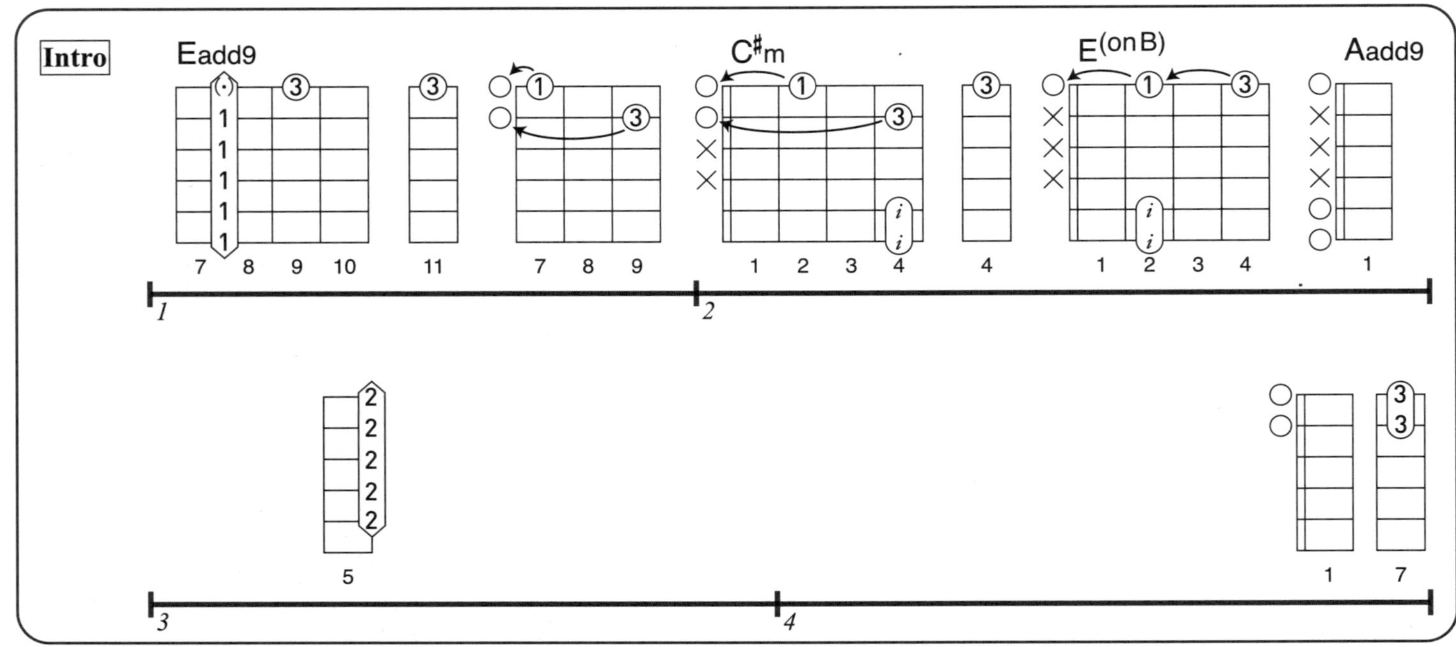

Intro
Eadd9
C#m
E(onB)
Aadd9
A 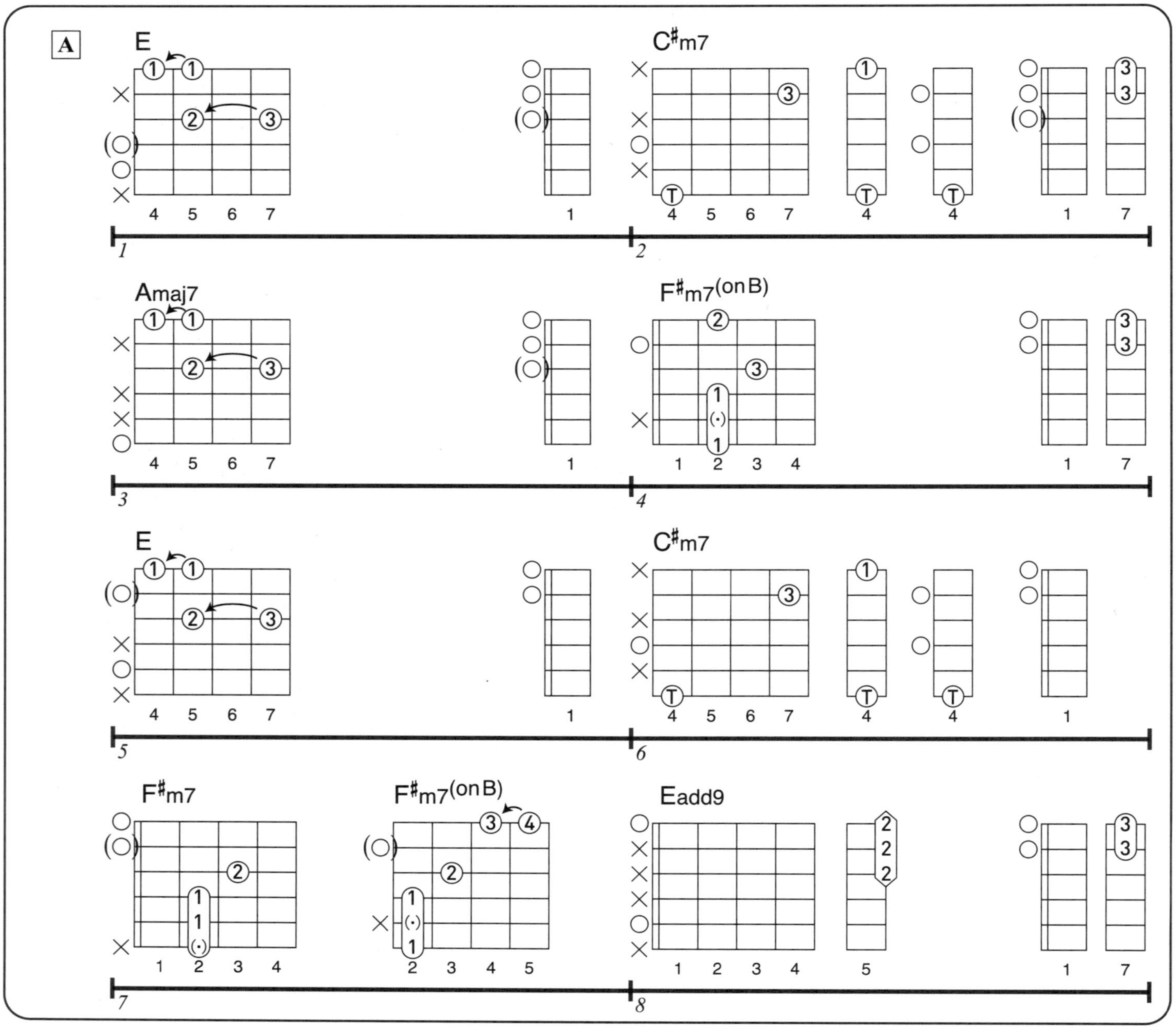
E
C#m7
Amaj7
F#m7(onB)
E
C#m7
F#m7
F#m7(onB)
Eadd9

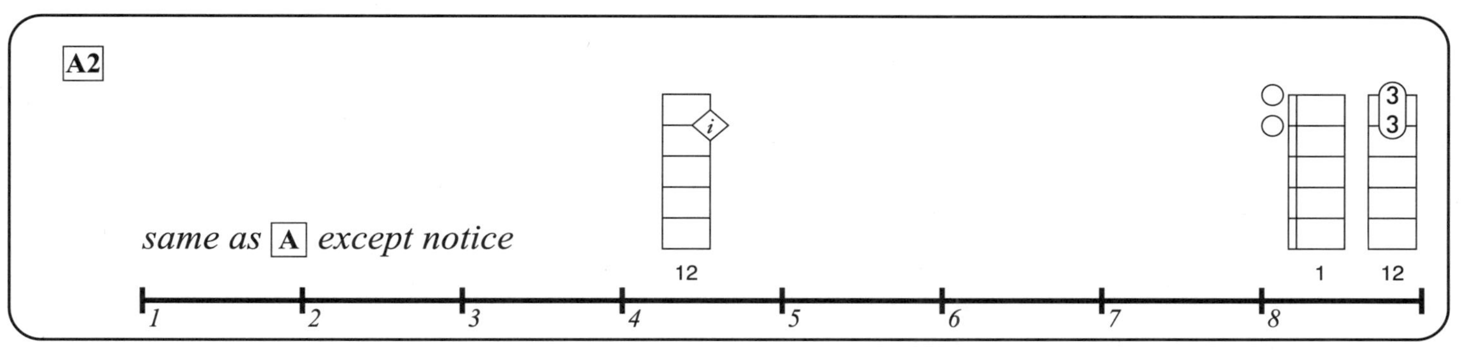



B





5～7 bar : same as 1～3 bar

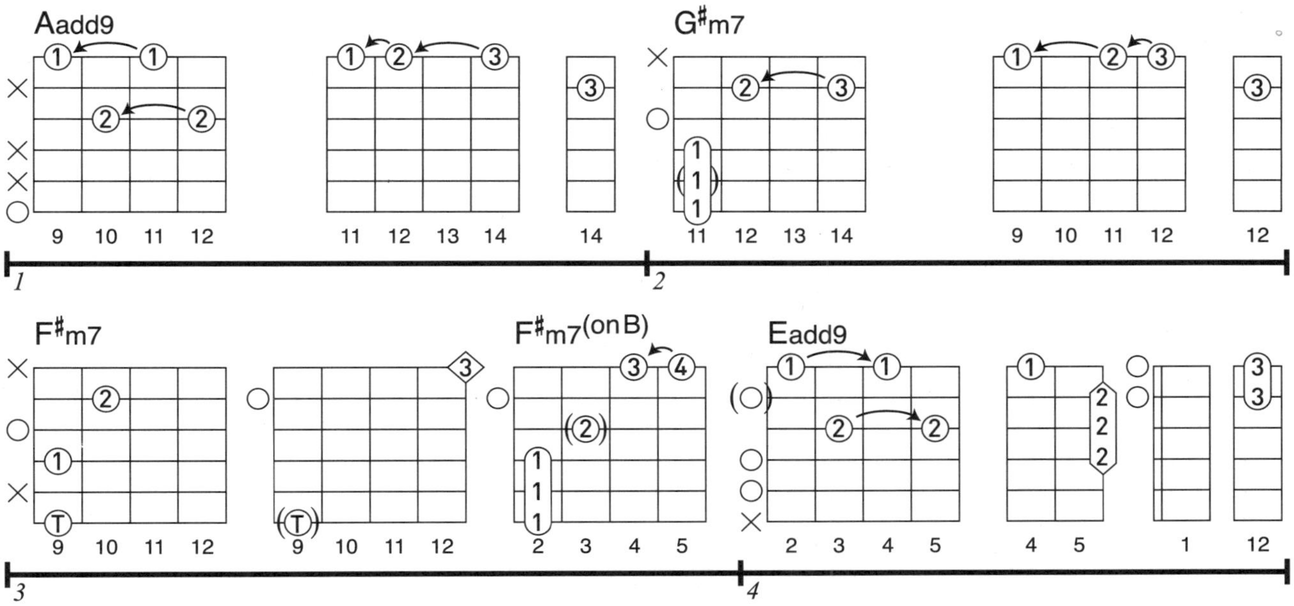

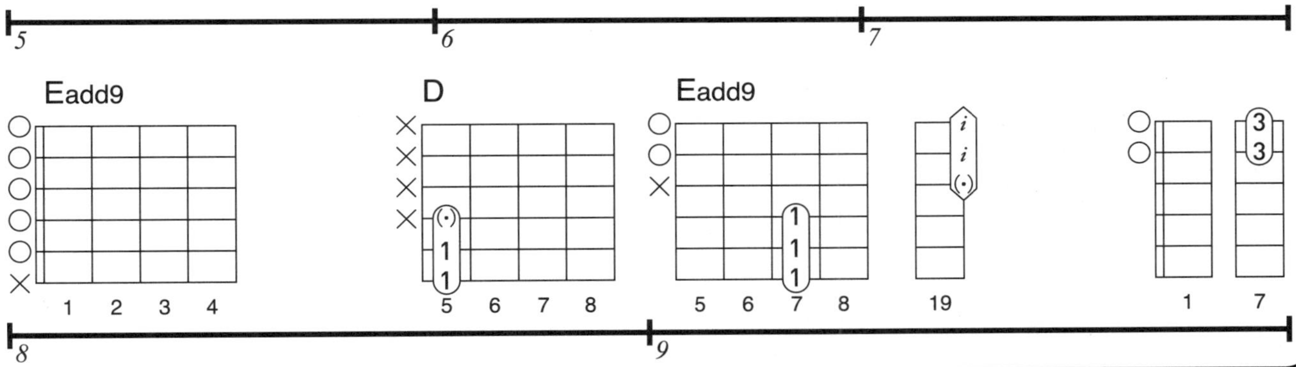

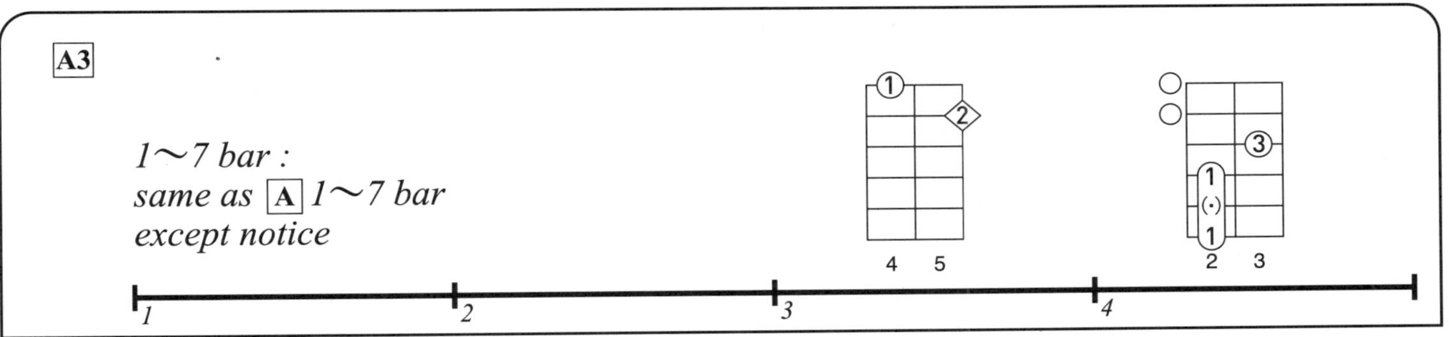

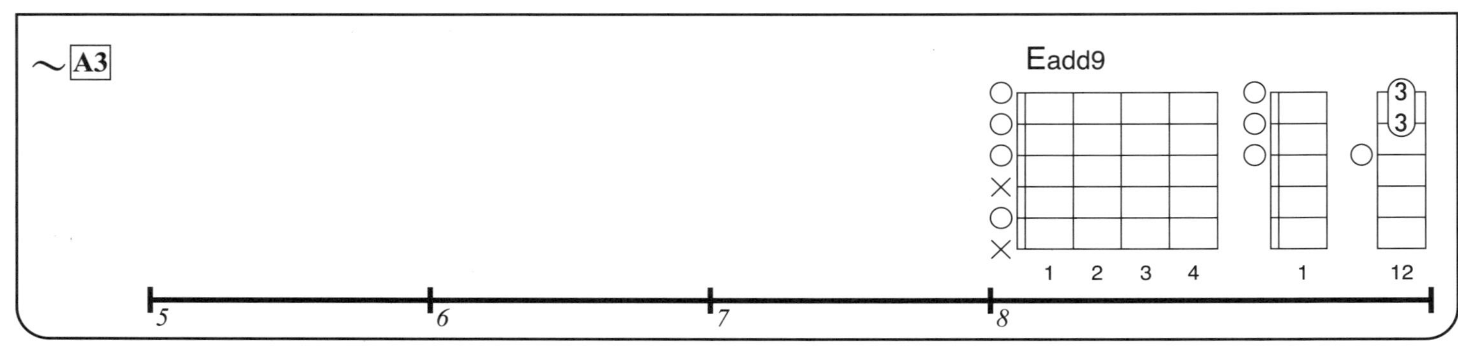

～**A3**

Eadd9
1 2 3 4
1
12
5
6
7
8

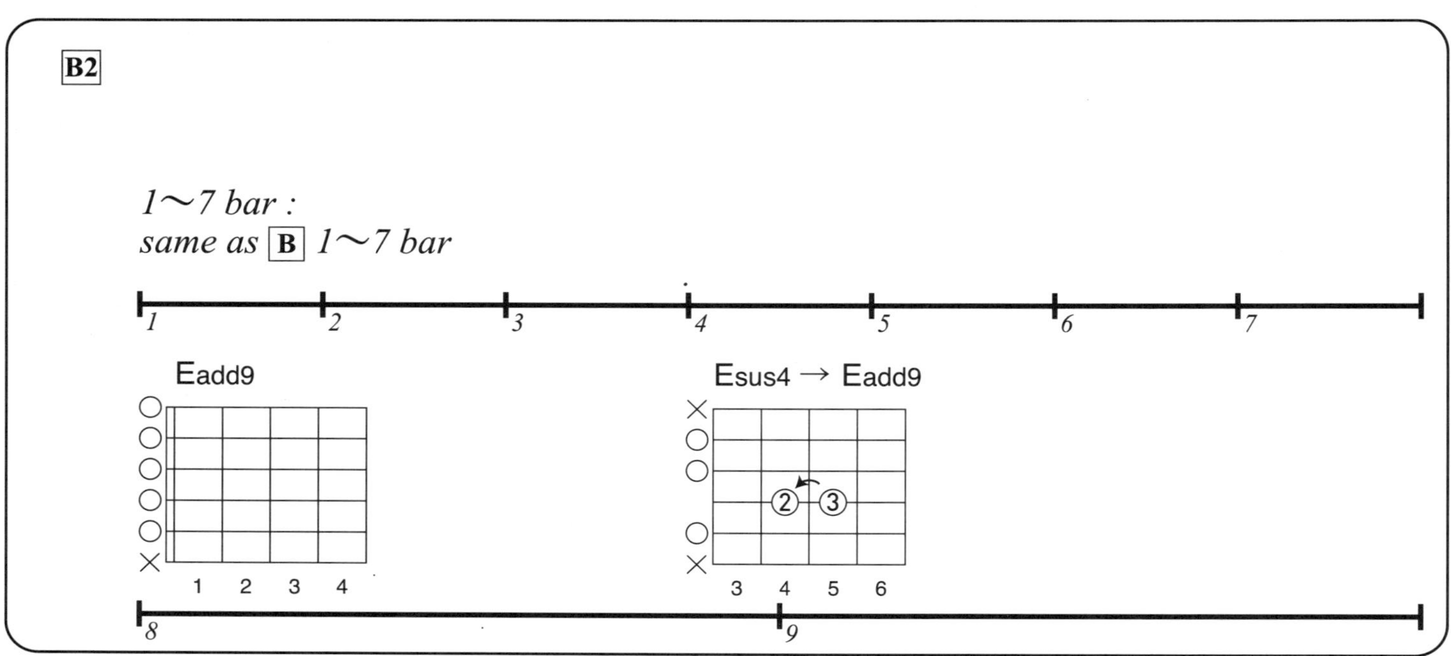

**B2**

*1～7 bar :*
*same as* **B** *1～7 bar*

1
2
3
4
5
6
7
Eadd9
1 2 3 4
Esus4 → Eadd9
3 4 5 6
8
9

**C**

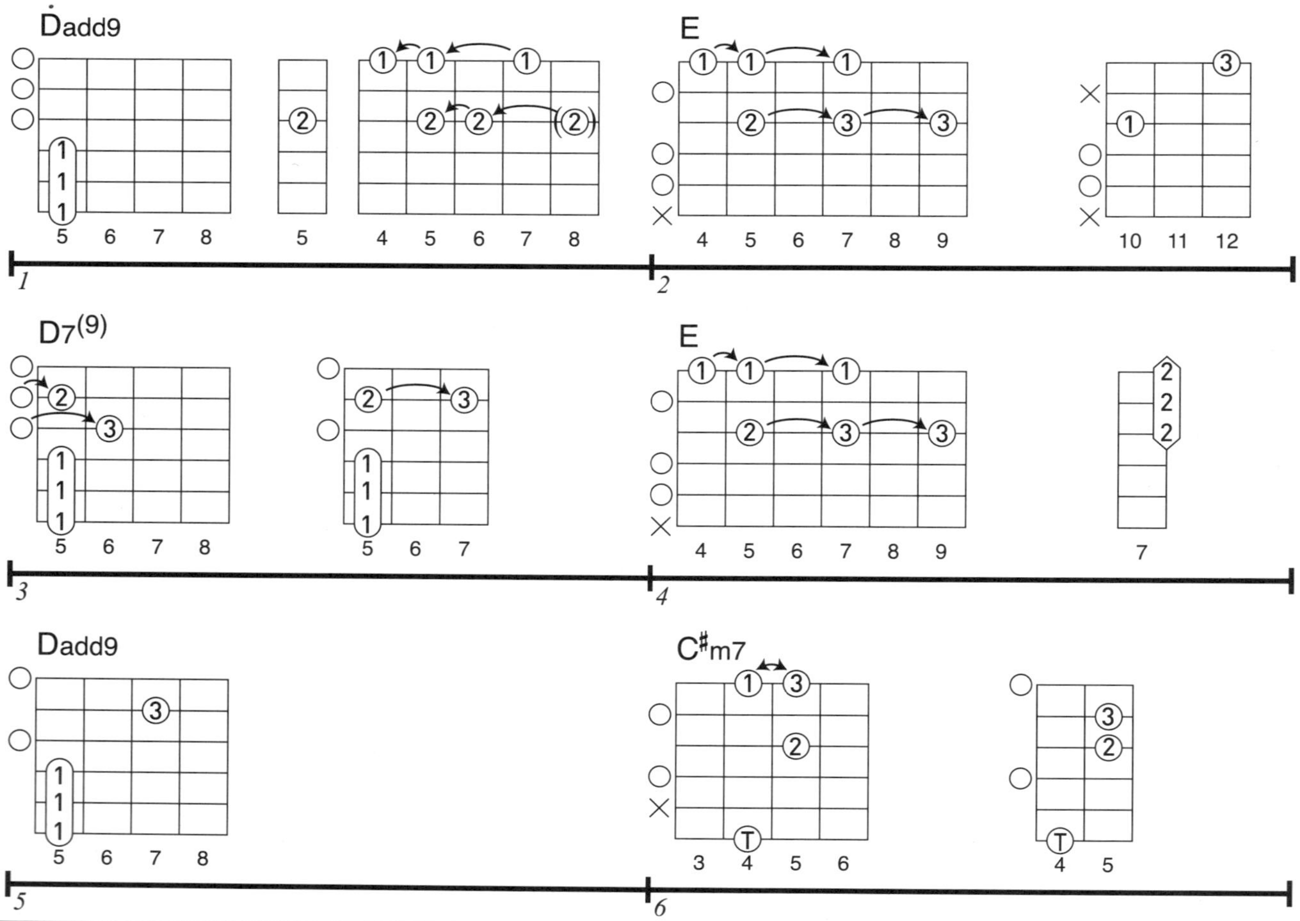

Dadd9
5 6 7 8
5
4 5 6 7 8
E
4 5 6 7 8 9
10 11 12
1
2
D7(9)
5 6 7 8
5 6 7
E
4 5 6 7 8 9
7
3
4
Dadd9
5 6 7 8
C#m7
3 4 5 6
4 5
5
6

09
オアシス (Oasis)

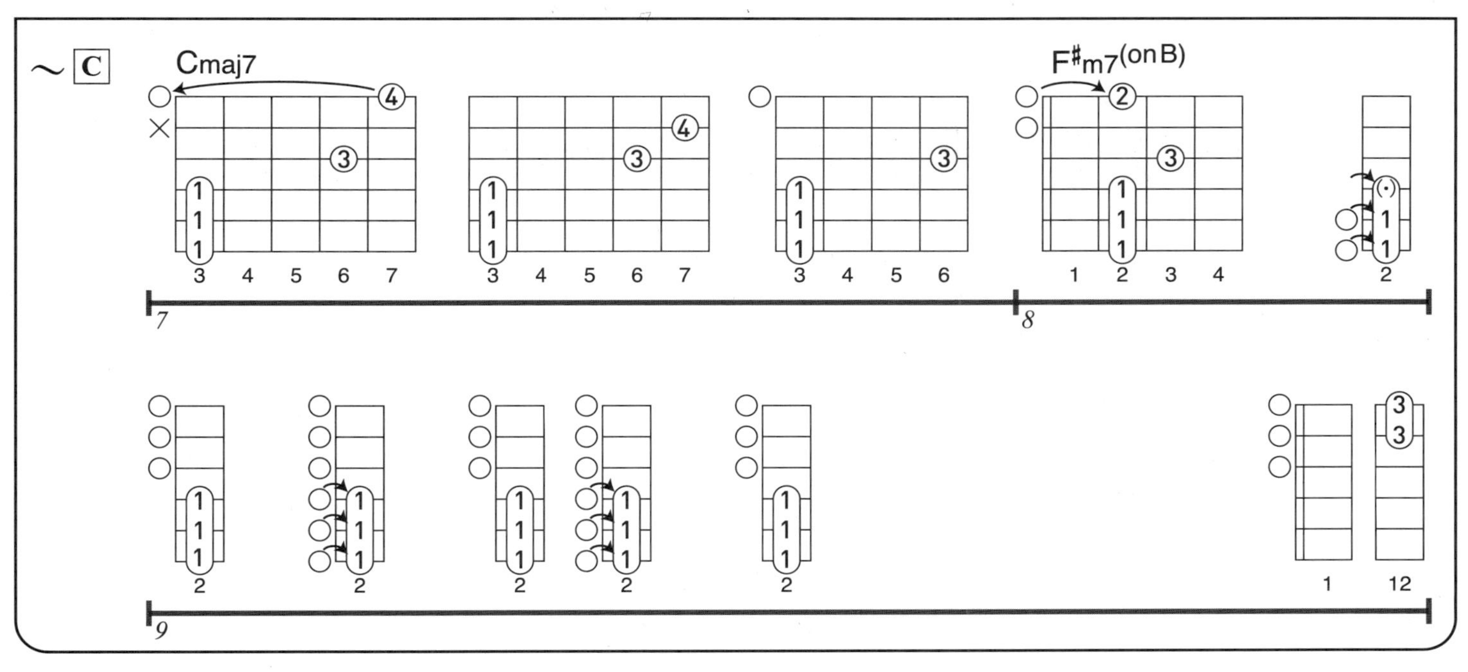
~ C
Cmaj7
F#m7(onB)
7
8
9

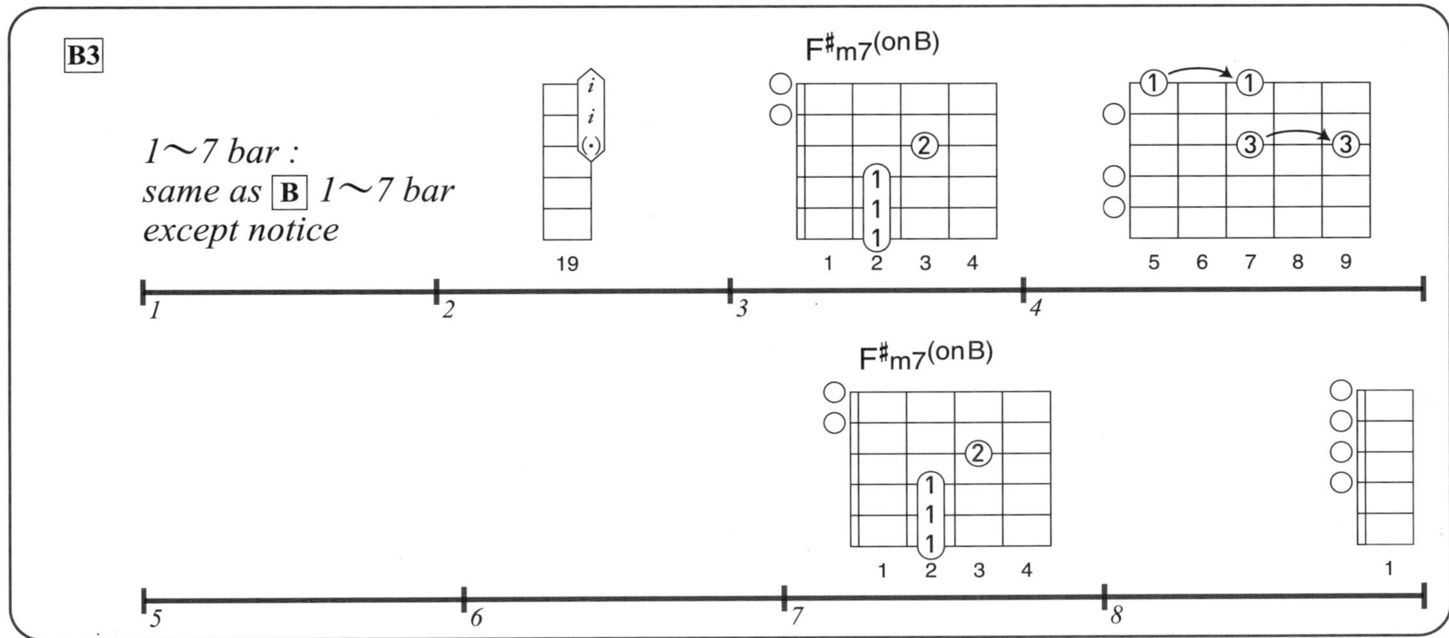
B3
1〜7 bar :
same as B 1〜7 bar
except notice
F#m7(onB)
F#m7(onB)
1
2
3
4
5
6
7
8

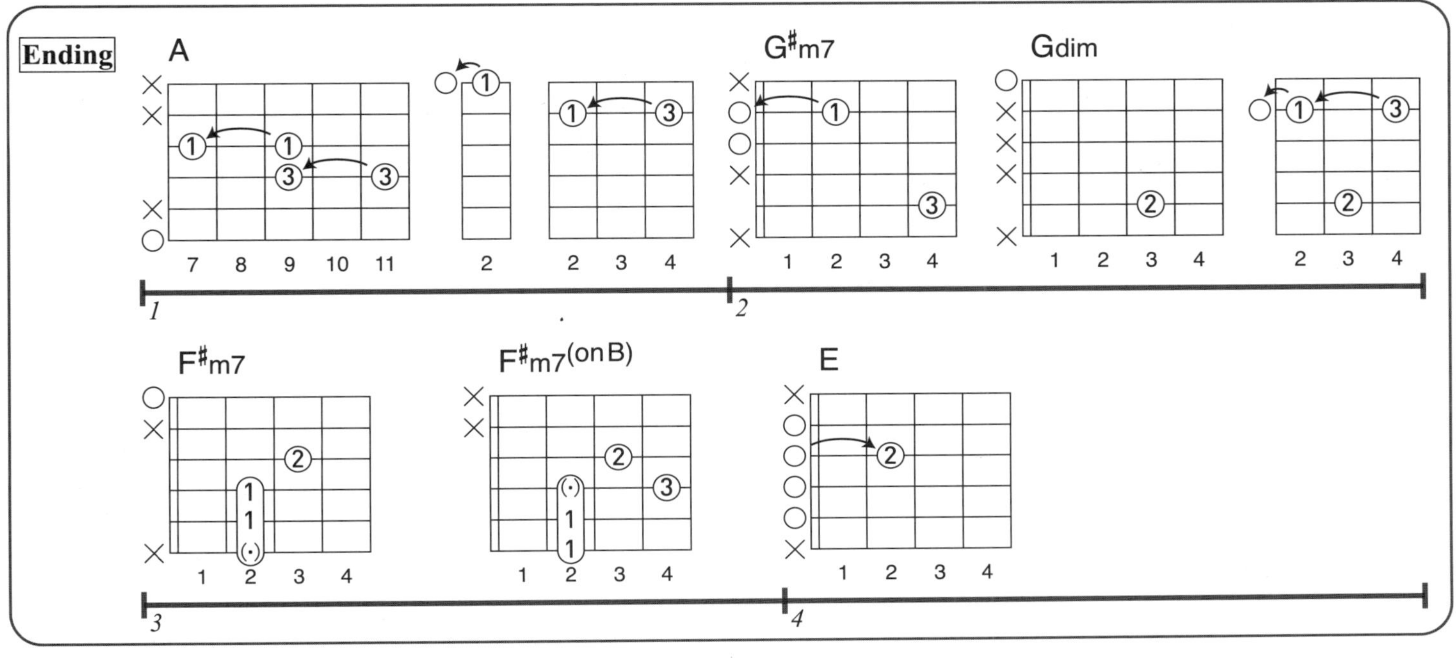
Ending
A
G#m7
Gdim
F#m7
F#m7(onB)
E
1
2
3
4

# 桜・咲くころ(Time of Cherry Blossoms)

Song Written by Kotaro Oshio

©2004 by KOTARO music office, Inc. & Sony Music Publishing (Japan) Inc.

**Tuning = Standard**

桜・咲くころ (Time of Cherry Blossoms)
10th Anniversary BEST -Ballade Side- Kotaro Oshio  155

桜・咲くころ (Time of Cherry Blossoms)
10
156 10th Anniversary BEST -Ballade Side- Kotaro Oshio

10
桜・咲くころ (Time of Cherry Blossoms)

# 桜・咲くころ(Time of Cherry Blossoms)

녹음에 사용된 기타:Gibson L-1

**Tuning : Standard**

## 곡의 개요&연주법 해설

2004년에 발표된 앨범 〈Be HAPPY〉에 수록된 곡으로 〈10th Anniversary BEST〉에서 재녹음되었다. 구성에 큰 변화는 없으며, 운지와 코드가 일부 변경되었다. 발표 당시의 스튜디오에서 촬영된 연주 영상이 DVD 〈드라마틱 라이브〉에 수록되어 있다. 라이브 영상은 DVD 〈So HAPPY〉에 수록되어 있다.

 연주 포인트 

### A

① 1번 줄 슬라이드를 할 때에는 앞에서 6번 줄을 누르고 있던 엄지손가락을 뗀다.

② 3번 줄을 누른 왼손 2번 손가락을 축으로 이동한다.

### B

③ 3번 줄 개방은 다음 코드로의 폼 체인지를 위한 준비 시간이다(따라서 다이어그램에는 표기되지 않았다).

④ 6번 줄은 처음에는 왼손 1번 손가락으로 누르고, 3박자째에서 엄지손가락으로 바꾼다. 프레이즈는 다르지만 6소절째도 마찬가지다.

### A2

**A2**는 **A**와 대부분 같으며, 마지막 소절(8소절째)만 크게 다르다. 1~3번 줄 5프렛 하모닉스가 나온다.

### D

⑤ 누르고 있던 3~4번 줄에서 손가락을 떼고, 2번 줄 12프렛 B음을 누르기 위해 왼손을 이동시킨다. 다음 소절도 마찬가지다.

### E

⑥ 왼손 1번 손가락은 처음에는 2번 줄 6프렛 F음을 누른다. 1번 줄 5프렛 A음을 누를 때에는 2번 줄에서 1번 줄로 이동한다.

### Ending

전체적으로 지금까지보다 더 느린 템포로 연주한다.

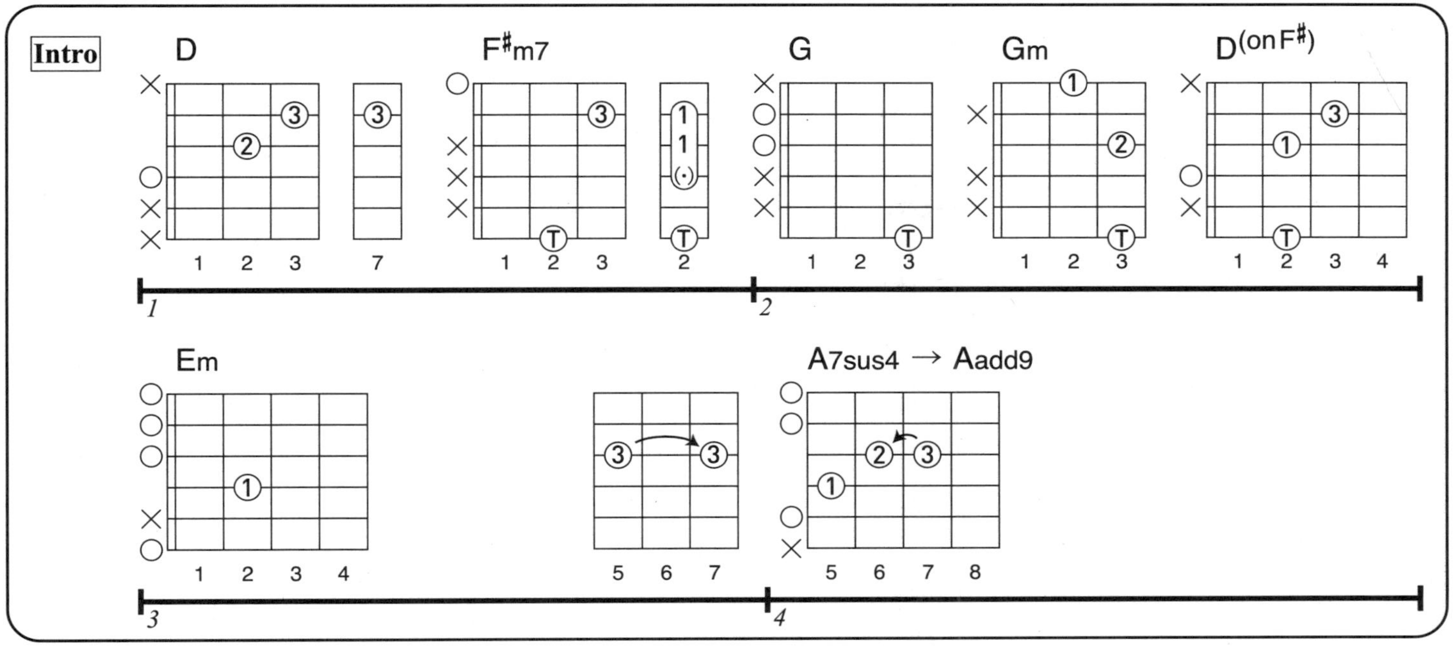

Intro
D
F#m7
G
Gm
D(on F#)
Em
A7sus4 → Aadd9
A
D 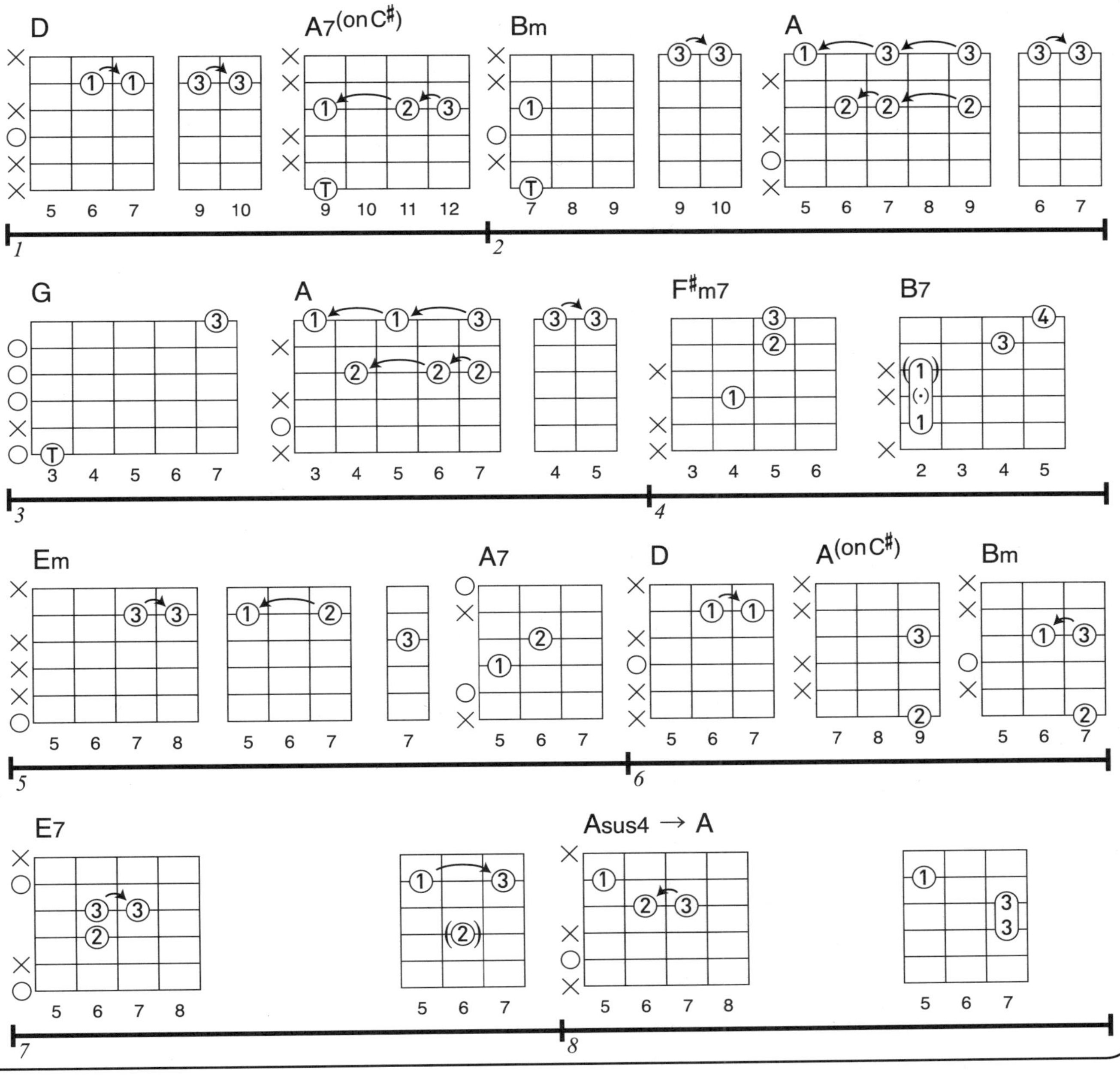
A7(on C#)
Bm
A
G
A
F#m7
B7
Em
A7
D
A(on C#)
Bm
E7
Asus4 → A



10
桜・咲くころ (Time of Cherry Blossoms)

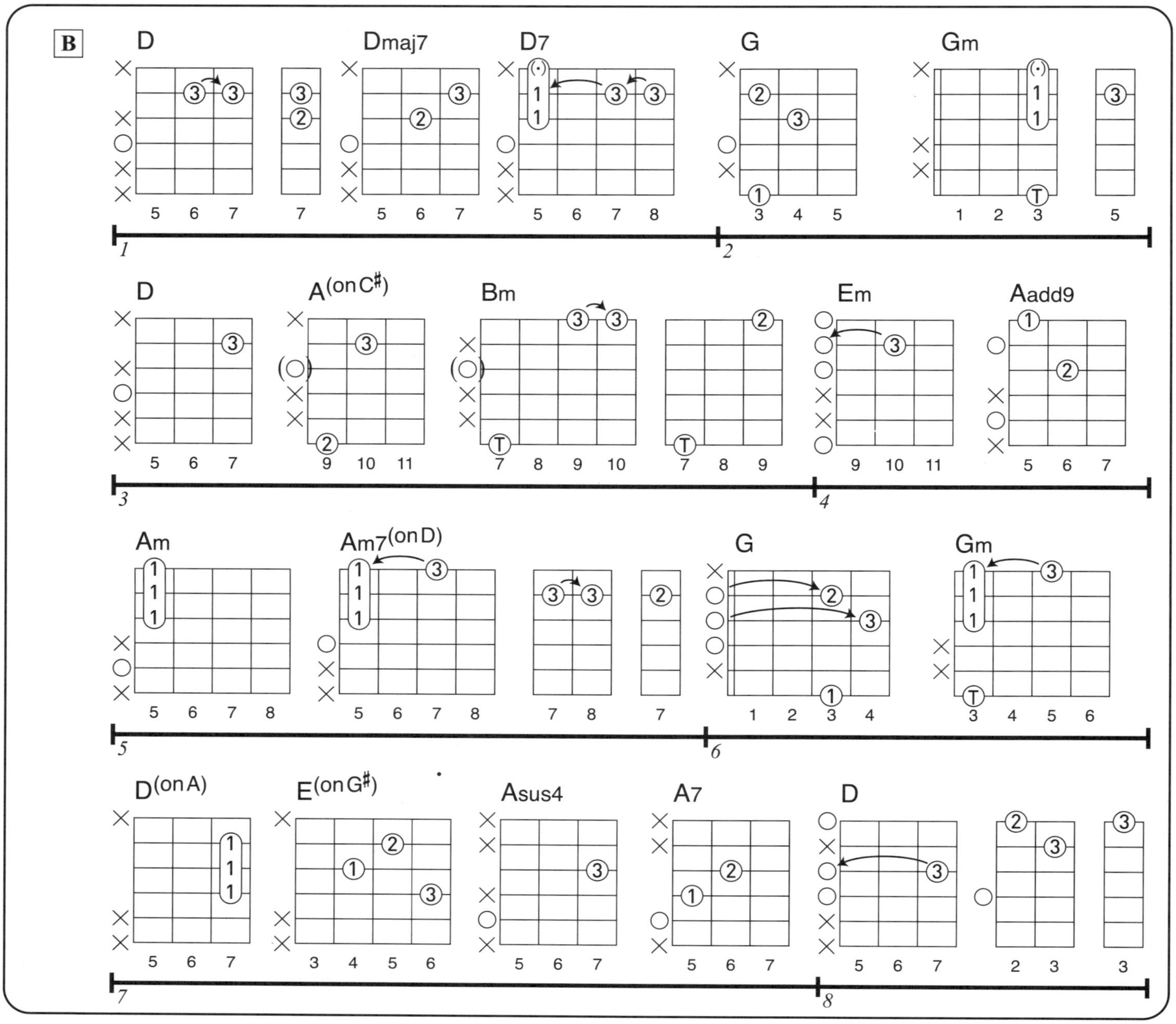

桜・咲くころ (Time of Cherry Blossoms)

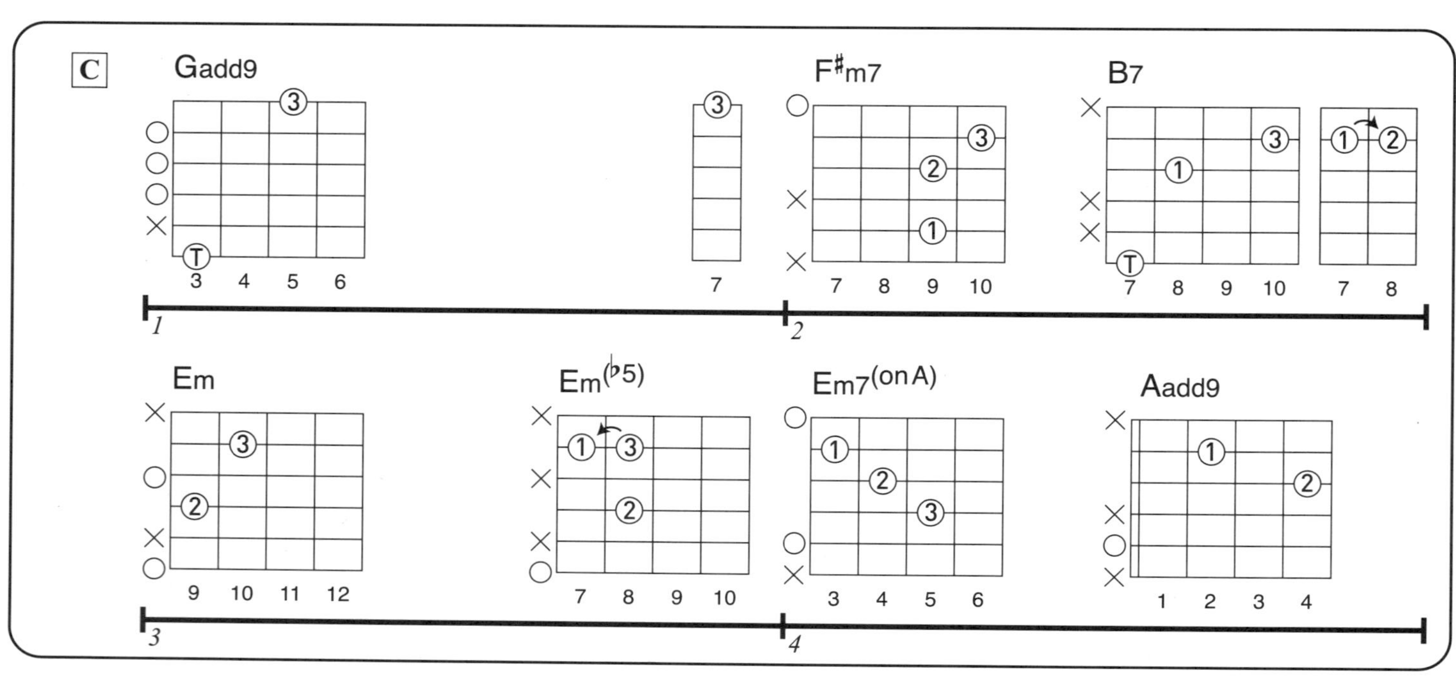

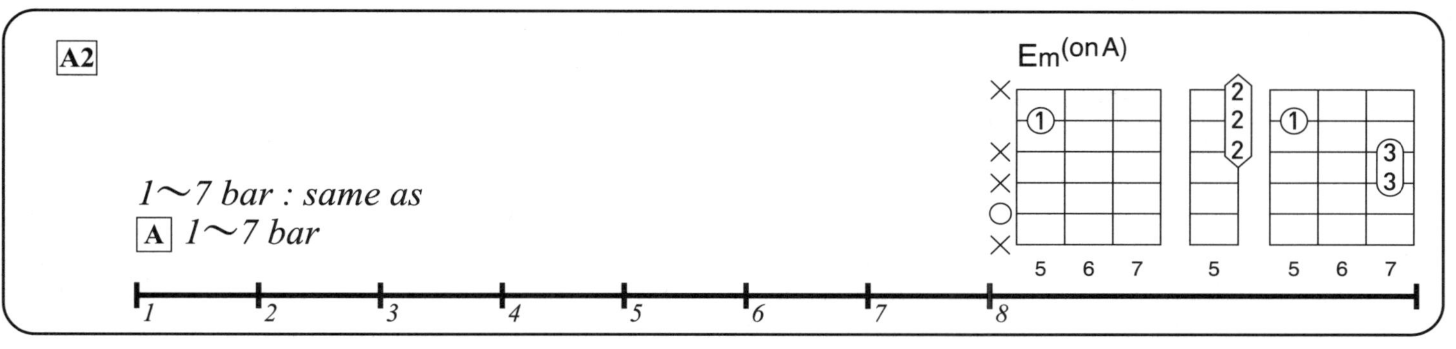
A2
Em(on A)
1～7 bar : same as
A 1～7 bar


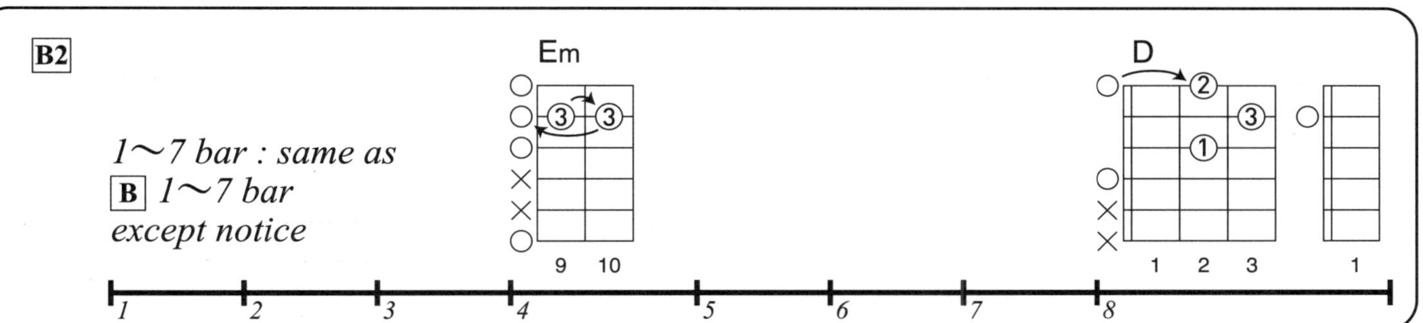
B2
Em
D
1～7 bar : same as
B 1～7 bar
except notice

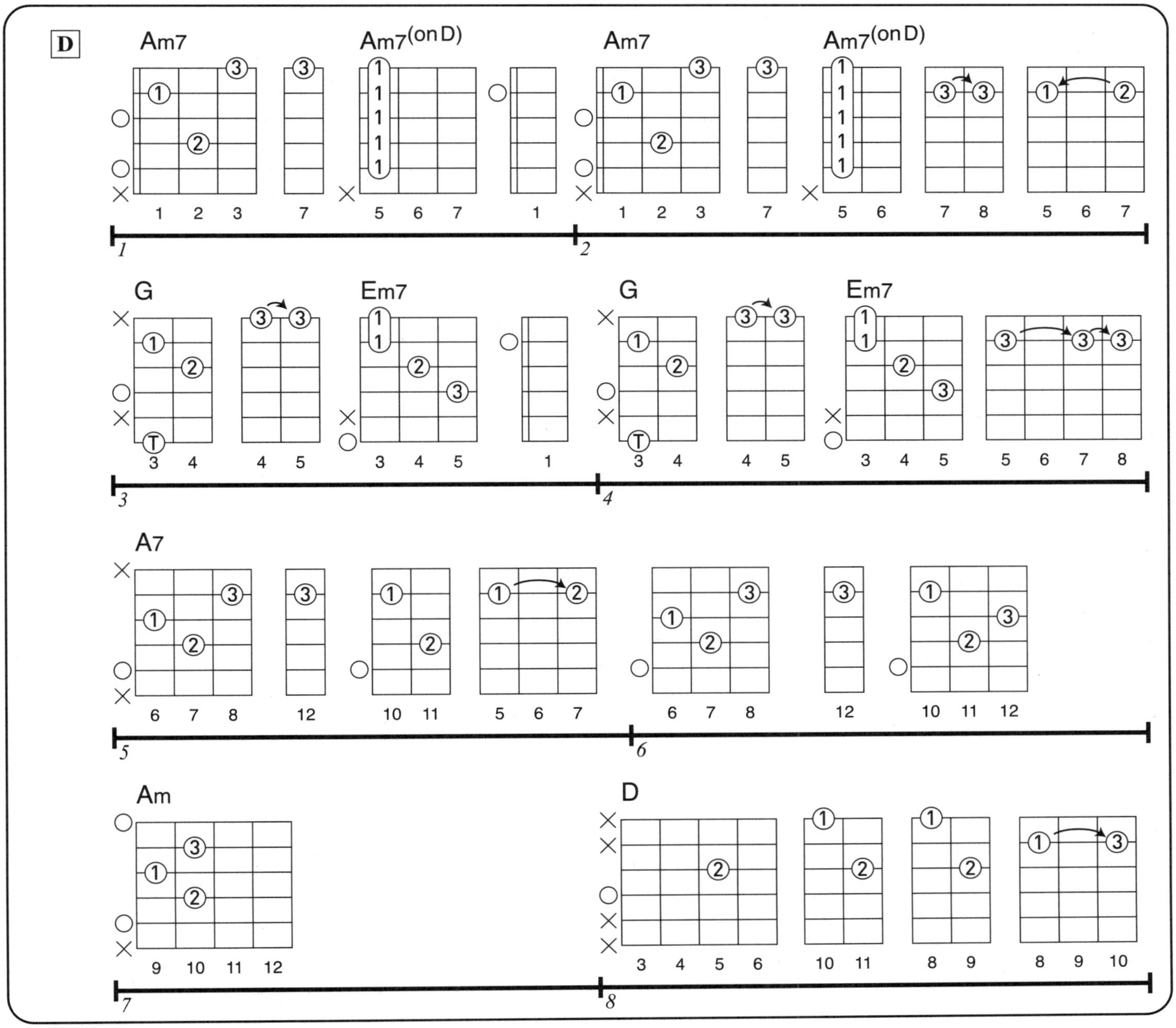

D
Am7
Am7(on D)
Am7
Am7(on D)
G
Em7
G
Em7
A7
Am
D




10
桜・咲くころ (Time of Cherry Blossoms)

**E**

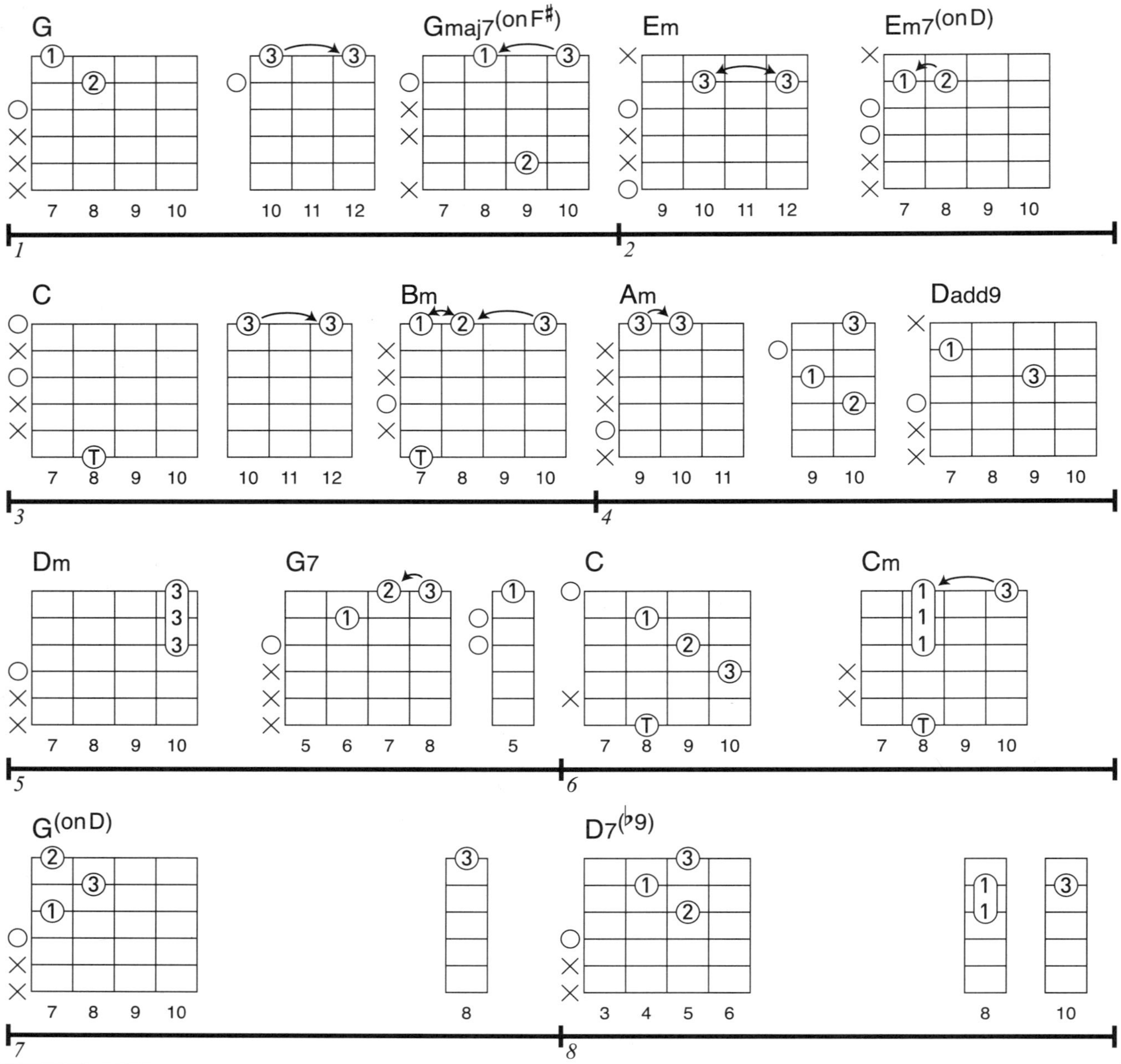

G    Gmaj7(on F#)    Em    Em7(on D)

*1*    *2*

C    Bm    Am    Dadd9

*3*    *4*

Dm    G7    C    Cm

*5*    *6*

G(on D)    D7(♭9)

*7*    *8*

**E2**

*1～6 bar : same as*
**E** *1～6 bar*

*1*    *2*    *3*    *4*    *5*    *6*

G    A    Dsus4    D7    G

*7*    *8*

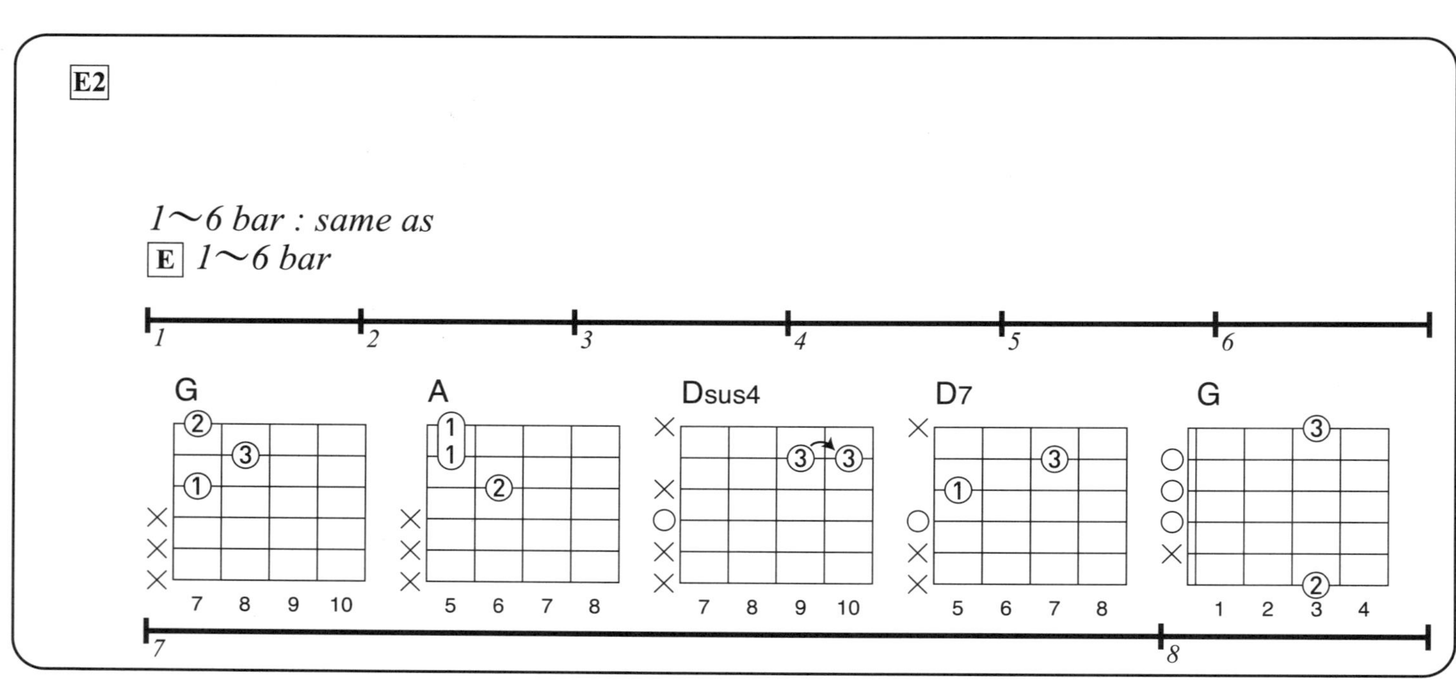



10 桜・咲くころ (Time of Cherry Blossoms)

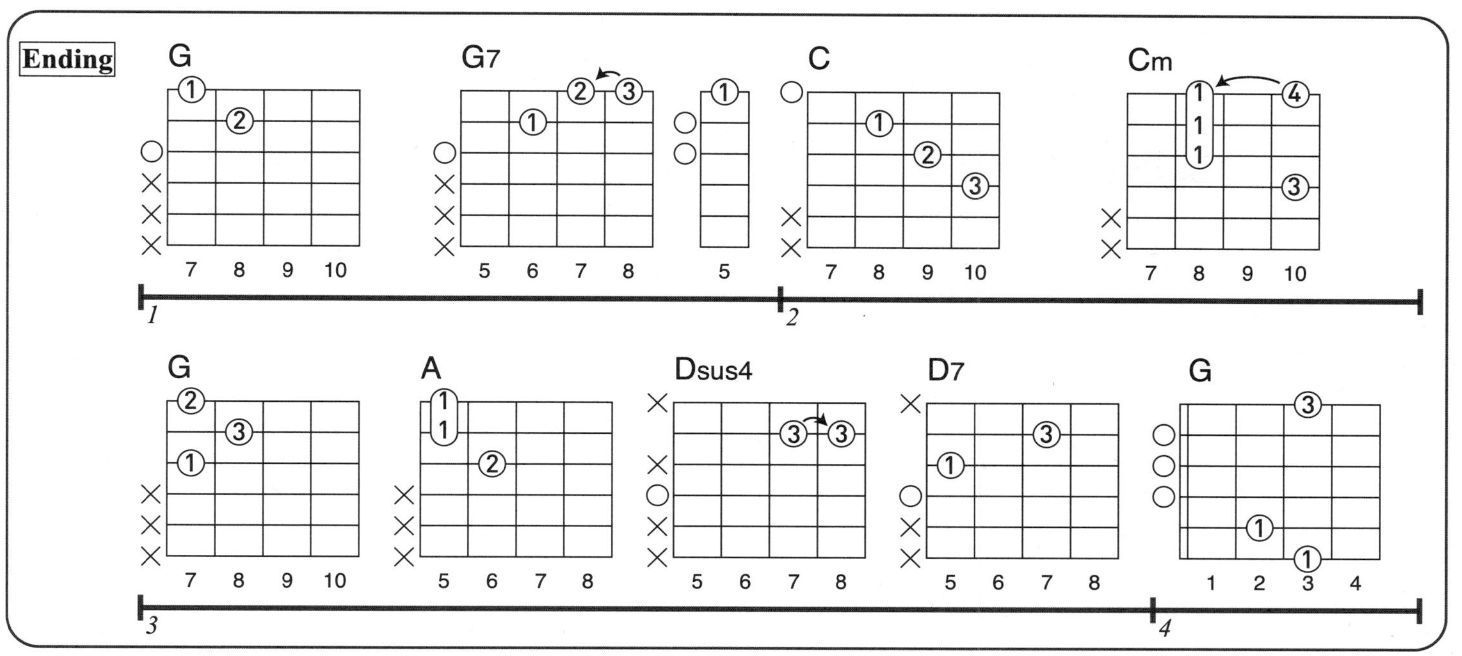

Ending
G
G7
C
Cm
G
A
Dsus4
D7
G





10
桜・咲くころ (Time of Cherry Blossoms)

# 日曜日のビール(Beer On Sunday)

Song Written by kotaro oshio



**Tuning = Standard　(Capo＝3)**

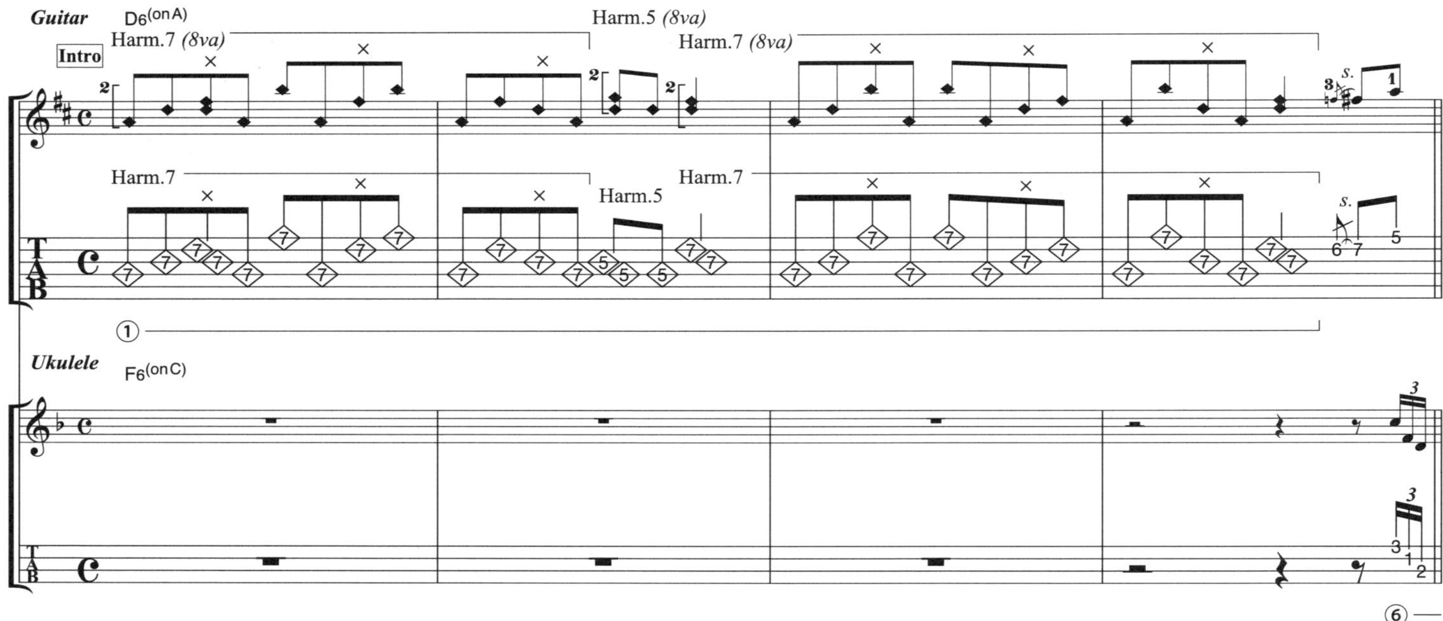

11
日曜日のビール (Beer On Sunday)
10th Anniversary BEST -Ballade Side- Kotaro Oshio 165

B
Em7  A7  Em7  A7  D  E♭dim
Gm7  C7  Gm7  C7  F  G♭dim
Em7  A7  Em7  A7  F#m7  F7  Em7
mute
Gm7  C7  Gm7  C7  Am7  A♭7  Gm7
C
Em7(9)  A  D  Harm.7 (8va)  Em7(9)  A  D  B(11)
Harm.7
Gm7(9)  C  F  Gm7(9)  C  F  D(11)
11
日曜日のビール (Beer On Sunday)

11
日曜日のビール (Beer On Sunday)

11
日曜日のビール (Beer On Sunday)

11
日曜日のビール (Beer On Sunday)
10th Anniversary BEST -Ballade Side- Kotaro Oshio 169

日曜日のビール
(Beer On Sunday)
11
C2
Em7(9)   A   D
Harm.7 (8va)
Em7(9)   A   D
B(11)
Gm7(9)   C   F
Gm7(9)   C   F
D(11)
Harm.7
Em7(9)   A   D
E♭dim
Em   A   D
Gm7(9)   C   F
G♭dim
Gm   C   F
A4
Em7   A7   Dadd9   Bm7   Em7   A7
Gm7   C7   Fadd9   Dm7   Gm7   C7

11
日曜日のビール (Beer On Sunday)
Ending
thumb

# 日曜日のビール(Beer On Sunday)

녹음에 사용된 기타:TACOMA PAPOOSE P1(Guitar) / Augustino LoPrinzi 2M(Ukulele)

**Tuning : Standard (Capo=3)**
**(Mini Guitar Tuning : G／C／F／B♭／D／G)**
**Ukulele Tuning : G／C／E／A(Hi-G)**

오시오 코타로가 기타와 우쿨렐레를 더빙한 귀여운 듀오로, 2009년에 발표된 앨범 〈Eternal Chain〉에 수록되어 있다. DVD 〈Eternal Chain〉에 수록되어 있는 라이브 버전은 기타 연주만 수록되어 있다. **Intro** 앞에 24소절의 도입부가 추가된 점과 중간부분이 다르다는 것 이외에는 대부분 CD와 같다. 참고로 중간부분은 CD에서는 **D**, **E**의 16소절이지만, DVD에서는 36소절이다.

코드 네임은 기타와 우쿨렐레의 구성음을 참고해서 붙였다.

## 곡의 개요&연주법 해설

TACOMA의 'Papoose'라는 미니 기타를 사용했으며, 스탠더드 튜닝에서 1음 높인 GCFB♭DG로 연주했다. 일반적인 기타의 경우, 스탠더드 튜닝에 카포를 3프렛에 장착하면 CD와 같은 음이 된다.

네일 어택(음표 위에 ×표시)과 스트링 히트(음표 머리에 ×표시)를 섞어가며 연주한다. 이 곡에서 네일 어택의 터치는 매우 부드럽다. 기본적으로 악보대로 연주하고 있지만, 음정이 명확하지 않은 네일 어택과 뮤트해서 피킹하는 부분은 음표 머리가 ×로 표기되어 있다(**B** 8소절째 등). 스트링 히트는 오른손 손가락(주로 집게손가락과 가운뎃손가락)으로 줄을 때리는 느낌으로 줄에 올려서 음을 멈추는 동시에 때리는 음을 낸다. 이어서 줄을 때린 손가락으로 할퀴듯이 피킹한다.

## 기타 연주 포인트

### Intro

① 7프렛과 5프렛의 내추럴 하모닉스다. 피킹을 할 때마다 왼손 2번 손가락을 살짝 떼면 음이 또렷해진다. 어렵다면 대고 있어도 된다.

### A

② 앞에서 누르고 있던 왼손을 떼고, 1번 줄을 누른다.

### A2

**A2**는 마지막 **B**로 이어지는 부분 이외에는 대부분 **A**와 같다. 멜로디 라인에 하모니의 유무와 베이스음에 차이가 있지만 반드시 그대로 연주해야 하는 것은 아니다. 연주하기 편한 쪽으로 통일해서 연주해도 된다.

### B

③ 음표 머리가 ×로 된 부분은 왼손을 모든 줄 8프렛 부근에 대고 줄을 뮤트해서 음정이 느껴지지 않는 노이즈 같은 음을 낸다(피킹하는 손가락은 오선악보에 표기되었다).

④ 이 개방현은 다음 코드로의 폼 체인지를 위한 준비 시간이다(따라서 다이어그램은 표기되지 않았다).

### D E

**D**와 **E**는 우쿨렐레를 중심으로 진행된다. 기타는 반주를 맡는다.

### B2

⑤ 음표 머리가 +표시로 된 곳은 팜이다. 오른손 손목으로 사운드 홀 위쪽을 때린다. 다음의 ×는 보디 히트로 오른손 가운뎃손가락과 약손가락 끝으로 사운드 홀 아래쪽을 때린다. 사운드 홀을 사이에 두고 팜과 보디 히트를 하는 위치는 정반대다. 다음의 ×도 보디 히트로 오른손 엄지손가락 측면으로 사운드 홀 위쪽을 때린다. 다음은 팜, 그 다음의 세로로 긴 ×는 브러싱(=뮤트 커팅)이다. 브러싱은 왼손을 줄에 가볍게 대고 오른손으로 스트로크해서 노이즈 같은 소리를 낸다.

## 우쿨렐레 연주 포인트

기타와 마찬가지로 네일 어택(음표 위에 ×표시)과 스트링 히트(음표 머리에 ×표시)를 한다. 네일 어택은 매우 부드럽게 터치한다.

⑥ 1번 줄부터 4번 줄까지 약간의 시간차를 주고 피킹한다(퀵 아르페지오와 반대의 순서다).

⑦ 세로로 긴 ×는 브러싱(=뮤트 커팅)이다. 왼손을 줄에 가볍게 대고 오른손으로 스트로크를 해서 노이즈 같은 소리를 낸다.

⑧ 트레몰로는 한 줄을 다운과 업 스트로크로 빠르게 반복하는 연주법이다. 2번 줄 5프렛 A음은 정확한 타이밍보다 조금 앞서서 연주를 시작한다(E 6~7소절째의 1번 줄 8프렛 F음도 같다).

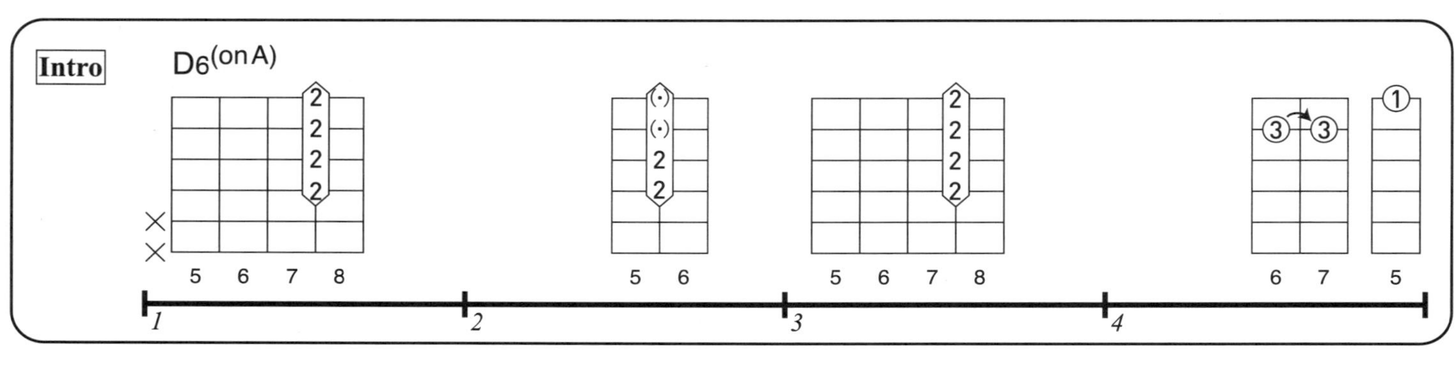

Intro
D6(on A)
5 6 7 8
5 6
5 6 7 8
6 7 5
1 2 3 4
A
Em7
A7
→ Dadd9
Bm7
5 6 7
5 6
7
1
1 2 3
1 2 3
5 6 7
5
1 2
Em7
A7 3
Dadd9
5 6 7
1
9 10 11 12
5 6 7 8
1 6 7 5
3 4
Em7
A7
→ Dadd9
Bm7
5 6 7
5 6
7
1
1 2 3
1 2 3
2 3
5 6
Em7
A7
D
1 2 3
3
1 2 3
1 2 3
5 7
6 7 5
7 8

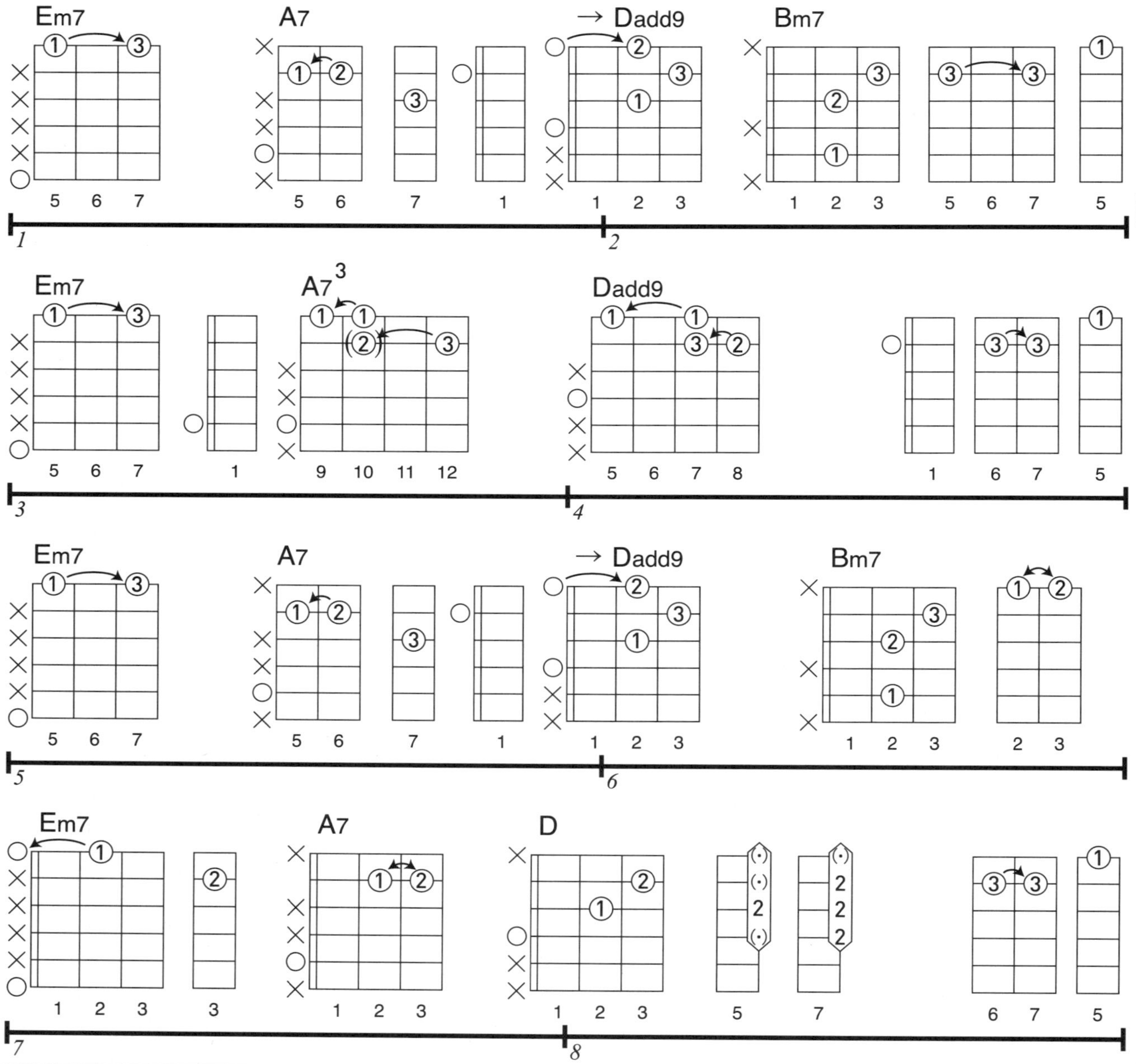

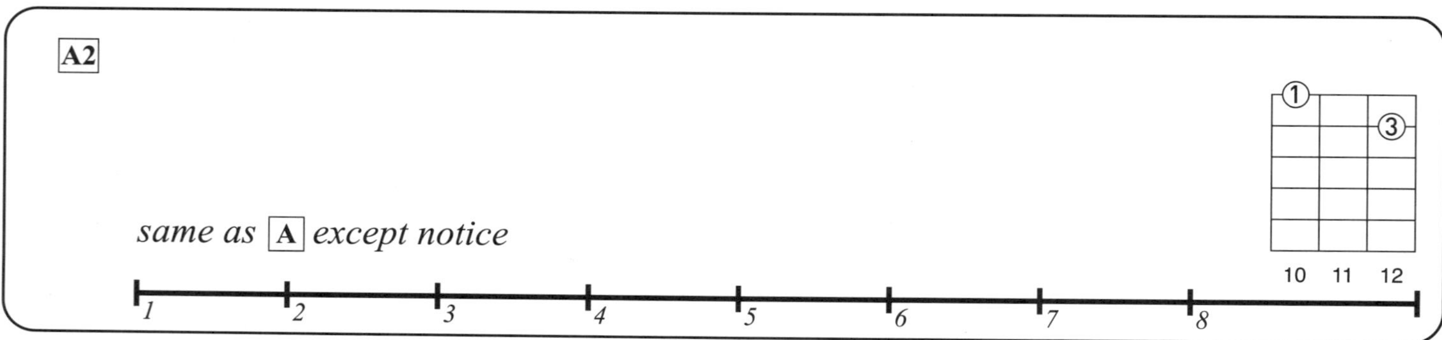

A2
same as A except notice
10 11 12
1 2 3 4 5 6 7 8





11
日曜日のビール (Beer On Sunday)

B
Em7
A7
Em7
A7
D
E♭dim
Em7
A7
Em7
A7
F♯m7
F7
Em7

C
Em7(9)
A
D
Em7(9)
A
D
B(11)

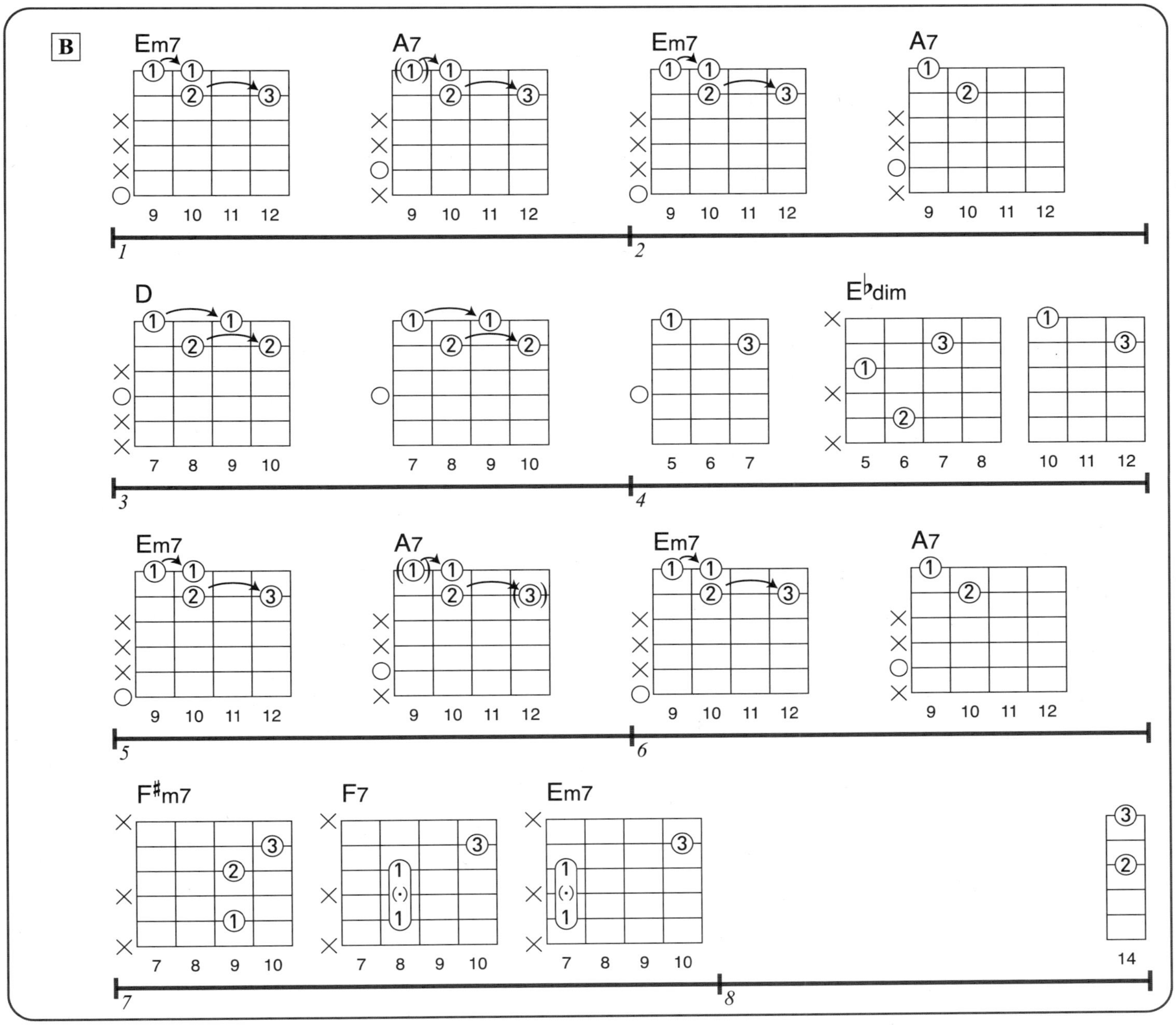

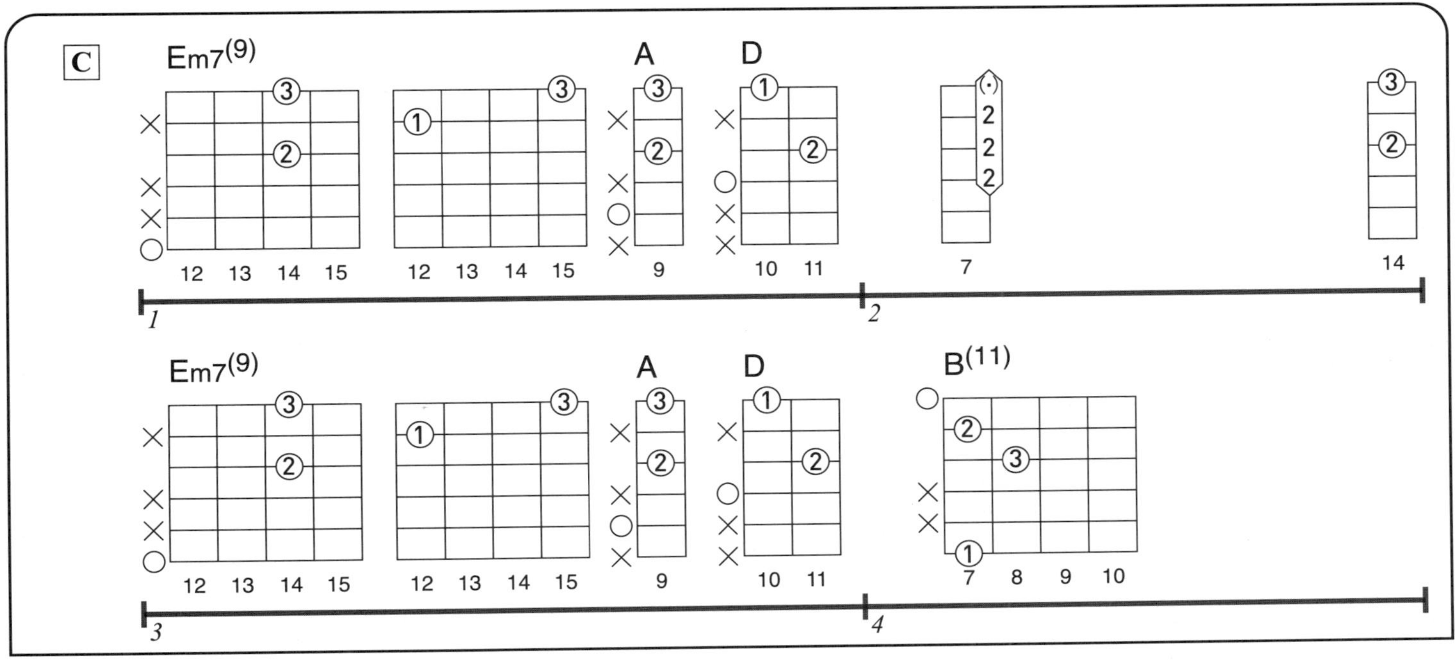

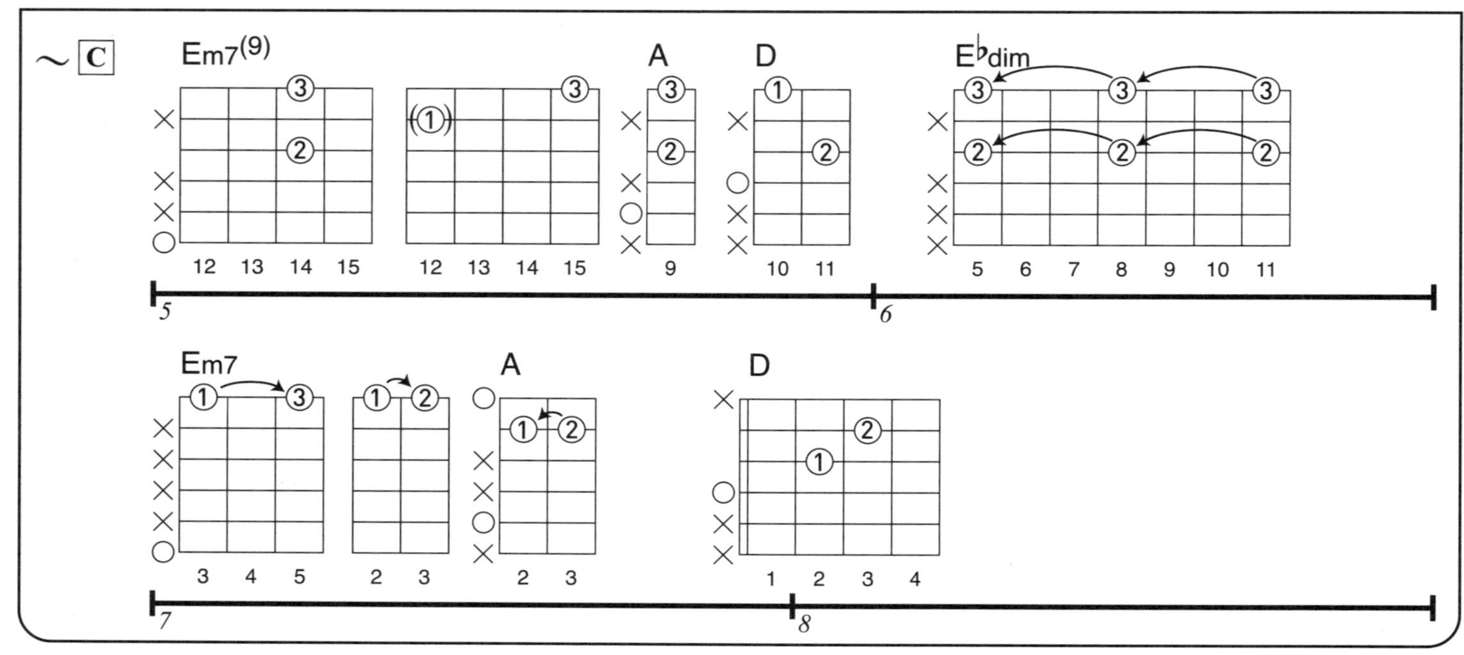



11
日曜日のビール (Beer On Sunday)

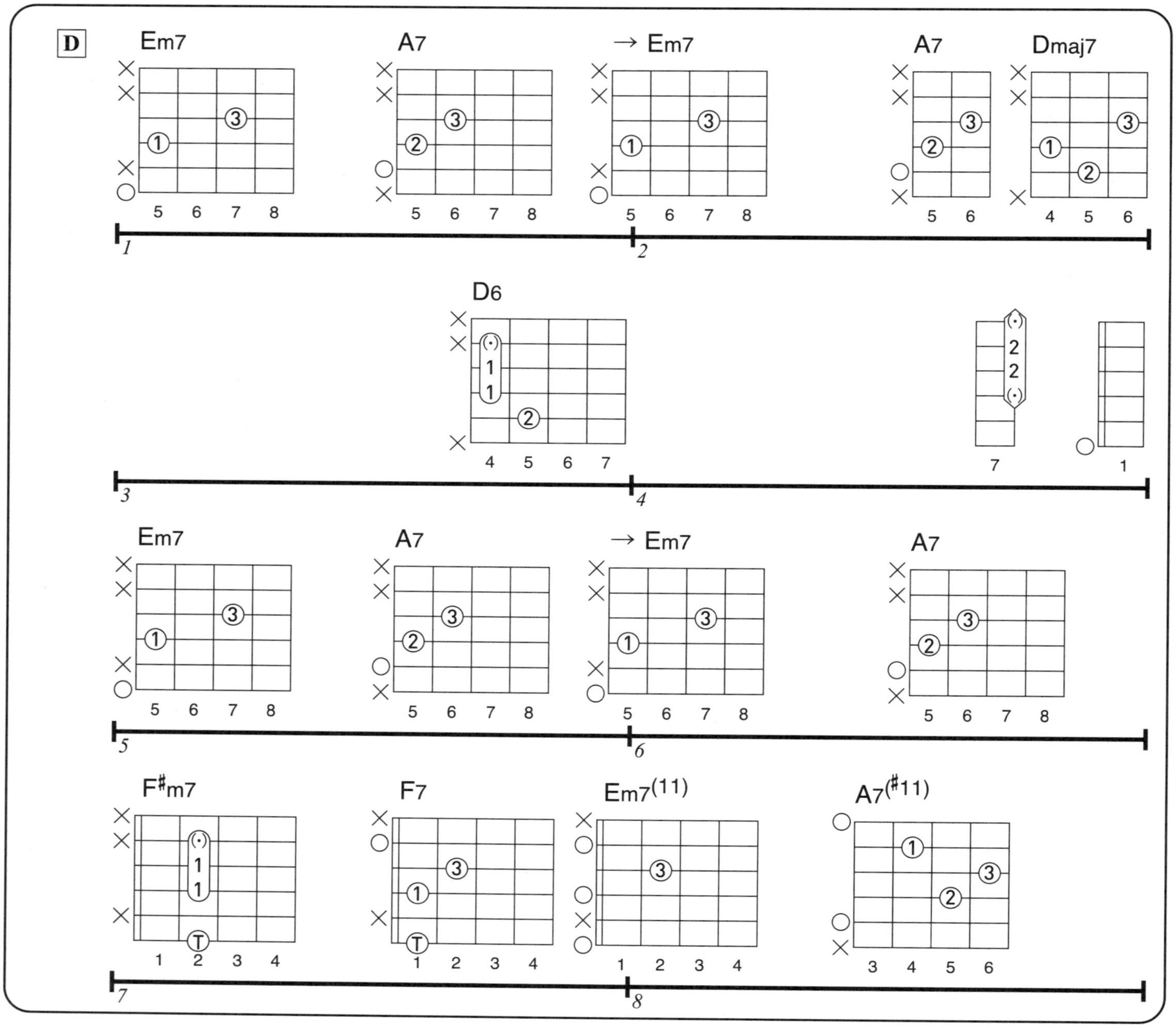

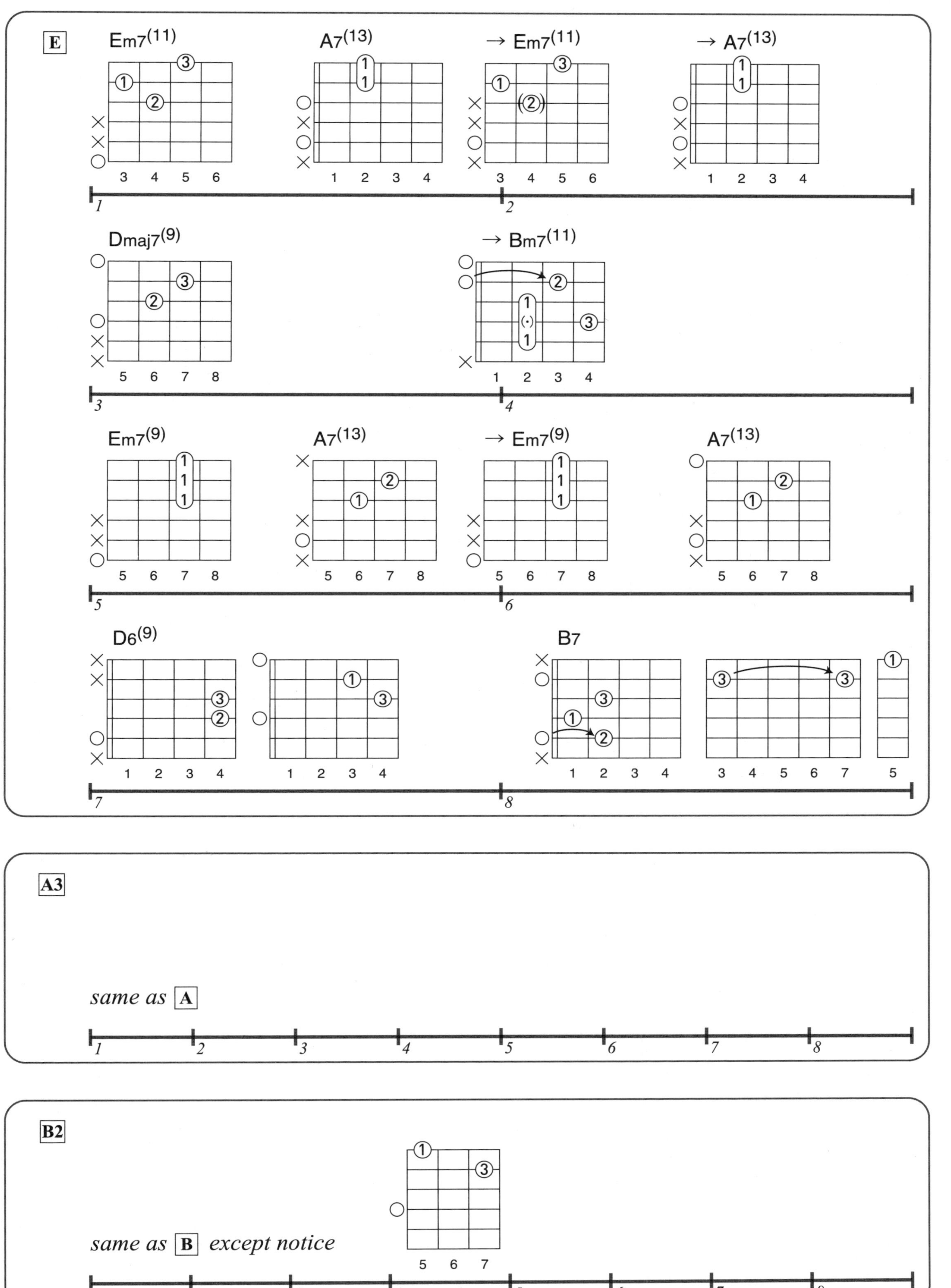

E
Em7(11)
A7(13)
→ Em7(11)
→ A7(13)
1
2
Dmaj7(9)
→ Bm7(11)
3
4
Em7(9)
A7(13)
→ Em7(9)
A7(13)
5
6
D6(9)
B7
7
8
A3
same as A
1 2 3 4 5 6 7 8
B2
same as B except notice
1 2 3 4 5 6 7 8
11
日曜日のビール (Beer On Sunday)

C2

*same as* C

A4

*same as* A *except notice*

Bm7

Ending

Em · A · D · B7 · Em

A · D · Em7 · Fdim

D(on F#) · D6(9)

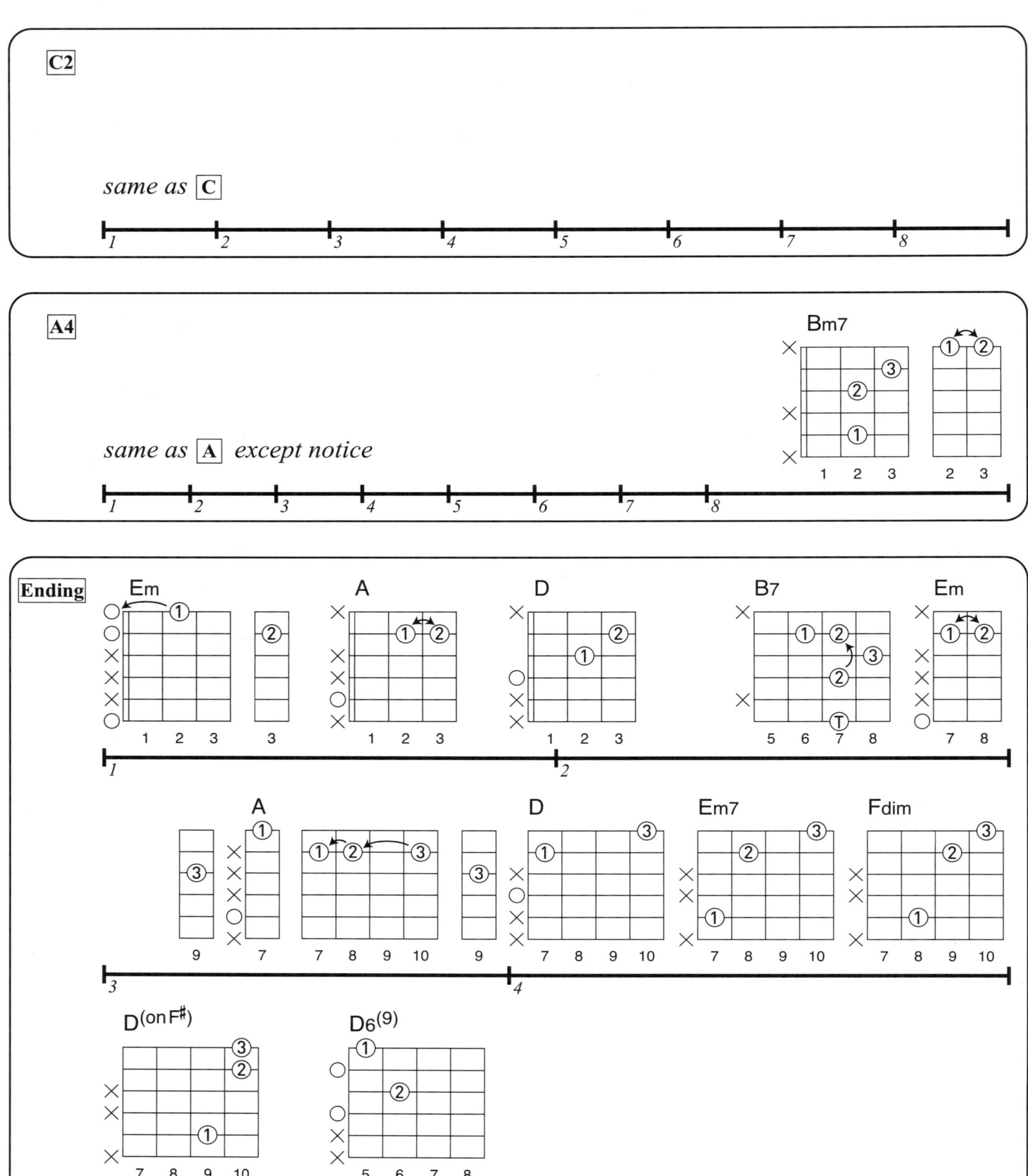

# 木もれ陽 (Komorebi)

Song Written by Kotaro Oshio



**Tuning = Standard　(Capo＝5)**

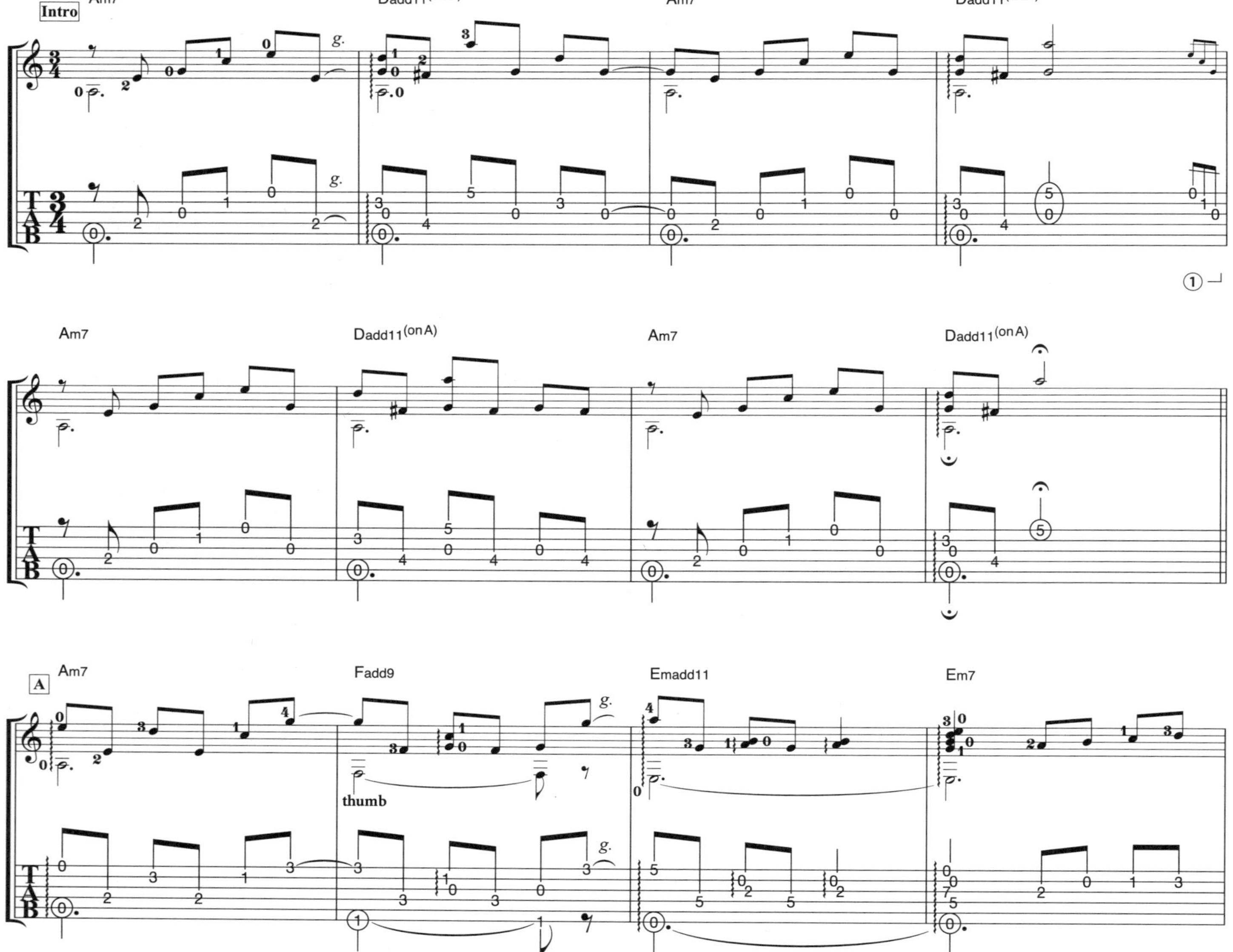

Fmaj7
G
C
Bm7(♭5)(on E)
E
thumb
B
Am7
Fadd9
Emadd11
Em7
g.
g.
Fmaj7
G
C
C
Fmaj7(9)
G7(on F)
Em
Am
thumb
thumb
Fmaj7(9)
G7
C
Bm7(♭5)(on E)
E
thumb





12
木もれ陽
(Komorebi)

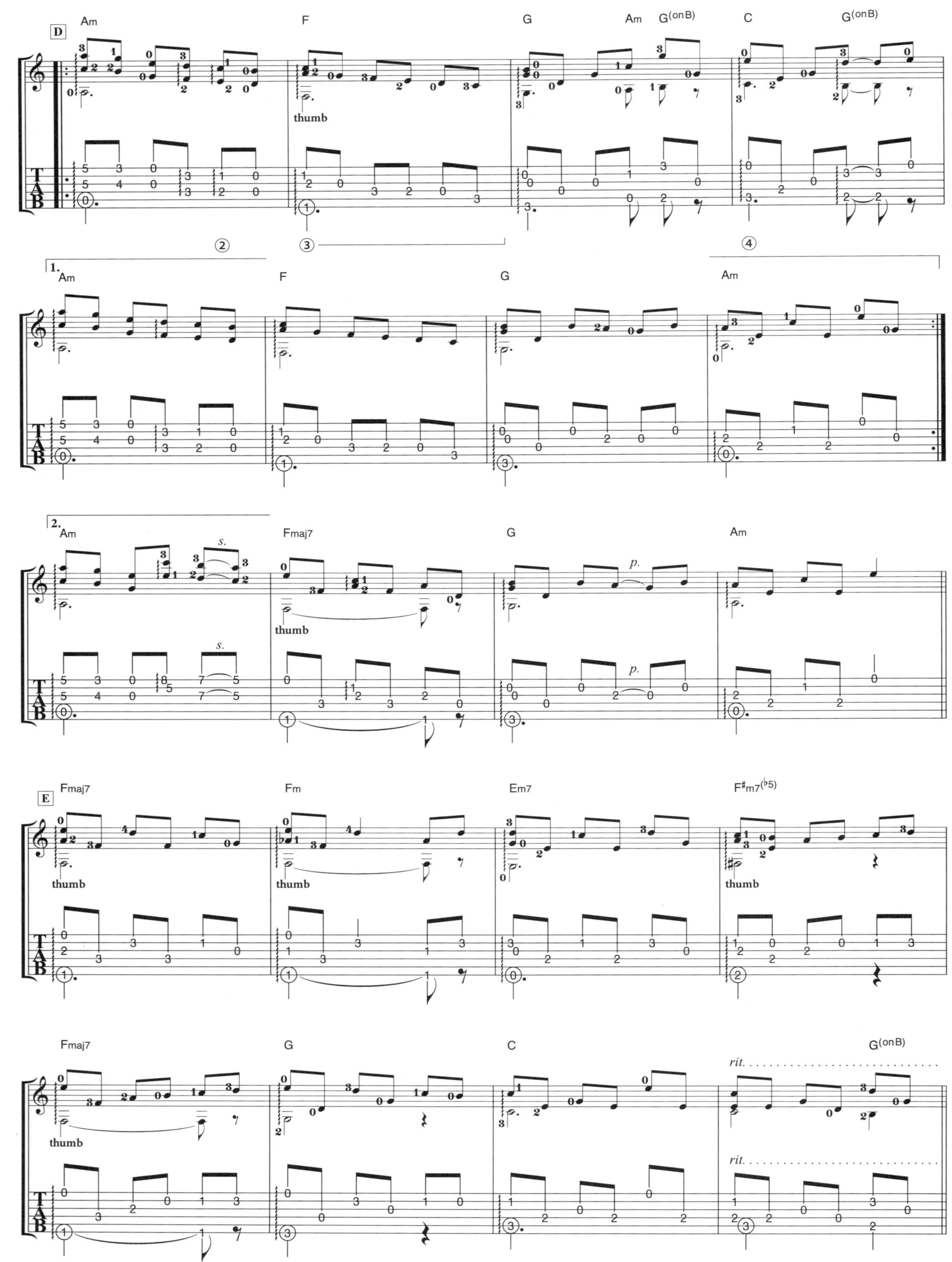

12
木もれ陽 (Komorebi)
182 10th Anniversary BEST -Ballade Side- Kotaro Oshio

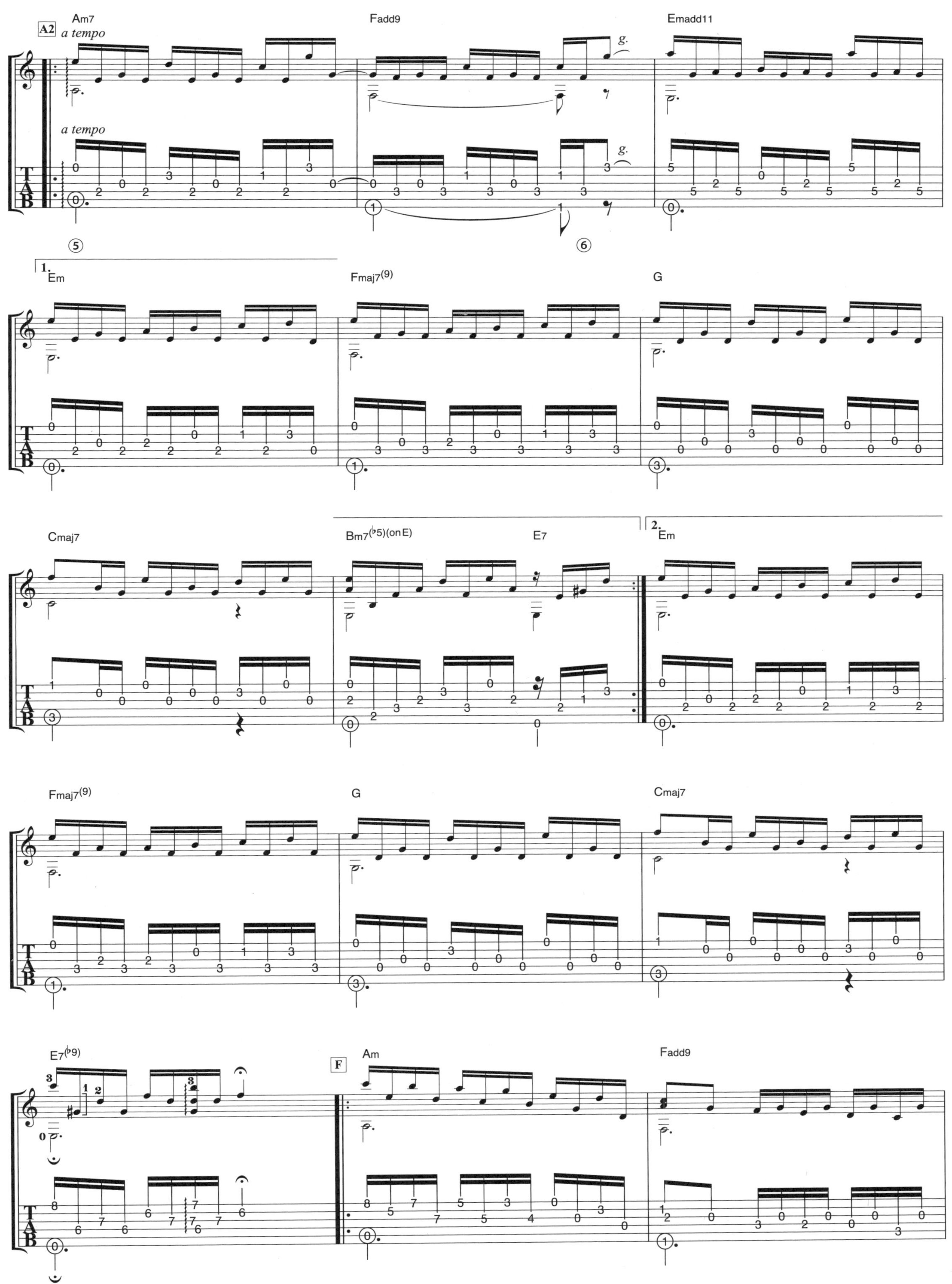




12
木もれ陽 (Komorebi)

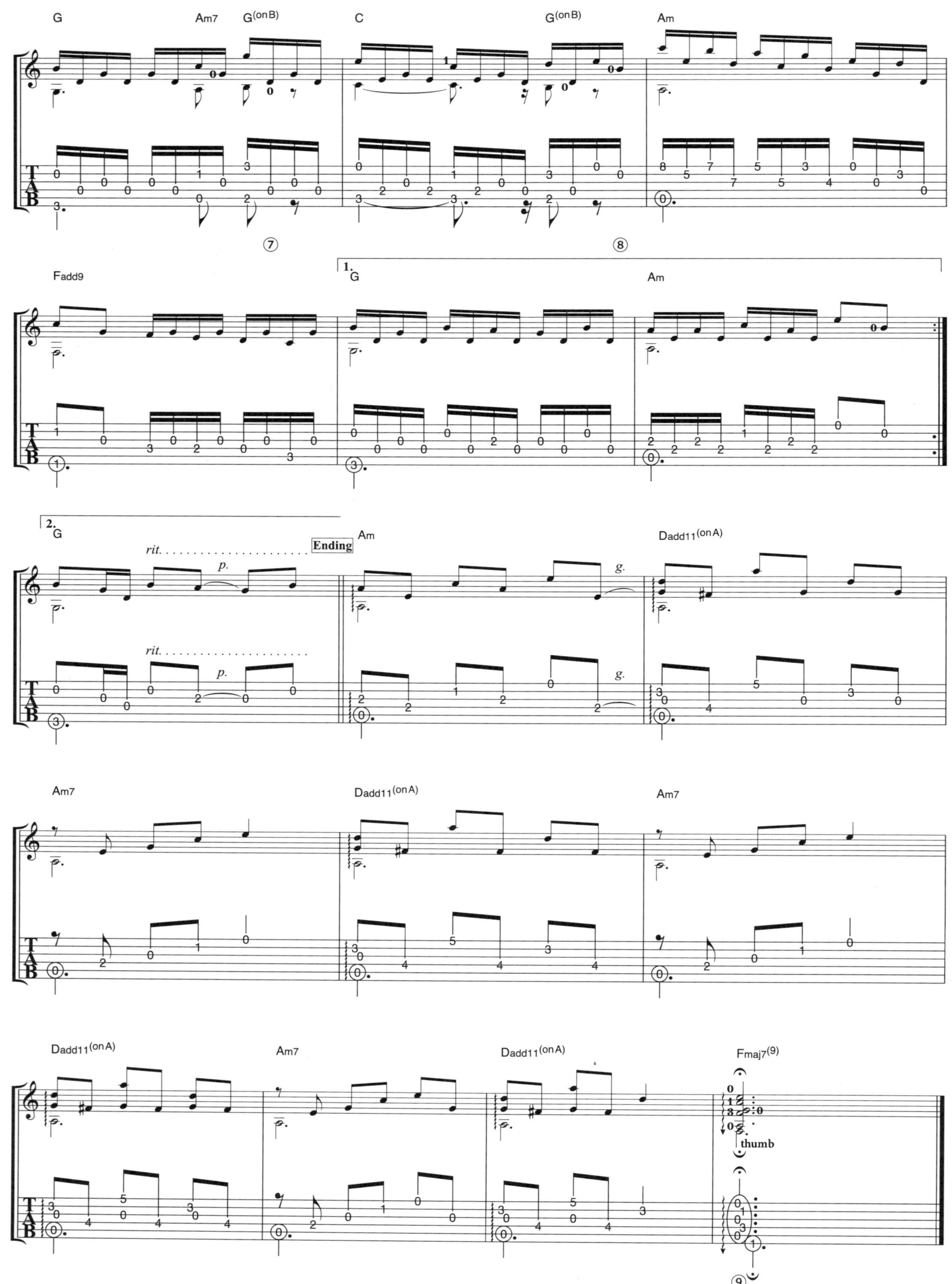

G
Am7
G(on B)
C
G(on B)
Am
Fadd9
1.
G
Am
2.
G
rit.
p.
Ending
Am
Dadd11(on A)
g.
Am7
Dadd11(on A)
Am7
Dadd11(on A)
Am7
Dadd11(on A)
Fmaj7(9)
thumb



12
木もれ陽
(Komorebi)

# 木もれ陽(Komorebi)

녹음에 사용된 기타:MARTIN D28 1964년도 제작

**Tuning=Standard（Capo=5）**



## 곡의 개요&연주법 해설

인디 시절의 앨범 〈오시오 코타로〉(1999)에 수록된 환상적인 분위기의 발라드. 그 후, 2003년에 공개된 영화 〈船を降りたら彼女の島(배에서 내리면 그녀의 섬)〉의 테마곡으로도 사용되었다. 메이저 데뷔 첫 앨범 〈STARTING POINT〉(2002)에도 'cineme version'이 수록되어 있다. 〈10th Anniversary BEST〉에는 부제에 'Type D-28'이라고 쓰인 대로 MARTIN D-28 기타로 재녹음되었다.

 ## 연주 포인트 

### Intro

2번 줄 1프렛 C음을 누른 왼손 1번 손가락과 4번 줄 2프렛 E음을 누른 2번 손가락을 축으로 운지를 한다.

① 1~3번 줄을 한 손가락으로 가볍게 쓰다듬는 느낌으로 업 스트로크한다.

### D

② 두 번째(도돌이표로 돌아왔을 때)에는 퀵 아르페지오를 하지 않는다.

③ 왼손 1번 손가락(2번 줄 1프렛, C음)과 엄지손가락(6번 줄 1프렛, F음)을 누른 채로 연주한다(다이어그램 참조).

④ 두 번째(도돌이표로 돌아왔을 때)에는 퀵 아르페지오를 하지 않는다.

### A2

음의 수가 늘어났지만, 왼손 폼은 A와 대부분 같다(다이어그램에는 다른 부분만 표기되었다).

⑤ 두 번째(도돌이표로 돌아왔을 때)에는 퀵 아르페지오를 하지 않는다.

⑥ 두 번째(도돌이표로 돌아왔을 때)에는 4번 줄 3프렛 F음은 연주하지 않는다.

### F

⑦ 이 음은 두 번째(도돌이표로 돌아왔을 때)에만 연주한다.

⑧ 첫 번째는 악보대로 2번 줄 개방의 B음을 연주한다. 두 번째(도돌이표로 돌아왔을 때)에는 3번 줄 개방의 G음을 연주한다.

### Ending

⑨ 부드러운 터치로 느리게 업 스트로크한다.

Intro
Am7
Dadd11(on A)

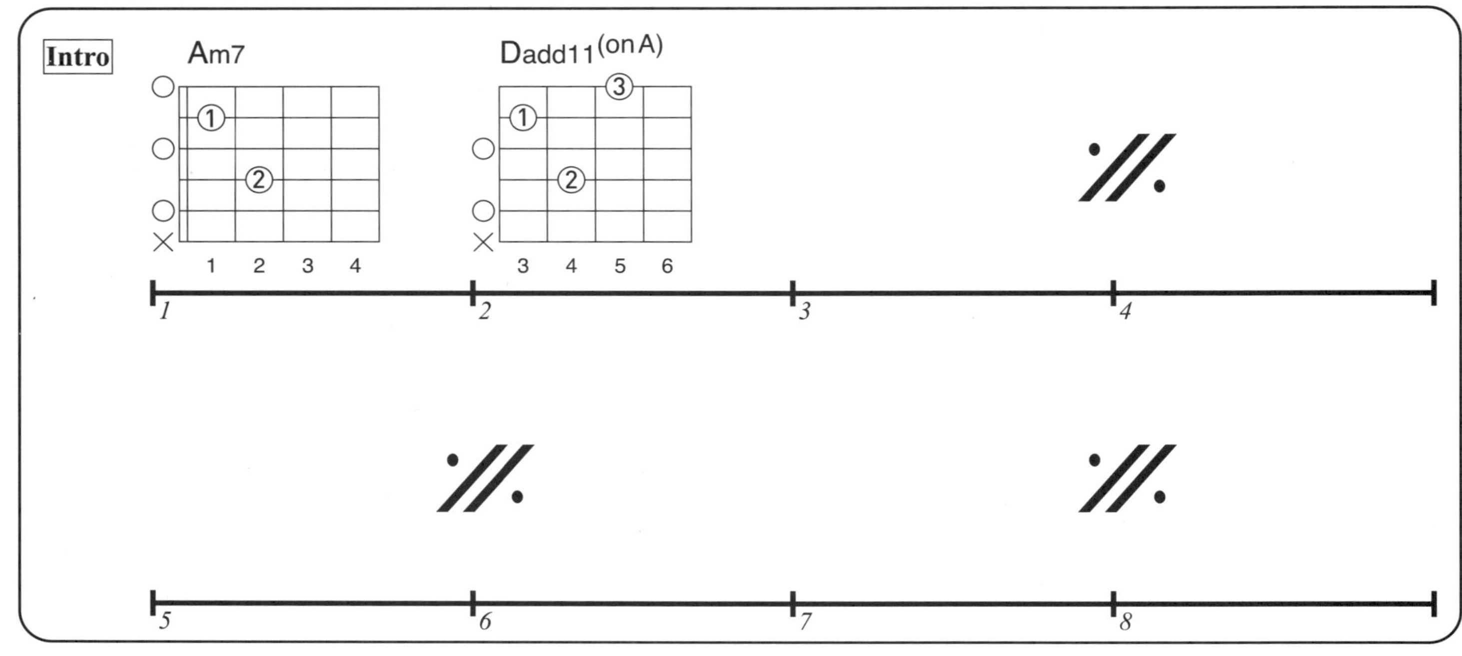

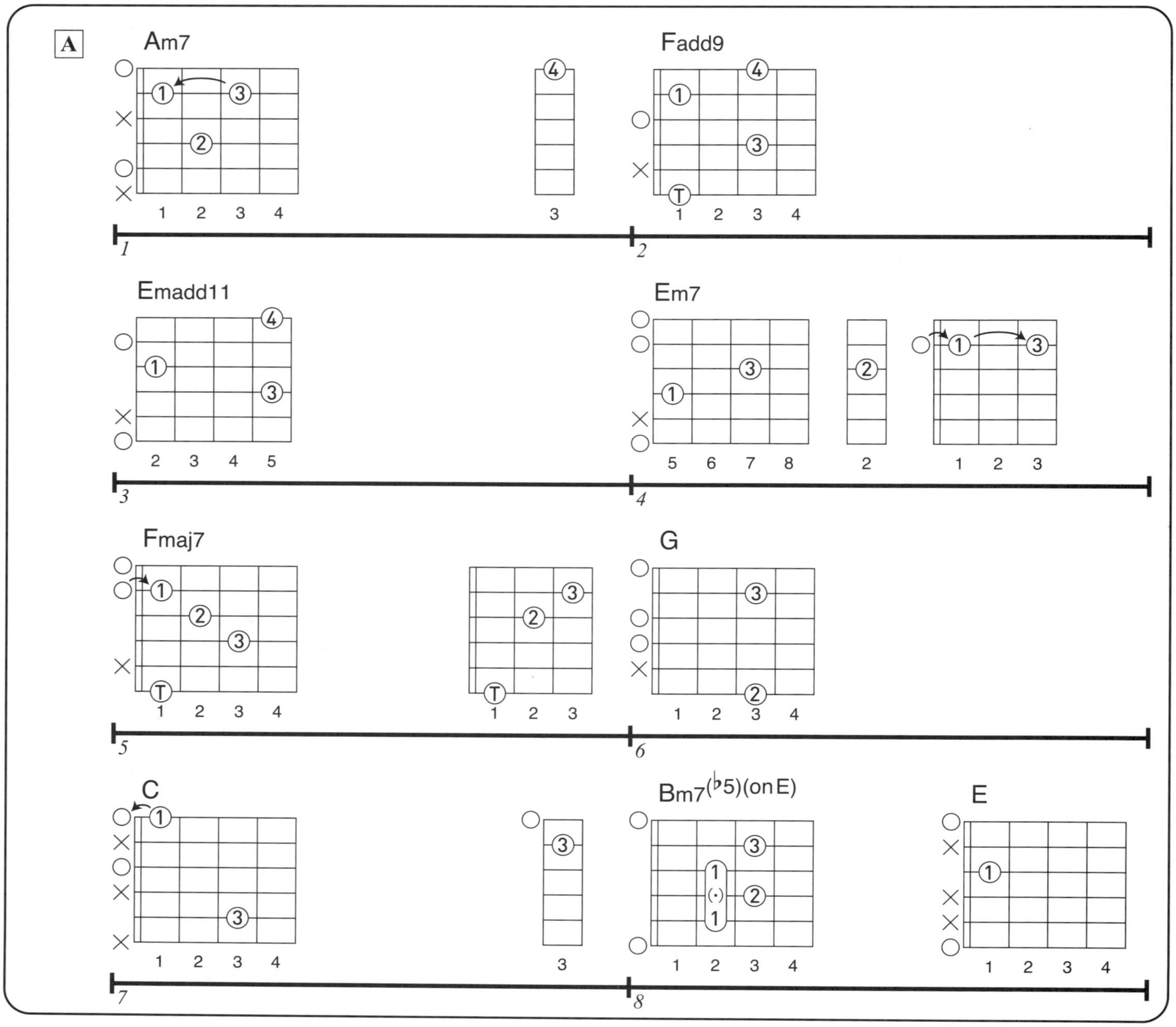

A
Am7
Fadd9
Emadd11
Em7
Fmaj7
G
C
Bm7(♭5)(on E)
E

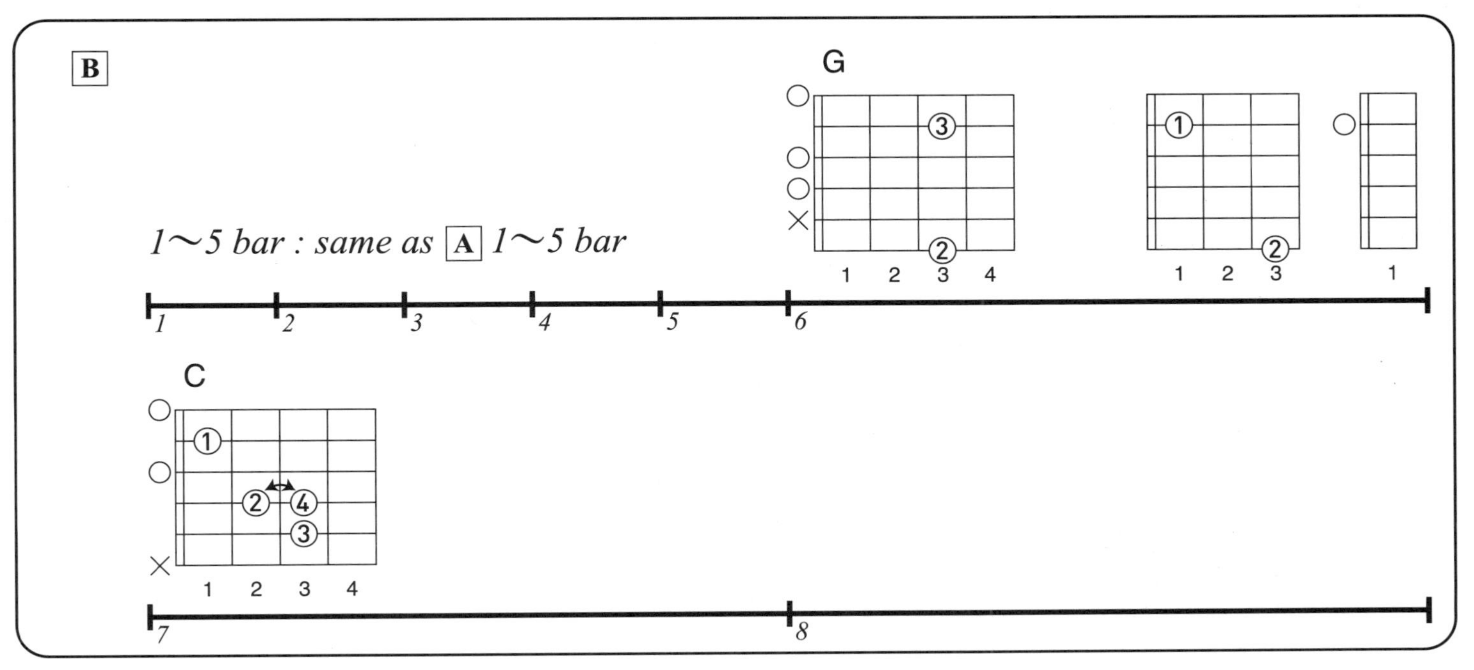

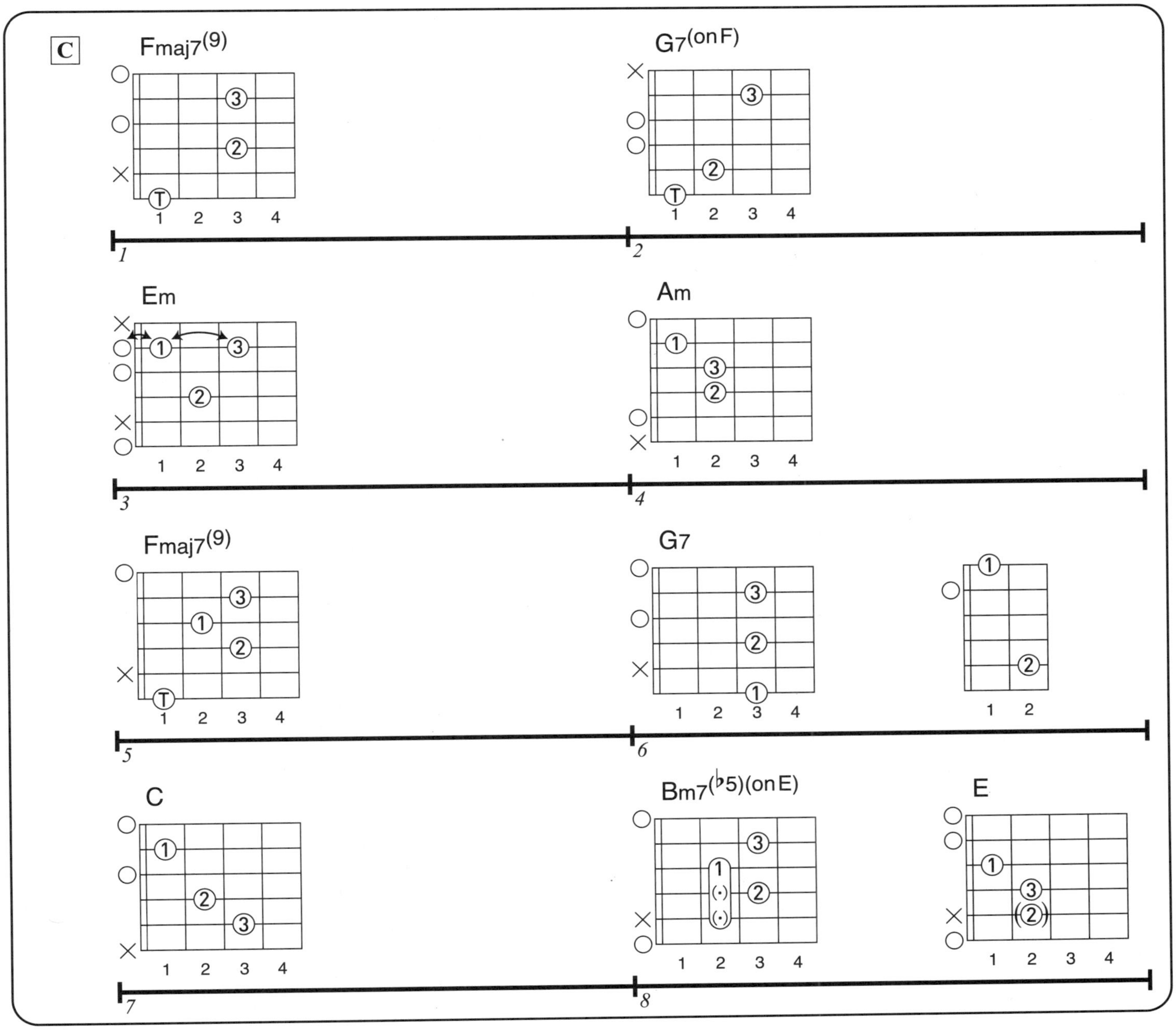

C



12
木もれ陽 (Komorebi)

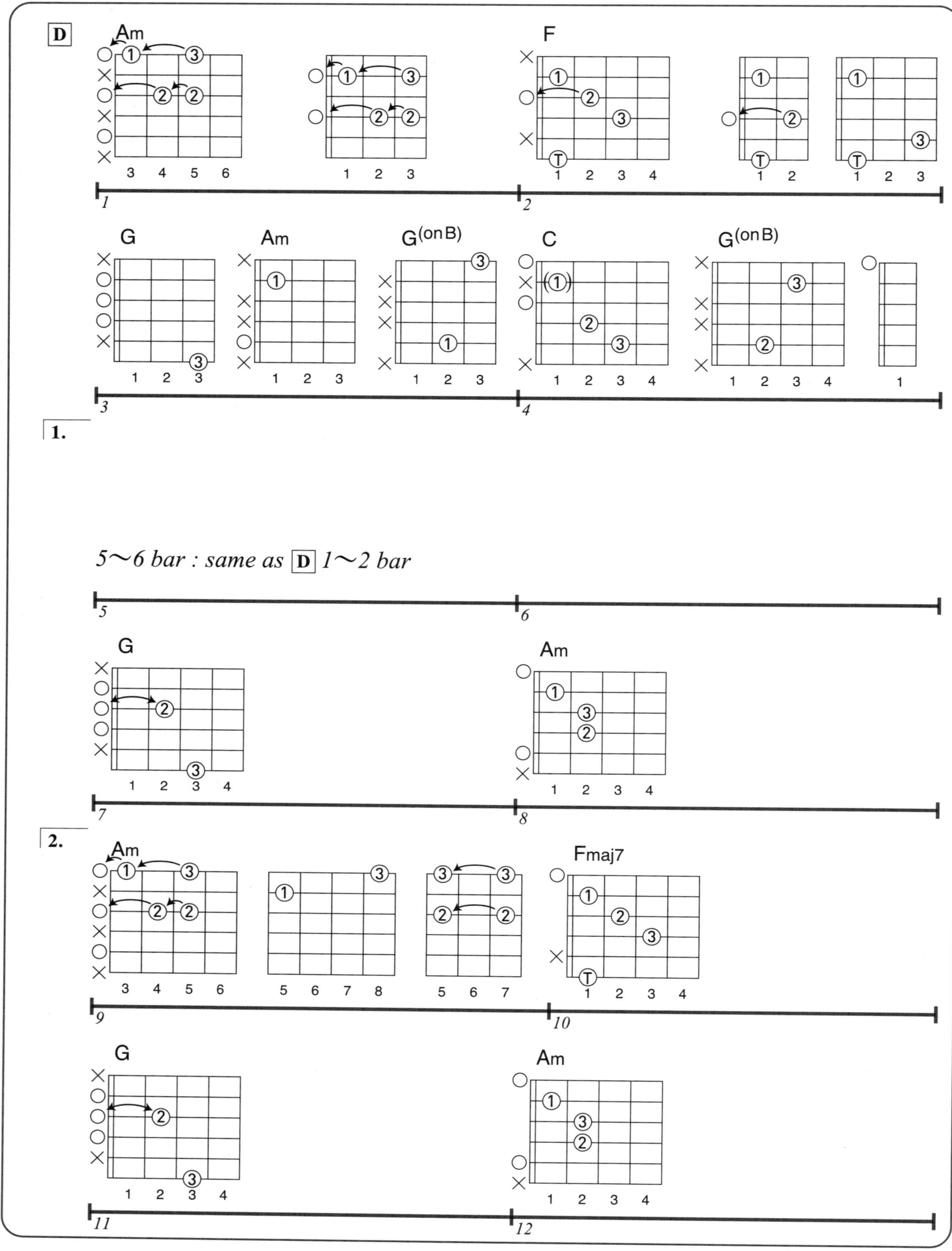
D
Am
F
G
Am
G(onB)
C
G(onB)
5～6 bar : same as D 1～2 bar
G
Am
Am
Fmaj7
G
Am

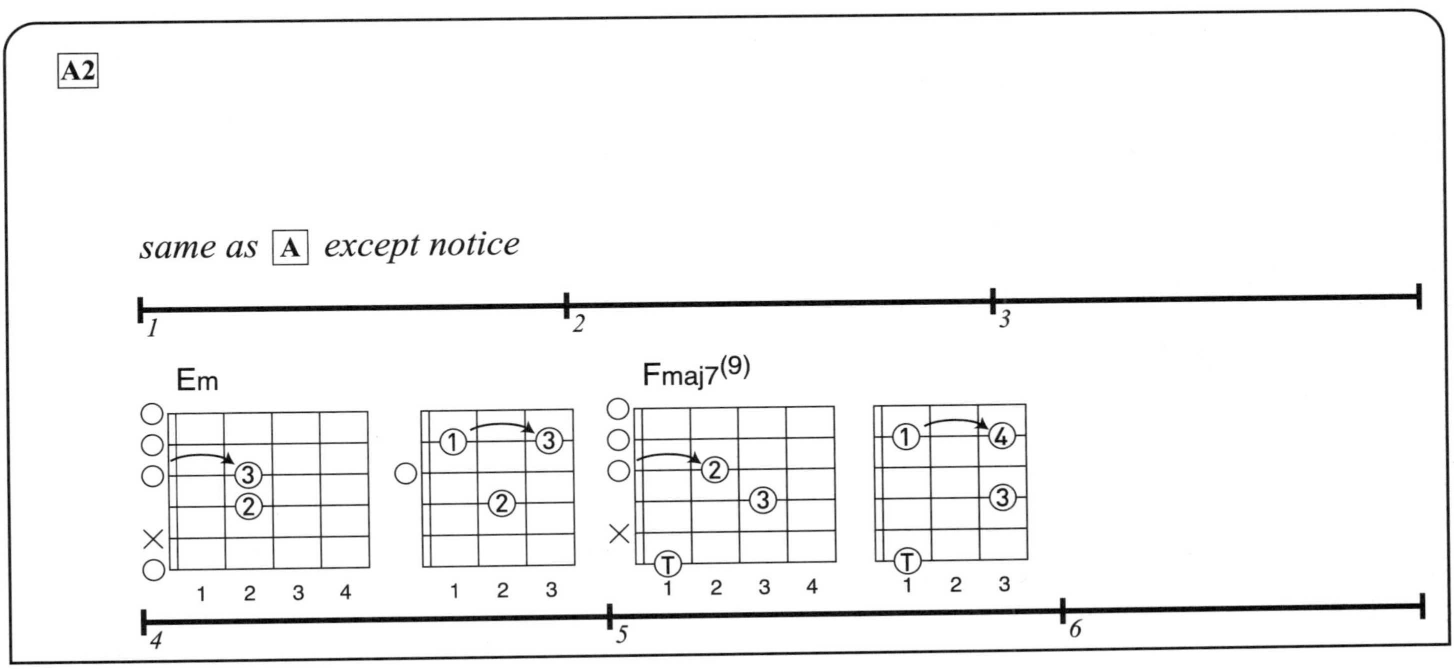

E 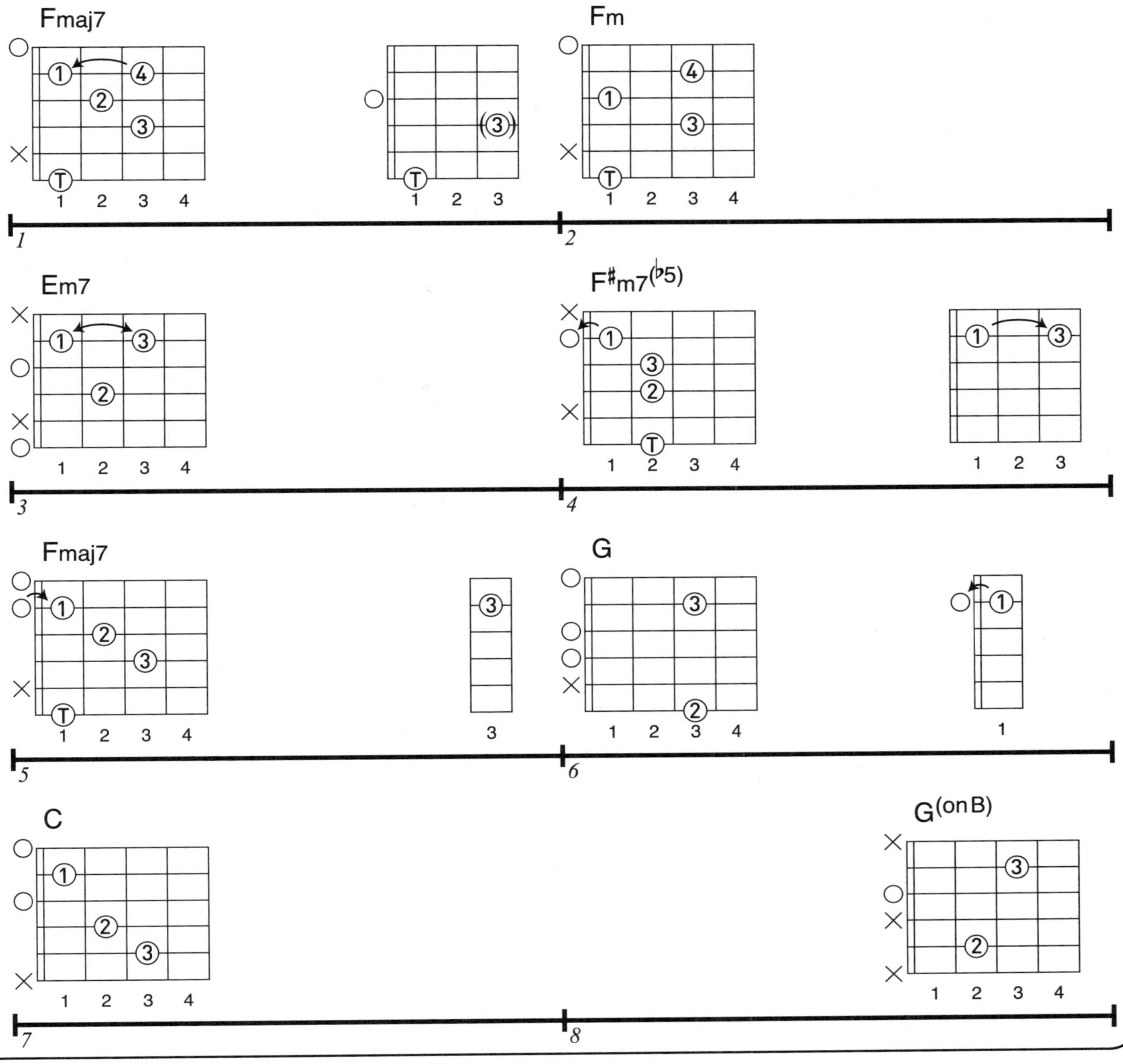
Fmaj7
Fm
Em7
F#m7(♭5)
Fmaj7
G
C
G(onB)
A2
same as A except notice
Em
Fmaj7(9)





12
木もれ陽 (Komorebi)

~A2
Cmaj7
E7
2.
E7(♭9)

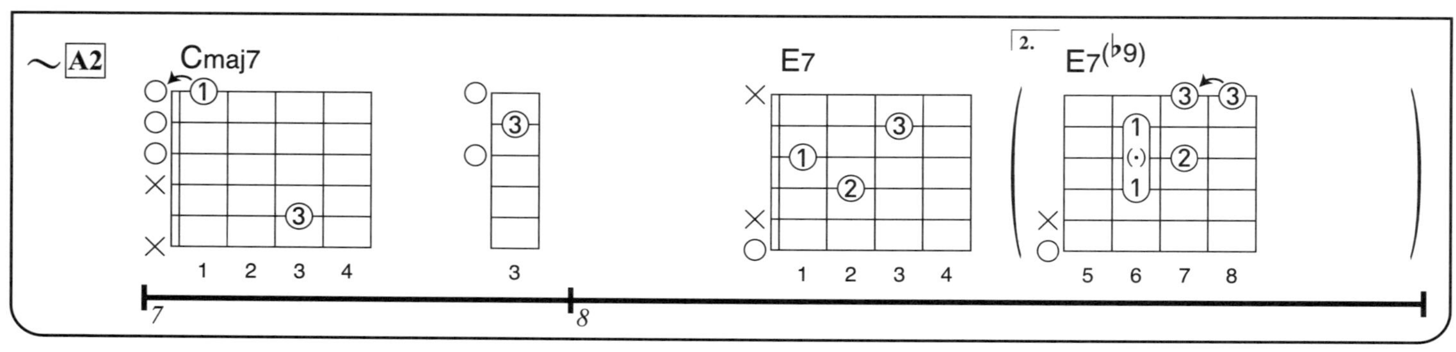

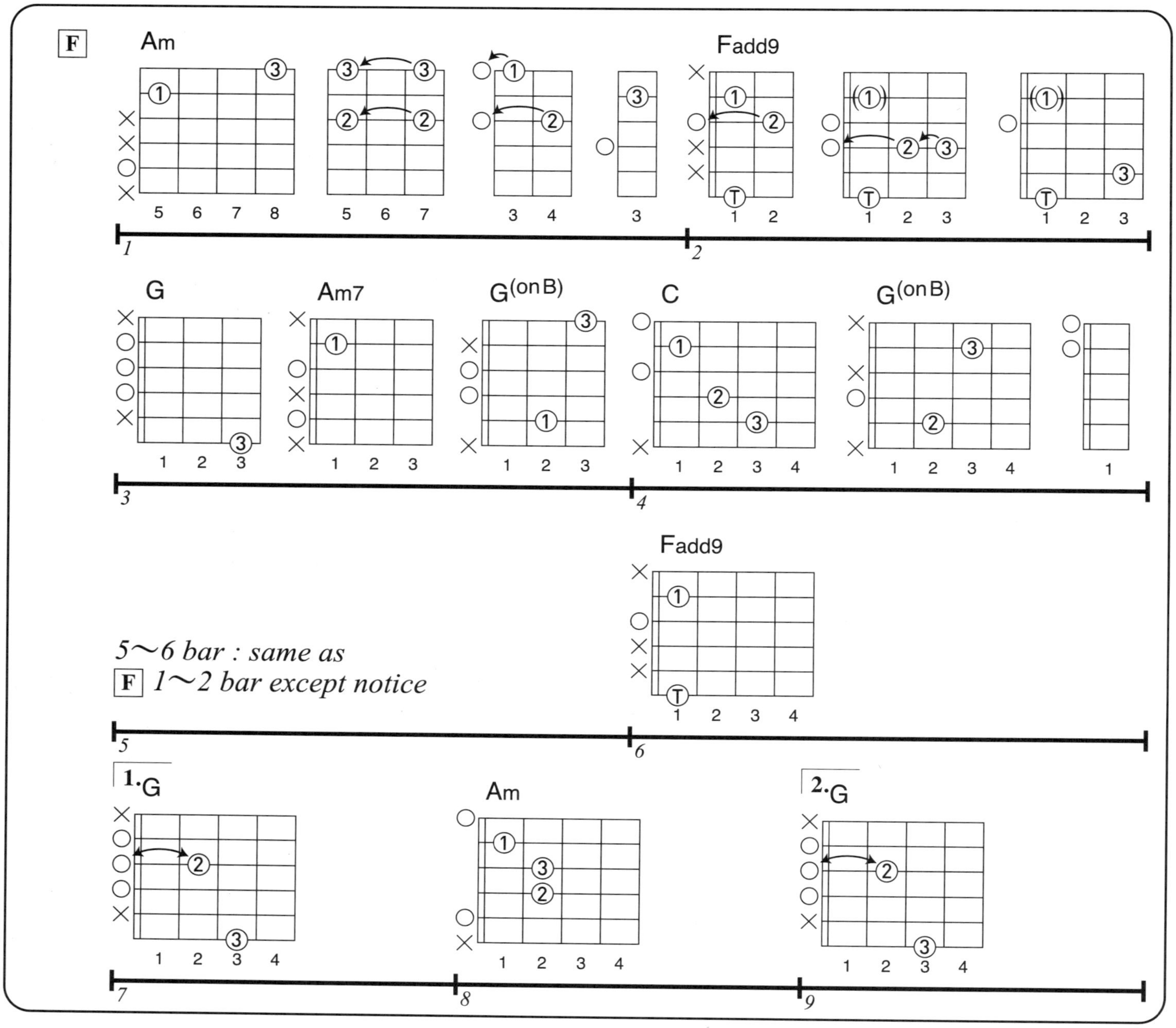

F
Am
Fadd9
G
Am7
G(onB)
C
G(onB)
Fadd9
5~6 bar : same as
F 1~2 bar except notice
1.G
Am
2.G

Ending
Fmaj7(9)
1~8 bar : same as Intro 1~8 bar

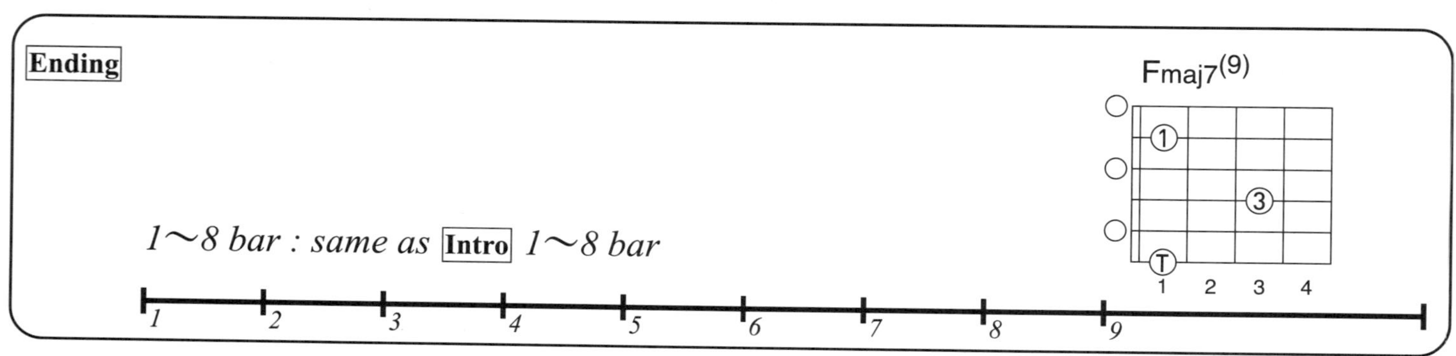

# Earth Angel

Song Written by kotaro oshio

©2009 by Myrica Music, Inc. & KOTARO music office, Inc. & Sony Music Publishing (Japan) Inc.

**Tuning = A E E F♯ B E**

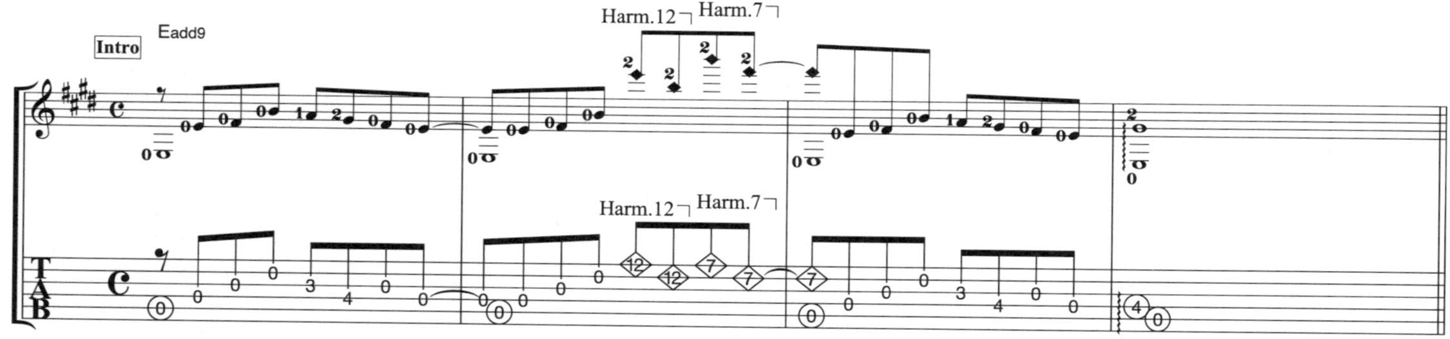

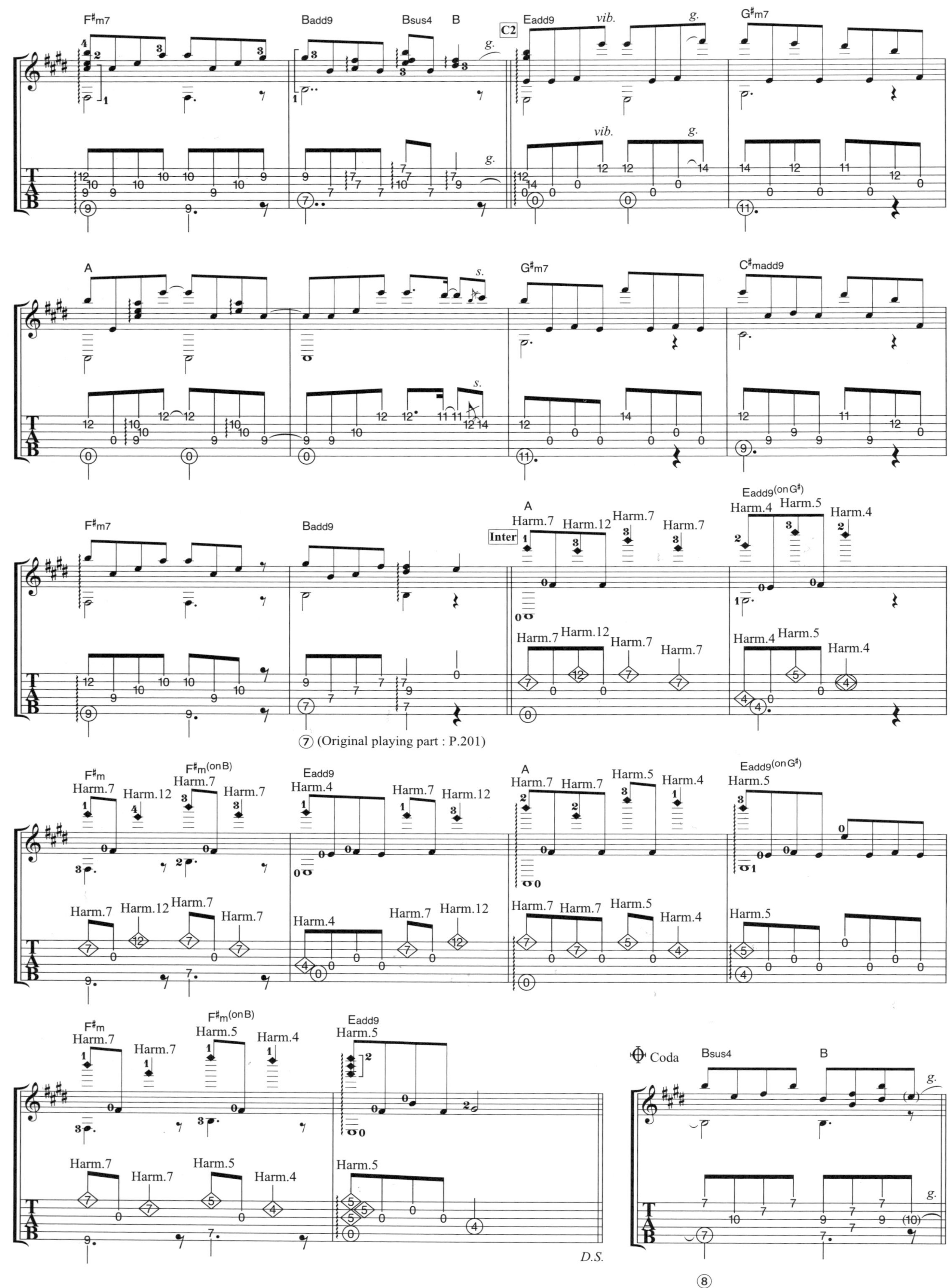

Earth Angel
13
F#m7   Badd9   Bsus4   B   C2   Eadd9   vib.   g.   G#m7
A   G#m7   C#madd9
F#m7   Badd9   Inter   A   Harm.7   Harm.12   Harm.7   Harm.7   Eadd9(on G#)   Harm.4   Harm.5   Harm.4
(Original playing part : P.201)
F#m   Harm.7   F#m(on B)   Harm.12   Harm.7   Harm.7   Eadd9   Harm.4   Harm.7   Harm.12   A   Harm.7   Harm.7   Harm.5   Harm.4   Eadd9(on G#)   Harm.5
F#m   Harm.7   Harm.7   F#m(on B)   Harm.5   Harm.4   Eadd9   Harm.5   Coda   Bsus4   B   g.
D.S.

C3
Eadd9
G#m
A
s.
G#m7
C#m
F#m7
Badd9
Bsus4
B
g.
C4
Eadd9
vib.
G#m7
A
s.
vib.
G#m7
C#madd9
F#m7
Badd9
Bsus4
B
Ending
Eadd9
Harm.12
Harm.7
rit.
13
Earth Angel

# Earth Angel

녹음에 사용된 기타:SUGITA KENJI ACOUSTIC GUITARS Carrera DL

**Tuning : A↓／E↓／E↑／F#↓／B／E**

①6번 줄을 5도 내린다(스탠더드 튜닝 5번 줄 개방의 1옥타브 아래)
②5번 줄을 4도 내린다(1번 줄 개방의 2옥타브 아래)
③4번 줄을 1음 올린다(1번 줄 개방의 1옥타브 아래)
④3번 줄을 반음 내린다(4번 줄 2프렛과 유니즌)

## 곡의 개요&연주법 해설

2009년에 발표된 앨범 〈Eternal Chain〉에 수록된 느린 템포의 조용한 발라드다. DVD 〈Eternal Chain〉에 라이브 버전이 수록되어 있으니 연주에 참고하기 바란다. 템포가 더 느리고 세밀하게 조금 다르지만, 대부분은 CD의 연주와 같다.

〈10th Anniversary BEST〉에 수록된 '오아시스(Oasis)'와 같은 AEEF# BE 튜닝이다. 6번 줄의 음이 상당히 낮고 느슨하므로 누를 때 초킹이 되지 않도록 주의하기 바란다.

이 곡은 메인 기타와 같은 튜닝의 다른 기타가 겹쳐져 있다. **Inter** 와 바로 전 소절(**C2** 마지막 소절)은 오시오 코타로와 상의해서, 기타한 대로 연주할 수 있게 어레인지된 DVD의 라이브 버전의 것을 채보했다(CD의 오리지널 연주는 201페이지 참조). 이밖에도 **C**와 **C2**에는 레슬리 스피커(스피커를 회전시켜서 음을 꿈틀거리게 하는 효과를 낸다. 주로 오르간에 사용된다)를 사용한 하모닉스가 겹쳐져 있다.

'○×'는 ○번째의 반복에서는 이 부분을 연주하라는 의미다. 그 외에 반복할 때 다르게 연주하는 부분은 아래의 해설에서 설명한다.

## 연주 포인트

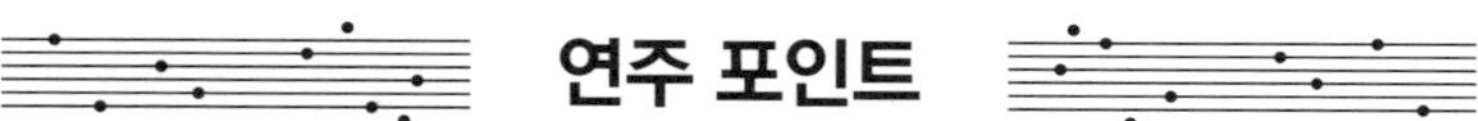

### A

**A**에는 도돌이표가 있다. 두 번 반복한 후, **B**로 진행한다. 𝄋로 돌아왔을 때에는 반복하지 않고 **B**로 진행한다.

① 넥을 쥔 왼손 엄지손가락으로 5~6번 줄을 바레해서 베이스음인 5번 줄 4프렛 G#음을 누른다. 어렵다면 3번 손가락으로 눌러도 된다.

② 이 부분은 세 번째(𝄋 때)에만 괄호 친 곳을 연주한다.

③ 이 베이스음은 첫 번째와 세 번째(𝄋 때)에만 연주한다. 두 번째(도돌이표로 돌아왔을 때)에는 연주하지 않는다.

④ 이 부분은 세 번째(𝄋 때)에만 괄호 친 곳을 연주한다.

### B

⑤ 이 부분은 두 번째(𝄋 때)에만 괄호 친 곳을 연주한다. 바로 앞의 G# 에서 이동할 때, 첫 번째는 4프렛 모든 줄 바레에서 손가락 밑동을 살짝 올려서 3~5번 줄 부분 바레를 한다. 그 상태에서 글리산도해서 9프렛까지 이동한다. 두 번째(𝄋 때)는 G#의 마지막에서 손가락을 떼고 폼 체인지를 한다.

⑥ 3번 줄은 괄호를 친 10프렛이나, 바로 앞에서 누르고 있던 9프렛에서 글리스 업해서 **C** 1소절째의 14프렛까지 이동한다.

### C2

⑦ **Inter** 와의 연결을 고려해서 이 소절부터 DVD의 라이브 버전을 채보했다. CD의 오리지널 연주는 201페이지를 참고하기 바란다.

### ⬧ Coda 1

⑧ 베이스음은 피킹하지 않는다. ⬧ Coda 1 바로 전의 베이스음이 여기서도 울리게 한다.

### C3

⑨ 퀵 아르페지오로 연주한 **C**, **C2**와 다르게, 부드럽게 다운 스트로크한다. **C4**도 같다.

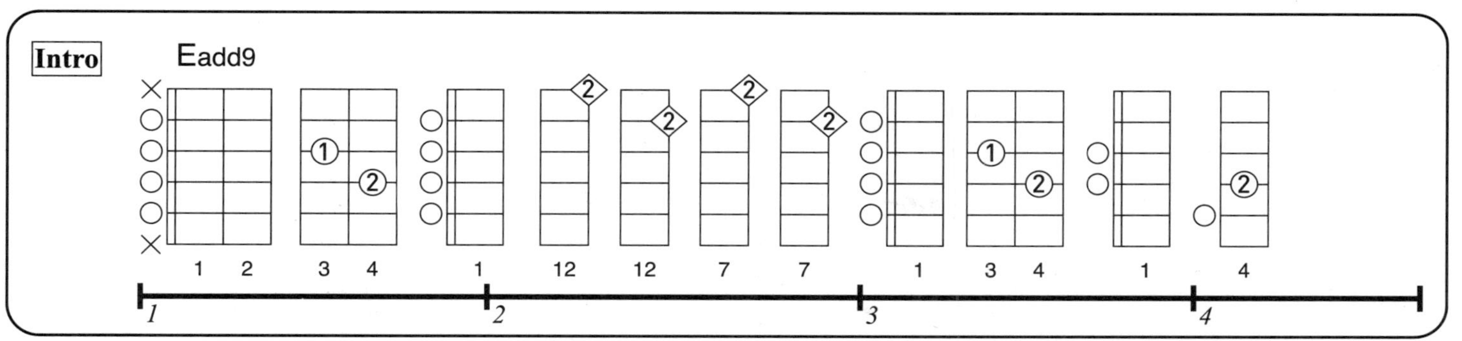

Intro
Eadd9
Eadd9
A 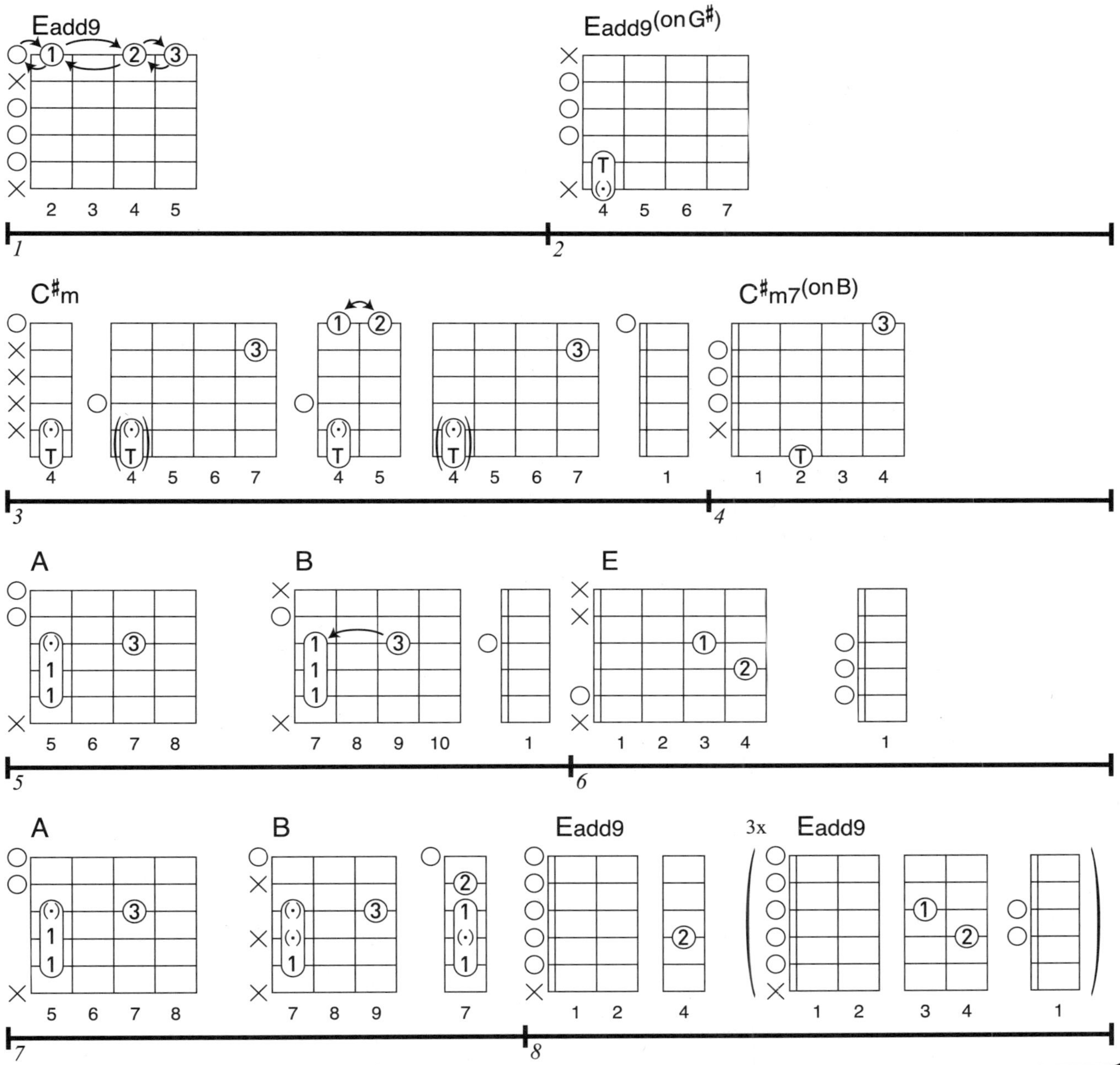
Eadd9
Eadd9(on G#)
C#m
C#m7(on B)
A
B
E
A
B
Eadd9
3x
Eadd9


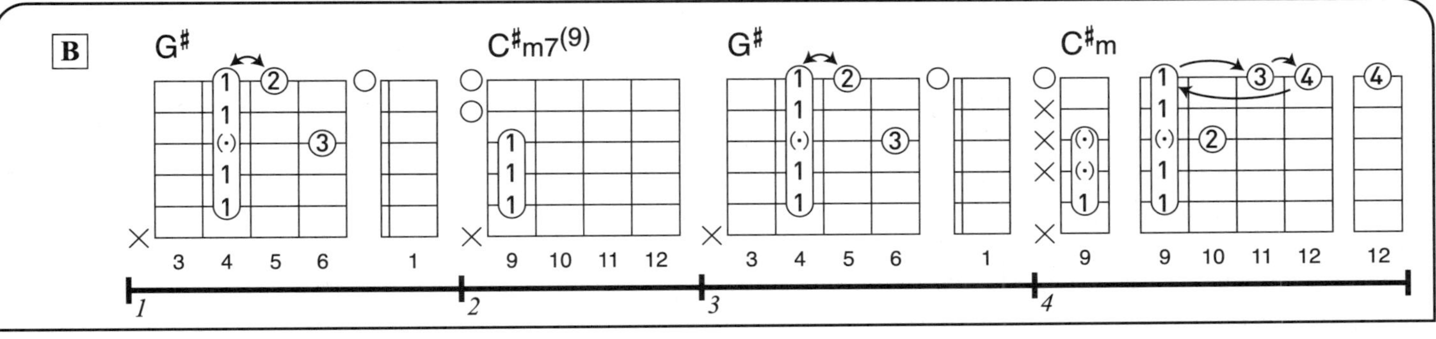

B
G#
C#m7(9)
G#
C#m

~ B
F#m7
Badd9
Bsus4 → B
5
6
7
8

C
Eadd9
G#m
A
G#m7
C#madd9
F#m7
Badd9
Bsus4 → B

C2
Badd9
1~7 bar : same as C

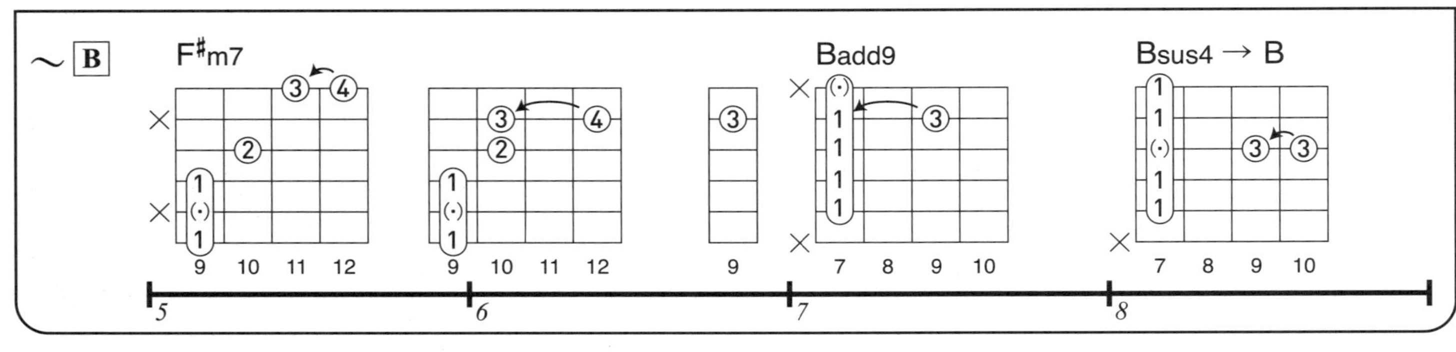

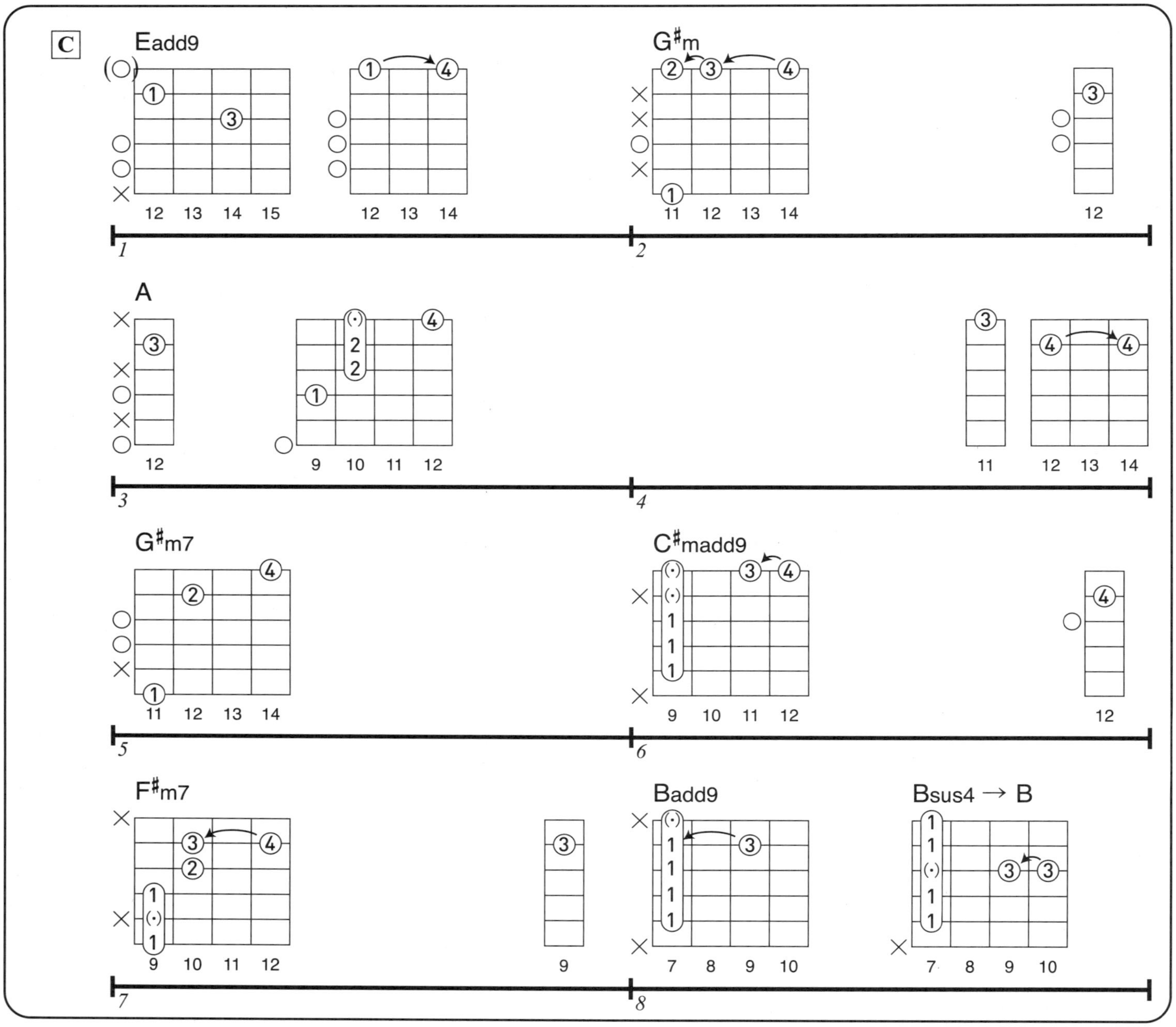

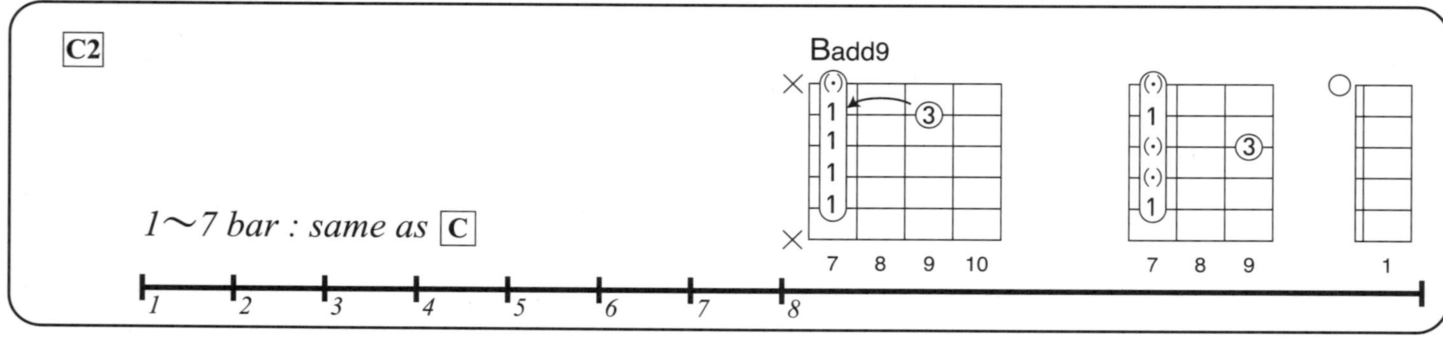

Inter
A6 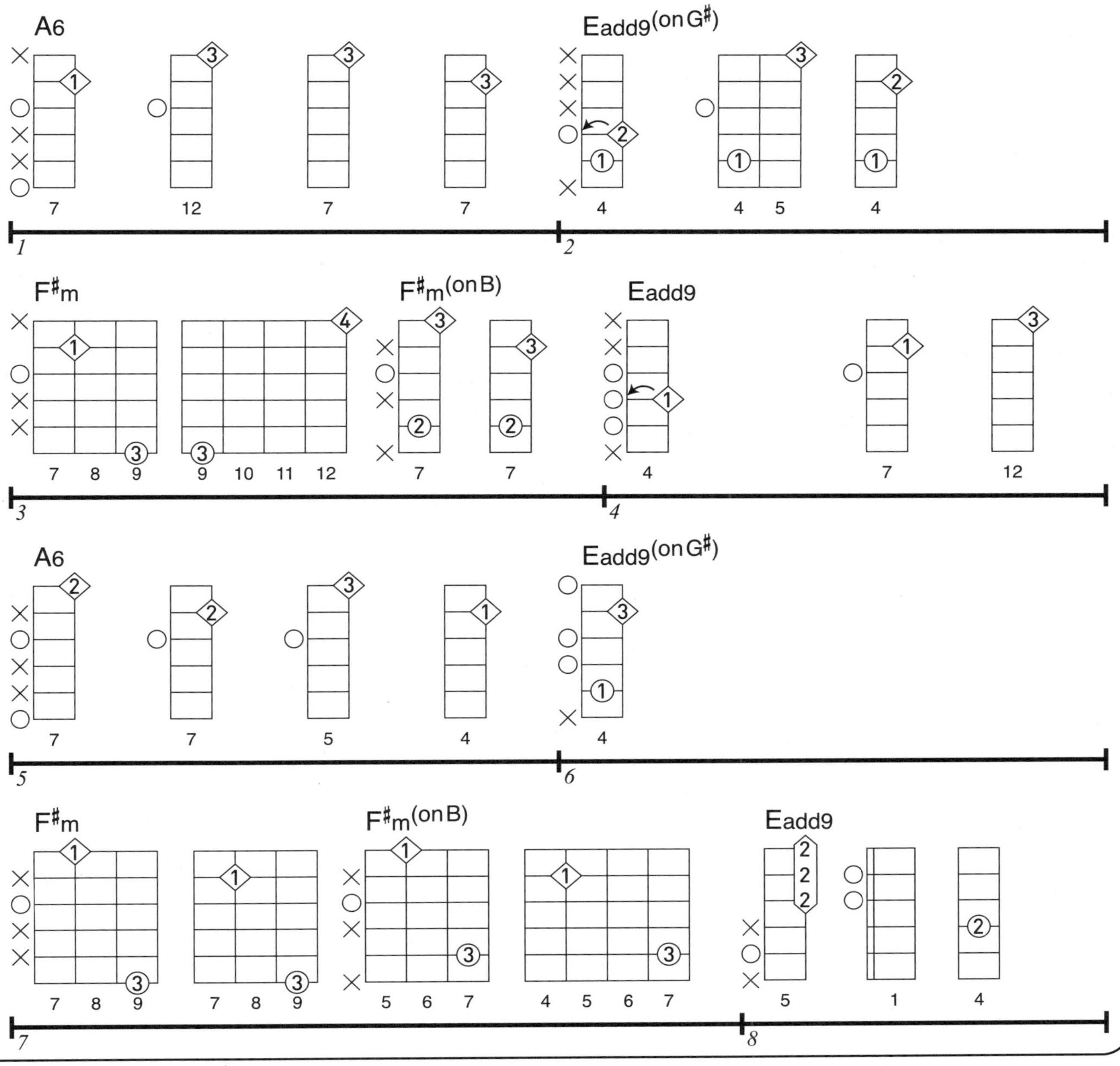
Eadd9(onG#)
7 12 7 7
4 4 5 4
1
2
F#m
F#m(onB)
Eadd9
7 8 9
9 10 11 12
7 7
4
7 12
3
4
A6
Eadd9(onG#)
7 7 5 4 4
5
6
F#m
F#m(onB)
Eadd9
7 8 9
7 8 9
5 6 7
4 5 6 7
5 1 4
7
8
Coda
Bsus4 → B
7 8 9 10
1
C3
C#m
same as C except notice
9 10 11 12
1 2 3 4 5 6 7 8


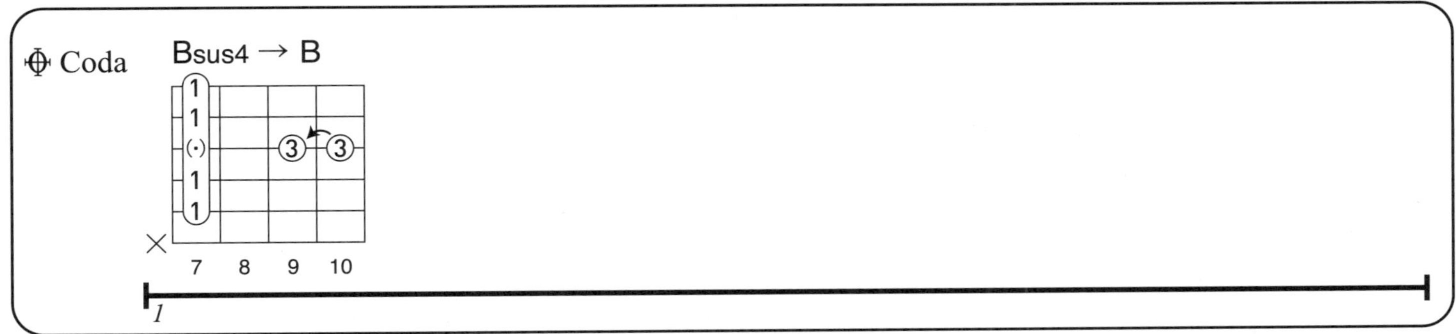

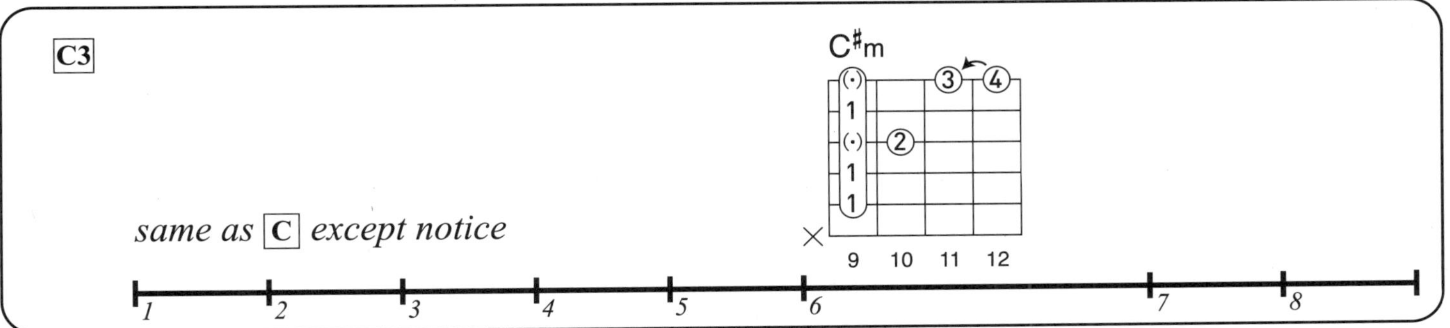

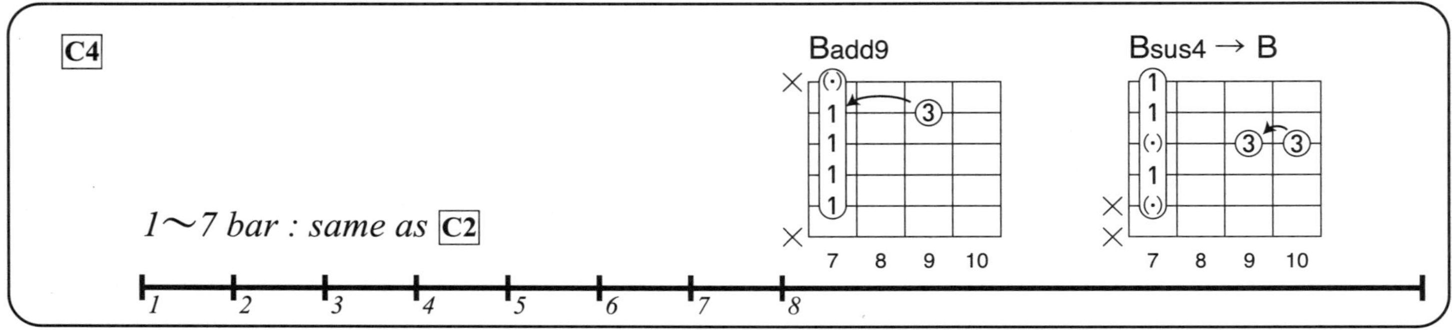

C4
Badd9
Bsus4 → B
7  8  9  10
7  8  9  10
1~7 bar : same as C2
1  2  3  4  5  6  7  8


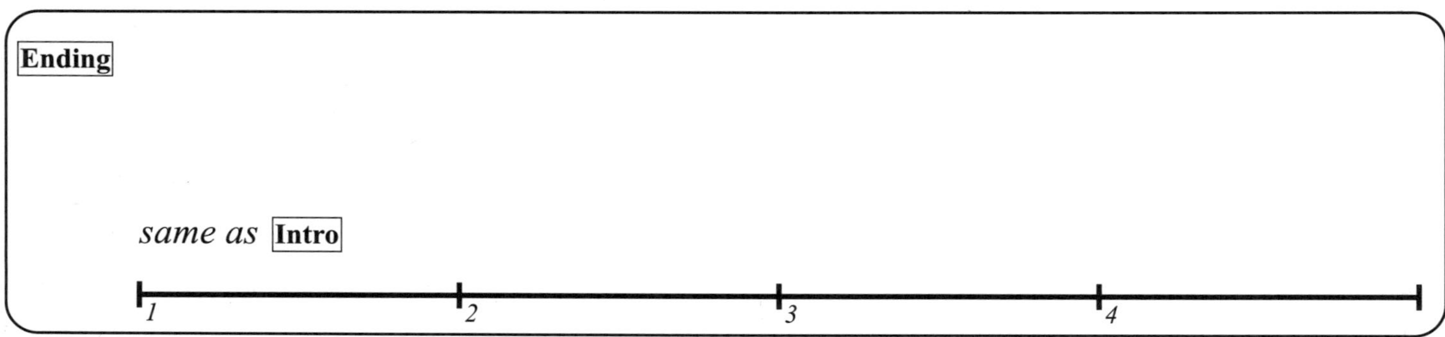

Ending
same as Intro
1  2  3  4

# 오리지널 연주 <C2> 부분

녹음에 사용된 기타 : SUGITA KENJI ACOUSTIC GUITARS Carrera DL

**Tuning=A↓ / E↓ / E↑ / F# ↓ / B / E**

CD에는 다른 기타로 연주한 하모닉스(Guitar 1)가 겹쳐져 있으며, 튜닝은 기타 2(Guitar 2)와 같다. 하모닉스는 모두
왼손을 하모닉스 포인트에 대고 오른손으로 피킹하는 내추럴 하모닉스이며, 프레이즈는 라이브 버전과 다르다.

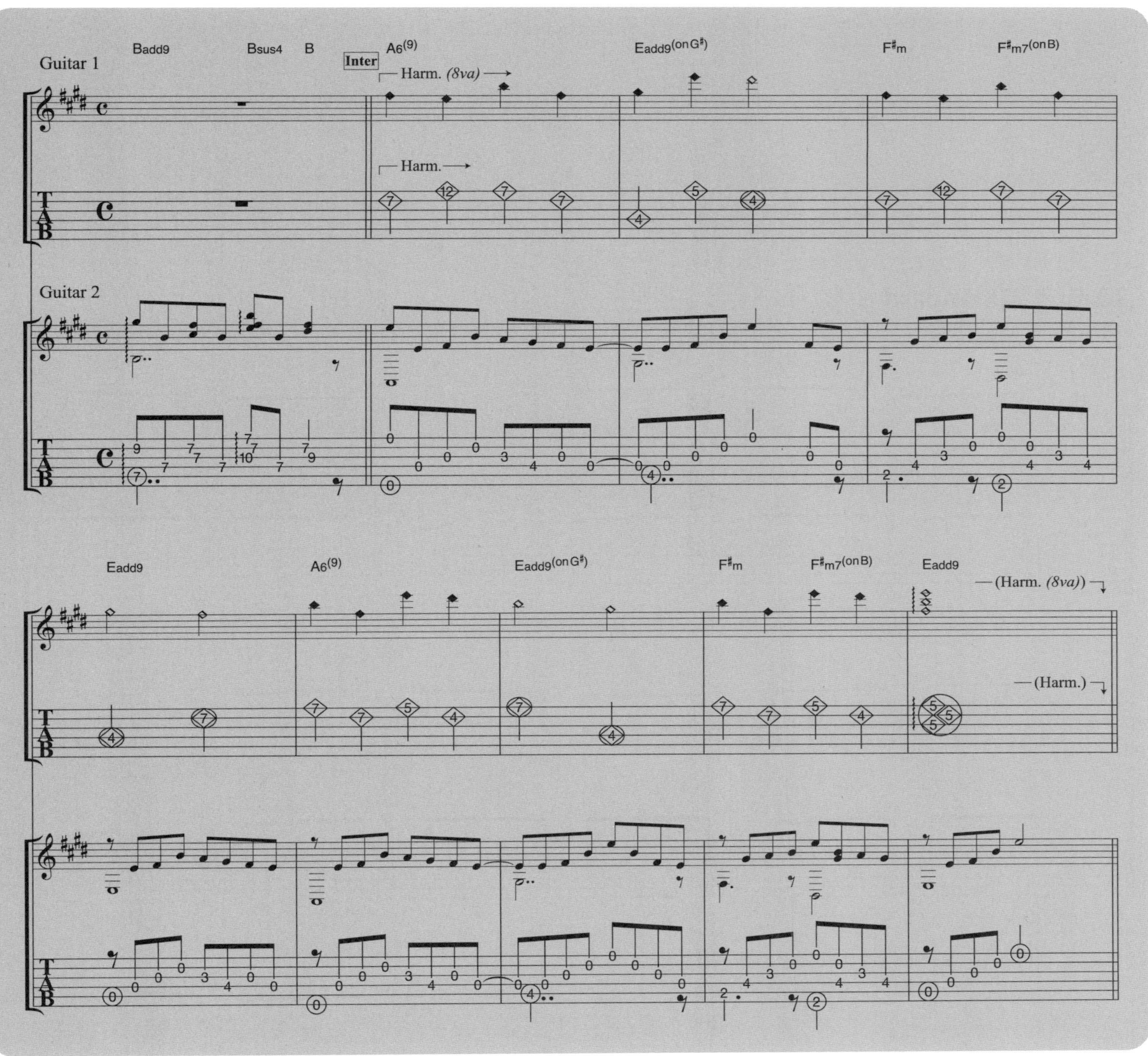

# ずっと...(Forever...)

Song Written by Kotaro Oshio

ⒸKotaro Oshio

**Tuning = Standard**

10th Anniversary BEST -Ballade Side- Kotaro Oshio　203

ずっと…(Forever…)
14
204 10th Anniversary BEST -Ballade Side- Kotaro Oshio

Dm7
G7sus4
G7
C
F
C
thumb
Fadd9
C(on E)
Dm7
Gsus4
G
C
thumb
Bm7(♭5)
E7(♭9)
Am7
Am6(on F♯)
Fmaj7
F♯m7(♭5)
s.
s.
Gsus4
G
G
C
G(on B)
Am7
Gm
C7(9)
F
C(on E)
Dm
h.
G
C
g.
h.
g.
thumb

14
ずっと… (Forever…)

D(on A)
6
A
s.
Gadd9
F#7
Bm
Bmmaj7(on A#)
Bm7(on A)
E7(9)
E7(b9)
5
Asus4
A
J
A
s.
Aadd9(on C#)
D
Dm
vib.
h.
g.
A(on E)
B7(on D#)
Bm(on D)
Dm
A(on C#)
Am(on C)
Bm7(11)(on E)
D
Aadd9(on C#)
Bm7
Aadd9
Oct.Harm.
Oct.Harm.
14
ずっと…(Forever...)
②

# ずっと...(Forever...)

녹음에 사용된 기타:GREVEN D-Herringbone Custom (#1097)

## Tuning : Standard

## 곡의 개요&연주법 해설

인디 시절의 2번째 앨범 〈Love Strings〉(2001) 마지막에 수록된 부드러운 발라드다. 〈10th Anniversary BEST〉에서도 디스크2(Ballade Side)의 마지막을 장식하고 있으며, 세밀하게 다른 부분이 있다. DVD 〈드라마틱 라이브〉(2003)에 라이브 영상이 수록되어 있다.

 연주 포인트 

### B

① 테크니컬 하모닉스와 실음의 콤비네이션이다. 왼손은 바로 앞의 폼을 유지하며 1~4번 줄 7프렛을 1번 손가락으로 부분 바레하고, 1번 줄 9프렛 C#음을 4번 손가락으로 누른다. 오른손은 약손가락으로 실음을 연주하면서 집게손가락을 19프렛(왼손 포지션인 7프렛의 12프렛 위)의 하모닉스 포인트에 대고 엄지손가락으로 피킹한다.

### J

② 테크니컬 하모닉스다. 1번 줄 5프렛의 A음을 왼손 4번 손가락으로 누른 채로 오른손 집게손가락을 17프렛(왼손 포지션인 5프렛의 12프렛 위)의 하모닉스 포인트에 대고 엄지손가락으로 피킹한다.

A
Aadd9
B7(on A)
E7
D(on A)
A
Aadd9
B7(on A)
D
E7
Dm(on A)
Aadd9

B
A
Eadd9(on G♯)
F♯m7
D
A
B7
Esus4 → E

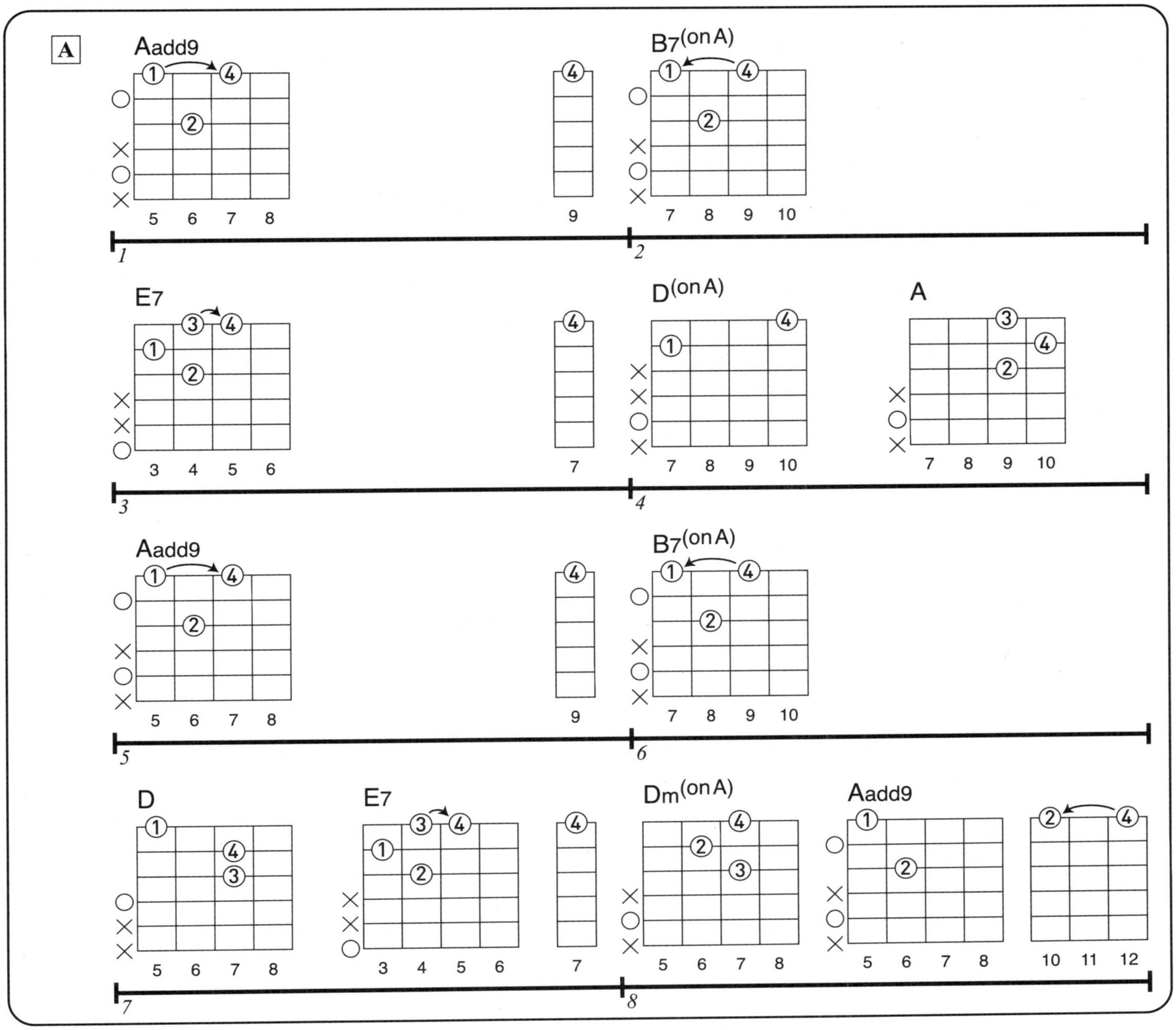

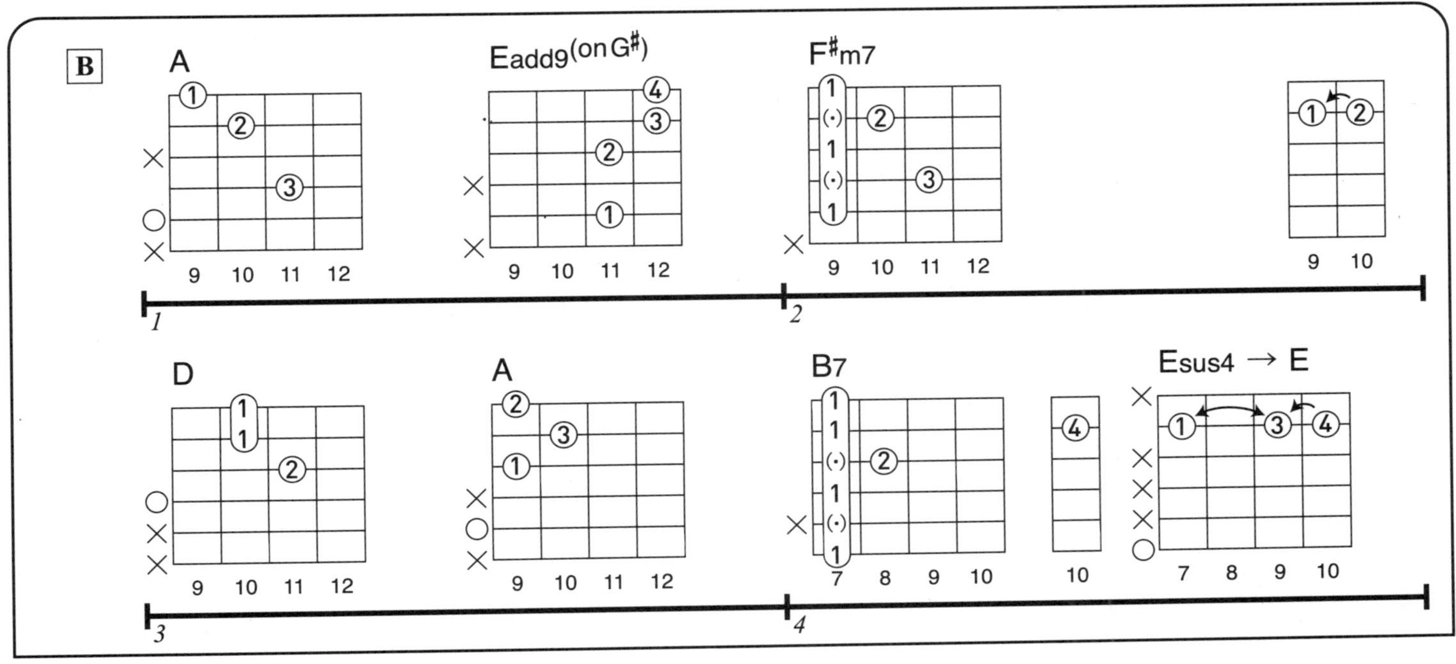

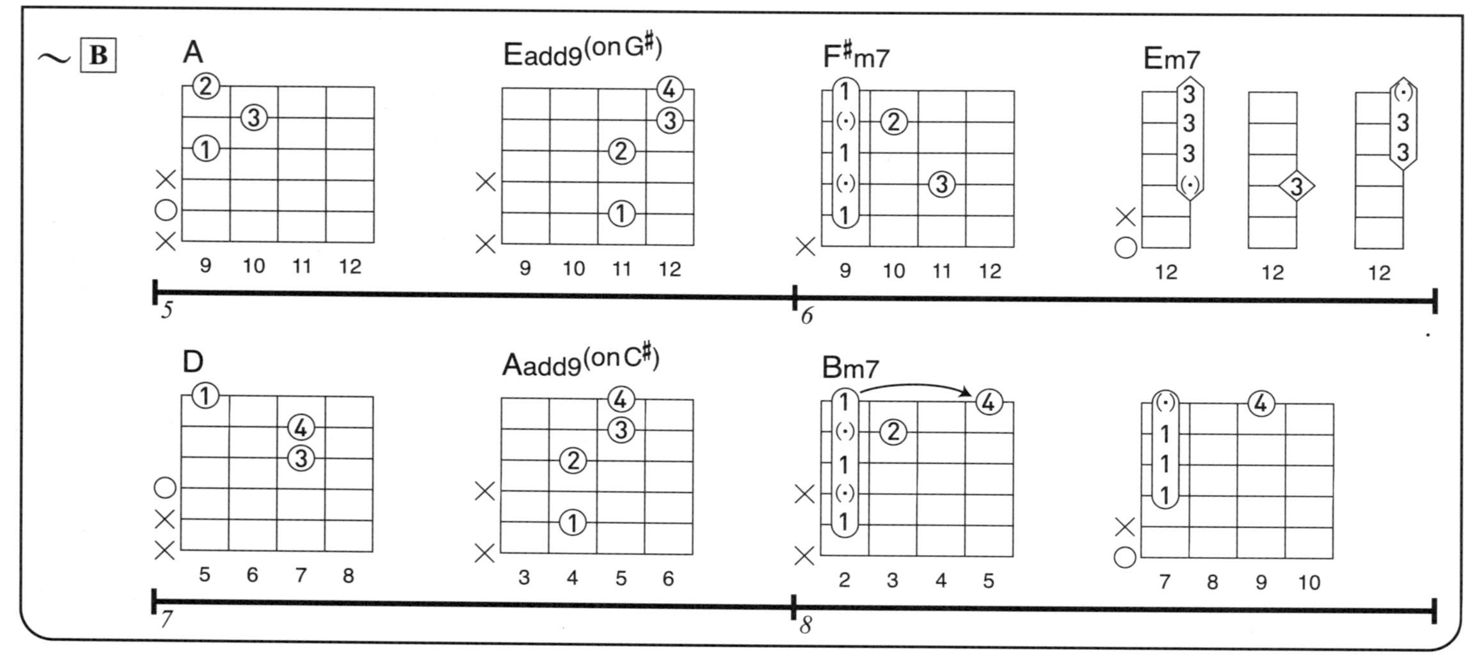

～ B
A
Eadd9(on G#)
F#m7
Em7
9 10 11 12
9 10 11 12
9 10 11 12
12
12
12
5
6
D
Aadd9(on C#)
Bm7 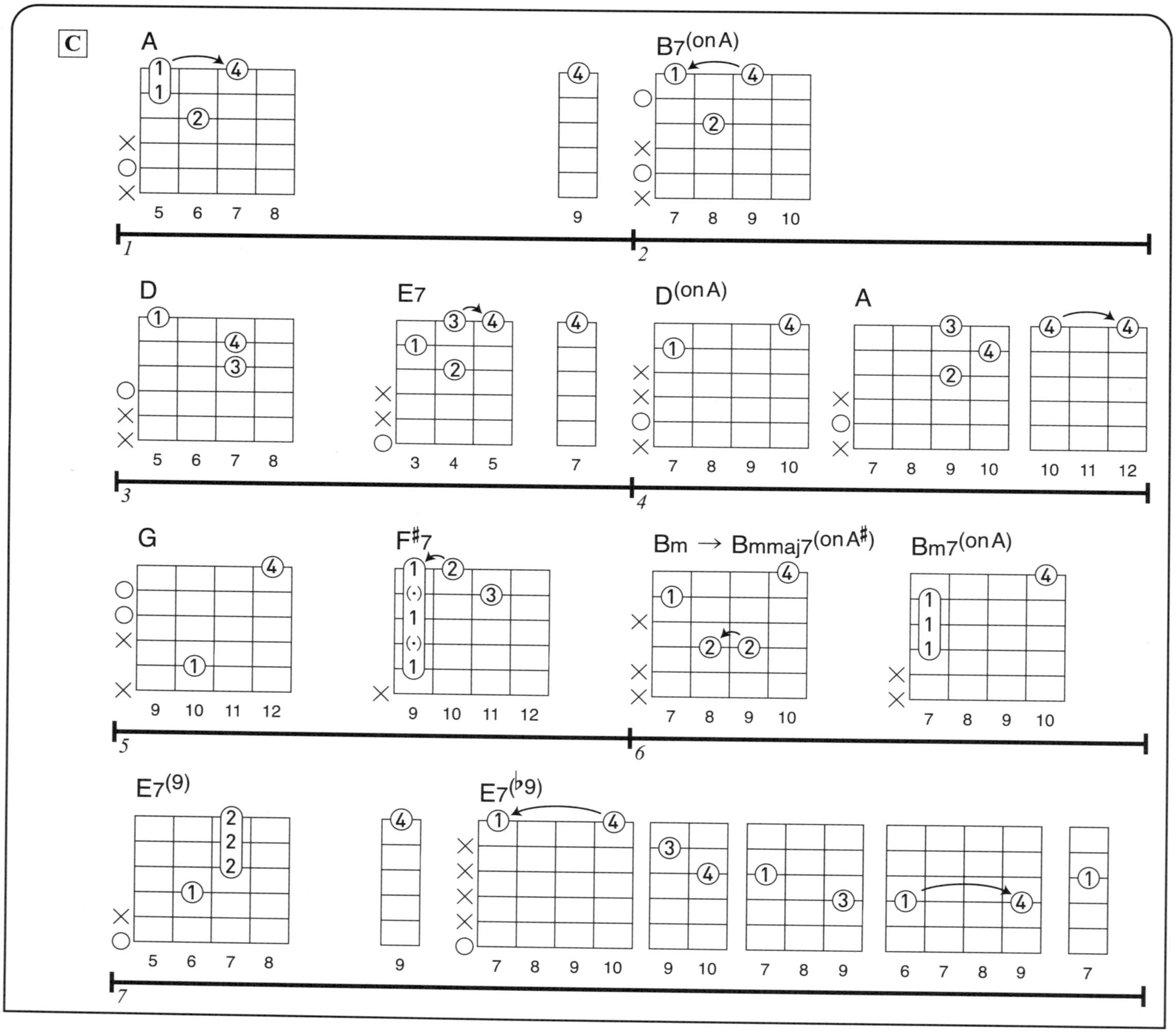
5 6 7 8
3 4 5 6
2 3 4 5
7 8 9 10
7
8
C
A
B7(on A)
5 6 7 8
9
7 8 9 10
1
2
D
E7
D(on A)
A
5 6 7 8
3 4 5
7
7 8 9 10
7 8 9 10
10 11 12
3
4
G
F#7
Bm → Bmmaj7(on A#)
Bm7(on A)
9 10 11 12
9 10 11 12
7 8 9 10
7 8 9 10
5
6
E7(9)
E7(b9)
5 6 7 8
9
7 8 9 10
9 10
7 8 9
6 7 8 9
7
7

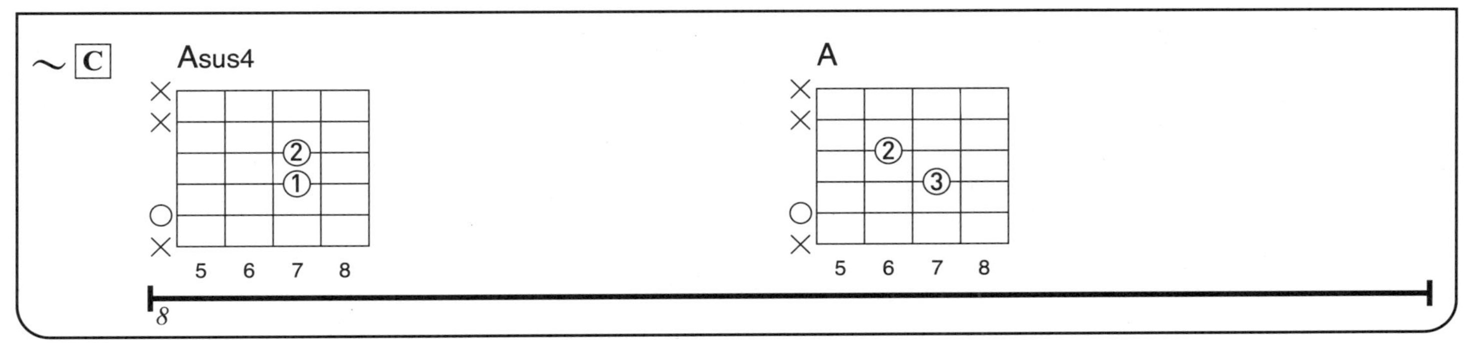

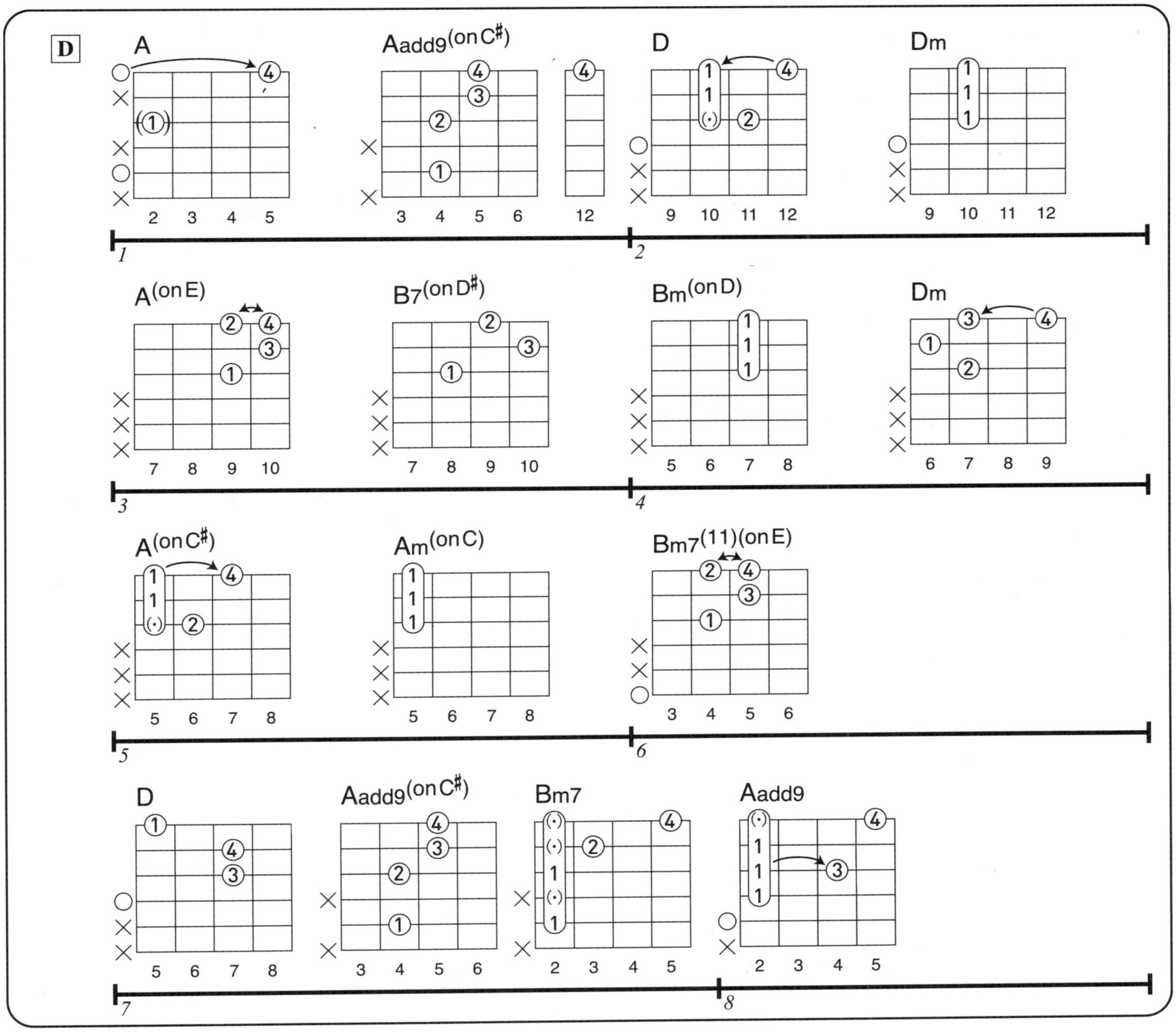

～ C
Asus4
5 6 7 8
8
A
5 6 7 8


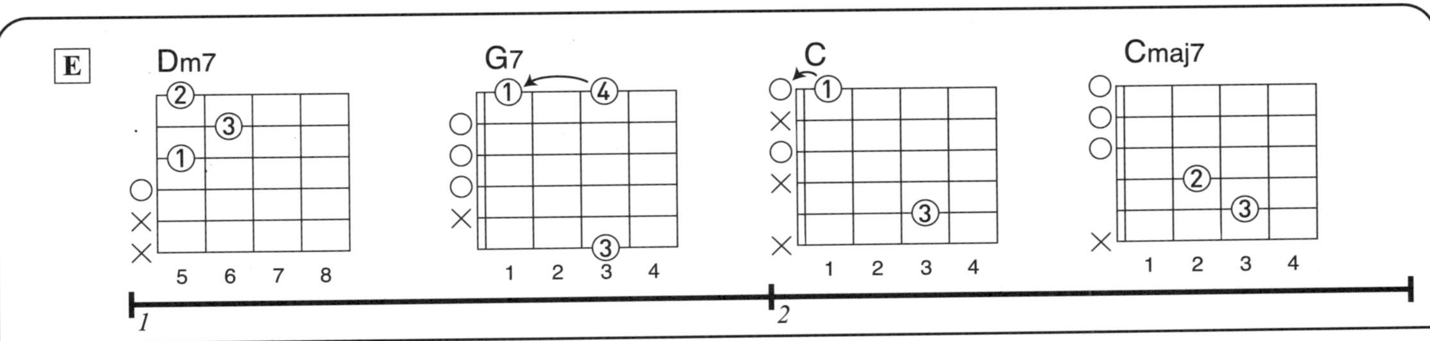

D
A
Aadd9 (on C#)
D
Dm
2 3 4 5
3 4 5 6
12
9 10 11 12
9 10 11 12
1
2
A (on E)
B7 (on D#)
Bm (on D)
Dm
7 8 9 10
7 8 9 10
5 6 7 8
6 7 8 9
3
4
A (on C#)
Am (on C)
Bm7 (11) (on E)
5 6 7 8
5 6 7 8
3 4 5 6
5
6
D
Aadd9 (on C#)
Bm7
Aadd9
5 6 7 8
3 4 5 6
2 3 4 5
2 3 4 5
7
8
E
Dm7
G7
C
Cmaj7
5 6 7 8
1 2 3 4
1 2 3 4
1 2 3 4
1
2

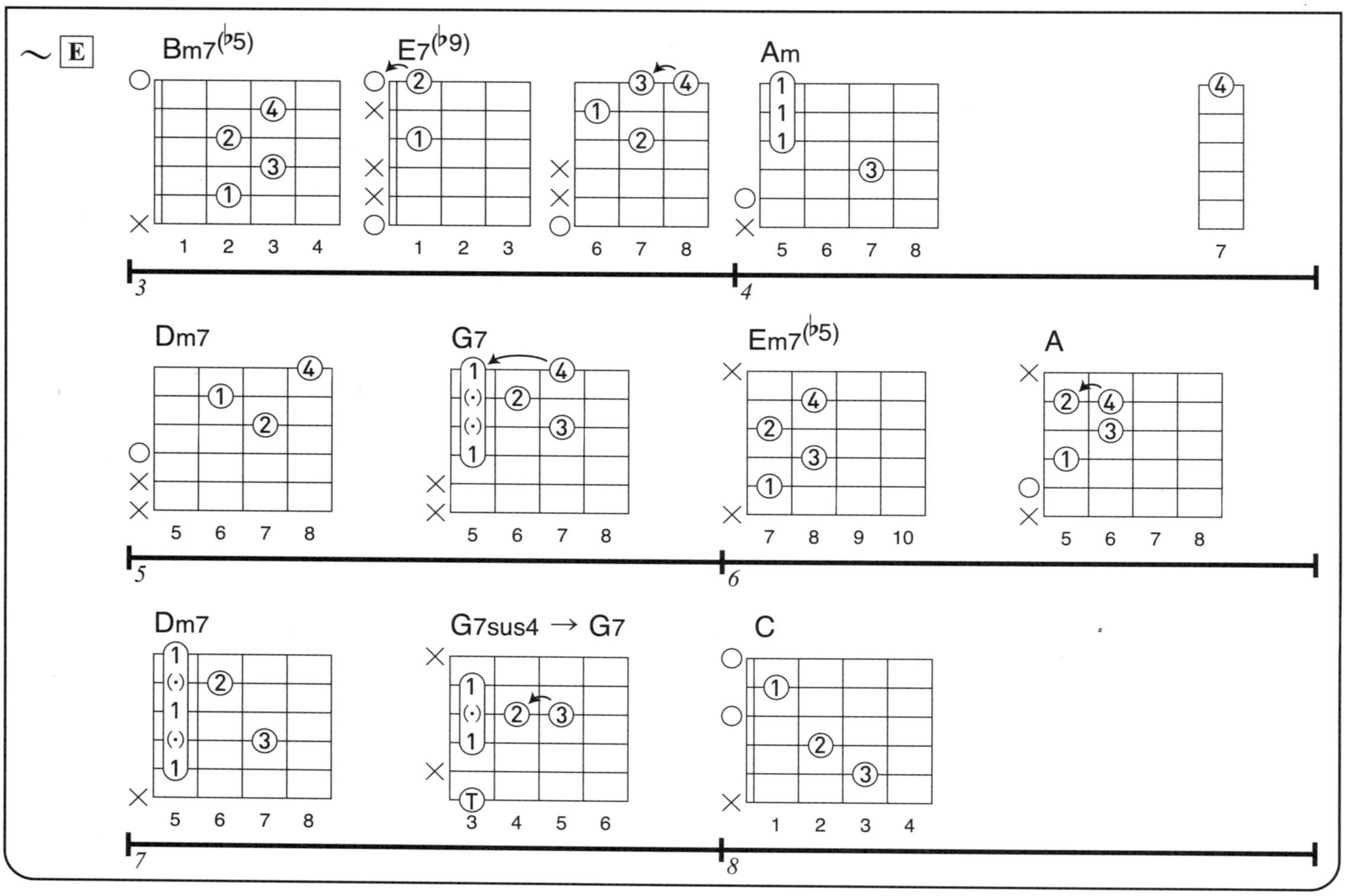

~ E

Bm7(♭5)   E7(♭9)

Am

3    4

Dm7   G7   Em7(♭5)   A

5    6

Dm7   G7sus4 → G7   C

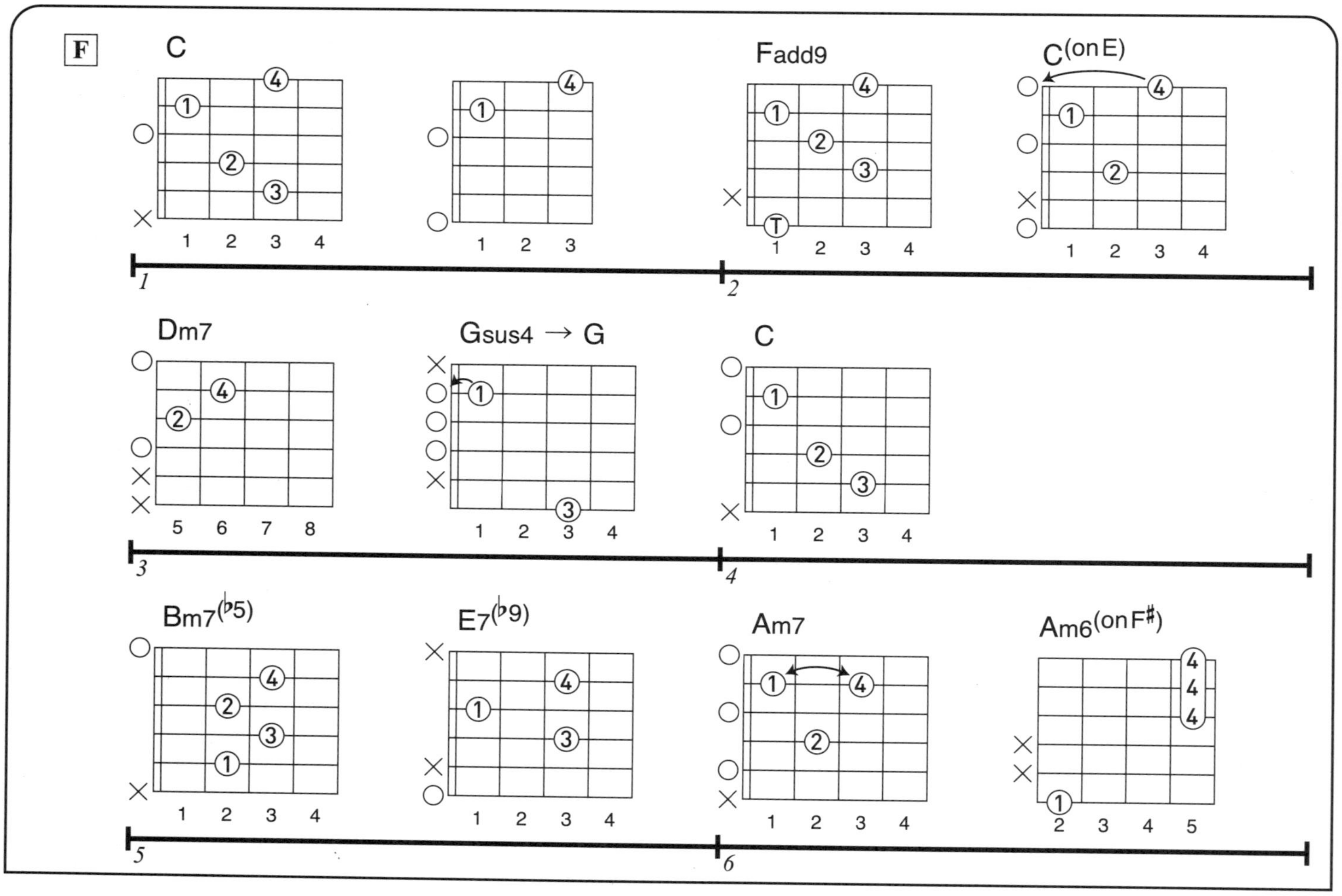

7    8

F

C          Fadd9   C(on E)

1    2

Dm7   Gsus4 → G   C

3    4

Bm7(♭5)   E7(♭9)   Am7   Am6(on F♯)

5    6

F
Fmaj7
F♯m7(♭5)
Gsus4 → G

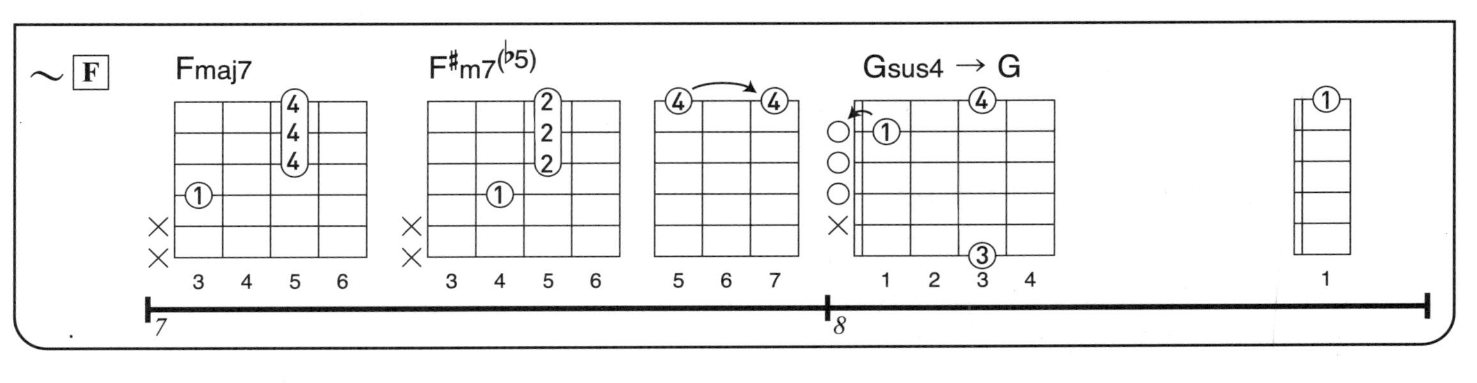

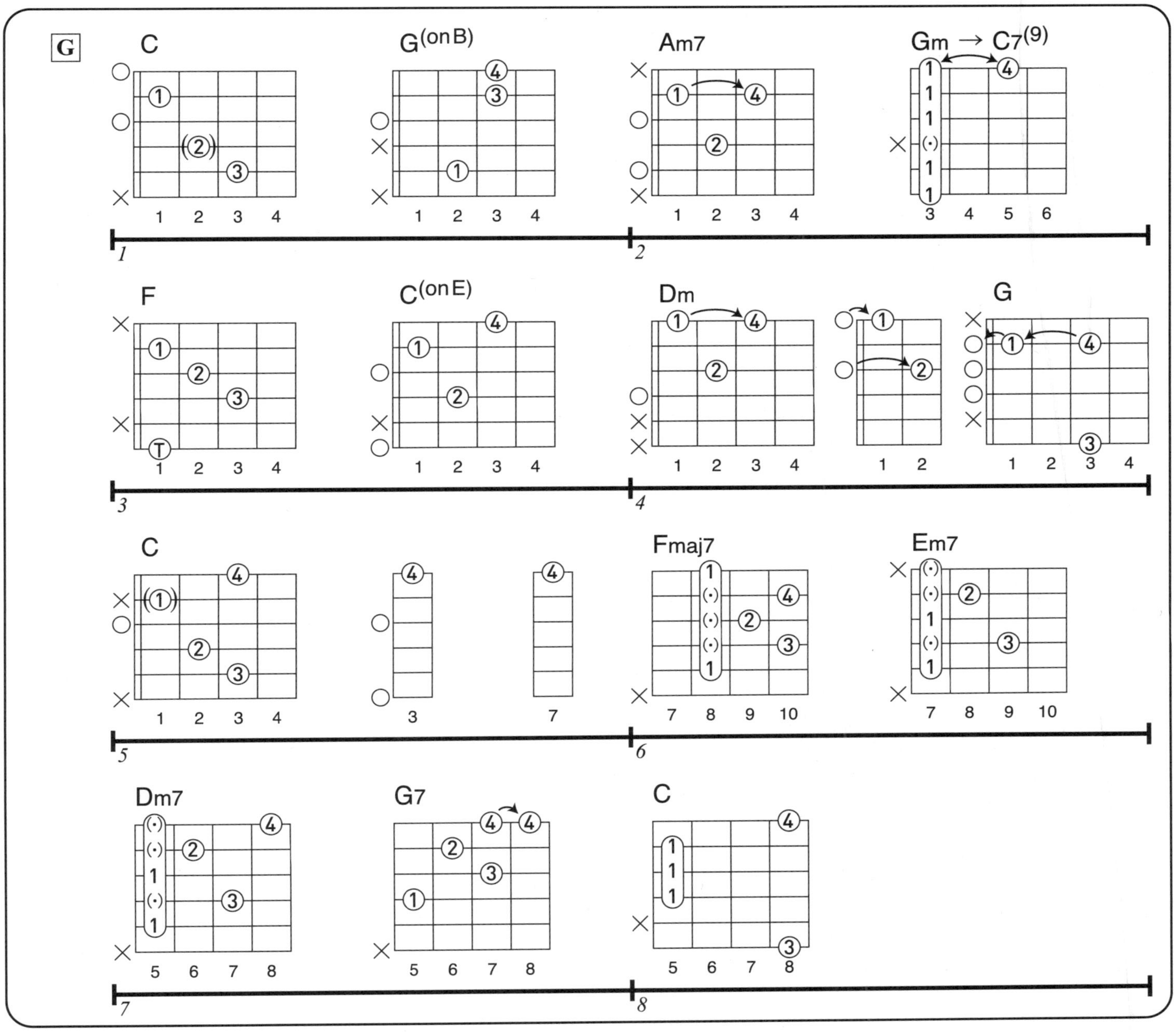

G
C
G(onB)
Am7
Gm → C7(9)
F
C(onE)
Dm
G
C
Fmaj7
Em7
Dm7
G7
C

H
Bm7
E
A

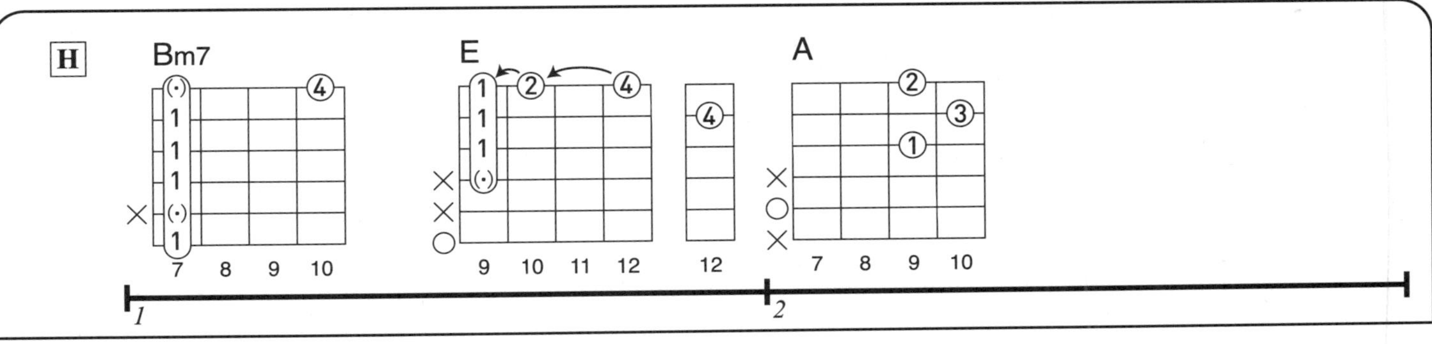

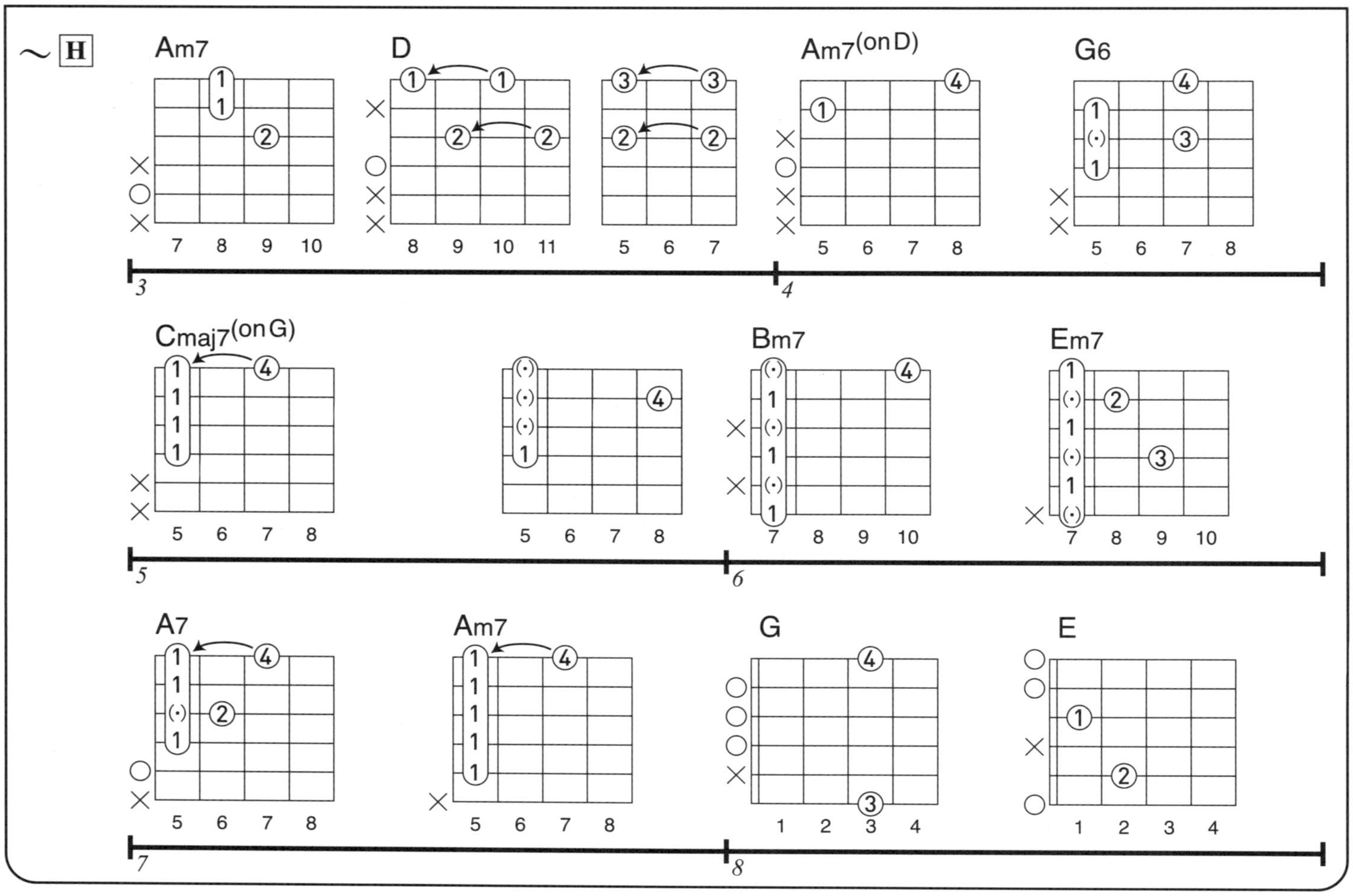

~ **H**

Am7　　　D　　　　　　　　Am7(onD)　　　G6

7 8 9 10　　8 9 10 11　　5 6 7　　5 6 7 8　　5 6 7 8

*3*　　　　　　　　　　　*4*

Cmaj7(onG)　　　　　　　Bm7　　　Em7

5 6 7 8　　5 6 7 8　　7 8 9 10　　7 8 9 10

*5*　　　　　　　　　*6*

A7　　　Am7　　　G　　　E

5 6 7 8　　5 6 7 8　　1 2 3 4　　1 2 3 4

*7*　　　　　　　*8*

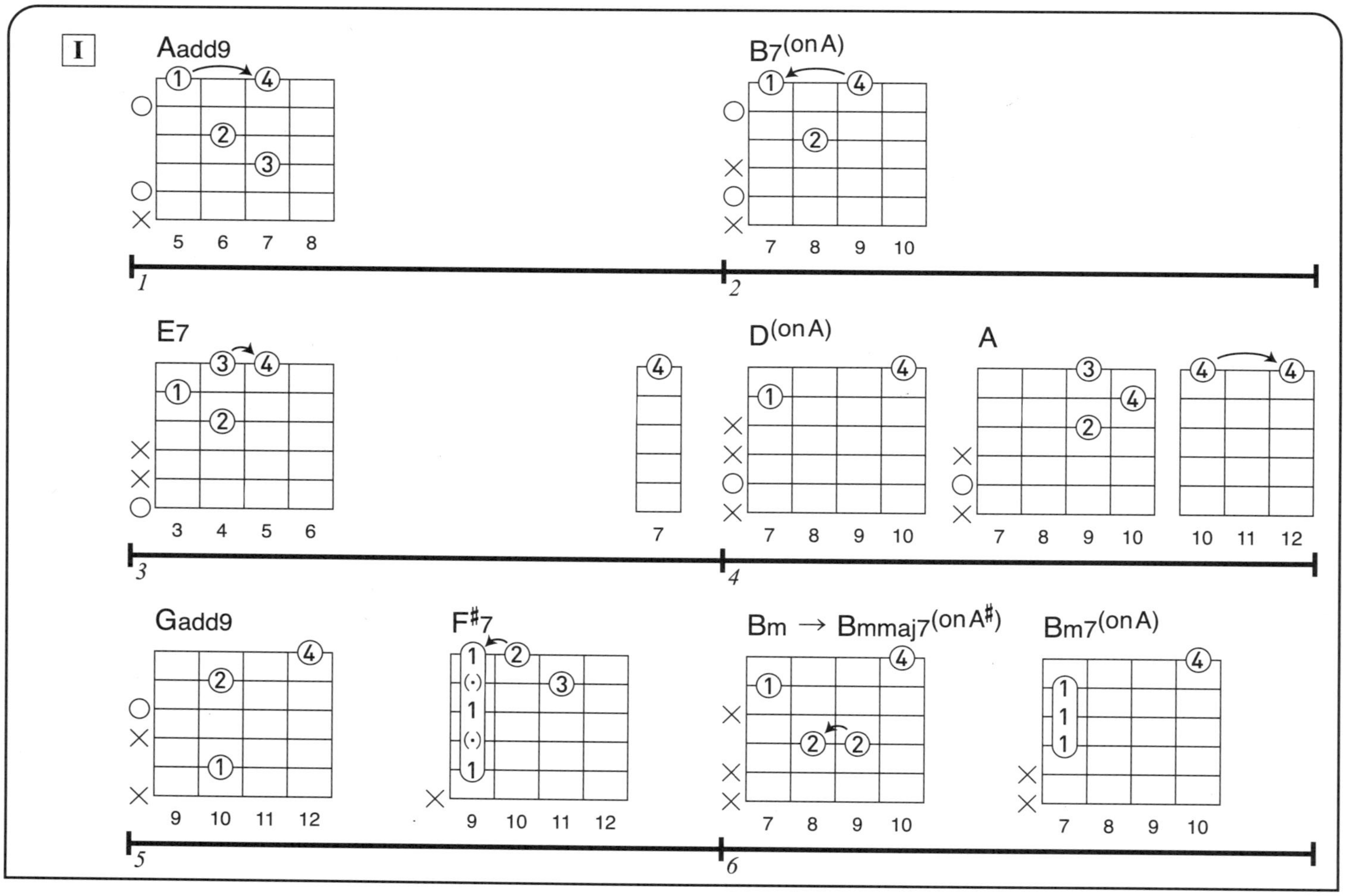

**I**

Aadd9　　　　　　　　B7(onA)

5 6 7 8　　7 8 9 10

*1*　　　　　　*2*

E7　　　　　　D(onA)　　　A

3 4 5 6　　7　　7 8 9 10　　7 8 9 10　　10 11 12

*3*　　　　　　*4*

Gadd9　　F#7　　Bm → Bmmaj7(onA#)　　Bm7(onA)

9 10 11 12　　9 10 11 12　　7 8 9 10　　7 8 9 10

*5*　　　　　　*6*



14

ずっと…（Forever…）

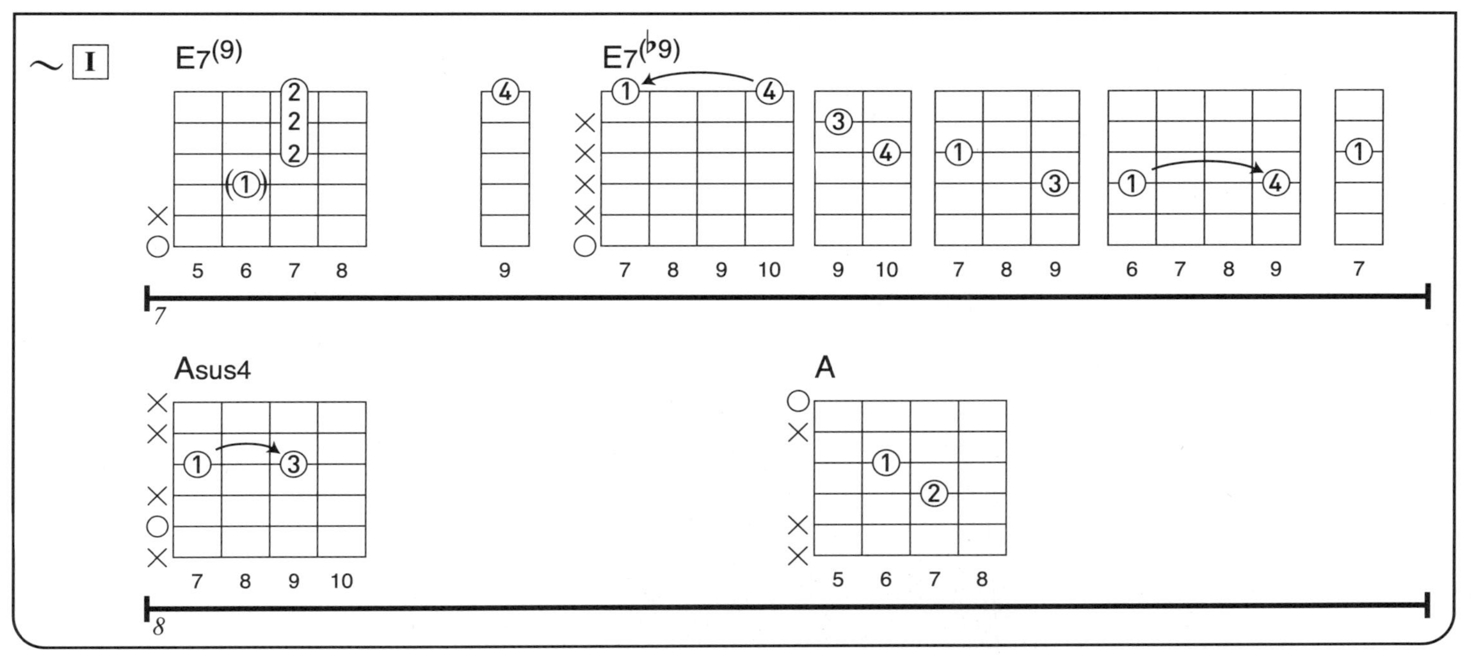

I
E7(9)
E7(♭9)
Asus4
A

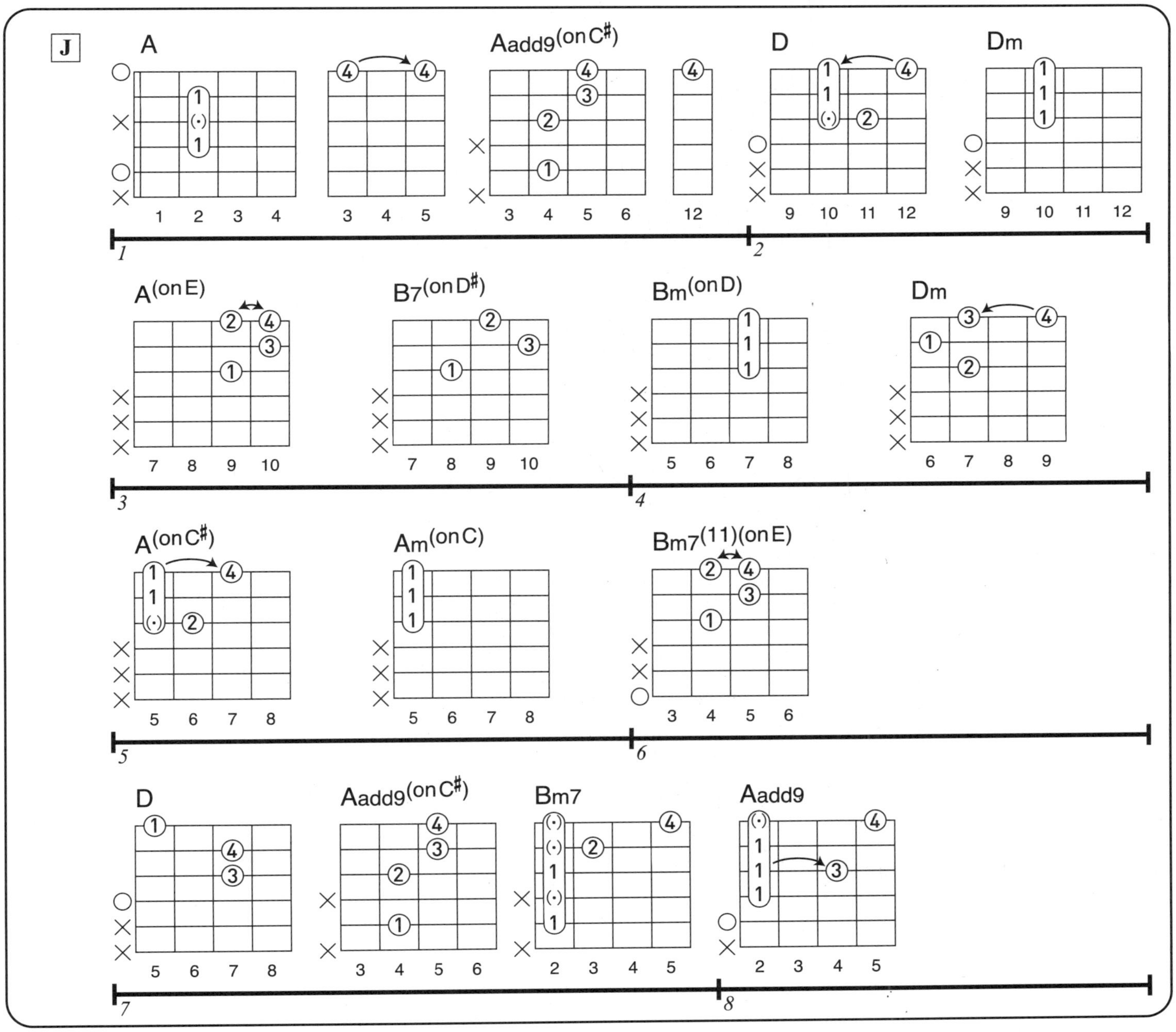

J
A
Aadd9(onC#)
D
Dm
A(onE)
B7(onD#)
Bm(onD)
Dm
A(onC#)
Am(onC)
Bm7(11)(onE)
D
Aadd9(onC#)
Bm7
Aadd9

# Kotaro Oshio DISCOGRAPHY

## ORIGINAL ALBUM

### Debut Album STARTING POINT

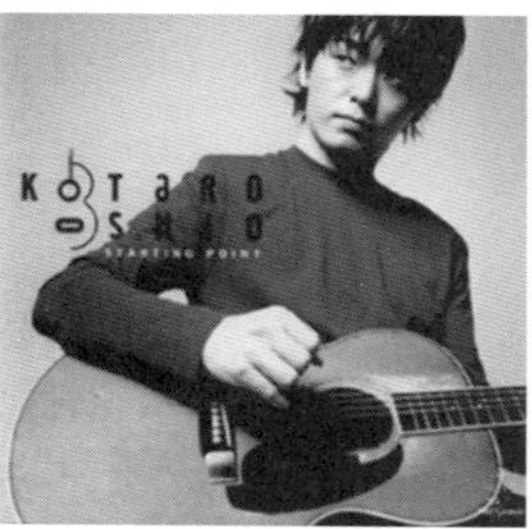

①Fantasy!
②Destiny
③Tycho
④Breeze
⑤黄昏(Twilight)
⑥Merry Christmas Mr. Lawrence
⑦Blue sky (exciting version)
⑧First Love
⑨Tension
⑩The Third Man Theme(Harry Lime Theme)
⑪Komorebi(cinema ver.)
⑫HARD RAIN (type:D)

2002/07/10
TOCT-24820

작곡&편곡:오시오 코타로
EXCEPT
M-6 작곡:사카모토 류이치
M-10 작곡:안톤 카라스

오시오 코타로의 메이저 데뷔 앨범. 태핑과 보디 히트 등의 다양한 초절정 테크닉을 사용해서 기타 한 대의 연주라고는 여겨지지 않을 정도의 수퍼 플레이를 들려준다. 영화 〈船を降りたら彼女の島〉(배에서 내리면 그녀의 섬)의 메인 테마인 ⑪, 발라드의 명곡인 ③ 등, 멜로디 메이커로서의 다재다능함이 발휘되었다. 〈전장의 크리스마스〉의 테마인 ⑥과 ⑫는 기타 플레이어의 대표적인 카피곡이 되었다.

### 2nd. Album Dramatic

①SPLASH
②太陽のダンス(Sun Dance)
③風の詩 (Wind Song)
④Happy Island
⑤Canon
⑥Bolero
⑦Changing Skies
⑧Promises
⑨Chaser
⑩Prologue
⑪again...

2003/06/18
TOCT-25055

작곡&편곡:오시오 코타로
EXCEPT
M-5 작곡:파헬벨
M-6 작곡:라벨

TV출연, 라디오 프로그램, 각종 이벤트와 콘서트 투어 등 정력적인 활동으로 단숨에 탄탄한 인기를 얻은 후에 발표된 세컨드 앨범. 미니 기타 'Papoose'를 사용한 ⑤와 라이브에서 자주 들을 수 있는 ⑥ 등, 전작보다 더욱 테크니컬하고 다채로운 곡들을 담고 있다. 특히, ③은 'NHK TV 방송 50년, 남극 프로젝트 테마'로 작곡된 것으로 기타에 푹 빠진 사람이라면 반드시 카피하는 명곡이다. 위 앨범으로 인해 기타를 다시 치게 되었다는 아마추어 기타리스트가 크게 늘어난 점도 뜻 깊다.

### 3rd. Album Be HAPPY

①翼(Wings) 〜you are the HERO〜
②Misty Night
③天使の日曜日(Angel's Sunday)
④주피터(조곡 「행성」 중에서)
⑤Dear...
⑥AQUA-MARINE
⑦Miagete Goran Yoruno Hoshiwo
⑧ファイト!(Fight!)
⑨Busy²
⑩桜・咲くころ(Time of Cherry Blossoms)
⑪The Park On The Hill

2004/06/23
OCT-25390

작곡&편곡:오시오 코타로
EXCEPT
M-4 작곡:G. 홀스트
M-7 작곡:이즈미타쿠

나가부치 츠요시의 트리뷰트 앨범 〈Hey ANIKI!〉에 참여('건배' 수록), 'RAG FAIR'와의 콜라보레이션 등의 광범위한 활동으로 새로운 팬을 늘려가면서 멈추지 않는 열정으로 발표한 걸작. DVD 〈드라마틱 라이브〉에 수록된 주옥 같은 발라드인 ⑩을 비롯해, 듣는 이를 제목처럼 행복하게 해주는 앨범이다. 색소폰, 퍼커션 콤보와 연주한 ⑪은 첫 시도이며, ①은 멜로디어스하면서도 다채로운 기타 테크닉을 담은 오시오 코타로의 대표곡이다.

### Live Album 볼레로! Be HAPPY LIVE

[CD]
①Bolero
②Blue Hole
③AQUA-MARINE
④Blue sky
⑤Misty Night
⑥Breeze
⑦Merry Christmas Mr. Lawrence
⑧Old Friend
⑨Dear...
⑩Miagete Goran Yoruno Hoshiwo
⑪Busy²
⑫HARD RAIN
⑬翼(Wings) 〜you are the HERO〜
⑭Chisana Kagayaki

[DVD]
・Be HAPPY LIVE 오프닝/Bolero/Busy2/Chisana Kagayaki
・볼레로 with 오케스트라 PV
・볼레로 몽트뢰 재즈 페스티벌 2004

2004/12/15
TOCT-25552

작곡&편곡:오시오 코타로
EXCEPT
M-1 작곡:라벨
M-7 작곡:사카모토 류이치
M-10 작곡:이즈미타쿠

오시오 코타로의 첫 라이브 앨범. 2004년의 콘서트 투어 'Be HAPPY' 일본 전국 28회 공연 중에서 팬들의 투표를 통해 14곡을 골랐다. '볼레로'의 3가지 버전('Be HAPPY 라이브', 'New PV', '몽트뢰 재즈 페스티벌 2004')의 특별 영상 DVD도 동봉되어 있다. 라이브 앨범은 베스트 앨범의 성격을 가지고 있으므로 최근 오시오 코타로의 팬이 된 사람들에게 추천한다. 기타 연주자라면 반드시 들어봐야 할 앨범이다. 콘서트에서만 들을 수 있는 레퍼토리와 즉흥적인 인트로 등, 기타 팬들을 매혹시키는 음원이 가득하다.

 **Panorama**

2005/09/07
TOCT-25810

①Departure
②オアシス(Oasis)
③Savanna
④Aurora
⑤El Condor Pasa
⑥Passion
⑦Sorairo no Mizuumi
⑧Friend
⑨Brilliant Road
⑩Ieji
⑪Carnival
⑫Yume no Tsuzuki

작곡&편곡:오시오 코타로
EXCEPT
M-5 작곡:J. Milchberg & D. A. Robles

한 대의 기타라고는 여겨지지 않는 뛰어난 연주력과 항상 팬들을 소중히 여기는 따뜻한 마음이 매력적인 오시오 코타로의 4th 앨범. 하우스 식품의 '六甲のおいしい水'의 광고에 사용된 ②, GUNZE 'フラッティ'의 광고에 사용된 ④ 등의 강력한 타이업 곡과 명곡을 커버한 ⑤, 야마자키 마사요시와의 콜라보레이션인 ⑪을 포함해 총 12곡이 수록되어 있다. 기타 팬의 기대에 부응하는 필살 테크닉이 가득하며, 어쿠스틱 기타 연주자의 즐거운 연습 레퍼토리가 늘어났다. 여행의 파노라마가 펼쳐지는 듯한 앨범이다.

---

 **Blue sky ~Kotaro Oshio Best Album~ Special Version CD+DVD**

2006/09/29
CT-26066

작곡&편곡:오시오 코타로
EXCEPT
M-10 작곡:라벨
M-11 작곡:파헬벨
M-12 작곡:사카모토 류이치
M-15 작곡:조지 마이클

[CD]
①Blue sky (exciting version)
②HARD RAIN (type:D)
③Fantasy!
④桜・咲くころ (Time of Cherry Blossoms)
⑤SPLASH
⑥翼(Wings) ~you are the HERO~
⑦Departure
⑧Happy Island
⑨Chaser
⑩Bolero
⑪Canon
⑫Merry Christmas Mr.Lawrence
⑬Oasis
⑭바람의 저편(바람의 노래)
⑮Last Christmas
⑯Friend (CM ver.)

[DVD]
①Fantasy! *〈PV〉
②Merry Christmas Mr.Lawrence*〈PV〉
③SPLASH *〈PV〉
④翼(Wings) ~you are the HERO~*〈PV〉
⑤Bolero*〈PV〉
⑥Oasis *〈PV〉
⑦HARD RAIN
⑧翼(Wings) ~you are the HERO~

※⑦⑧ : 오시오 코타로 클로즈업 영상. Panorama투어-2005에서

이때까지 발표된 곡 중에서 선별한 첫 베스트 앨범. 2002년 7월의 충격적인 데뷔 후, 4년 동안 발표된 음원 중에서 특히 인기가 높은 곡들을 모았다. 친근한 멜로디와 초절정 테크닉을 함께 느낄 수 있으며, 오시오 코타로 입문용으로 좋은 앨범이다. 컴필레이션 앨범에만 수록된 풀 오케스트라와의 조인트인 ⑭, 정규 앨범에는 수록되지 않은 ⑮, TOYOTA 광고에 사용되어 화제를 모았지만, 오리지널 앨범에는 수록되지 않은 ⑯이 수록되어 있다. 추가로 6곡의 PV와 기타 연주에 도움이 되도록 운지를 클로즈업한 'HARD RAIN', '翼(Wings) ~you are the HERO~'의 라이브 영상 2곡을 수록한 DVD도 동봉되어 있다. 오시오 코타로의 매력을 충분히 느낄 수 있는 앨범이다.

---

 **COLOR of LIFE**

2006/11/29
SECL-447

작곡&편곡:오시오 코타로
EXCEPT
M-6 영국 민요

①Big Blue Ocean
②YELLOW SUNSHINE
③Indigo Love
④Red Shoes Dance
⑤Crystal
⑥Greensleeves
⑦Black Monster
⑧PINK CANDY
⑨세피아색 사진
⑩별빛 모래 ~금빛으로 빛나는 모래 언덕~
⑪Purple Highway
⑫그 여름의 흰 구름

SME Records로 이적한 후의 첫 앨범. '색'을 테마로 한 12곡의 컬러풀한 이야기를 담고 있다. 초회한정판에는 앨범의 리드곡인 ①의 연주 영상과 오시오 코타로 인터뷰, 특전영상을 수록한 DVD가 동봉되어 있다. 전작 〈Panorama〉의 '사반나'에서 기타 팬을 감동시킨 이펙트의 가능성을 더욱 추구한 사운드와 보디 히트를 통해 라이브의 음압에 신경을 쓴 곡들이 수록되어 있다. 공명현 기타를 사용한 ⑩ 등, 사운드 면에서도 컬러풀한 오시오 코타로의 세계를 즐길 수 있다.

---

 **Nature Spirit**

2008/01/01
SECL-578

작곡&편곡:오시오 코타로
EXCEPT
M-11 존 레논&폴 매카트니

①Deep Silence
②Rushin'
③DREAMING
④My Home Town
⑤TREASURE(Album Version)
⑥Buzzer Beater
⑦Nostalgia
⑧Nagisa with Jake Shimabukuro
⑨Eien No Aoisora
⑩Hangover
⑪IN MY LIFE with Jake Shimabukuro
⑫PEACE!
⑬Smile
⑭Christmas Rose

6번째 정규 앨범. 오시오 코타로가 음악을 담당한 NHK설날 드라마 스페셜 '파이브'의 메인 테마와 삽입곡. 하와이 출신의 우쿨렐레 마스터 제이크 시마부쿠로와 세션을 한 비틀즈의 명곡 〈IN MY LIFE〉의 커버곡인 ⑪. 그리고 새롭게 만들어진 곡들이 수록되어 있다. 추가로 2007년 7월에 발매된 라이브 DVD에 보너스 트랙으로 수록된 'TREASURE'의 리테이크, 2007년 9월에 발매된 어쿠스틱 기타 컴필레이션 〈GUITAR PARADISE〉에 수록된 'PEACE!'의 리마스터링 버전, 재즈 싱어 meg에게 준 'Christmas Rose'의 셀프 커버 등, 총 14곡이 수록되어 있다.

## 7th. Album　You & Me

①Rushin'　feat. Char　〜Acoustic Guitar〜
②Here We Go！　feat. Bro.Hi(SOUL'd OUT)　〜Human Beat Box〜
③Kimigakureta Toki　feat. Neko Saito　〜Orchestra〜
④Big Blue Ocean　feat. Taro Hakase　〜Violin〜
⑤Ano Natsuno Shiroi Kumo　feat. Toshio Miki　Frontpage Orchestra　〜Big Band〜
⑥A Wonderful Day　feat. Kentaro Kihara　〜Acoustic Piano〜
⑦Purple Highway　feat. coba　〜Accordion〜
⑧HARD RAIN　feat. MATARO　〜Percussion〜
⑨Black Monster　feat. Junko Moriya Orchestra　〜Big Band〜
⑩With You　feat. Char　〜Acoustic Guitar〜

2008/10/01
SECL-694

작곡 : 오시오 코타로

오시오 코타로의 첫 전곡 콜라보레이션 앨범! 오시오 코타로가 존경하는 다양한 장르의 아티스트, 뮤지션과의 세션이다. 영화 〈三本木農業高校,馬術部〉의 메인 테마인 ③ 등의 신곡과 오시오 코타로의 대표곡 리어레인지, 그리고 리테이크 등 총 10곡이 수록되어 있다. 초회한정판 DVD에는 투어의 다이제스트 라이브 영상이 수록되어 있다.

---

## 8th. Album　Tussie mussie

①LOVIN' YOU
②CLOSE TO YOU
③Soshite Bokuwa Tohouni Kureru
④Genkio Dashite
⑤FIRST LOVE
⑥CAN'T TAKE MY EYES OFF OF YOU　〜Kimino Hitomini Koishiteru〜
⑦SOMEDAY
⑧TIME AFTER TIME
⑨Namidano Kiss
⑩LOVE

2009/03/11
SECL755

오시오 코타로의 첫 전곡 커버 앨범. 주옥같은 명곡을 작은 꽃다발(Tussie mussie)로 만들어 드린다는 컨셉이다. 러브송 스탠더드를 어쿠스틱 기타의 섬세한 음색으로 부드럽고 따뜻하게 연주한 총 10곡이 수록되어 있다. 플레이어로서의 오시오 코타로의 매력을 재발견할 수 있는 연주를 가득 담고 있는 앨범이다.

※Tussie mussie는 작은 허브 꽃다발이라는 의미다.

---

## 9th. Album　Eternal Chain

①Prelude 〜sunrise〜
②Landscape
③Road Goes On
④Always
⑤Interlude 〜forestbeat〜
⑥Snappy!
⑦Tabi No Tochu
⑧Interlude 〜sunshine〜
⑨Rakuen
⑩日曜日のビール(Beer On Sunday)
⑪Believe
⑫Interlude 〜starlight〜
⑬Kizuna
⑭Earth Angel
⑮Happiness
⑯Coda 〜sunset〜

2009/08/05
SECL798

작곡&편곡 : 오시오 코타로

통산 9번째 정규 앨범으로 '영원한 유대관계'를 테마로 하고 있다. 솔로 아티스트로서 원점으로 돌아가 모든 곡을 새롭게 작곡해서 수록했다. 풍경이 보이는 듯한 이국적인 분위기의 ②, 앨범의 테마인 ⑬, 그리고 지구와의 유대관계를 그린 발라드 ⑭ 등, 기타리스트로서의 새로운 경지를 느끼게 해주는 앨범이다.

---

## 10th. Album　Hand to Hand

①Brand New Wings
②HEART BEAT！
③Jet
④ナユタ(Nayuta)
⑤Good Times
⑥もっと強く(Motto Tsuyoku)
⑦予感(Yokan)
⑧Little Prayer
⑨Go Ahead
⑩雨上がり(Ameagari)
⑪手のひら(Teno Hira)
⑫草笛(Kusabue)
⑬Over Drive
⑭fly to the dream
⑮また明日。(Mata Ashita)

2011/01/12
SECL938

작곡&편곡 : 오시오 코타로
EXCEPT
M-6 작곡 : 카하라 다이스케

10번째 정규 앨범. ABC테레비 'おはよう朝日です'의 테마송인 'Brand New Wings', NHK-FM 'ラジオマンジャック'의 테마송 'HEART BEAT!', EXILE의 싱글 커플링곡으로 수록된 'もっと強く'의 리테이크 버전, 카와무라 류이치에게 제공한 '草笛'의 셀프 커버 등, 총 15곡이 수록되어 있다. 어쿠스틱 기타 사운드의 새로운 가능성에도 적극적으로 도전하고 있으며, 오시오 코타로 음악의 원점이라고 할 수 있는 '손에서 손으로' 이어지는 마음이 담긴 앨범이다.

 **10th Anniversary BEST**

**[DISC 1] -Upper Side-**
① 翼(Wings)
　~Hoping for the FUTURE~
② HARD RAIN
③ RELATION!
④ Landscape
⑤ Over Drive
⑥ Fantasy!
⑦ Tension
⑧ PINK CANDY
⑨ 太陽のダンス(Sun Dance)
⑩ TREASURE
⑪ Snappy!
⑫ HEART BEAT!
⑬ Big Blue Ocean
⑭ Jet
⑮ Rushin'
⑯ ファイト!(Fight!)

**[DISC 2] -Ballade Side-**
① MOTHER
② 黄昏(Twilight)
③ Merry Christmas Mr. Lawrence
　~영화 〈전장의 크리스마스〉에서~
④ Misty Night
⑤ 天使の日曜日(Angel's Sunday)
⑥ ナユタ(Nayuta)
⑦ 風の詩(Wind Song)
⑧ DREAMING
⑨ オアシス(Oasis)
⑩ 桜・咲くころ
　(Time of Cherry Blossoms)
⑪ 日曜日のビール(Beer On Sunday)
⑫ 木もれ陽(Komorebi)
⑬ Earth Angel
⑭ ずっと...(Forever...)

2012/05/02
SECL1124-1125

작곡&편곡:오시오 코타로
EXCEPT
[DISC 2] M-3 작곡:사카모토 류이치

어쿠스틱 기타리스트, 오시오 코타로의 메이저 데뷔 10주년을 기념한 베스트 앨범. 'Merry Christmas Mr. Lawrence(영화 〈전장의 메리 크리스마스〉에서), 'HARD RAIN', '황혼' 그리고 레이블 이적 전의 인기곡과 라이브의 대표곡을 리테이크 수록해, 10년 동안의 음악 생활을 망라하고 있다.

업 템포와 초절정 기교의 'Upper Side'와 부드러운 곡의 'Ballade Side'로 나뉜 2장의 CD는 각각 1곡씩의 신곡을 담아 총 30곡으로 구성되어 있다.

기간한정판에는 신곡에서 영감을 받아 제작된 오리지널 숏 필름과 비디오 클립을 수록한 DVD가 동봉되어 있다.

# DVD

 **드라마틱 라이브 ~DRAMATIC TOUR 2003~**

① 프롤로그
② Chaser
③ 太陽のダンス(Sun Dance)
④ 해피 아일랜드
⑤ 風の詩(Wind Song)
⑥ Destiny
⑦ 보쿠노 히로(나의 히어로)
　(TV히어로송)
⑧ 약속
⑨ 황혼
⑩ 캐논
⑪ Dancin' 코오로기(멤버 소개)
⑫ HARD RAIN
⑬ 볼레로
⑭ SPLASH
⑮ Merry Christmas Mr. Lawrence
　(영화 〈전장의 크리스마스〉에서)
⑯ ずっと...(Forever...)

◆ 스페셜 콘텐츠
· 투어 백 스테이지 다큐멘터리 영상
· 오시오 코타로가 커버한 Wham!의 '라스트 크리스마스'
· 이 DVD를 위해 만들어진 신곡 '桜・咲くころ(Time of Cherry Blossoms)'
· 포토 갤러리

2003/12/10
TOBF-91080

경악의 기타리스트, 오시오 코타로의 첫 DVD! 앨범 〈Dramatic〉을 중심으로 구성되어 있으며, 2003년 8월부터 시작된 〈Dramatic Tour 2003〉의 전곡을 수록하고 있다.

 **So HAPPY**

◆ Document & PV (첫 공개! 앨범 제작 과정 다큐멘터리&최신 프로모션 비디오)
· 스튜디오&오프샷 풍경+인터뷰
· PV '翼(Wings) ~you are the HERO~'
· PV '見上げてごらん夜の星を'
· 'ファイト!(Fight!)'(스튜디오 버전)
· '桜・咲くころ(Time of Cherry Blossoms)'(라이브 버전)

◆ Special Contents (아오야마 원형극장 라이브 / 2004년 3월 28일)
· 'Tension'
· '어메이징 그레이스'
· 'HARD RAIN'
· '볼레로'

◆ Guitar Lesson(멀티 앵글) (오시오 코타로의 경악의 기타 테크닉 강좌!)
· 'HARD RAIN'
· '風の詩(Wind Song)'
· 'Merry Christmas Mr. Lawrence'

2004/06/23
TOBF-91081

새 앨범 제작 과정과 백 스테이지를 공개한 오시오 코타로의 두 번째 DVD. 본인이 직접 해설하는 경악의 기타 테크닉 강좌!, 프로모션 비디오, 그리고 스페셜 콘텐츠로 아오야마 원형극장의 라이브를 수록하고 있다. 오시오 코타로의 매력이 가득 담겨 있다.

 **CHAIN OF FRIENDS ~PANORAMA TOUR 2005~**

① Departure
② El Condor Pasa
③ Aurora
④ Passion
⑤ Friend
⑥ 翼(Wings) ~you are the HERO~
⑦ サバンナ(Savanna)
⑧ Brilliant Road
⑨ オアシス(Oasis)
⑩ Dancin' 코오로기
⑪ HARD RAIN
⑫ 家路(Ieji)

*영상특전
「Friend CM version」

2006/02/22
TOBF-5445

오시오 코타로와 그를 중심으로 형성되는 'Chain (유대관계)'를 담았다. 3번째 DVD는 'Panorama Tour'의 박력 넘치는 라이브와 지금까지 공개되지 않았던 백 스테이지. 그리고 오프 스테이지의 다큐멘터리를 수록하고 있다. 특별 영상으로는 토요타 자동차 '하이브리드 시너지 드라이브'의 광고곡인 'Friend CM version'을 처음 수록했다. 오시오 코타로가 자신의 음악 인생을 밝힌 인터뷰 'Chain of Friends~20명부터 2000명'과 오시오 코타로 본인이 자신의 기타를 소개하는 별책부록이 들어있었다. 인간 오시오 코타로의 매력을 엿볼 수 있는 작품이다.

## 4th. DVD  COLOR of LIFE −movies−

- ◆ Big Blue Ocean −the movie−
  출연:미야자키 마사루, 야베 타로
- ◆ PINK CANDY −the movie−
  출연:키타노 키이
- ◆ 그 여름의 흰 구름 −the movie−
  출연:엔도 켄이치
- ◆ Indigo Love −비기의 방−
  오프닝~연주~주법해설
- ◆ Red Shoes Dance −비기의 방−
  오프닝~연주~주법해설
- ◆ Purple Highway −비기의 방−
  오프닝~연주~주법해설
- ◆ Making

2007/01/17
SEBL-64

오시오 코타로의 첫 영상 작품. 2006년 11월 29일에 발매된 〈COLOR of LIFE〉의 콘셉트와 링크된 3가지 쇼트 무비, 기타 키즈를 위해 오시오 코타로가 직접 해설하는 주법, 그리고 멀티 앵글로 촬영된 교본 및 특별 영상이 수록되어 있다.

---

## LIVE DVD  콘서트 투어 2007 'COLOR of LIFE'

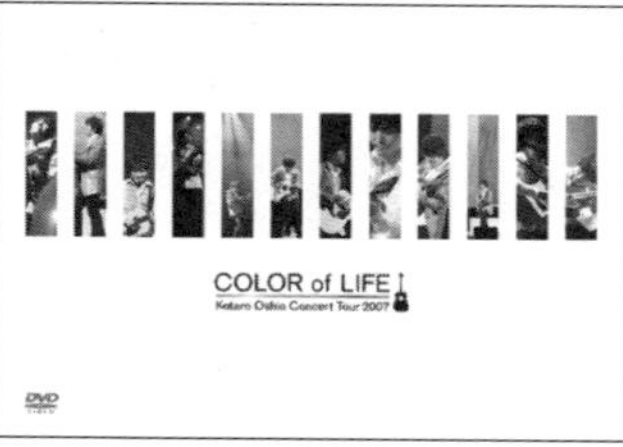

① Opening
② YELLOW SUNSHINE
③ Crystal
④ Black Monster
⑤ Greensleeves(영국민요)
⑥ PINK CANDY
⑦ Red Shoes Dance
⑧ 세피아색 사진
⑨ 별빛 모래 ~금빛으로 빛나는 모래 언덕~
⑩ Merry Christmas Mr. Lawrence
  (영화 〈전장의 크리스마스〉에서)
⑪ Purple Highway
⑫ Dancin' 코오로기
⑬ HARD RAIN
⑭ 그 여름의 흰 구름
⑮ Big Blue Ocean
⑯ Brilliant Road
⑰ Indigo Love
⑱ 桜・咲くころ (Time of Cherry Blossoms)
⑲ TREASURE (Bonus Track)

2007/07/18
SEBL-70

2007년 1월 19일부터 3월 25일까지 총 32회 공연, 3만 명 이상을 동원한 '오시오 코타로 콘서트 투어 2007 〈COLOR of LIFE〉'의 파이널 투어인 도쿄 국제 포럼 홀C에서의 공연을 수록한 라이브 DVD다. 보너스 트랙으로 관객의 WAVE에서 영감을 얻은 신곡이, 오시오 코타로가 직접 스테이지에서 촬영한 32회 공연의 WAVE영상과 함께 수록되어 있다. 라이브 아티스트로서 오시오 코타로의 매력을 재확인할 수 있는 작품이다.

---

## LIVE DVD  Eternal Chain  Kotaro Oshio Concert Tour 2009

① Kizuna
② Tabi No Tochu
③ Nagisa
④ FIRST LOVE
⑤ TIME AFTER TIME
⑥ Believe
⑦ Landscape
⑧ 日曜日のビール (Beer On Sunday)
⑨ Always
⑩ Snappy!
⑪ 翼(Wings) ~you are the HERO~
⑫ HARD RAIN
⑬ Big Blue Ocean
⑭ Earth Angel
⑮ Rakuen
<Video Clip>
⑯ Landscape

2010/03/03
SEBL-118

2009년 8월에 앨범 〈Eternal Chain〉을 발표한 후, 2009년 9월 15일부터 11월 21일까지 총 29회의 공연을 했다. 그 중, 3만 명 이상을 동원한 10월 3일의 도쿄 국제 포럼 홀C에서의 콘서트를 중심으로 마지막 공연 다음날 오키나와에서 촬영된 인터뷰 영상 등이 수록되어 있다. 투어 각지에서 촬영한 포토북이 담긴 슬리브 케이스 사양이다.

---

# INDIES

## 1st. Album  오시오 코타로

① 光のつばさ(Hikarino Tsubasa)
② 彩音(Saion)
③ The Third Man Theme(Harry Lime Theme)
④ 금지된 장난
⑤ アイルランドの風(Ireland no Kaze)
⑥ 木もれ陽(Komorebi)
⑦ Dancin' コオロギ(koorogi)
⑧ Merry Christmas Mr. Lawrence
⑨ カバティーナ(Cavatina)
⑩ ボレロ(Bolero)
⑪ 星砂(Hoshisuna)
⑫ アトランティス大陸(Atlantis Dairiku)
⑬ ちいさな輝き(Chisana Kagayaki)

YRI-1001

작곡&편곡:오시오 코타로
EXCEPT
M-3 작곡:안톤 카라스
M-4 스페인 민요
M-8 작곡:사카모토 류이치
M-9 작곡:스탠리 마이어스
M-10 작곡:모리스 라벨

## 2nd. Album  LOVE STRINGS

① Blue sky
② In the morning
③ 리본의 기사
④ 라임라이트
⑤ The Piano
⑥ LOVE STRINGS
⑦ 宵待月 (Yoimachiduki)
⑧ Nuovo Cinema Paradiso
⑨ 遙かなる大地(Harukana Daichi)
⑩ HARD RAIN
⑪ Libertango
⑫ Some Day My Prince Will Come
⑬ ずっと…(Forever…)

KTA-0001  ￥2.940(Tax in)

작곡&편곡:오시오 코타로
EXCEPT
M-3 작곡:토미타 이사오
M-4 작곡:찰리 채플린
M-5 작곡:마이클 니만
M-8 작곡:엔니오 모리꼬네
M-11 작곡:아스토르 피아촐라
M-12 작곡:F.처칠(〈백설공주와 일곱 난쟁이〉에서)

# Kotaro Oshio Guitar Score Collection

# 오시오 코타로
# 10th Anniversary BEST

**Ballade Side**

2015년 4월 1일 발행
2020년 12월 31일 3쇄 발행

**감수** | 오시오 코타로 Kotaro Oshio
**채보** | 미나미자와 다이스케 Daisuke Minamizawa
**펴낸이** | 하성훈
**펴낸곳** | 서울음악출판사
**주소** | 서울시 서초구 반포대로 22길 85 에덴빌딩 3층
**인터넷 홈페이지** | www.srmusic.co.kr
**등록번호** | 제2001-000299 · **등록일자** | 2001년 4월 26일



값 20,000원
ISBN 978-89-97185-98-6

※잘못 만들어진 책은 구입처에서 교환해드립니다.